STADT UND GARTEN

OBERRHEINISCHE STUDIEN

Herausgegeben von der
Arbeitsgemeinschaft für geschichtliche
Landeskunde am Oberrhein e. V.

Band 40

 Jan Thorbecke Verlag

STADT UND GARTEN

Herausgegeben von
Hartmut Troll und Konrad Krimm

Gedruckt mit freundlicher Unterstützung

des Kulturbüros der Stadt Karlsruhe,

der Kulturstiftung der Sparkasse Karlsruhe

und des Ministeriums für Wissenschaft, Forschung und Kunst Baden-Württemberg

Für die Verlagsgruppe Patmos ist Nachhaltigkeit ein wichtiger Maßstab ihres Handelns.
Wir achten daher auf den Einsatz umweltschonender Ressourcen und Materialien.

Bibliografische Information der Deutschen Nationalbibliothek
Die Deutsche Nationalbibliothek verzeichnet diese Publikation in der Deutschen Nationalbibliografie;
detaillierte bibliografische Daten sind im Internet über http://dnb.d-nb.de abrufbar.

Alle Rechte vorbehalten
© 2019 Jan Thorbecke Verlag,
Verlagsgruppe Patmos in der Schwabenverlag AG, Ostfildern
www.thorbecke.de

Umschlaggestaltung: Finken & Bumiller, Stuttgart
Umschlagabbildung: Carl Kuntz, Karlsruhe von Süden, 1804. Staatliche Kunsthalle Karlsruhe, Inv. Nr. 1715
Gestaltung, Satz und Repro: Schwabenverlag AG, Ostfildern
Druck: Memminger MedienCentrum, Memmingen
Hergestellt in Deutschland
ISBN 978-3-7995-7840-0

Inhalt

Konrad Krimm
    Vorwort   7

Hartmut Troll
    Stadt und Garten. Das Beispiel Karlsruhe   9

Gottfried Leiber
    Karlsruhes Weg vom Jagdstern bis zur großen Stadt 15

Hartmut Troll
    Die Physiognomie einer Residenzstadt 51

Carl-Jochen Müller
    Stadtgrün und Bürgergeist. Aspekte urbaner Gartenkultur in Mannheim
    am Anfang des 19. Jahrhunderts 75

Julian Hanschke
    Die ehemaligen englischen Landschaftsgärten in Karlsruhe und die
    Wörlitzer Anlagen. Eine Studie zu den Karlsruher Gärten und Parkbauten
    der Weinbrenner-Ära und ihrem historischen Kontext 97

Volker André Bouffier
    Der großherzoglich badische Hofgartendirektor Leopold Graebener,
    die badischen Hofgärten und die Deutsche Dendrologische Gesellschaft
    unter dem Protektorat Großherzog Friedrichs I. von Baden 125

Ulrich Maximilian Schumann
    Klassik und Reform. Von Friedrich Weinbrenner zu Friedrich
    Ostendorf 155

Volker Ziegler
    Ausbau, Umbau, Aufbau – Karlsruher Stadtentwürfe zwischen
    Weimarer Republik und Nachkriegszeit 179

Marketa Haist
    Die Bundesgartenschau 1967 in Karlsruhe 205

Helmut Kern
    Der Park als Mittel zur Stadterweiterung 223

Jan Dieterle
    Landscape urbanism. Karlsruhe als Baustein einer metropolitanen
    Landschaft Oberrhein 237

QUELLENANHANG

Julian Hanschke, Konrad Krimm
    Quellen zur fürstlichen Gartenregie in Karlsruhe um 1800 245

Andreas Johann Hartweg
    Kurze Geschichte der botanischen und Lustgärten der Durchlauchtigsten
    Fürsten des Hauses Baden bis auf unsere Zeiten (1825) 263

Abkürzungen 317
Abbildungsnachweis 319
Orts- und Personenregister 325
Mitarbeiterverzeichnis 333

Vorwort

Wer sich im späten Juni in den Straßen am Rand der Karlsruher Innenstadt bewegt, taucht in betäubende Lindendüfte ein. Dicht-grüne Schneisen durchziehen in leichten Bögen die Stadtquartiere des 19. und frühen 20. Jahrhunderts – scheinbar irregulär, denn eigentlich ohne Beziehung zum Straßenraster. Sie entstanden, als nach 1900 der Bahnhof an der Kriegsstraße und mit ihm die einengenden Bahnlinien an den Südrand der Stadt verlegt wurden. Die aufgelassenen Bahntrassen wurden zu breiten Parkanlagen, zumindest zu bepflanzten Alleen. Was ehemals befestigte Städte mit dem Niederlegen der Stadtmauern und der Umwandlung des Glacis erlebten, verdankte Karlsruhe der Eisenbahn. Zusammen mit den weiten Parks am Südrand der klassizistischen Innenstadt – den Palaisgärten Friedrich Weinbrenners – und dem Waldpark im nördlichen Teil des berühmten Fächers war Karlsruhe vor dem 2. Weltkrieg als »Parkstadt« zu erleben, die ihresgleichen suchen konnte. Die Bundesgartenschau von 1967 und ihre Folgeprojekte konnten hier konzeptionell anknüpfen.

Mit unserem Band wollen wir den Bogen spannen von der Idee einer Residenzgründung im Wald bis zum Einbezug von Landschaft in die Großstadtplanung des 21. Jahrhunderts. Angestoßen durch das 300. Jubiläumsjahr der Stadt verfolgen die Beiträge (die zum Teil auf eine Tagung des Jahres 2015 zurückgehen) dieses ständig sich wandelnde Verhältnis von Städtebau und Naturbezug – exemplarisch und mit Mut zur Lücke, so wie auch der städtebauliche Vergleich, der wieder einen eigenen Band füllen würde, sich für diesmal mit einem Paradefall einer anderen Planstadt, mit der Niederlegung der Mannheimer Festungswälle begnügen muss.

Wir danken der Stadt Karlsruhe, die das Entstehen dieses Bandes so freundlich gefördert hat, wie sie dies seit 1960, seit der Gründung der Arbeitsgemeinschaft für geschichtliche Landeskunde am Oberrhein, kontinuierlich leistet – unser Band ist nicht zuletzt auch als Dank für diese nachhaltige Hilfe gedacht. Mein ganz persönlicher Dank gilt Prof. Dr. Hartmut Troll: Im lockeren Gespräch haben wir das Thema gefunden, zusammen entwickelt und verfestigt – gedeihen konnte es aber nur durch seine immense Fachkenntnis und seine Begeisterung für die Sache. Dass dieser Dank alle Autorinnen und Autoren, alle redaktionellen Helferinnen und Helfer einschließt, ist selbstverständlich; zu danken ist dabei aber nicht nur ihrer Bereitschaft zur Mitformung, sondern schließlich auch ihrer Geduld im langen Entstehungsprozess des Bandes, der wie ein Baum einige Jahresringe angelegt hat – aber dafür auch noch im Jahr 2019 weiteren, wichtigen Zuwachs erhielt. Womit wir wieder beim Thema wären: Städte können sich rasch verändern, Gärten etwas langsamer – dass eine Stadt ihre Gärten in ihre Entwicklung miteinbezieht, kann urbanes Glück bedeuten.

Prof. Dr. Konrad Krimm
Vorsitzender der Arbeitsgemeinschaft
für geschichtliche Landeskunde am Oberrhein

Stadt und Garten.
Das Beispiel Karlsruhe

VON HARTMUT TROLL

Zum 300. Geburtstag der Stadt Karlsruhe widmete sich die Arbeitsgemeinschaft für geschichtliche Landeskunde am Oberrhein in einer Tagung einem für diese Gründung scheinbar naheliegenden Begriffspaar, nämlich Stadt und Garten. Professionsgeschichtlich betrachtet ist die damit eingenommene Perspektive, Stadt und Garten als einen räumlichen und funktionalen, als einen sozialen und künstlerischen Zusammenhang zu denken, ein etwas jüngeres Phänomen, das erst mit der Entfestigung der Städte Anfang des 19. Jahrhunderts als planungsrelevante Kategorie umfassend Platz greift. Das Schlüsselereignis für das moderne Verhältnis von Stadt und Garten reicht aber weiter zurück. Versailles begründet gewissermaßen die Ausnahme und generiert den damit einhergehenden verbindlichen Modus für Residenzstädte wie Karlsruhe.

Es war nicht Absicht dieser Tagung und das wäre im Übrigen auch gar nicht möglich, eine durchgehend stringente Erzählung der lokalen Stadt- und Gartengeschichte inklusive ihrer Verästelungen zu bieten; zu unterschiedlich sind Forschungslage und Blickwinkel einzelner thematischer Aspekte und Ereignisse. Karlsruhe ist schließlich kein Lehrbuch, sondern lediglich ein gutes Exempel, mit einem mythischen Anfang versehen und einer Stadtbaugeschichte, in deren Verlauf sich das diskutierte Phänomen wiederholt wie in einem Brennglas bündelt. Denken wir nur, um ein Beispiel zu nennen, an die räumliche und zeitliche Nachbarschaft zweier großer Stadtbaukonzepte, der Gartenstadt auf der einen Seite der Ettlinger Allee und in deren Verlängerung auf der anderen Seite die dem Licht huldigende Zeilenbebauung Dammerstock (Herrenalberstraße), die dieses Konzept in Deutschland erstmalig in reiner Form ausführte. Umso bedauerlicher, dass sowohl für die Tagung als auch für die Publikation der Beitrag zu diesen frühen Konzepten der Moderne entfallen musste.

Die einzelnen Beiträge werden durch den Begriffsrahmen Stadt und Garten, innerhalb dessen sich jedes Thema verortet, verbunden und mit einem Blick auf die Landschaft, in der diese betrachtete Stadtbaugeschichte stattfindet, eröffnet wie auch beendet. Landschaft ist für die Gründungsperspektive – im 18. Jahrhundert beginnt sich das Raumkonzept Stadt programmatisch zur Landschaft zu öffnen – eine relevante Kategorie und in der aktuellen Diskussion mehr denn je bedeutend, nur in einem ganz anderen Sinn. Karlsruhe beginnt gewissermaßen als Waldlichtung innerhalb einer territorial aufgefassten Landschaft, ein Platz, der zum Jagd- und Ruhesitz erkoren, bewusst in räumlicher Distanz zu den eigentlichen Zentren gewählt wurde. Trotz der davon ausgehenden flächenhaften Codierung der Landschaft mit einem Strahlenwegenetz ist eine seltsame Nicht-Verortung zu konstatieren. Während sich der erste Beitrag genau darauf bezieht, reflektiert der letzte Beitrag eben diese Landschaft ganz anders, nämlich als naturräumlich-topographische Bedingung, als formgebender Impuls und raumwirksamer Maßstab für die aktuelle Stadtplanung, und setzt für die Zukunft gewissermaßen auf eine nachträgliche Verortung dieser 300 Jahre alten Stadtbaugeschichte.

Am Anfang war der Garten. *Gottfried Leiber*, der Doyen der modernen Karlsruher Weinbrennerforschung, räumt mit einer hartnäckigen Legende auf, nämlich der einer intentionalen und gleichsam utopischen Stadtgründung, und zeichnet den baulichen Weg von dem geplanten Jagdsitz mit seiner idealen Anordnung der Gärten zu der, wie er schreibt, verzögerten und ungewollten Stadt nach. Der Autor betont die eigentliche Karlsruher Herausforderung, die in der sukzessiven Transformation eines Jagd- und Eremitagengrundrisses zur Stadtanlage bestand. Dafür war Karlsruhe tatsächlich beispielgebend. Erst allmählich entwickelte sich der Schlossbau, um einen Gedanken von Uta Hassler aufzugreifen, zur Form des großen Prospekts, der als Zuschauerraum eine Stadt benötigt. Leibers pointierte wie fundierte Skizze der Stadtbaugeschichte spiegelt aus der Erzählung heraus gleichsam en passant das der Tagung sinnleitend mitgegebene Begriffspaar.

Hartmut Troll beleuchtet Karlsruhe aus der Perspektive der typlogischen Anforderung an eine Residenzstadt, die unter anderem über ein typologischen höfisches Bauprogramm charakterisiert ist. In der räumlichen Disposition wird die dominante Stellung des Schlossbezirkes als maßgeblich beschrieben, der aber erst im absolutistischen Städtebau den Grundriss des Stadtkörpers als Ganzes zu ordnen und auf die Landschaft auszurichten beginnt. In Karlsruhe ist dieses Merkmal gewissermaßen konstituierend. Der Residenzmodus schöpft aus dem Repertoire der Staatsarchitektur sowie der höfischen Gartenkunst und bleibt im Klassizismus – eigentlich die hohe Zeit des Typus der Hauptstädte – städtebaulich wirksam. Residenzstadt ist abseits funktionaler Aspekte in hohem Maße ein Phänomen angemessener Erscheinung und des Auftritts, also der Physiognomie. Der Beitrag untersucht unter diesem Aspekt -in klassischer Terminologie von Utilitas und Decorum – den Prozess der Transformation einer Residenz zur Residenzstadt, wie er in Karlsruhe exemplarisch vonstattengeht. Die einzelnen Phasen werden in die zeitgenössischen Garten- und Stadttheorien eingeordnet und der Einfluss der Gartenkunst auf den hiesigen Städtebau skizziert.

Jochen Müller untersucht den Prozess der Entfestigung der Stadt Mannheim – also den Schlüsselmoment der modernen Beziehung von Stadt und Garten – unter anderem anhand eines kuriosen Mediums, den so genannten Schleiferliedern. Diese ansonsten wenig beachtete Quellengattung der öffentlichen Kommunikation wird in ironischer Distanz einer Kontextualisierung unterzogen. Darüber hinaus widmet sich der Autor einzelnen dokumentierten Beschwerden und Ansuchen betroffener Bürger an die Demolitionskommission, insbesondere solche, die mit dem klingenden Namen Friedrich Ludwig Sckell verbunden sind. Im Fokus steht die in den Dokumenten durchscheinende Idee und moderne Zweckbestimmung des Gartens für die Stadt.

Julian Hanschke widmet seinen Beitrag den ehemals hoch gerühmten Gärten im Weichbild der Stadt Karlsruhe, die heute nur mehr als fragmentarische Reste existieren und gemeinsam das jüngst so genannte Gartenreich Weinbrenners bildeten. Der Autor diskutiert dies vor dem Hintergrund des aufgeklärten Absolutismus, gewissermaßen als Parallelphänomen des Wörlitzer Gartenreiches und leuchtet den für die Entstehung der Gärten wichtigen Austausch zwischen Karl Friedrich von Baden und Fürst Franz von Dessau aus, gerade auch im künstlerischen Bereich; erwähnt seien beispielhaft der Hofmaler Carl Kuntz und der Kupferstecher Christian Haldenwang. Für den Ausbau der Residenz sind aber die Kontakte zwischen Friedrich Weinbrenner und August von Rode und der Einfluss von Friedrich Wilhelm von Erdmannsdorf entscheidender. Dieser Spur folgt der Autor bis ins Detail der Karlsruher Parkbauten und -palais und weist zahlreiche formale wie motivische Übereinstimmungen nach. Gerade in diesem typologisch-habituellen Vergleich werden aber auch die originellen und eigenständigen Lösungen des Badener Baudirektors ersichtlich.

Volker André Bouffier greift das Gartenthema auf und fokussiert dabei auf die höfische Pflanzensammlung, die von Karlsruhe aus überregionale Bedeutung erlangen sollte. Sein Augenmerk gilt dem badischen Hofgärtner Leopold Graebener und der Gründung der Deutschen Dendrologischen Gesellschaft (DDG) 1928 in der badischen Residenzstadt. Der Gründungsort ist nicht zufällig gewählt, sondern würdigt die mit der Institution des Botanischen Gartens verbundene wissenschaftliche Tradition am markgräflichen und später großherzoglichen Hof. Großherzog Friedrich I. sollte später sogar das Protektorat der jungen Gesellschaft übernehmen, deren Aufgabe es war, *Bäume und andere Gehölze aus allen Ländern [...] auf ihren Nutzen und Zierwerth zu prüfen, sowie deren Kenntnis und den Anbau der geeigneten Formen in Deutschland zu verbreiten.* Solche Versuche haben heute im Zeitalter des Klimawandels traurige Aktualität.

Ulrich Maximilian Schumann rückt die Wechselbeziehung von Stadt und Garten wieder in den Mittelpunkt seiner Betrachtung und spannt den zeitlichen Bogen vom Klassizismus zur frühen Moderne, in der die Antagonisten Kultur und Natur dieses dialektische Verhältnis wiederbeleben. Dies gelingt überzeugend, indem der Autor den Denk-, Form- und Werkverbindungen dreier herausragender Persönlichkeiten der Karlsruher Baugeschichte nachspürt, Friedrich Weinbrenner, Max Läuger und Friedrich Ostendorf. Schumann identifiziert, ausgehend von den »Sechs Büche[n] vom Bauen« Ostendorfs mit dem Blick zurück seine Argumentation entwickelnd, das Verständnis von Raum als die überzeitliche und stilübergreifende Kategorie der Verbindung zwischen den drei Protagonisten. Aus dem jeweiligen (Stadt- oder Garten-)Raumkonzept heraus lässt sich auch der je eigene Bezug zum Thema unseres Bandes fruchtbar diskutieren, was entlang realisierter Bauprojekte anschaulich ausgeführt wird. Aus dieser Perspektive beleuchtet der Autor das Wirken Weinbrenners in Baden-Baden. Er führt dafür den eigentlich modernen Begriff der Stadtlandschaft ein und öffnet mit diesem plausiblen Kunstgriff den zeitlichen Rahmen in die heutige Zeit und mithin zu den folgenden Beiträgen.

Diesen Faden nimmt *Volker Ziegler* auf und zeigt den konzeptionellen Wandel zu ausgreifenden Stadtlandschaften. Er wechselt den Maßstab der Betrachtung und führt das Thema endgültig ins 20. Jahrhundert. Ausgehend von der auch für die Ebene der Landesplanung schwierigen Lage nach dem Versailler Vertrag würdigt er die Leistung des Karlsruher Bebauungsplans von Hermann Schneider im Jahre 1926, dem neben der Steuerung der Stadtentwicklung explizit der Schutz der Bau- und Landschaftsbilder ein Anliegen war. Eingemeindungen und die Anbindung an die neue Autobahn als verkehrspolitisches Schlüsselprojekt prägen den äußeren Rahmen der städtebaulichen Konzepte in der Folgezeit und wirken in die Kernstadt zurück. Ein stetiger Brennpunkt ist die Ettlinger-Tor-Bau-Frage, die bis in die Zeit des Nationalsozialismus als Ausgangspunkt für ein monumentales Gauforum virulent bleibt. Trotz manch wechselnder Position ist nach wie vor die Weinbrenner-Stadtstruktur die Referenz, die modernisiert oder adaptiert werden soll. Der Beitrag stellt die wichtigsten Karlsruhe Proponenten von Carl Peter Pflästerer über Otto Ernst Schweizer und Friedrich Raab bis hin zu Richard Jörg und Adolph Bayer vor und diskutiert deren Stadtraumkonzepte bis hin zum Wiederaufbau.

Marketa Haist lenkt den Blick auf ein nach der Phase des unmittelbaren Wiederaufbaus typisches Phänomen der Nachkriegsmoderne, die Bundesgartenschau als Mittel der Aktualisierung des Gartenerbes und der Stadtentwicklung. Sie zeichnet das Wettbewerbsverfahren nach und stellt die zentralen Maßnahmen vor, die im Bereich des Straßenverkehrs der Dominanz des Automobils nachhaltig entgegenwirken. Der bürgerliche Stadtgarten, dessen Gemengelage heterogener Elemente gestalterisch zusammengefasst wird, und der höfische Schlosspark bilden als die beiden erhaltenden Meilensteine der grünen Stadtbaugeschichte die gestalterischen Schwerpunkte. Die Autorin diskutiert den Rang innerhalb der zeitgenössischen Landschaftsarchitektur und zeichnet die Einflüsse der jüngeren Vergangenheit etwa der Gartenschauen in Hamburg und Stuttgart nach. Die herausragende Rolle der bildenden Künste – ein Alleinstellungsmerkmal der Karlsruher Schau – war für dieses Format einer floralen Leistungsschau von ungewöhnlicher Modernität und ist in den erhalten Fragmenten heute ein bedeutendes Denkmal der Nachkriegsmoderne.

Helmut Kern bettet die Bundesgartenschau in die amtliche städtische Gartengeschichte der letzten einhundert Jahre. Er fokussiert sich auf die geänderten funktionalen Anforderungen und Rahmenbedingungen. Im Rückblick erinnert er an die Gründung der städtischen Gartenbauverwaltung unter Friedrich Ries und die Meilensteine der ersten Jahre. Dem neuen Amt gelang es, den ersten großen bürgerlichen Park Karlsruhes, den Stadtgarten, auch mit Hilfe privater Spenden weiter auszudifferenzieren und auszustatten (Japangarten, zweiter Rosengarten, Wolff-Anlage). Im Zuge des bereits erwähnten Generalbebauungsplans unter Hermann Schneider konnte die Insel Rappenwörth als Rheinpark entwickelt werden, und so haben Gartenreform- und Volksparkbewegung auch in Karlsruhe ihre grünen Spuren hinterlassen. Konversionsprojekte und in jüngerer Zeit die Schaffung neuer Parkanlagen als Mittel der Stadterweiterung und -sanierung (Günther-Klotz-Anlage, Otto-Dullenkopf-Park, Stadtpark Südost) spiegeln das geänderte Nutzungsverhalten und neuerdings die verstärkte Integration naturschutzfachlicher Aspekte wider.

Jan Dieterle diskutiert am Beispiel von Karlsruhe einen zeitgenössischen Planungsansatz, genannt Landscape Urbanism. Das geometrische Ordnungssystem der Stadtanlage sei zwar territorial gedacht, aber nicht landschaftlich ausgelegt und bildet heute lediglich ein einzelnes Element innerhalb einer verstädterten Landschaft, der sogenannten Metropolregion Oberrhein. Landschaft ist in diesem Sinne Binde- und zugleich Konstruktionsmittel der Stadt. Der Autor zeichnet den theoretischen Diskurs um solcherart räumliche Gemengelagen nach; Thomas Sieverts, Rem Koolhaas, Hans Kollhoff werden mit ihren Positionen vorgestellt. Ein Ausstellungsbeitrag auf der Triennale di Milano thematisiert 1988 erstmals das Geflecht räumlicher Strukturen am Oberrhein, ihr ist die Landschaft das neue Ordnungssystem und Quellcode für künftige Planungen. Die Übertragung dieses Ansatzes auf Karlsruhe wird anhand zweier Beispiele illustriert. Zur Diskussion stellt er zum einen die Möglichkeiten einer neuen Nähe zur Flusslandschaft des Rheins und zum anderen eine planerische Aktivierung einer topographischen Zäsur, der Kinzig-Murg-Rinne zwischen Karlsruhe und Durlach, also – räumlich gesehen – des äußeren Rahmens der 300 Jahre alten und in diesem Band schlaglichtartig beleuchteten Stadtbaugeschichte.

Der Anhang gilt Quellen aus der für das Werden der Stadt so wichtigen Zeit des Wirkens von Friedrich Weinbrenner. *Julian Hanschke* und *Konrad Krimm* publizieren unbekannte Briefdokumente aus dem Großherzoglich Badischen Familienarchiv, die den engen Austausch zwischen Dessau und Karlsruhe belegen, zwei klingende Namen für die Gartenkunst der späten Aufklärung. So rechnet der für die Entwicklung des Landschaftsgartens in Deutschland so wirkmächtige Philosoph Christian Cay Lorenz Hirschfeld im 1779 publizierten ersten Band seiner »Theorie der Gartenkunst« Markgraf Karl Friedrich von Baden ausdrücklich zu jenem kleinen, nur drei Namen umfassenden Kreis der *vortrefflichen*, mit *einer seltenen Feinheit des Geschmacks* ausgezeichneten Fürsten. Er nennt in diesem Zusammenhang jene zu Gotha, Dessau und Karlsruhe. In Gotha entstand unter Herzog Ernst II. von Sachsen-Gotha-Altenburg immerhin der erste gewissermaßen originär englische Garten auf dem europäischen Festland, und in Dessau wurde unter Fürst Leopold Friedrich Franz von Anhalt-Dessau in Wörlitz der erste nach englischem Vorbild konzipierte Landschaftspark in Deutschland gestaltet, heute UNESCO Weltkulturerbe. Die Briefe öffnen einen kleinen Blick auf einzelne Aspekte und den Charakter des Transfers sowie in das Netz der am Austausch beteiligten Personen, neben den Mitgliedern der fürstlichen Familien auch die Experten der höfischen Gartenverwaltung, etwa Johann Georg Gottlieb Schoch auf Wörlitzer oder Johann Michael Schweyckert, Johann Michael Zeyher und Andreas Johann Hartweg auf badischer Seite. Letzterer führt uns zum nächsten Dokument des Quellenanhangs.

1825 publizierte der badische Garteninspektor Andreas Hartweg eine *Kurze Geschichte der botanischen und Lustgärten der Durchlauchtigsten Fürsten des Hauses Baden bis auf unsere Zeiten*. Diese Betrachtung erschien als geschichtliche Einleitung des »Hortus Carlsruhanus«, dem »Verzeichnis sämtlicher Gewächse welche in dem großherzoglichen botanischen Garten zu Carlsruhe cultiviert werden«; als Schlüsseltext zur Karlsruher Gartengeschichte wird diese Einleitung hier im Druckbild wiedergegeben. Auf zwei Details sei hingewiesen. Zum einen nimmt Andreas Hartweg klar die Autorenschaft für die Anlage und gestalterische Ordnung des Botanischen Gartens in Anspruch, eine Leistung, die oft fälschlicherweise Friedrich Weinbrenner, von dem Entwürfe insbesondere für die Gewächshäuser stammen, zugeschrieben worden ist. Zum anderen ergänzt der Hofgärtner den geschichtlichen Rückblick um eine kurze Beschreibung des Botanischen Gartens und ein paar Anmerkungen zur *Cultur der hiesigen Pflanzen,* die er mit folgenden Worten einleitet: »Ueber die Cultur der Pflanzen findet man in den meisten älteren und neueren Werken wenig befriedigendes, entweder wird oberflächlich darüber weggegangen, oder gar nichts davon erwähnt. Müllers [sic] Gärtner-Lexikon von 1776 macht zwar eine Ausnahme, leider enthält jenes classische Werk nichts von neuern Pflanzen.« Die intendierte Aktualisierung der legendären Miller'schen Publikation, die, 1751/52 ins Deutsche übersetzt, lange Zeit die wichtigste Quelle für die englischen Neuerungen gerade auch hinsichtlich der Verwendung der eingeführten amerikanischen Gehölze war, stellt einen bemerkenswerten Rückgriff auf die Anfänge und die ursprünglich im Wesen botanische Intention der Englandreisenden dar, und das im Jahr der zweiten Auflage von Friedrich Ludwig von Sckells *Beiträge[n] zur Bildenden Gartenkunst*, dem Meilenstein in der theoretischen Begründung des Kunstwerkanspruchs der Landschaftsgärtnerei. Noch Hirschfeld hatte in der Einleitung seiner »Theorie der Gartenkunst« die absolute Präferenz der Erziehung zum Geschmack betont, um die Gartenkunst – so seine Ambition – von der botanischen oder ökonomischen Gärtnerei zu trennen. In Karlsruhe – von Anbeginn ein ausgewiesener Ort der Botanik – überlagern und beeinflussen sich diese beiden Felder nach wie vor, nicht zuletzt in der Person des damaligen badischen Gartendirektors Johann Michael Zeyher.

Karlsruhes Weg vom Jagdstern bis zur großen Stadt

VON GOTTFRIED LEIBER

Noch immer lebt die Legende vom im Hardtwald eingeschlafenen Markgrafen, dem im Traum das Bild von seinem »Carlsruhe« erschienen sei (*Tafel 1*). Wer allerdings Authentisches wissen will, der sollte besser historischen Dokumenten vertrauen[1]. Aus einer zuverlässigen Quelle wurde vor 200 Jahren zum Jubiläum der Stadt berichtet, Markgraf Carl Wilhelm (1679/1709–1738) habe als Erbprinz auf einer Reise nach Wien die Idee geäußert, »sich einst als Regent eine Sommer-Residenz erbauen zu wollen. Er soll sie durch Zeichnung eines zirkelförmigen Bauplanes seinen anwesenden Vertrauten versinnlicht haben«[2]. Offenbar war also Carl Wilhelm die sternförmige Erschließung von Wäldern bekannt.

Zudem ist uns ein früher Beleg aus dem Jahr 1711 erhalten. Capitain von Rotberg berichtete dem Markgrafen nach einer Erkundungsfahrt aus Lille, es gebe für die Lage eines Wildgeheges keine schönere Gelegenheit als den Hardtwald, und der Regent war von dem Vorschlag angetan. Wir wissen demnach, dass Karl Wilhelm schon vier Jahre vor dem Anfang von Karlsruhe erwogen hat, im Hardtwald einen Jagdsitz anzulegen – und das auf ehemals Beiertheimer Boden. Die Beiertheimer Bauern besaßen allerdings noch das Weide- und Holzrecht für den nördlichen Hardtwald und beanspruchten daher den Durchgang durch das Stadtgebiet, einen sogenannten Viehtriebweg[3]. Der verlief stets außerhalb, am westlichen Rand des städtischen Baugebiets, und musste, mit der baulichen Erweiterung der Stadt, mehrfach verlegt werden: zunächst bei der Waldstraße, dann in die neu bebaute Karlstraße und schließlich in die Linie der heutigen Reinhold-Frank-Straße.

---

[1] Der Vortragstext wurde auf der Grundlage der beiden nachfolgend genannten Publikationen zusammengestellt, dort auch ergänzende Quellennachweise im Einzelnen und weiterführende Literaturangaben: G. LEIBER, Weinbrenners städtebauliches Schaffen für Karlsruhe, Band 1, Die barocke Stadtplanung und die ersten klassizistischen Entwürfe Weinbrenners, Karlsruhe 1996 und Band 2, Der Stadtausbau und die Stadterweiterungsplanungen 1801–1826, Mainz 2002.

[2] Th. HARTLEBEN, Statistisches Gemälde der Residenzstadt Karlsruhe und seiner Umgebungen, Karlsruhe 1815, S. 7 f.

[3] Dazu: G. ROMMEL, Geschichtliches vom Karlsruher Hardtwald, in: Die Pyramide, Wochenschrift zum Karlsruher Tagblatt, 1928, H. 42, S. 168 f.; DERS., Geschichte des Karlsruher Fasanengartens, in: Die Pyramide 1925, Nr. 5, 6 u. 7, S. 36, 45 u. 51 f.

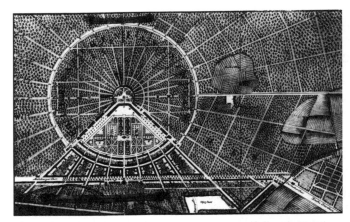

Abb. 1   J. J. Baumeister, Plan von Karlsruhe, 1. Blatt, *Grundriß Nr. 2*, 1737 (Ausschnitt)

Abb. 2   H. J. von Fleming, Schaubild eines Laufplatzes, 1724

Nach den Friedensschlüssen von 1714 fingen zu Beginn des Jahres 1715, unweit eines im Jahr zuvor gebauten Jagdhauses, die Forstarbeiter an, ein Waldstück für die angekündigte Anlage auszustocken[4]. Das Gebäude war nahe an einer Waldlichtung gebaut worden, bei der Bocksblöße (*Abb. 1*), einem Laufplatz (*Abb. 2*), in den man das Wild hineintreiben und erlegen konnte. Heute befindet sich an dieser Stelle das Fasanenschlösschen. Als Erschließung diente ein Weg von Rintheim her, der im letzten Abschnitt genau parallel zur weiter südlich gelegenen Landstraße Durlach – Mühlburg führte.

---

[4]   Laut Angaben im Plan (*Abb. 6*) begannen die Arbeiten am 28. Januar 1715.

Abb. 3   J. Täntzer,
Die Beflügelung des
Waldes, der Laufplatz mit
Forsthaus, 1734

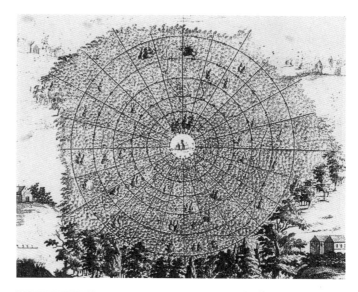

Abb. 4   J. B. Oudry,
Rendez-vous au Carrefour
du Puits du Roi, Forêt de
Compiegne, 1735

I

Für die Vermessung unverzichtbar musste jetzt erst einmal die Mitte des Reviers, der unerlässliche Orientierungspunkt für Jäger, bestimmt werden, denn dem Markgrafen und seinen Getreuen war daran gelegen, nach der Jagd möglichst schnell und sicher aus dem weit verzweigten Waldgebiet zum Ausgangsort zurückzufinden. Das Waldgelände teilte man zu diesem Zweck sternförmig ein, was auch forstwirtschaftlichen Gepflogenheiten entsprach. Der aus dem Eichen- und Buchenwald herausgeschlagene, mit Holzpfählen abgesteckte kreisförmige Platz wurde sodann, von der Mitte ausgehend, streng nach geometrischen Regeln in den Himmels- und Windrichtungen durch 32 Wege untergliedert und eingezäunt. Wie ein solches Waldgebiet in der Form eines Kreises herzustellen und

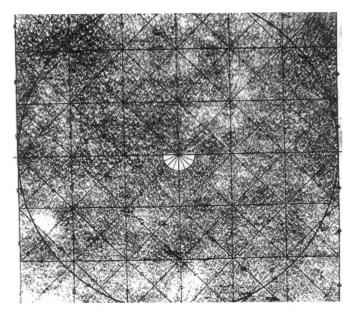

Abb. 5 H. W. Döbel, Die Erschließung eines Waldes in acht Richtungen, 1754

seine sternartige Aufteilung in der Praxis zu handhaben war, konnte man seinerzeit aus Lehrschriften erfahren (*Abb. 3*)[5]. Von Nutzen war diese Aufteilung vor allem bei der sogenannten Parforce-Jagd, *bei der das Wild von berittenen Jägern verfolgt, dann von der Meute gestellt und par-force abgefangen wurde* (*Abb. 4*)[6].

Eine Schrift erscheint für Karlsruhe indessen von besonderem Interesse: die Anleitungen von Heinrich Wilhelm Döbel, die Bibel für Nimrods Jünger schlechthin[7]. Döbel stellt gleichfalls ein abgegrenztes Waldgebiet vor, eines mit kreisrunden und radialen, aber auch mit horizontalen und vertikalen sowie diagonalen Linien (*Abb. 5*). Dabei dürfen wir annehmen, dass der Schnittpunkt der in Nord-Süd- und in Ost-West-Richtung verlaufenden Hauptlinien, auf den Entwurf für Karlsruhe übertragen, zum Standort für das Turmgebäude wurde, für jenes Bauwerk, das die Mitte der Stadtanlage ausmachen wird. Bei der Herstellung einer *achteckichten Stern Allee* und damit auch bei einer solchen mit 32 Alleen wie in Karlsruhe empfiehlt Döbel, zuerst die vier Hauptalleen, *die in der Mitte über einander laufen,* auszuhauen; als Radius für den Rundweg nennt er *600, 700*

---

[5] Vornehmlich bei: J. TÄNTZER, Der DIANEN Hohe und Niedere Jagd-Geheimnüß, Darinnen die ganze Jagd-Wissenschaft Ausführlich zu befinden T. 1, Kopenhagen 1682.

[6] H. F. v. FLEMING, Der vollkommene Teutsche Jäger, Leipzig 1719, S. 294. Waldwege eines Jagdsterns dienten zugleich als Sichtachsen. In Karlsruhe waren sie, später auch als Gassen, auf das Schloss gerichtet.

[7] H. W. DÖBEL, Neueröffnete Jäger-Practica oder der Wohlgeübte und Erfahrne Jäger, Leipzig ¹1746, ²1754.

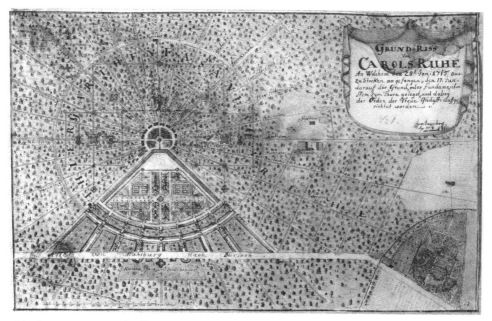

Abb. 6   J. F. von Bazendorff, Grundriss von *Carols-Ruhe*, 1718

oder 800 Schritte (wie es vom Herrn befohlen wird)[8], und der Radius des Rundwegs der Karlsruher Schlossanlage misst tatsächlich 600 Schritte, das sind 1.500 Fuß[9].

Bereits im Frühjahr 1715 existierten im Schlossbereich nachweislich drei Gärten (*Abb. 6*): in der Westhälfte ein mit einem Aha, einem trockenen Graben, umgebener Tiergarten, in dem vornehmlich Hirsche und Rehe gehegt wurden, im östlichen Teil ein mit einem Gitterzaun umschlossener Fasanengarten. Vor dem Schloss hingegen lag ausgebreitet der von zugeschnittenen Hecken begrenzte Lustgarten für Blumen, vornehmlich für die beliebten Tulpen. Den Kreuzungspunkt der Längs- und Queralleee schmückte ein mächtiger Springbrunnen, der im Übrigen bei der Konstruktion des geometrischen Rasters für den Karlsruher Grundriss eine gewichtige Rolle gespielt hatte. Den Tier- und Fasanengarten aber durchzogen Wege mit kreisrunden, quadratischen oder auch ovalen Plätzen, die an den Kreuzungspunkten vielfach mit Fontänen-Brunnen geschmückt waren.

Wo und mit welchen Mitteln hatte man aber zuvor in den ausgedehnten Waldungen die alles bestimmende Mitte des Wegesterns ausfindig gemacht? Der zuvor genannte älteste Plan Jacob Friedrich von Bazendorffs aus dem Jahr 1718 kann helfen, diese Frage zu

---

[8] Ebd., S. 10 ff.
[9] Ebd., S. 11.

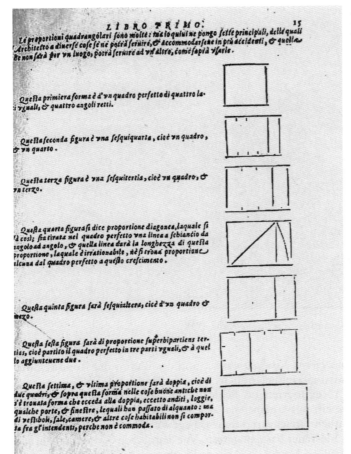

Abb. 7 Die Entwicklung eines Rechtecks aus einem vierteiligen Quadrat nach Sebastiano Serlio, 1619

beantworten. Wie Forschungsarbeiten vor einigen Jahren ergeben haben[10], hat er seinem Entwurf offensichtlich ein Raster mit Einheiten gleicher Größe unterlegt, ein Rechteck aus Einheiten im Verhältnis von 4:5, also für die Entfernung zum Turm, gemessen vom Jagdhaus in westlicher Richtung an der Richard-Willstätter-Allee, 5 Einheiten, ein Zahlenverhältniss, das schon im 17. Jahrhundert vorgeschlagen wurde (*Abb. 7*)[11]. Damit war hier zugleich der Mittelpunkt der späteren Stadt eindeutig fixiert: nämlich die Nordwestecke des besagten Rechtecks (*Abb. 8*). Das dem Plan von Bazendorffs zugrunde liegende Raster ist im Übrigen im Karlsruher Stadtplan noch heute zu erkennen (*Abb. 9*) – sogar

---

[10] G. LEIBER, Der Karlsruher Stadtgrundriss und seine geometrischen Grundlagen, in: ZGO 154 (NF 115), Stuttgart 2006, S. 217–239.
[11] S. SERLIO, Tutte l'opere d'Architettura 1, Venedig 1619, S. 15, T. 2: Die Entwicklung eines Rechtecks aus einem Quadrat mit vier Teilen durch jeweilige Hinzufügung eines weiteren Teils.

Abb. 8 J. J. Baumeister, Plan von Karlsruhe, 1. Blatt, *Grundriss Nr. 2* mit Entwurfsraster (Ausschnitt)

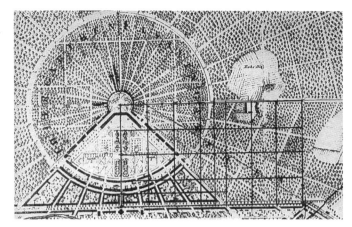

Abb. 9 Stadtplan von Karlsruhe mit historischem Entwurfsraster, 2005

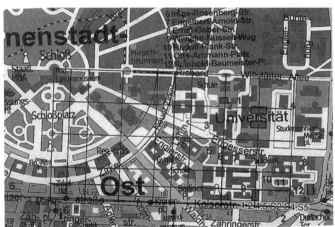

ein erweitertes Raster, das bis zur Abbiegung der Landstraße in Richtung Schloss Gottesaue mit 4:7 Einheiten reicht.

Prägend im Grundriss von Karlsruhe sticht die Geometrie hervor, der gleichwohl noch zur Zeit des frühen Karlsruhes, anders als heute, vonseiten der sieben sogenannten Freien Künste wie der Bau- und Stadtbaukunst (*Abb. 10*), von der Malerei, der Theologie und Philosophie (*Abb. 11*) große Bedeutung zukam. Man sprach von der »Sacred Geometry«[12], und im »Lehrbuch über die Messkunst« eines zeitgenössischen Autors war zu lesen: *Kein Stand kann der Geometrie entraten*. Er berief sich dabei auf keinen Geringeren als Platon[13]. Der habe über den Eingang eines Auditoriums schreiben lassen: Ουδεις αγεωμέτρητος εισίτω – »Kein der Geometrie Unkundiger soll eintreten«. Noch 1773, als

---

[12] R. LAWLOR, Philosophy and practice, Metaphor of Universal Order, London 1982.
[13] J. U. MÜLLER, Geometria Compendiaria 1, Ulm 1706, S. 2.

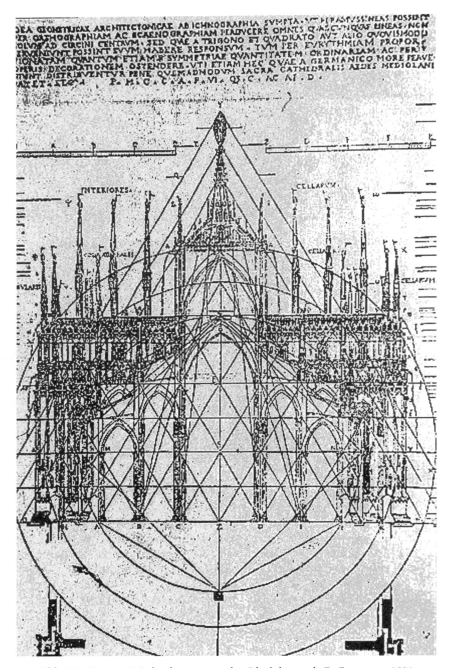

Abb. 10   Dom zu Mailand, geometrischer Idealplan nach C. Cesariano, 1521

Abb. 11   J. de Barbari, Fra Luca Pacioli mit Schüler, um 1500

es um ein neues Verzeichnis der Bücher in der Karlsruher Hofbibliothek ging, hat Hofrat Friedrich Molter nachweislich die Werke über Geometrie dem Sachgebiet der Philosophie zugeordnet[14].

Die Geometrie in Karlsruhe zeigt sich vorrangig im zentralen Bereich der Stadt. Diese Eigenheit hat auch noch Autoren unserer Tage zu der irrigen Annahme verleitet, Karlsruhe sei eine Planstadt, sei auf dem Reißbrett entstanden, auch das Luftbild (*Abb. 12*) kann dieses Urteil durchaus nahelegen. Manch einem mag sogar der römische Städtebau in den Sinn kommen, die sich kreuzenden Hauptstraßen, »cardo« und »decumanus«, Rom in Karlsruhe? Doch nein, die Ostwestachse, die anfangs Lange Straße und später Kaiserstraße genannte alte Landstraße von Durlach nach Mühlburg, konnte sich Karlsruhe quasi als Morgengabe einverleiben, die nordsüdliche Hauptstraße der Stadt dagegen, die neu geplante Karl-Friedrich-Straße, kam, wie wir sehen werden, erst spät, nach mehr als 100 Jahren, zur Vollendung.

[14]   GLA 47/1977.

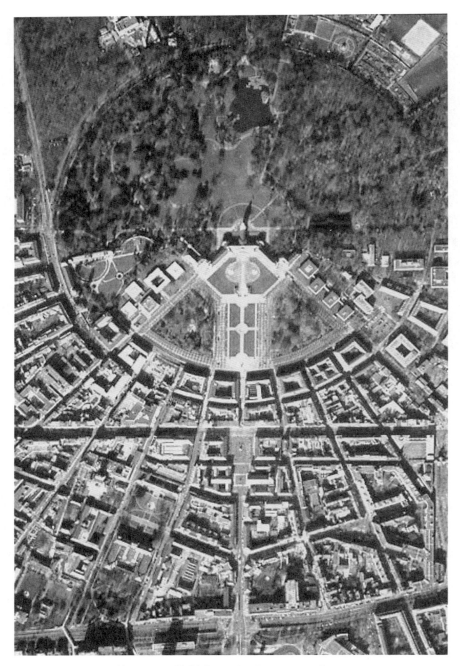

Abb. 12   Luftbild der Karlsruher Innenstadt 1970

Abb. 13 F. J. Bazendorff, *Dissein eines Fürstl. Lusthauses in den Haardt Wald*, 1715

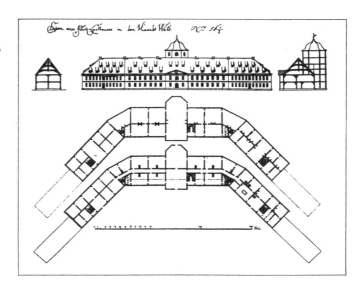

Die eigentliche bauliche Entwicklung von Karlsruhe jedoch begann, wie es im später erlassenen Privilegienbrief vom 24. September 1715 geschrieben steht, mit dem Bau eines Lusthauses[15], für das die treffende Kurzbeschreibung des Kurfürsten Max Emmanuel von Bayern (1662/1679–1726) verbürgt ist: Ein Lusthaus sei *bon pour une assemblée de chasse, y diner; et on peut y passer une nuit* – »das Gebäude sei gut geeignet für eine Jagdgesellschaft, um dort zu Abend zu essen; und man könne dort auch eine Nacht verbringen«[16]. Ingenieur von Bazendorff entwarf für Karlsruhe ein solches Bauwerk (*Abb. 13*) mit seitlich abgewinkelten Flügeln in Richtung zweier Waldwege, dabei war ein achteckiger Turm in das Gebäude einbezogen. Doch diese Konzeption konnte nicht zufriedenstellen, denn weder der Turm noch das Gesamtgebäude vermochten die Mitte des Wegesterns zu markieren. Tatsächlich wurde dieser Plan auch nicht ausgeführt. Später immerhin griff man diese Grundform des Schlossbaus wieder auf. Dann konnte jedoch der achteckige Turm als Solitär den prominenten Platz in der Mitte einnehmen und das Schloss stand respektvoll mit einigem Abstand davor. Beide hat man später mit Galerien verbunden.

Als Gründungsdatum für die »Stadt« Karlsruhe gilt gemeinhin der 17. Juni 1715. Allein, einige bislang weniger bekannte Fakten stellen diese Annahme in Frage. Zunächst: Die Grundsteinlegung fand allein am Turm statt. Der Zweck dieses siebengeschossigen Gebäudes allerdings geht aus keinem einzigen zugänglichen Schriftstück hervor, nicht einmal aus dem Protokollbuch des Hausordens der Treue, in dem nur allgemein von *dem Bau* die Rede ist[17]. Auch von Bazendorff vermerkt in der Legende zu seinem schon erwähnten Plan von Karlsruhe lediglich, am 17. Juni 1715 sei *der Grund- oder Fun-*

---

[15] GLA 206/1780; Druckausgabe in: Th. HARTLEBEN (wie Anm. 2), Beilage I, S. 1.
[16] Äußerung am 27. März 1704 über sein geplantes Jagdschloss Bouchefort bei Brüssel. Zit. nach: G. BOFFRAND 1667–1754, Kap. V, Paris 1986, S. 135, Anm. 2.
[17] GLA 47/1676.

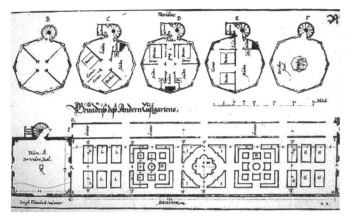

Abb. 14 J. Furttenbach, Grundriss eines bürgerlichen Lusthauses mit achteckigem Wohnturm und seinen Grundrissen, 1640

Abb. 15 C. Thran, Vogelperspektive der Residenzstadt Karlsruhe aus Richtung Norden, 1739

dament-Stein zum Thurm geleget worden[18]. Dabei ist zu bedenken: Der 17. Juni war ein Montag und die Grundsteinlegung fand am späten Nachmittag statt, nachweislich nach vorausgegangenen stundenlangen Sitzungen des Geheimen Kabinetts, und das in Anwesenheit des Markgrafen[19].

Der aber war ganz offensichtlich darauf bedacht, die Grundsteinlegung nicht als ein öffentliches, feierliches Ereignis zu begehen. Das ist verständlich, denn in vier Stockwerken mit über 30 kleinen Räumchen im Turmgebäude sollten die Hofsängerinnen unterkommen[20], seine Gespielinnen, die ihn auch bei den Ausritten begleiteten und ihm bei

---

[18] Planerläuterungen in Abb. 6.
[19] GLA 61/1423.
[20] F. HIRSCH, 100 Jahre Bauen und Schauen, T. I, Karlsruhe 1928, S. 203, Anm. 67.

Abb. 16 Entwurf zu Schloss und Bebauung von Karlsruhe, 1716 (?)

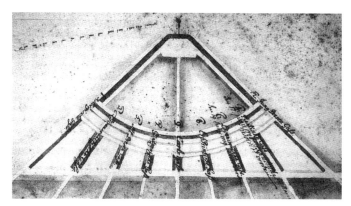

Abb. 17 D. G. Frisoni, Schloss Favorite in Ludwigsburg: *Veue et perspective du Favoritte de Prince au Jardin de Louisbourg avec les apartments et Officines apartenant a la Cour du Prince / Perspectivischer Aufzug der Fürstl. Favoritten im Fasanen Garten zu Ludwigsburg samt den Officinen u. appartementen zu der Hofstatt gehörig*

der Pflege seiner Tulpen halfen. Dazu passt die Eintragung im Protokollbuch zum Orden der Treue, man habe *nach dem geendigten Actu in der Bauhütte zu Nacht gespeist. Die Cadets hielten die Wacht, um alle Confusion abzuhalten*[21]. Für den Karlsruher Turm hat es im Übrigen ein genaues Vorbild gegeben, den Entwurf für einen achteckigen, siebengeschossigen Wohn-Turm (*Abb. 14*)[22]. Der Plan war seinerzeit in mehreren Exemplaren in der markgräflichen Bibliothek vorhanden.

Hinzuweisen ist hier noch auf die im Kreis angeordneten Zirkelhäuschen auf der nördlichen Seite des Turms beim Schloss (*Abb. 15*)[23]. Sie wurden für unterschiedliche

---

[21] Wie Anm. 17.
[22] J. FURTTENBACH, Architectura recreationis, Augsburg 1640.
[23] Dazu: A. VALDENAIRE, Karlsruher Baudenkmäler 4. Die Zirkelhäuschen am Schlossturm, in: Rasse und Volk, Sonntagsbeilage des »Führer« (1934) 17, S. 65 f.

Zwecke genutzt: etwa als Voliere für Singvögel, als Lust- und Badehaus oder Tauben- und Affenkäfig. Aber auch als Laboratorien für alchemistische Versuche, denn der Markgraf war ein passionierter Anhänger der okkulten Lehre der Alchemie und bei europäischen Höfen als *großer Liebhaber von der Laborierkunst* hoch geschätzt[24]. Ohnehin herrschte im Barock noch das Geheimnis, erst in der nachfolgenden Epoche, in der Aufklärung, wird der Verstand an seine Stelle treten[25].

Wollte sich der Fürst in seinem Lusthaus etwas länger aufhalten, gehörten gleichwohl Nebenbauten dazu, vor allem Stallungen, Remisen, Hundezwinger, Kavaliershäuser, kurz gesagt: vielerlei Unterkünfte für das Gefolge in großer Zahl. Hierfür wurde nun ein zweiter, ein innerer Zirkelweg benötigt (*Abb. 16*), der zusammen mit dem bereits vorhandenen Kreisweg eine ringförmige Bauzone bildete und mit den Flügelbauten des Schlosses den vorderen Schlossgarten umgrenzte. Hierbei ist als Vorbild an das frühe Favorite-Schlösschen in Ludwigsburg zu denken (*Abb. 17*)[26]. Als räumliches Prinzip galt demnach: In der Mitte eines fächerförmigen Wegesystems erbaute man ein Lusthaus oder Jagdschloss, dessen Bezirk einen Kreis umschrieb, an dem die Nebengebäude ihren Platz hatten.

Zur Ausführung der Jagdschlossanlage kam es aber nicht. Noch einmal änderte der Markgraf sein Vorhaben und entschied, so vermerkt es das Protokoll des Hausordens zur Treue, *zu Dero künftigen Ruhe und Gemütsergötzung eine fürstliche Residenz in dem so genannten Hardtwald nahe bei Mühlburg* zu erbauen[27]. Die zuvor in der ringartigen Bauzone südlich des Schlossgartens geplanten Einrichtungen des Hofes wurden jetzt in die baulich erweiterte Schlossanlage selbst einbezogen (*Abb. 18*): Im verlängerten Ostflügel entstanden der Marstall und das Reithaus, auf der Westseite hatten Orangerien ihren Platz. Die Handwerker hatten mit den Arbeiten am Turm begonnen. Parallel dazu wurde nun ebenso der Ausbau des Schlosses zur Residenz vorangetrieben: Der Mittelteil des Schlosses war im Frühjahr 1716 im Rohbau fertig, der Turm im November des gleichen Jahres[28].

II

Nun, da Karlsruhe Residenz des Fürsten werden sollte, wurde sein Wunsch laut, in der Nähe des Schlosses eine Siedlung anzulegen. Es ging um die notwendige Versorgung mit Gewerbe und Handel, und mit Privilegien lockte der Markgraf Bewohner an[29], ganz so, wie es zuvor sein schwäbischer Schwager, Herzog Eberhard Ludwig (1676/1693–1744) in Ludwigsburg vorgemacht hatte[30]. Die bauliche Entwicklung in Ludwigsburg zeigte ohne-

---

[24] Die Briefe werden im Großherzoglichen Hausarchiv im GLA verwahrt.
[25] O. HEDERER, Klassizismus, München ²1977, S. 10.
[26] Chr. BELSCHNER, Die Stadt Ludwigsburg, Ludwigsburg 1909.
[27] Wie Anm. 17.
[28] E. GUTMAN, Das großherzogliche Residenzschloss zu Karlsruhe, Heidelberg 1911, S. 19; F. v. WEECH, Karlsruhe, Geschichte der Stadt und ihrer Verwaltung 1, 1715–1830, Karlsruhe 1895, S. 12.
[29] Wie Anm. 15.
[30] Ch. BELSCHNER (wie Anm. 26), S. 12.

Abb. 18 H. Schwartz, Perspektivische Ansicht der Residenzstadt Karlsruhe, gezeichnet von Melchior Rein, 1720

hin eine Vielzahl von Parallelen und mag die Entscheidung des Durlacher Regenten in erheblichem Maße mitgeprägt haben[31]. Vom Status einer Stadt war Karlsruhe 1715 freilich noch viele Jahre entfernt. Vorerst sprach der erste Privilegienbrief nur von einem Ort, nicht von einer Stadt mit all ihren Rechten und amtlichen Einrichtungen[32].

Für die Gassen im ersten Bebauungsplan (*Abb. 19*) südlich des äußeren Zirkels nahm man unverändert den fächerförmigen Verlauf der neun mittleren Waldwege auf. Erstmals und einzigartig wurde hier ein für die Jagd angelegter Wegestern als Grundform für die Erschließung in den Städtebau übertragen. Unversehens erblickt der Besucher durch jede dieser Straßen das Schloss. Dass die Fächerwege nicht geometrisch genau ausgelegt waren, hat sicherlich mit den damals noch ungenügenden Messmethoden zu tun[33]. Wie wir wis-

---

[31] G. LEIBER (wie Anm. 1), T. 1, S. 278 u. Anm. 1306–1308.
[32] Th. HARTLEBEN (wie Anm. 15), Erste Beilage, VII, S. II.
[33] K.J. MEHLDAU, Zur Geometrie des Karlsruher Fächers, in: Allgemeine Vermessungs-Nachrichten, 1981, S. 302–305. Berechnungen haben ergeben, dass der Karlsruher Jagdstern geometrisch gesehen keine exakte Form darstellt. Bei den Alleen zeigt sich, dass die Achsen der heutigen Straßen durchweg nicht die Mitte des Schlossturms treffen, gleichfalls sind die Win-

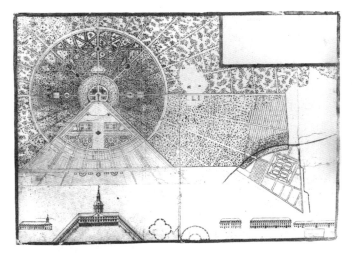

Abb. 19 Entwurf für Schloss, Bauquartiere und Gärten, Aufriss des Schlosses sowie Grundrisse der Kirchen und Ansichten typischer Gebäude, um 1717

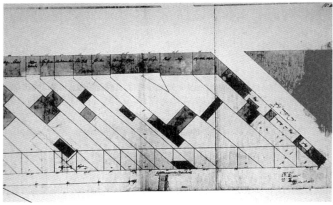

Abb. 20 GLA Neuabgrenzung der Bauplätze auf der Nordseite der Querallee 1805

sen, brachte der Fächergrundriss später für die Stadtplanung mancherlei Erschwernisse, vor allem die schräg verlaufenden Grundstücksgrenzen (*Abb. 20*). Vieles, so klagte Weinbrenner, was man an den Bauten der Stadt auszusetzen habe, sei *dem Stadtplan anzulasten, an welchem ich eben so wenig Anteil habe, als an den meisten Fehlern hiesiger Häuser*[34].

Der runde Baustreifen zwischen den beiden Zirkelwegen jedoch, der zuvor für die Nebeneinrichtungen der Jagdschlossanlage vorgehalten worden war, stand nun anderen Nutzern zur Verfügung: In den mit Arkaden versehenen zweigeschossigen Bauten am Schlossplatz wohnten jetzt Hof- und Finanzbeamte, Bankiers und andere hoch angese-

---

kel zwischen den Straßen nicht gleich. Beträchtlich sind auch die Abweichungen bei den radialen Abständen vom Schlossturm zur Straße am Schlossplatz und zum Zirkel.

[34] F. WEINBRENNER, Bemerkungen des Baumeisters zur Kritik eines Miniatur-Malers über einige baukünstlerische Gegenstände, Karlsruhe 1817, S. 10.

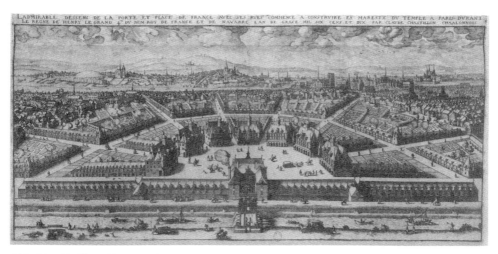

Abb. 21   C. Chastillon, Projekt zur *Porte et Place de France* in Paris, 1610 (Ausschnitt)

hene Bürger, auch Markgraf Ludwig (1768/1818–1830), das heißt, die Gebäude waren, nicht nur räumlich, im weiteren Sinne dem fürstlichen Hof, nicht der Stadt zugeordnet. Eine deutliche Rangordnung vermittelte dabei die Stockwerkanzahl der Bebauung: das Schloss dreigeschossig, die Gebäude am Schlossplatz zweigeschossig, die Häuser im Bürgerquartier nur eingeschossig.

Wie für den Wildpark mit seinen Gärten um das Schloss und für den Turm kannte man auch für die sternförmige Erschließung des Baugebiets ein formales Vorbild: den Entwurf »Porte et Place de France« (*Abb. 21*), den nicht ausgeführten Plan für eine Tor- und Platzanlage in den Sümpfen von Temple im Osten von Paris[35]. Er ist uns erhalten in einem Kupferstich von Claude Chastillon aus dem Jahr 1610, der seinerzeit in der Hofbibliothek in mehreren Exemplaren vorhanden war. Die Ähnlichkeit dieser Anlage mit Karlsruhe verblüfft, trotz einiger Abweichungen, etwa dem Fehlen ausgerechnet der mittleren Straße und einem Torbau als Mittelpunkt anstelle des Schlosses und vor allem einer befestigten Fläche statt des Grünraums. Die Darstellung zeigt einen Platz mit einer im Halbkreis angeordneten dreigeschossigen Randbebauung mit Arkaden wie später in Karlsruhe. Vom geometrischen Mittelpunkt des Platzes gehen radial gerichtete Straßen aus. Hinter den prächtigen Häusern am Platz führt eine Straße in Zirkelform vorbei, an die ein Gebiet mit niedrigerer Bebauung anschließt. Mit solch vornehmen Stadthäusern war in der Tat an der heutigen Straße am Schlossplatz das gebührende Gegenüber für das Schloss zu schaffen: Die Gebäudefront auf der Südseite des Schlosses in Karlsruhe begrenzte den fürstlichen Bezirk gegenüber der Stadt und kann daher als Nachweis ange-

---

[35]   Dazu: G. Leiber (wie Anm. 1) T. I, S. 15 f., 272 f. und Anm. 1274 f. Der Entwurf war in der markgräflichen Bibliothek (GLA 47/1982) als Teil der Topographie françoise mehrfach vorhanden. Zu Beispielen auf einen Platz zulaufender Straßen siehe auch G. Leiber (wie Anm. 1), T. 1, S. 267 ff.

Abb. 22   P. P. Burdett, Rückansicht des Karlsruher Schlosses, 1776

führt werden, warum im Gegensatz zu anderen barocken Anlagen der Schlossgarten in Karlsruhe ohne Bedenken hier vor und nicht hinter dem Schloss selbst angelegt werden konnte.

Ab 1718 wohnte Markgraf Carl Wilhelm in seinem neuen Schloss (*Abb. 22*), und am 5. Juli jenes Jahres hielt er dort *in nomine Sanctissime Trinitatis [...] zu Carolsruhe den Ersten Audienz Tag*[36], ab Herbst war Karlsruhe seine ständige Residenz. Eigenmächtig hatten da im März 1718 die Karlsruher Bürger schon einmal Bürgermeister und Ratsmitglieder gewählt. Zwei Monate später genehmigte der Markgraf das Stadtwappen, das Stadtrecht dagegen verlieh er erst viel später, am 12. Februar 1722[37]. Nun gestand er Karlsruhe offiziell zu, mit fürstlicher Bestätigung *Bürgermeister, Baumeister, Gericht und Rat* zu wählen.

Die Wende in der frühen Entwicklung der Stadt jedoch nahm von einem Vorbehalt des Markgrafen ihren Ausgang. Carl Wilhelm beharrte, wie wir wissen, von Anfang an darauf, nicht nur die Häuser der Bürger, sondern ebenso die zugehörigen Einrichtungen allein im fürstlichen Umfeld, nördlich der Landstraße, unterzubringen. Tatsächlich jedoch reichten dafür die dort verfügbaren Grundstücke bei Weitem nicht aus, gerade aus diesem Grund hatte man notgedrungen die drei Kirchen auf der Südseite der Hauptstraße geplant. Die Absicht des Markgrafen war zudem keineswegs, eine neue Stadt zu gründen, sondern er wollte sich mit Karlsruhe einen Ruhesitz verschaffen. Diesen Wunsch bekräftigte er 1728 in zwei von ihm selbst geschriebenen Texten im Grunde gleichen Inhalts, der eine in deutscher, der andere in lateinischer Sprache[38]. Sie sollen auf

---

[36]   GLA 61/1428.
[37]   GLA 61/1431. Zum Entwurf des Stadtwappens J. KASTNER, Wappen und Siegel der Stadt Karlsruhe, in: ZGO 103 (1955), S. 251 f. Druck des Stadtrechts in: Th. Hartleben (wie Anm. 2), Beilage III, S. IX-XVIII.
[38]   Die Handschriften befanden sich in einem vom Markgrafen »definitiv versiegelten Couvert«, das erst nach seinem Ableben gefunden wurde.

ZUM BEITRAG VON GOTTFRIED LEIBER

Tafel. 1   Traum der Markgrafen von der Fächerstadt

ZUM BEITRAG VON GOTTFRIED LEIBER

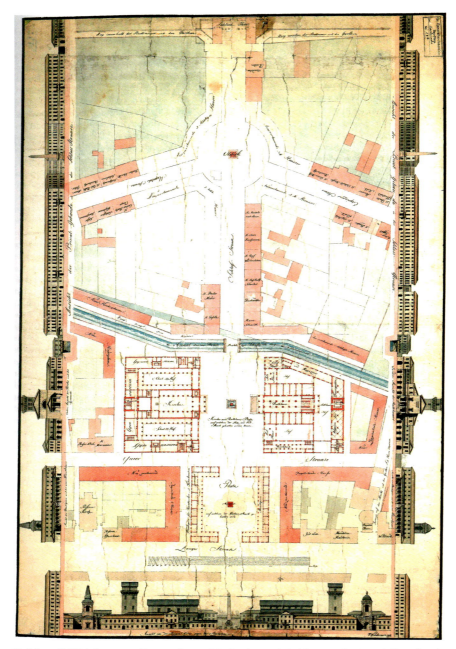

Tafel 2   F. Weinbrenner, Entwurf zum Marktplatz mit Schlossstraße, Rondell und südlichem Stadttor, Grundriss mit an den Rand gezeichneten Gebäudeansichten, 1797 (1798)

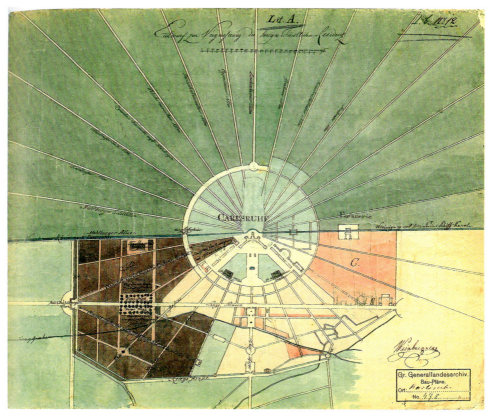

Tafel 3   F. Weinbrenner, Entwurf zur Vergrößerung der hiesigen Fürstlichen Residenz, 1802

ZUM BEITRAG VON GOTTFRIED LEIBER

Tafel 4 F. Weinbrenner, Situations Plan von der Residenz Stadt Carlsruhe mit den Umgebungen und der von Sr. Königlichen Hoheit des Großherzogs vorhabenden neuen Stadt Vergrößerung, mit Nota zur vorhandenen und geplanten südlichen Vergrößerung der Stadt sowie Bemerkungen über die Aufführung der neuen Stadt, 1818 oder wenig später (Kopie)

Abb. 23 Manuskript des Markgrafen Carl Wilhelm, 1728

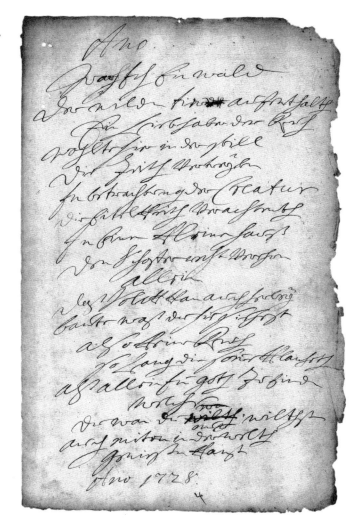

Steintafeln übertragen und am Schloss angebracht worden sein. Die deutsche Inschrift lautete (*Abb. 23*): *Anno (...) war Ich ein Wald / der wilden Tiere Aufenthalt / Ein Liebhaber der Ruhe / wollte hier in der Stille / die Zeit vertreiben / in Betrachtung der Kreatur / die Eitelkeit verachtend / in einem kleinen Haus / den Schöpfer recht verehren / allein / das Volk kam auch herbei / baute was du hier siehst / also keine Ruh / so lange die Sonne glänzt / als allein in Gott zu finden / welche wann du nur willst / auch mitten in der Welt / genießen kannst / Anno 1728*[39].

---

[39] GLA 206/1787.

Abb. 24   Karlsruher Marktplatz, um 1730 (Rekonstruktion von Arthur Valdenaire, um 1930)

Die Enttäuschung des Markgrafen kam nicht unerwartet. 1728 war nämlich das Jahr, in dem die Bürger mit dem positiven Ergebnis einer Befragung[40] dem Markgrafen die Zustimmung abgerungen hatten, westlich der Konkordienkirche ihr Rathaus bauen und den Markt vor eben diese Kirche verlegen zu dürfen (*Abb. 24*). Damit war die nicht widerrufbare Entscheidung für die Entwicklung eines eigenständigen städtischen Zentrums der Bürgerschaft gefallen. Ihre Stadt würde sich ab jetzt außerhalb, südlich der Residenzanlage, ausdehnen. Genauer gesagt: Aus dem Jagdstern und dem daraus geformten Straßenfächer werden weiterführende Leitlinien für den Städtebau zu entwickeln sein. Im Folgenden sollen diese nachgezeichnet werden bis zum Ende der das Stadtbild prägenden Ära Friedrich Weinbrenners.

Unter Markgraf Carl Friedrich (1728/1748–1811) änderten sich die politischen Aussichten gravierend: Am 28. Januar 1765 wurde der Erbvertrag zwischen den Markgraf-

---

[40] GLA 206/2486, Verfügung des Markgrafen vom 11. September 1725. Befragt wurden alle Bürger und Israeliten (ursprünglich auch die Dienerschaft), wer *das Rathaus und den Markt bei der Kirch* oder bei der Kanzlei am Vorderen Zirkel wünsche. Von den 192 Befragten sprachen sich 135 für den Standort bei der Kirche aus (unvollständige Liste vom 13. Mai 1726).

schaften Baden-Durlach und Baden-Baden geschlossen, und bereits 1767 sprach man hinter vorgehaltener Hand vom schlimmen Zustand des Markgrafen August Georg (1706/1761–1771). Wohlbedacht erhielt daher 1768 die Schlossbau-Deputation die Weisung, das *Projekt Erbau- und Erweiterung der Stadt Karlsruhe* anzugehen[41].

Schon zwei Jahre zuvor hatte dieses Gremium unter Vorsitz des Hofrats Johann Jacob Reinhardt (1714–1772) – das Bauamt mit Amtsleiter Albrecht Friedrich von Keßlau und seinen Mitarbeitern Johann Heinrich Arnold, Wilhelm Jeremias Müller und Johann Friedrich Weyhing – Ideen zur *architectonischen Besserung der fürstlichen Residenz-Stadt Carlsruhe*, genauer zum *Aussehen und zur Reinlichkeit und Bequemlichkeit derselben* entwickelt[42]. Es war um den Ausbau der Stadt innerhalb der damaligen Grenzen gegangen. Ergebnis waren unzählige Vorschläge: vor allem für neue Grundstücke beim Wohnungsbau und für öffentliche Gebäude oder etwa den Bau neuer Tore, gleichfalls für die Gestaltung von Straßen als Alleen und den Einbau von Brunnen.

Zu diesem Gutachten ist eine interessante Notiz erhalten. Ihr Verfasser, der sich namentlich nicht zu erkennen gibt, äußerte darin seine eigene Meinung: *Zu wünschen wäre, dass der Gottesacker nicht da wäre, alsdann könnte die Stadt und zumal das mittlere Teil um vieles vergrößert werden, dann sollte man mit Wohnhäusern bis über den Landgraben* [die heutige Hebelstraße] *gehen und die Stadt nach ihrer großen Läng suchen zu verbreitern, allein dieses Projekt in Erfüllung zu bringen scheint nicht möglich zu sein, weil der Gottesacker nicht zu transportieren ist, wie man sonst alte Häuser transportieren kann*[43]. Erstmals ist hier der Vorschlag formuliert, die mittlere Fächerstraße, die Bärengasse, die spätere Schlossstraße und heutige Karl-Friedrich-Straße, nach Süden über die Kaiserstraße hinweg zu verlängern. Gedanken zu einer Via Triumphalis waren geboren.

1768 jedoch hatte die Schlossbau-Deputation den Auftrag, gemeinsam mit dem französischen Architekten Philippe de La Guêpière (1715–1773)[44] die Erweiterung der Stadt zu planen, denn die Zahl ihrer Bewohner nehme zu und *würde sich bevorstehend noch merklich vermehren*, bereits bahne sich ein Mangel an Wohnungen an, der sich *in kurzer Zeit doppelt und dreifach einstellen könne*[45]. In der Tat, für den künftigen Bedarf erschienen die vorhandenen Einrichtungen zu klein ausgelegt. Die Gutachter mussten daran denken, wie die Situation nach der zu erwartenden Vereinigung der beiden Markgrafschaften aussehen würde.

Begeistert blickten die Herren voraus: *Alle Passagen von Ettlingen und Rippur, und was über Ettlingen aus dem Alpthale kommt, würde über die neue, als geradeste Straße zu dem Thor* [in der heutigen Karl-Friedrich-Straße] *eingehen und man sich alsdann mitten in der Stadt befinden [...] Etwas ungemein schönes ist es, dass solche Straße nicht nur auf das Dorf Rippur zutrifft, sondern man in der Linie, welche die Stadt in zwei Theile scheidet, eine*

---

[41] Entwurf GLA 206/24 vom 11. Oktober 1768, Ausfertigung GLA 206/34, übertragen bei: G. LEIBER (wie Anm. 1), T. 1, Dokument 5, S. 308–318.
[42] Entwurf GLA 206/24 vom 17. Januar 1764. Der Text ist eine Abschrift, mehrfach korrigiert, eine Ausfertigung existiert nicht, übertragen bei G. LEIBER (wie Anm. 1) T. 1, Dokument 3, S. 296–306.
[43] Ebd., Dokument 4, S. 307.
[44] H. A. KLAIBER, Der Württembergische Oberbaudirektor Philippe de La Guêpière, Stuttgart 1959.
[45] Wie Anm. 41, S. 308.

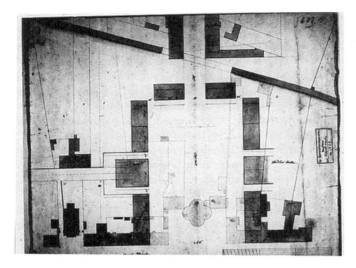

Abb. 25 P. P. Burdett, Entwurf zum Marktplatz mit umgebenden Gebäuden, gezeichnet 1787 von C. Ritter, Ergänzungen um 1790

Stadt vor sich hat, so wie in der Kreuzlinie sich Durlach auf der linken, Mühlburg aber auf der rechten Seite befindet. Man wird weit gehen müssen, um eine Stadt zu sehen, die in so regelmäsiger Lage drei Städte [Mühlburg, Ettlingen und Durlach] *um sich herum hat*[46].

Als Ergebnis der Überlegungen entstanden mit Erläuterungen in 46 Abschnitten *zwei accurate Pläne, der eine von der ganzen Gegend mit Inbegriff der Stadt Ettlingen und des Schlosses Scheibenhardt und übriger in Betracht kommender Ortschaften, der andere aber von der Stadt, nach größerem Maßstabe gemacht – in dem ersten die Linien derer neuen Straßen, in dem letzteren aber die in diesem Projekt enthaltenen Gedanken deutlich eingezeichnet* (*Abb. 25*)[47]. Darunter befanden sich insbesondere Nutzungsvorschläge für die zentrale nord-südliche Fächerstraße, in der Hauptsache für den neuen Marktplatz mit der evangelischen Kirche und dem Rathaus. Der Platz selbst sollte aus zwei unterschiedlich großen Teilen bestehen. Auch der spätere Rondellplatz war bereits geplant. Zugleich dachte man an die Verlängerung der Fächerstraßen für eine neue Bebauung. Geheimrat Reinhardt berichtete später, der Markgraf habe über das Gutachten *vieles gnädigstes Vergnügen* gezeigt[48].

---

[46] Ebd. § VII, S. 310.
[47] Ebd. § XXVIII, S. 314. Die beiden Pläne sind nicht erhalten. Der Plan zur Erweiterung der Stadt zeigte offenbar auch die Grundkonzeption für den neuen Marktplatz samt der umgebenden Gebäude, so wie sie danach P. P. Burdett (1734–1793) aufgezeichnet hat. Ob Abb. 25 als dessen eigenständiger Entwurf verstanden wurde, muss dahingestellt bleiben, obwohl ihn Weinbrenner als einen solchen verstanden und später herber Kritik unterzogen hat (GLA 206/506, Schreiben an den Markgrafen Karl-Friedrich vom 28. Juni 1798).
[48] Notizen des Geheimrats J. J. Reinhardt vom Gespräch mit dem Markgrafen über das Gutachten der Schlossbau-Deputation von 1768 und eigene Planungsgedanken als *Rhapsodie von a bis z* (wie Anm. 1, T.1, Dokument 6, S. 318–324).

Abb. 26 Situationsplan des Marktplatzes mit Rathaus, Schulhaus, Lutherischer Stadtkirche, Friedhof, Specialathaus und Gymnasium

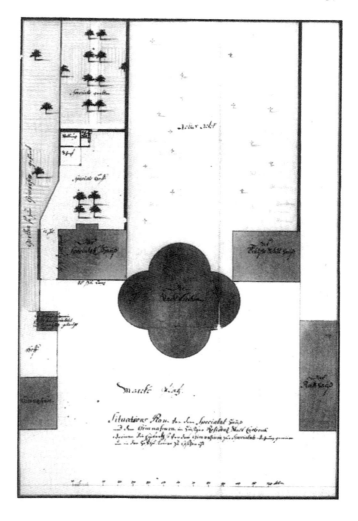

Das Bauamt aber war jetzt nachdrücklich darum bemüht, die Hindernisse, die der Gestaltung des Marktplatzes entgegenstanden, möglichst bald zu beseitigen (*Abb. 26*)[49]. 1776 brach man das Pfarrhaus neben der Kirche ab. Wenige Jahre später suchte das Bauamt mit Nachdruck nach einem Ersatzgelände für den Friedhof hinter der lutherischen Kirche. Ab 1780 wurden auf dem bisherigen Gottesacker offiziell keine Bestattungen mehr zugelassen. 1787 holten die Totengräber, das Geschwisterpaar Christoph und Augusta Preßler, mit fürstlicher Genehmigung zum letzten Mal das Gras ein und pflückten das Obst von den Bäumen. Im Jahr danach legte man bereits Grabsteine auf dem neuen

---

[49] Wie Anm. 1, T. 1, Abschnitt Christliche Begräbnisplätze, S. 208–210.

Friedhof Im Lohfeld, östlich der heutigen Kapellenstraße, ab und das alte Friedhofsgelände wurde eingeebnet.

III

Weitere dreißig Jahre vergingen, ehe Friedrich Weinbrenner (1766–1826) im September 1797 von seinem Studienaufenthalt in Italien nach Karlsruhe zurückkehrte und beim Bauamt als Bauinspektor eingestellt wurde. Bereits Mitte Juli 1798 konnte er einen respektablen Entwurf für die zentrale Stadtachse vorweisen: einen »Generalbauplan« (*Tafel 2*)[50] für die heutige Karl-Friedrich-Straße, für die damalige Schlossstraße, vom Marktplatz bis zur Stadtgrenze mit Beiertheim. Allein es verwundert nicht, dass wir im Entwurf Weinbrenners alle städtebaulichen Planungsideen entdecken, über die sich der Markgraf ja schon viele Jahre zuvor »überaus erfreut« gezeigt hatte. Ergänzend fügte Weinbrenner am Blattrand Ansichten für die künftige Architektur hinzu[51], außerdem freilich zwei eigene Vorschläge, die den Landgraben und Einbauten in der nördlichen Hälfte des Platzes betrafen.

Nach dem Wunsch des Markgrafen sollte nämlich der Landgraben als offener Flusslauf beibehalten und für den Schiffstransport mit Baumaterial aus den Steinbrüchen von Grötzingen genutzt werden. Weinbrenner plante nun seine Verlegung in die heutige östliche Hebelstraße, doch der Vorschlag wurde aus Kostengründen abgelehnt. Das Projekt wäre vermutlich ohnehin gescheitert, denn der Landgraben führte meist nur wenig Wasser und diente zudem eher als Abfallmulde. Er wurde daher wegen der unerträglichen Geruchsbelästigung überwölbt. Weinbrenner setzte sich stattdessen vehement für den Bau eines Kanals ein und übernahm damit örtlich genau eine Idee Chatillons (*Abb. 21*). Der Kanal sollte entlang der heutigen Moltkestraße vom Rhein bis zum Schloss verlaufen. Weinbrenner plante sogar einen Hafen auf der Höhe der nördlichen Karlstraße. Das Projekt scheiterte jedoch aus technischen Gründen.[52]

Die andere Vorstellung Weinbrenners, auf dem nördlichen Teil des Marktplatzes niedere Gebäude für Handwerkerläden zu bauen, fand indes beim Markgrafen keine Zustimmung[53], vermutlich wehrten sich die angrenzenden Geschäftsleute dagegen.

---

[50] Der Plan galt offiziell als Gutachten. Eine Woche, nachdem Weinbrenner seinen Entwurf abgegeben hatte, wurden *auch die übrigen membra des Bauamts [...] an die ebenfallsige und zwar baldige Erstattung ihres Gutachtens erinnert* (GLA 206/506, Aufforderung vom 4. Juli 1798). Die erste Erinnerung war im August 1797 ergangen, also vor Weinbrenners Eintreffen in Karlsruhe. Hatte Weinbrenner seinen Plan gar bereits in Rom gezeichnet, war dieser in seinen Denkwürdigkeiten gemeint? (K. K. EBERLEIN, Friedrich Weinbrenner, Denkwürdigkeiten aus seinem Leben von ihm selbst geschrieben, Potsdam 1920, S. 99).

[51] Weinbrenner wollte die ganze Stadt in einem einheitlichen Farbton, in einem »hellen, warmen Graugelb«, gehalten wissen: A. VALDENAIRE, Der Karlsruher Marktplatz, in: ZGO NF 57 (Bd. 96), H.2, Stuttgart 1948, S. 415–449, hier S. 447; S. GIEDION, Spätbarocker und romantischer Klassizismus, S. 161.

[52] Vgl. GLA 236/3527, dazu G. LEIBER, Das Projekt eines Ludwigskanals, in: Blick in die Geschichte, Nr. 105, 12. Dezember 2014, S. 4f.

[53] Die Planung Weinbrenners für den neuen Marktplatz wird am 31. Dezember 1801 *einstweilen [...] mit dem Vorbehalt dessen Mitte mit den projectierten einstöckigten Boutiquen einzufassen*

Abb. 27   M. Pedetti, Entwurf zum Marktplatz mit Schlossstraße, Rondell und südlichem Stadttor, 1787 (Kopie 1882)

Welche generellen Ideen aber brachte Weinbrenner in die Planung für den neuen Marktplatz ein? Vorrangig nahm er eine klare Zuordnung der Funktionen vor: Den nördlichen Teil bestimmte er für private Nutzungen, für Handel, Dienstleistungen und Wohnen, den südlichen hingegen für öffentliche Einrichtungen, für die beiden Monumentalbauten und für die Gymnasiumsbauten an den Seiten der neuen Kirche. Sicherlich kannte Weinbrenner auch das perspektivische Schaubild (*Abb. 27*), das Hofbaumeister Mauritius Pedetti aus Eichstätt (1719–1799) im Rahmen der vorausgegangenen Architekten-Konkurrenz[54] zur Gestaltung des neuen Marktplatzes um 1790 vorgelegt hatte: Es vermittelt den Blick vom künftigen Marktplatz durch die Schlossstraße bis zum Rondell mit einem Obelisken und weiter durch eine Baumallee in die Ferne. Die Konkordienkirche dagegen hatte Weinbrenner schon zum Abriss vorgesehen.

Bemerkenswert ist, dass Weinbrenner für seinen Entwurf lediglich einen Ausschnitt des Stadtplans bis zur Kaiserstraße darstellte und bei der späteren ausführlichen Beschreibung der Via Triumphalis das Schloss mit keinem Wort erwähnte[55]. Für ihn erschöpfte sich demnach der eigenständige Stadtraum in der Aufreihung steinerner, unbegrünter Plätze und Straßenstücke, der im Norden wie heute an der Kaiserstraße seinen Abschluss

---

[54] genehmigt (GLA 206/503).
Ausführlich bei G. LEIBER (wie Anm. 1), T.1, S. 163–174.
[55] GLA 206/506, Schreiben vom 28. Juni 1798 an den Markgrafen zur Erläuterung seines Entwurfs für den neuen Marktplatz; Wiedergabe bei G. LEIBER (wie Anm. 1), T.1., Dokument 7.

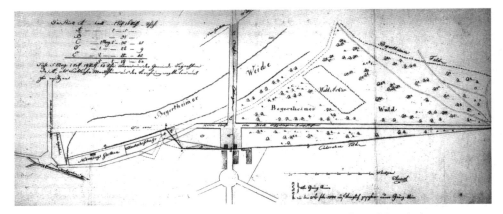

Abb. 28   Planungsalternativen für die Linienführung der Kriegsstraße und die Flächen zum Tausch mit der Gemeinde Beiertheim, 1800

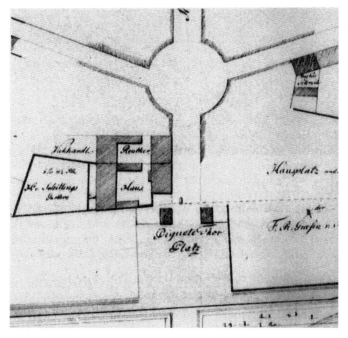

Abb. 29   Der geplante Platz südlich der Torhäuser bis zur neuen Kriegsstraße, 1798 (Ausschnitt)

fand: Die einmalige Gesamtkonzeption Weinbrenners für den Marktplatz indessen, bestehend aus städtebaulichen Vorgaben des Barock und klassizistischer Architektur, gilt als ein herausragendes Beispiel für heute längst vergessene Stadtbaukunst.

Im April 1799 plante der oberste Straßenbaubeamte Georg Ludwig Freiherr von Beck (1743–1818) den Bau der Kriegsstraße (*Abb. 28*), und zwar außerhalb der Stadtgrenze,

Abb. 30   C. F. Müller, Ettlinger Tor mit angrenzender Parkanlage, Stadtseite, um 1810, Lithographie

auf Beiertheimer Gemarkung. Dadurch ergab sich Raum für einen Platz hinter einem neuen Ettlinger Tor (*Abb. 29*), wie ihn Landbaumeister Carl Friedrich Meerwein (1737–1810) vorschlug (*Abb. 30*)[56]. Die beidseitige Aufweitung der Karl-Friedrich-Straße, die den Platz formt, hat die Stadtplanung baulich bis in die Gegenwart bewahrt. Die Via Triumphalis andererseits hatte hiermit ihre endgültige Ausdehnung erfahren (*Abb. 31*). Die bauliche Umsetzung allerdings zog sich lange hin. Den Bau des Rathauses hatte man bereits 1804 beschlossen, jedoch erst 1825 wurde das Gebäude eingeweiht, Kirche (1816) und Gymnasium (1824) waren schon zuvor ausgeführt worden (*Abb. 32*). Noch im gleichen Jahr setzte Großherzog Ludwig mit dem Bau der steinernen Pyramide über der Gruft des Markgrafen Carl Wilhelm gleichsam den Schlussstein zur Via Triumphalis.

Zu Beginn haben wir von den Gärten beim Schloss gesprochen, nun soll von den Gärten in der Stadt die Rede sein. Bis zum Jahr 1800 gab es in der Residenzstadt drei fürstliche Parkanlagen: in der westlichen Langen Straße den Garten des Markgrafen Ludwig (den ehemaligen von Palmschen Garten) und südlich gegenüber den Garten des Markgrafen Friedrich, außerdem den Garten des Erbprinzen Carl Ludwig zwischen Lamm- und Ritterstraße. Als Weinbrenner nach dem Tod von Baudirektor Wilhelm Jeremias Müller (1725–1801) die Leitung des Bauamts übernommen hatte und in den ersten Jahren Pläne für den Bau prominenter Einzelgebäude zu Papier brachte, widmete er sich zu-

---

[56]   C. MEERWEIN, Erläuterungen zu seinen Vorschlägen zur Gestaltung um das Ettlinger Tor vom 7. Oktober 1799, GLA HfK. Hd. 14 (schwarz).

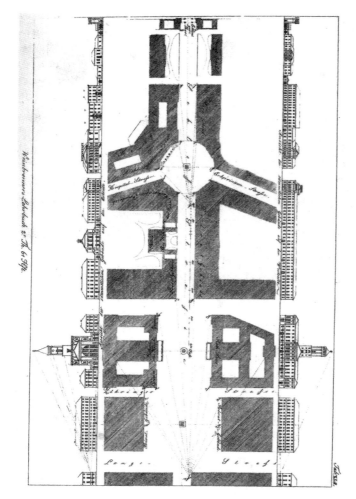

Abb. 31 F. Weinbrenner, Lageplan der Via Triumphalis, 1824

gleich dem Entwurf von Bauten in den fürstlichen Grünanlagen entlang der neuen Kriegsstraße: Zwischen 1801 bis 1803 entwarf er für den Garten hinter dem Markgräflichen Palais ein ansehnliches Lusthaus im Stile Palladios (*Abb. 33*)⁵⁷, im gleichen Jahr das Amalienschlösschen und den sogenannten Gotischen Turm im Erbprinzengarten

---

57 A. VALDENAIRE, Friedrich Weinbrenner, Sein Leben und seine Werke, Karlsruhe 1919, S. 129; G. EVERKE, Weinbrenner – ein Architekt des Klassizismus in der Nachfolge Palladios?, in: Palladio 1508–1580, Architektur der Renaissance, Städtische Galerie im Prinz-Max-Palais Karlsruhe. Stadt Karlsruhe (Hg.), Karlsruhe 1981, S. 53 f.

Abb. 32 F. Weinbrenner, Marktplatz, Ansicht von Südwesten auf die Evangelische Stadtkirche, 1806, gezeichnet von Georg Moller, 1806

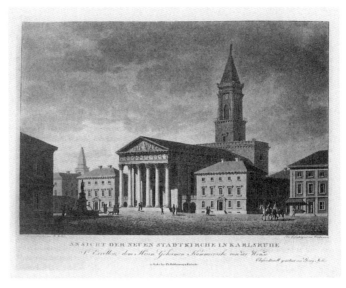

Abb. 33 F. Weinbrenner, Lusthaus im Garten des Markgräflichen. Palais, Nordansicht, 1801

(*Abb. 34*)[58]. Markgraf Friedrich hatte noch anfangs vor, das für seinen Garten an der Langen Straße getauschte Ackerland aufzuteilen und als Wohnbauland zu verkaufen, und Weinbrenner setzte alles daran, zur Erschließung die Amalienstraße bis zur Ritter-

---

58 Ausgeführte und projektierte Gebäude von Friedrich Weinbrenner, Zweites Heft: Gartengebäude Ihrer Königlichen Hoheit der Frau Markgräfin Amalie zu Baden, Gartengebäude, Carlsruhe & Baden 1830.

Abb. 34 F. Weinbrenner, Sommerhaus der Markgräfin Amalie im Erbprinzengarten, Ansicht Gartenseite, errichtet 1802

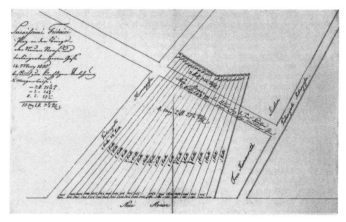

Abb. 35 *Serenissimi Friderici Plaz an der Kriegs- oder Neuen Straße und verlängerten Herrengasse 14. Merz 1805. Bestimmt zur künftigen Verlehnung ½ Morgenweise*

straße beim Amalienschlösschen zu verlängern (*Abb. 35*). Doch die spätere Entscheidung des Fürsten zugunsten einer Gartenanlage machte diesen Wunsch zunichte. Nach dem Tod Erbgroßherzog Friedrichs baute dort Weinbrenner 1817 das Palais für die Markgräfin Christiane Luise (*Abb. 36*)[59]. Aus dem Todesjahr Weinbrenners 1826 ist uns ein Plan erhalten, der die Lage der genannten Gärten im Stadtgebiet vermittelt (*Abb. 37*).

Was das Grün als solches angeht, können wir jedenfalls festhalten: Die Stadt ging nicht aus der Anlage von Freiflächen um das Schloss hervor, denn Tier- und Fasanengarten waren allein dem fürstlichen Schloss zugewiesen. Vornehmlich galt das für den Lust-

---

[59] Ebd., Erstes Heft, Stadt-, Garten- und Land-Gebäude Ihrer Hoheit der Frau Markgräfin Christiane Louise von Baden, Carlsruhe und Baden 1822. Den Garten des Markgrafen Friedrich hatte man für den Bau der Infanteriekaserne benötigt. Die geplante Bebauung scheiterte an der nicht genügenden Nachfrage nach Baugrundstücken.

Abb. 36   *Palais der Markgräfin zu Baden Christiane Louise*, 1822

Abb. 37   *L. Heiß, Situationsplan der Residenzstadt Karlsruhe mit Abgrenzung der fürstlichen Gartenanlagen im Stadtgebiet*, 1826

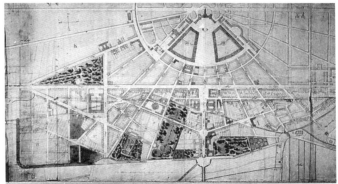

garten vor dem Schloss, dem Carl Wilhelm sein besonderes Interesse schenkte, einem Garten, der erst in den 1770er Jahren für die Karlsruher Bevölkerung geöffnet wurde. Gartenkunst und Stadtbaukunst schöpften freilich aus der gleichen Quelle: aus dem anfänglich geometrisch angelegten Wegestern in der Hardt. »Sehr deutlich tritt die Parallele zur Gartenkunst hervor, nur darf man nicht sagen, die Stadtbaukunst sei von jener beeinflusst«[60]. Für immer werden die Straßen im zentralen Bereich der Stadt diese strahlenförmige Figur im Grün des Waldes in Erinnerung bringen.

Öffentliche Grünanlagen freilich waren noch kein Thema, »*die eigentliche Geburtsstunde des öffentlichen Stadtgrüns kam erst, als im späteren 18. Jahrhundert und mit der Ausbreitung der Aufklärung neue soziale und moralische Auffassungen in den Vordergrund*

---

[60] A. E. BRINCKMANN, Die Baukunst des 17. und 18. Jahrhunderts in den romanischen Ländern, Handbuch der Kunstwissenschaft, Berlin 1919, S. 308.

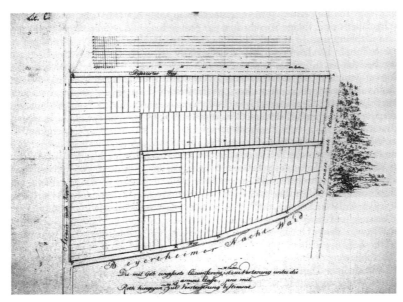

Abb. 38
Die neuen Karlsruher Gärten vor dem Rüppurrer Tor, 1795

traten, als das wiedererstarkende Bürgertum seine Forderungen anmeldete«[61]. Gleichwohl spielten private Nutzgärten und Ackerland für die Bewohner eine große Rolle bei der Nahrungsversorgung. Größere Gärten standen etwa den Vorstehern von Schulen und Kirchen zur Verfügung. Doch als immer mehr Gartenfläche zu Bauland wurde, stellte man um 1790, vorwiegend für Bürger mit geringerem Einkommen, parzellierte Gartenanlagen vor dem Linkenheimer, Rüppurrer und Ettlinger Tor bereit (*Abb. 38*)[62].

Am Ende des historischen Rückblicks soll noch auf zwei Pläne Weinbrenners zur Stadtvergrößerung eingegangen werden. Gemeint ist zunächst sein Vergrößerungsplan von 1802 (*Tafel 3*)[63], bei dem er sich erneut als der getreue Ekkehard erwies, der am Jagdstern in der Hardt als Dreh- und Angelpunkt für die städtebauliche Entwicklung seiner Heimatstadt unbeirrt festhielt: Für die Hauptstraße des nordwestlichen Erweiterungsgebiets, die Stephanienstraße, wählte er die Richtung eines Weges aus dem Jagdstern und folgerichtig – auch nach dem Prinzip eines Dreistrahls zusammen mit der heutigen Kaiserstraße – symmetrisch dazu als Hauptstraße des südwestlichen Erweiterungsgebiets die Amalienstraße. Den bestehenden Viehtriebweg ersetzte er gleichfalls durch einen Strahl aus dem Jagdstern: die heutige Akademiestraße. Den heutigen Europaplatz vollständig zu realisieren, gelang allerdings nicht. Für die von Weinbrenner geplante Nordhälfte des Platzes hätte man den bereits erwähnten Garten des Prinzen Ludwig, des späteren Groß-

---

[61] D. Hennebo, Geschichte des Stadtgrüns, T. I. Von der Antike bis zur Zeit des Absolutismus, Hannover-Berlin-Sarstedt 1970, S. 99.
[62] Wie Anm. 1, T. 1, Kapitel Gartenanlagen, S. 200–208.
[63] Wie Anm. 1, T. 2, S. 17–26.

herzogs, in Anspruch nehmen müssen, und dieser lehnte das Vorhaben wohl aus Eigeninteresse ab.

Eine andere Planung Weinbrenners zur Vergrößerung der Stadt stammt aus den Jahren 1812 und nochmals 1818 (*Tafel 4*)[64]. Oberst Johann Gottfried Tulla (1770–1828) hatte angekündigt, in Bälde genau in der Linie der nordsüdlichen Hauptstraße der Stadt im von Weinbrenner vorgesehenen Erweiterungsgebiet die neue, gerade verlaufende Poststraße nach Ettlingen zu bauen, und zudem kurz zuvor den provozierenden Satz geäußert, *dass Straßen auf ewige Zeiten angelegt werden, und dass daher vor allem die Zweckmäßigkeit berücksichtigt, alles übrige aber dieser untergeordnet werden muss*[65]. Weinbrenner wurde von Seiner Königlichen Hoheit Großherzog Carl (1786/1811–1818) beauftragt, sich in einem »Beigutachten« zu der geplanten Straßenbaumaßnahme zu äußern[66]. Eigentlich jedoch ging es bei der Planung darum, mit der Lage des neuen Mühlburger Tores zugleich die endgültige westliche Grenze der Stadt zu festzulegen.

Erstmals also machte nun Weinbrenner Vorschläge für die Ausdehnung des Stadtgebiets südlich der Kriegsstraße. Das Stadtgebiet hätte sich hierdurch auf das 2½-Fache vergrößert, sich südlich der Kriegsstraße bis in die Gegend des heutigen Hauptbahnhofs ausgebreitet. Karlsruhe sollte zur großen Stadt werden. Der halbkreisförmige neue Stadtteil ist geometrisch aus der alten Stadt entwickelt, der Straßenfächer kunstvoll mit anderen geometrischen Figuren verknüpft. Als räumliche Schwerpunkte im Neubaugebiet stechen zwei Rundplätze hervor, der westliche für ein Amphitheater, der östliche für Naumachien, für Seeschlachten und zum Baden gedacht. Auf einem mit *Circus* bezeichneten, lang gestreckten Platz im Zentrum sollten *Wettrennen und andere Spiel*e stattfinden. Drei Tore schließen das neue Baugebiet: am West- und Ost-Ende die Kriegsstraße sowie im Süden die mittlere Hauptachse. Von Bäumen gesäumte Straßen durchziehen die Quartiere. Den Ostteil durchquert ein Albkanal, die Westseite ein Murgkanal. Beide münden südlich des Ettlinger Tors in ein breit angelegtes Wasserbecken inmitten eines von Kaufhäusern, Magazinen und Handwerksläden gerahmten Marktplatzes. Als Bebauung im Randbereich sind von Grün umrahmte ein- und zweigeschossige Häuser mit freiem Blick in die Landschaft geplant, im Kerngebiet hingegen solche mit bis zu 5 Stockwerken (*Abb. 39*). Den Plan hat man lange Zeit Tulla zugeschrieben, er ist jedoch, wie Arnold Tschira (1910–1969) als Erster erkannt hat und später direkt nachzuweisen war, eine Arbeit Weinbrenners[67].

Arnold Tschira entwarf 1959 zu dem Vergrößerungsplan ein geometrisches Schema (*Abb. 40*): Vom Wegestern im Wald ausgehende vorhandene und neu geplante Wohnbauflächen sind hier durch ein kunstvoll geknüpftes Netz von Verkehrswegen miteinander verbunden und zu einem einheitlichen Stadtmodell gestaltet. Die Fächerstraßen führen

---

[64] Ebd., S. 55–98; G. LEIBER, Friedrich Weinbrenners späte Entwürfe zur Vergrößerung der Stadt Karlsruhe, in: Karlsruher Geowissenschaftliche Schriften, Reihe A u. B, Festschrift zum 60. Geburtstag von Werner Böser, Fachhochschule Karlsruhe, R. HANAUER u. a. (Hgg.) Karlsruhe 1986, S. 315–363.

[65] GLA 206/3044, Schreiben vom 21. Dezember 1811.

[66] Ausführung *auf Höchsten Befehl Sr Königlichen Hoheit des Großherzogs* lt. Schreiben vom 11. Dezember 1812, GLA 206/3044.

[67] A. TSCHIRA, Der sogenannte Tulla-Plan zur Vergrößerung der Stadt Karlsruhe, in: Werke und Wege, Eine Festschrift für Dr. Eberhard Knittel zum 60. Geburtstag, Karlsruhe 1959, S. 31–45.

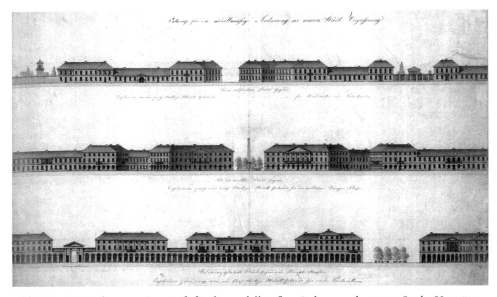

Abb. 39 F. Weinbrenner, Entwürfe für die modellmäßige Anbauung der neuen Stadt=Vergröserung / Für die entferntere Stadt Gegend, Verschiedene ein und zwey stöckige Modell-Gebäude für Handwerker und Fabrikanten / Für die mittlere Stadt Gegend, Verschiedene zwey und drey stöckige Modell Gebäude für die mittlere Bürger Klasse / Für die vorzüglichste Stadt=Gegend und Haupt=Straßen, Verschiedene zwey, drey, vier und fünf stöckige Modell Gebäude für reiche Particulliers, 1812

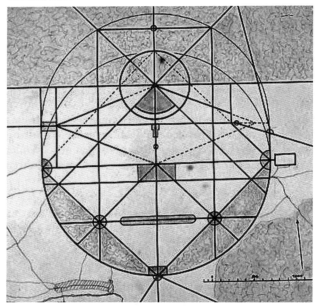

Abb. 40 Stadtvergrößerungsplan von 1818, geometrisches Schema

Abb. 41 F. Weinbrenner, Situationsplan über die westliche und südwestliche Grenze und Beschließung der Stadt mit der Placirung des neuen Mühlburger und Linkenheimer Thors, 1819

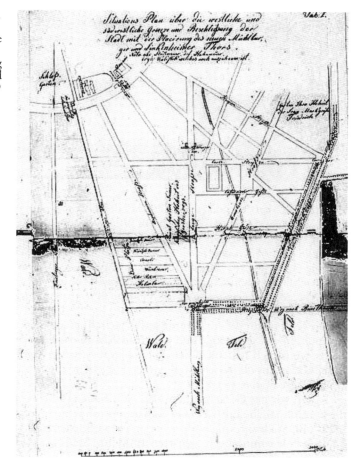

zur Kriegsstraße oder darüber hinaus, die Ritter- und die Adlerstraße biegen an der Kriegsstraße ab, wie überhaupt der rechte Winkel im neuen Stadtvergrößerungsplan dominiert.

Die südliche Stadterweiterung wurde jedoch nicht genehmigt. Mit Datum vom 1. Februar 1816 teilt das Finanzministerium der Baukommission die Entscheidung des von Wien zurückgekehrten Großherzogs mit: Es werde *von der projektierten Vergrößerung der Stadt vor dem Ettlinger Tor abstrahiert*[68], eine Formulierung, die Weinbrenner als *vorderhand ausgesetzt* interpretierte[69]. Zwei Jahre danach jedoch war es wieder Seine Königliche Hoheit Großherzog Carl, der die hohen Erwartungen seines Oberbaudirektors endgültig

---
[68] GLA 206/131.
[69] GLA 391/18541, Stellungnahme vom 13. Januar 1817 zum Baugesuch des Futtermeisters Stein für sein Wohnhaus vor dem Rüppurrer Tor.

Abb. 42 Situation vor dem Ettlinger Tor mit dem benachbarten Lusthaus im Garten der Reichsgräfin von Hochberg und Blick zum Turmberg, um 1810

enttäuschte. Von den drei zur Rede stehenden Distanzen sprach sich der todkranke Fürst gegenüber Weinbrenner mündlich am 30. November 1818 für die kleinste Lösung aus, bei der das Mühlburger Tor und damit die Stadtgrenze *nur 240 Fuß über das sogenannte Palmenhäuschen hinausreichen würden (Abb. 41)*[70]. Auch sein Nachfolger, Großherzog Ludwig (1763/1818–1830), entschied nicht anders. Am 19. März 1819 gab er Weinbrenner gleichfalls persönlich auf, das Mühlburger Tor *auf die Stelle des frühern Stadt-Bauplans, wo sich die Amalien- und die StephanienStraßen auf der langen Straße kreutzen,* zu planen[71].

Die Gründe für die Ablehnung waren vielfältig[72], darunter sicherlich der nicht zu umgehende äußerst schwierige und wenig aussichtsreiche Erwerb des Beiertheimer Auackerwalds, wohl auch Bedenken der drei hohen fürstlichen Damen, die den freien Blick aus ihren Gärten an der Kriegsstraße in die Hügellandschaft nicht durch Gebäude verstellt sehen wollten *(Abb. 42)*.

Fassen wir das Gesagte zusammen. Wir haben in Schwerpunkten, eher skizzenhaft, die kontinuierliche Entwicklung Karlsruhes von seinen Anfängen als Jagdrevier über die Orts- und Stadtwerdung bis hin zu der Vision Friedrich Weinbrenners von einer großen Stadt verfolgt, mit langen Schritten 100 Jahre Stadtbaugeschichte beschrieben. Arnold Tschira freilich schloss seinen schon genannten Aufsatz über den Plan Weinbrenners von 1818 mit der Bemerkung: »Dass Weinbrenners Plan nicht ausgewertet wurde, dass er also Idealplan ist und bleiben wird, dass es heute auch zu spät geworden ist, ihn auszuwerten, nimmt ihm nichts von seinem Wert, nimmt Weinbrenner nichts von seinem überragenden Rang als einem der letzten großen Stadtbaumeister des Alten Europa«[73].

---

[70] Mitteilung Weinbrenners in GLA 237/4426. Der Abstand vom Palmenhäuschen im Garten des Großherzogs Ludwig bestimmte den künftigen Standort des Mühlburger Tors und damit die westliche Grenze der Stadt. Zugleich war er maßgebend für den Radius des Umfangs des neu geplanten Stadtgebiets. Drei Maße hat Weinbrenner hierfür ins Spiel gebracht: zunächst 1809/10 240 Fuß, 1812 980 Fuß und 1818, bei dem hier zuletzt beschriebenen Erweiterungsplan 680 Fuß.

[71] GLA 237/4426.

[72] G. Leiber (wie Anm. 1), T. 2, S. 72 f. u. 88 f.; Ders., Weinbrenners späte Entwürfe, (wie Anm. 64), S. 344–349.

[73] A. Tschira (wie Anm. 67), S. 42.

Die Physiognomie einer Residenzstadt

VON HARTMUT TROLL

Karlsruhe gilt vielen als typisch absolutistische Stadtgründung, als Prachtexemplar einer Residenz – ja, gar einer barocken Idealstadt. Wolfgang Braunfels eröffnet in seiner viel beachteten Studie über die Abendländische Stadtbaukunst, die dem Zusammenhang von Herrschaftsform und Baugestalt gewidmet ist, das Kapitel über die Residenzstädte folgendermaßen: »Die einzigen erfolgreichen ›Idealstädte‹ sind die Residenzstädte im Zeitalter des Absolutismus gewesen. *Versailles* ist das vollkommenste Beispiel, *Nancy* gehört zu den reizvollsten, *Karlsruhe* trug am genauesten Wesenszüge einer Idealstadt«[1]. Beides ist – wie wir noch sehen werden – in Bezug auf Karlsruhe deutlich zu relativieren, aber dennoch: Versailles, Nancy, Karlsruhe, so eine gängige Lesart. Der von Braunfels gewissermaßen illustrierend als Begründung angeführte augenscheinliche Gegensatz »zwischen den Festungs- oder Fiskalstädten der Bautheoretiker [...] und diesen strahlenden Regierungszentren« weist auf einen fundamentalen Paradigmenwechsel in der abendländischen Stadtbaukunst hin. Er findet in der Zeit der Gründung Karlsruhes statt und bildet die Folie, vor der deren Entwicklung zu betrachten ist. Es werden zwei Topoi in einen neuen, gewissermaßen modernen und bis heute gültigen Denkzusammenhang gebracht, nämlich die Stadt einerseits und der Garten andererseits.

Stadt und Garten

Stadt und Garten werden im Titel der kleinen Jubiläumstagung zum 300sten Geburtstag der Stadt Karlsruhe als selbstverständliche Verbindung, als nahe liegendes Begriffspaar vorgestellt. Dies ist aus heutiger Perspektive gesellschaftlicher wie professioneller Konsens[2], aber in dieser Eintracht ein vergleichsweise junges Phänomen. »Stadt und Garten als einen räumlichen, funktionalen, als einen sozialen und künstlerischen Zusammen-

---

[1] W. BRAUNFELS, Abendländische Stadtbaukunst. Herrschaftsform und Baugestalt, Köln 1976, S. 153.
[2] »Die Stadt ist unser Garten« ist der programmatische Titel eines jüngst publizierten Manifestes der Urban-Gardening-Bewegung.

hang zu denken und urbanistische Planungen daran auszurichten, stellt weitgehend eine Erfindung des 19. Jahrhunderts dar«[3].

Beides sind ursprünglich Eingrenzungsphänomene, doch mit Wesensunterschieden in der sozialen Öffentlichkeit. Die Grenze ist für den Garten konstituierend, er wird abgesondert von der gemeinen Nutzung und deren Öffentlichkeit[4]. Die Stadt im Sinne der res publica steht dem Garten als einem über die Absonderung definierten privaten Ort zwar als soziale Sphäre des Öffentlichen gegenüber, ist aber von ihrem Wesen her, ›ontologisch‹ gesehen, selbst ein ummauerter Raum[5]. Das öffentliche Grün – gewissermaßen die Verbindung dieser zwei Reiche – bleibt in der Stadt bis ins 18. Jahrhundert praktisch wie theoretisch eine Randerscheinung und wird dann vornehmlich über Prozesse der Urbanisierung sozialer höfischer Praktiken, etwa der Promenade, insbesondere zum Ende des angesprochenen Jahrhunderts ein zunehmend wichtiges Thema. Genannt seien die programmatischen Ausführungen von Christian Cay Lorenz Hirschfeld[6] oder Friedrich Ludwig von Sckell[7] zur Begründung der Volksparks.

Die Ursprünge urbaner Gartenanlagen liegen räumlich gesehen woanders, nämlich wie die Schützenwiesen, die beispielsweise in Nürnberg – dort bereits 1434 urkundlich erwähnt – allen *Inwohnern zur Lust und Ergetzung* dienen sollen, außerhalb der Stadt, extra muros[8]. Auch die so genannte hohe Gartenkunst hat weitgehend extraurbanen, bestenfalls suburbanen Charakter. Letzteres beschreibt gewissermaßen als regelhafte Ausnahme die Residenzgärten in ihrer städtischen Randlage, die der herrschaftlichen Funktion geschuldet ist. ›Villa‹ und ›Maison de Plaisance‹ formulieren dagegen die Separierung von der Stadt geradezu als literarischen Topos[9], der auch im Karlsruher Entwurf nachlebt.

Versailles ist in dieser Hinsicht das Schlüsselereignis: Stadt und Residenzgarten werden konzeptionell vereinheitlicht, und die Gesamtanlage wird mit der Revolutionierung des Maßstabes zum Labor monumentaler Raumgestaltung und damit moderner urbanistischer Konzepte. »Die Gartenkunst adaptierte städtebauliche Elemente wie etwa den Dreistrahl, die Stadtbaukunst griff später auf die Etoile (Wegestern) zurück, die zuerst in Gärten verwirklicht wurde, sowie auf die Gestaltungsform der Allee«[10], die, über die Gartentheorie kanonisiert, zu dem präferierten Mittel der Ordnung und Auszeichnung

---

[3] S. SCHWEIZER, Die Entfestigung deutscher Städte als gartenkünstlerische Aufgabe im 18. und 19. Jahrhundert (Veröffentlichungen des Südwestdeutschen Arbeitskreises für Stadtgeschichtsforschung 40), Ostfildern 2015, S. 149–167, hier S. 150.

[4] J. HABERMAS, Strukturwandel der Öffentlichkeit, Frankfurt am Main 1990, S. 59.

[5] P. SLOTERDIJK, Sphären II. Globen, Frankfurt am Main 1999, S. 251 ff.

[6] C. C. L. HIRSCHFELD, Theorie der Gartenkunst, Band 5, Leipzig 1785, S. 68 ff.

[7] F. L. v. SCKELL, Beiträge zur bildenden Gartenkunst, München 1818/1825, S. 197 ff.

[8] J. MARTZ, Zur Genese und Entwicklung der Bauaufgabe öffentlicher Park in Deutschland, in: Die Gartenkunst (2015), Heft 1, S. 79.

[9] *daß die Häuser der Freien nicht gerade die fruchtbarste Stelle des Ackerlandes einnehmen, sonst aber die würdigste, […] die Stadt, […] wird er unter seinen Augen haben.* (Leon Battista Alberti, Zehn Bücher über die Baukunst, unveränderter reprografischer Nachdruck, Darmstadt 1991., S. 272).

[10] S. SCHWEIZER, Urbanistische Gartenkunst im Zeitalter vor dem Städtebau: Der Beitrag Peter Joseph Lennés, in: GENERALDIREKTION KULTURELLES ERBE RHEINLAND-PFALZ (Hg.), Peter Joseph Lenné. Ein Gartenreise im Rheinland, Regensburg 2011, S. 107–114, hier S. 108.

des Raumes schlechthin aufsteigt[11]. Im Lichte der gegenseitigen Adaptionsfähigkeit steht die Sternfigur eines Gartenentwurfs nicht grundsätzlich der Entwicklung einer Stadt entgegen, wie das Beispiel Karlsruhe zu zeigen scheint. Gleichzeitig wird klar, dass solch eine Transformation eines Grundrisses alles andere als umstandslos möglich ist. Man muss die Stadtentwicklung in diesem konkreten Fall als ein Anlagerungsphänomen begreifen, beileibe aber nicht als Idealstadt, wie die in der Literatur gängige Interpretation lautet. Diese Wesenszüge prägen sich erst deutlich später aus, namentlich mit den Planungen des badischen Baumeisters Friedrich Weinbrenner[12].

Im 18. Jahrhundert treten die Raumkonzepte Stadt und Garten gewissermaßen in ein Arbeitsverhältnis zueinander ein. Die Städte beginnen sich zu öffnen, etwa im 17. Jahrhundert in Paris mit den großen Promenaden auf den sogenannten Bollwerken, aber auch in Bremen, wo bereits 1717 die Promenade am Wall entsteht. Die Entfestigung der Städte – Goethe setzt diesem Umbruch und der daran geknüpften Hoffnung an einen allgemeinen Frieden in den *Wahlverwandtschaften* ein literarisches Denkmal[13] – ist der markante Einschnitt, der Gartenkunst und Städtebau endgültig miteinander verbindet. In diese Zeit fällt die Gründung Karlsruhes.

Residenzstädte

Residenzstädte werden – wenn wir der im Eingangszitat bereits erwähnten Studie von Wolfgang Braunfels über den Zusammenhang von Herrschaftsform und Baugestalt folgen – unter anderem über ein spezifisches Bauprogramm charakterisiert[14]. Kanzleien und Ministerien, Hofkirche und -theater, Verwaltungsbauten, Wachen und fürstliche Grablegen sind Beispiele dafür, und nicht zuletzt der Kranz an Villen und Schlösser auf dem Lande. In der räumlichen Disposition wird die dominante Stellung des Schlossbezirkes als maßgeblich beschrieben, die aber erst im absolutistischen Städtebau den Grundriss des Stadtkörpers als Ganzes zu ordnen und auf die Landschaft auszurichten beginnt.

In Karlsruhe scheint diese Merkmalkombination evident zu sein. Die alles durchdringende klare Ordnung und Geometrie verführen geradezu dazu, eine typologische Nähe zur Idealstadt zu vermuten[15]. Der Residenzmodus schöpft aus dem Repertoire der Staatsarchitektur (*Abb. 1*) sowie der höfischen Gartenkunst und bleibt im Klassizismus – eigentlich die hohe Zeit des Typus der Hauptstädte – städtebaulich wirksam. Friedrich Ludwig von Sckell in München, Peter Joseph Lenné in Potsdam und Berlin sowie Friedrich Weinbrenner in Karlsruhe schreiben das letzte große Kapitel dieser Stadtform. Der hohe Anteil an herrschaftlichen Gärten prägt im klassizistischen Stadtausbau Karlsruhes

---

[11] H. TROLL, Entgrenzung und Vernetzung. Barockanlagen am Oberrhein, in: B. HERRBACH-SCHMIDT/H. SCHWARZMAIER (Hgg.), Räume und Grenzen am Oberrhein (Oberrheinische Studien 30). Ostfildern 2012, S. 189–199, hier S. 195 f.
[12] G. LEIBER, Friedrich Weinbrenners städtebauliches Schaffen für Karlsruhe. T. 2, Der Stadtausbau und die Stadterweiterungsplanungen 1801–1826, Mainz 2002.
[13] J.W. v. GOETHE, Die Wahlverwandtschaften, Frankfurt am Main 1965 (1809), S. 176.
[14] BRAUNFELS (wie Anm. 1), hier S. 160.
[15] BADISCHES LANDESMUSEUM KARLSRUHE (Hg.), Klar und lichtvoll wie eine Regel. Planstädte der Neuzeit vom 16.–18. Jahrhundert, Karlsruhe 1990.

Abb. 1　Karlsruhe, Rondellplatz, 1804/1805, Aquatinta nach Zeichnung von G. Moller, geätzt von J. J. Strüdt, verlegt von C. Haldenwang

gänzlich typuskonform das Weichbild der Stadt und durch ihre räumliche Konzentration an deren Rand auch die Stadtansicht.

Residenzstadt, so eine sinnleitende These dieses Beitrags, ist abseits ihrer funktionalen Aspekte in hohem Maße ein Phänomen der Erscheinung und des Auftritts, also der Physiognomie. Dies wird dem Prozess der Transformation einer Residenz zur Residenzstadt, wie er in Karlsruhe exemplarisch vonstattengeht, der stete Maßstab für die Adaptionsanforderungen sein.

Was dies bedeutet, wird im Folgenden analysiert, indem die Stadtentwicklung Karlsruhes hinsichtlich des Typus der Residenzstadt befragt, die Frage der sozialen Öffentlichkeit und ihrer Orte, der Gärten und ihrer Lagen im Blick behalten werden. Die einzelnen Phasen werden in die zeitgenössischen Garten- und Stadttheorien eingeordnet und der Einfluss der Gartenkunst auf den hiesigen Städtebau skizziert.

Der Aufbau der Residenz

Markgraf Karl Wilhelm (1639–1738) erbt 1709 ein im pfälzischen Erbfolgekrieg weitgehend verwüstetes Land und als mittelbare Folge davon in der Stadtresidenz Durlach den Westflügel eines ebenso ehrgeizigen wie unvollendeten Schlossprojektes. Der Rastat-

Abb. 2 Karte von Karlsruhe und Umgebung, 1734, G.F. Riecke

ter Frieden 1714[16] ist die politische Voraussetzung für einen Planungsprozess, an dessen Ende die Residenzstadt Karlsruhe steht und dessen Anfang ein kleines Jagdhaus auf der Lichtung Blocksblöße im Hardtwald markiert. Die rasche Folge konzeptioneller Planänderungen – von einem Tiergarten mit Fasanerie zu einem Jagdschloss, das wiederum, mit der Grundsteinlegung des Schlossturms für ein neues ›Lust Hauß‹, von der Idee einer Sommerresidenz abgelöst wird und schließlich 1718 in die Verlegung der Residenz nach Karlsruhe, der eigentlichen Konstituierung, aber noch nicht der Planung der Stadt, mündet, geschieht stets innerhalb einer unverändert gleich bleibenden idealen Grundrissordnung[17]. Deren Rezeption zeigt die ganze Ambivalenz der Karlsruher Gründung; klar und lichtvoll wie eine Regel, so sieht sie Heinrich von Kleist[18] – als geradezu jämmerlichster Fehlschlag, gewissermaßen als bloßer Grundriss verurteilt sie dagegen der bekannteste Urbanist der Moderne, Le Corbusier[19]. Und es war ja in der Tat der Entwurf eines Stadtantagonisten par excellence.

Ein Turm markiert den Mittelpunkt, von dem ein sternförmiger Kranz mit 32 Strahlen ausgeht (*Abb. 2*). Auf der südlichen Seite liegen das Schloss und der eigentliche Lustgarten, der mit den fächerförmigen Flügelbauten und den Zirkelgebäuden räumlich gefasst ist. Unmittelbar dahinter – unsichtbar, aber konzeptionell wirksam – befindet sich die territoriale Grenze zur Markgrafschaft Baden-Baden. Der Lustgartenbezirk ist ganz offenkundig als geschlossener Raum formuliert. Gerade die wichtigsten Öffnungen sind optisch begrenzt, für die zentralen Wege fungieren die Haupt- und die beiden Nebenkirchen als Prospekt, ganz wie es André Mollet Mitte des 17. Jahrhunderts noch für das Ende von Gartenalleen (in Form gemalter Leinwände) empfiehlt. Erst unter Carl Friedrich (1728–1811) wird der stadtseitige Raum mit den Planungen von Friedrich Wein-

---

[16] A. JORDAN/H. TROLL, Der Friede von Rastatt 1714, in: R. DE BRUIN/M. BRINKMANN (Hg.), Friedensstädte. Die Verträge von Utrecht, Rastatt und Baden 1713–1714, Petersberg 2013, S. 70–77.
[17] Vgl. G. LEIBER, Nach einem vorher entworfenen regelmäßigen Plan entstanden. Der Karlsruher Stadtgrundriss und seine geometrischen Grundlagen, in: ZGO 154 (2006), S. 217–239.
[18] Zitiert nach LEIBER (wie Anm. 17), S. 217.
[19] LE CORBUSIER, 1922. Ausblick auf eine Architektur, Braunschweig/Wiesbaden 1982, S. 148.

brenner (1766–1826) ausgerichtet und durchlässig werden. Ganz anders der Entwurf auf der Seite des Hardtwaldes, wo sich der Landsitz strahlenförmig zur Landschaft hin öffnet und das ganze Territorium mit dem sternförmigen Wegenetz durchmisst[20]. Auf dieser Seite ist die Zweckmäßigkeit der Karlsruher Strahlenfigur mit der Vielzahl an Wegen einleuchtend. »Sie verbindet das Zentrum des Wegesterns mit den Ortschaften am westlichen und östlichen Rand der Niederterrasse oder deren Feldflur zwar nicht immer geometrisch genau, trifft aber wenigstens in die Nähe dieser Ziele«[21].

Die Idee einer ›Maison sans gene‹, einer Eremitage[22], ist in Karlsruhe mutmaßlich von aktuellen französischen Projekten wie Marly-le-Roi oder auch von der benachbarten Rastatter Favorite der jungen Markgräfin Sybilla Augusta inspiriert. Eine 1728 – bezeichnenderweise zeitgleich mit dem Bau des Rathauses – am Schloss angebrachte Inschrift würdigt öffentlich und retrospektiv das Motiv des Liebhabers der Natur, ... *der hier in der Stille die Zeit vertreiben* [wollte], *in Betrachtung der Kreatur, die Eitelkeit verachtend, in einem kleinen Schloss den Schöpfer recht verehren, allein das Volk kam auch herbei, bauete, was Du hier siehst, also keine Ruhe*....

So sehr der Jagdsterntypus und das Eremitagemotiv gewöhnlich gewesen sein mögen, so außergewöhnlich und neu ist deren Verbindung mit einer offiziellen Residenz, die Synthese zweier unterschiedlicher barocker Anlagensysteme[23]. Die eigenwillige Komposition ist in der Übersetzung des jagdlichen Zentralsystems in eine Dreiflügelanlage vergegenständlicht, nämlich in der Figur des Fächers, die dann auch eine unübliche Anordnung der Gartenteile erlaubt. Karlsruhe nimmt in dieser Hinsicht eine ganz eigene Stellung in der kunstgeschichtlichen Weiterentwicklung des Residenzbaus ein, indem der mehr private Charakter eines Ruhesitzes mit den Anforderungen herrschaftlicher Repräsentanz verbunden wird, worauf bereits Dieter Hennebo in seiner dreibändigen *Geschichte der deutschen Gartenkunst* hinweist. Eine Generation später wird dieses Thema ganz programmatisch im Badhausbezirk des Kurfürsten Carl Theodor im Schlossgarten Schwetzingen weitergeführt werden[24].

Die Rolle des Lustgartens

Die im stumpfen Winkel abgehenden Seitenflügel des Karlsruher Schlosses flankieren den trapezförmigen Ehrenhof. Freistehende Orangerien und Marställe mit einer vorgelagerten Allee aus Rosskastanien, eine zur damaligen Zeit aus Konstantinopel über Wien und Frankreich erst jüngst in Süddeutschland eingeführte, hochmodische Baumart, ver-

---

[20] Vgl. H. TROLL, Seine blühende Ruhe – Der Karlsruher Schlossgarten unter Karl Wilhelm, in: BADISCHES LANDESMUSEUM KARLSRUHE (Hg.), Karl Wilhelm 1679–1738, Karlsruhe 2015, S. 148–155.

[21] G. LEIBER, Friedrich Weinbrenners städtebauliches Schaffen für Karlsruhe. Teil 1. Die barocke Stadtplanung und die ersten klassizistischen Entwürfe Weinbrenners, Karlsruhe 1996, S. 32.

[22] D. HENNEBO/A. HOFFMANN, Geschichte der deutschen Gartenkunst in drei Bänden. Band II, Der Architektonische Garten, Hamburg 1965, S. 286.

[23] Ebd., S. 288.

[24] R. R. WAGNER, In seinem Paradiese Schwetzingen. Das Badhaus des Kurfürsten Carl Theodor von der Pfalz, Ubstadt-Weiher/Heidelberg 2009.

längern den Fächer in südlicher Richtung und rahmen den Lustgarten im engeren Sinn. Auf den ersten Blick scheinen Grundrisslösung und Raumabfolge sehr ungewöhnlich zu sein, bei näherer Betrachtung wird – wenn wir die Kupferstiche von Heinrich Schwarz 1721 und von Hof- und Lustgärtner Christian Thran (*Tafel 1*) 1739 zu Rate ziehen, die den angestrebten, wenngleich noch nicht gänzlich erreichten Ausbauzustand zeigen – die Nähe zu den typologischen und kanonischen Regeln der Zeit deutlich.

In der Verlängerung des Corps de logis liegt das Parterre, das in Übereinstimmung mit der Theorie von Augustin Charles d'Aviler »so breit wie das Gebäude, die seitlichen Alleen nicht mitgerechnet, sein [soll] und so lang, dass man vom Ende alle Teile des Gebäudes erkennen kann«[25]. Die Mitte nimmt ein Bassin mit Fontäne ein, und die von Buchshecken gerahmten Kompartimente zeigen die für Broderien typischen arabesken Formen. In der vegetativen Ausstattung erweist sich der Lustgarten als durchaus bemerkenswert und äußerst ambitioniert. Die randlichen plate-bande de fleurs der Parterrekompartimente zieren eine Reihe seltener Stauden und Zwiebelpflanzen. Im *Hortus carlsruhanus*[26] werden für den Blumenflor im vorderen Schlossgarten zahllose kostbare und prachtvolle Tulpen, Narcissen, Jonquillen, Tuberosen, Anemonen, Ranunkeln, Grasblumen, Aurikeln, Primeln, Rosen und Levcojen genannt. Sowohl der Hauptgang als auch die Querachse im Mittelparterre sind mit einer großen Zahl an Orangen- und Zitronenbäumen in Kübeln ›bestellt‹. Johann Georg Keyßler schwärmt bei einem Besuch 1729 angesichts des vergleichsweise kleinen Gartens überschwänglich von dem *großen Bestand an Pomeranzen-Citronen-Lorbeer- und dergleichen Bäumen von über 4.000 Stück, worunter 2.700 Orangen-Bäume, deren die Schönsten an Höhe zwar die Ludwigsburger übertreffen, an der Dicke aber selbigen bey weiten nicht gleich kommen*[27]. Die Karlsruher Kombination eines Orangerie- mit einem Blumenparterre, eine Forderung, wie sie Leonhard Christoph Sturm in seiner *Vollständigen Anweisung großer Herren Päläste* gleichsam programmatisch für einen Fürstensitz formuliert[28], realisiert den Typus eines Residenzgartens auf gärtnerisch außergewöhnlichem Niveau[29].

Beidseits des Mittelfeldes in der Verlängerung der Seitenflügel des Schlosses gibt es allerlei *köstliche*[...] *Gartenszenen und Spielereien*[30]. In einer spiegelbildlich organisierten Raumfolge vervollständigen im rückwärtigen Ziergartenbereich die beiden Boskette als Lustgebüsche den barocken Gartenkanon. Auf der Seite des Schlosses liegen zwei vertiefte Einzelgärten und davor Blumengärten mit einem mit Delfter Porzellanplatten ver-

---

[25] C. A. WIMMER, Geschichte der Gartentheorie, Darmstadt 1989, S. 113.
[26] J. A. HARTWEG, Hortus Carlsruhanus oder: Verzeichniss sämmtlicher Gewächse welche in dem grossherzoglichen botanischen Garten zu Carlsruhe cultivirt werden nebst dem Geschichtlichen der botanischen und Lustgärten von 1530–1825 [...], Karlsruhe 1825.
[27] J. G. KEYSSLER, Neueste Reise durch Teutschland, Hannover 1740/41, S. 141.
[28] L. C. STURM, Vollständige Anweisung großer Herren Päläste, 1718.
[29] Ein Vergleich der Inventare illustriert die Bedeutung der Pflanzensammlung. So sind die in Karlsruhe nachgewiesenen exotischen Arten Kaffee und Ananas in dieser Zeit außerdem nur im holstein'schen Schlossgarten Gottorf überliefert. Die Beziehungen zum dortigen Hof waren über die Markgräfin Augusta Maria von Schleswig-Holstein-Gottorf besonders eng; Hofgärtner Christian Thran kam ebenso wie Joachim Sievert und Blumengärtner Zacharias Gottschalk aus Holstein.
[30] A. VALDENAIRE, Die Kunstdenkmäler der Stadt Karlsruhe. Der Stadtbau und der Schlossbezirk, aus dem Nachlass von J. KLEINMANNS (Hg.), Petersberg 2014.

kleideten *Lusthäusel*, jeweils axial auf das Bassin vor dem Ehrenhof bezogen. Insgesamt ist ein verblüffend hohes Maß an orthogonaler Ordnung innerhalb einer für diese Bauaufgabe ungewöhnlichen Segmentfläche zu konstatieren. Soweit die sehr kursorische Skizze jenes Gartenraumes vor dem Schloss[31], gleichsam der sichtbare Ausweis einer Residenz, dem in der Folge der Etablierung Karlsruhes als Residenzstadt eine zentrale Rolle im Prozess der typlogischen Adaption zukommen sollte.

Neucodierung der Wege in der Gartentheorie

Die Allee wird im 17. Jahrhundert zum wichtigsten Mittel der monumentalen Raumkunst. Geschichtlich betrachtet ist die Allee zuerst ein vereinzeltes und begrenztes Gliederungselement meist in sogenannten Lustgärten, später auch in der Kulturlandschaft, wo sie aber nicht vor der zweiten Hälfte des 18. Jahrhunderts landschaftsprägend wird[32]. In der zeitgenössischen Gartentheorie kann die Etablierung der Baumreihe zu einem flächenwirksamen Mittel und Muster der Raumorganisation nachvollzogen werden.

Jacques Boyceau de la Barauderie im 17. oder Antoine Joseph Dézallier d'Argenville Anfang des 18. Jahrhunderts formulieren in ihren Traktaten erstmals verbindliche Regeln der gestalterischen Anwendung und der typologischen Differenzierung von Alleen[33], die gleichsam als Mittel des Decorum[34] eingeführt werden. Die Kanonisierung geschieht über das Konstrukt einer Analogie zur Stadt. *Die Alleen in den Gärten sind wie die Straßen in denen Städten. Sie führen einen bequemlich von einem Ort zum anderen und sind gleichsam Wegweiser, welche einen durch den ganzen Garten führen. Außer der Annehmlichkeit und Bequemlichkeit, welche man jederzeit bei ihnen findet, wenn man darinnen herum spazieret, sind sie auch eine von den größten Schönheiten der Gärten, wenn sie gut ausgetheilet und wohl angelegt sind*[35]. Die Schönheit der Allee und ihrer Ordnung nobilitiert sie zu einem Mittel der Kunst und als solches in der Folge zu einer Referenzgröße des Städtebaus. Mitte des 18. Jahrhunderts sieht Marc-Antoine Laugier in seinem anonym veröffentlichten *Essai sur l'architecture* in den barocken Gartenplänen gerade wegen der ästhetischen Qualitäten der Wege- und Platzfiguren bereits das Vorbild für den modernen Städtebau[36].

---

[31] Eine vollständige und ausführliche Beschreibung des Lustgartens findet sich in: S. GUGENHAN/D. VERDYK, Schlossgarten, Schlossplatz, Botanischer Garten und Fasanengarten Karlsruhe. Parkpflegewerk, Stuttgart 2011, S. 20ff.

[32] C. A. WIMMER, Alleen – Begriffsbestimmung, Entwicklung, Typen, Baumarten, in: I. LEHMANN/M. ROHDE, Alleen in Deutschland. Bedeutung, Pflege, Entwicklung, Leipzig 2006, S. 14–23.

[33] R. DOBLHAMMER/A. DREXEL, Gehölze und Wege in formalen historischen Gartenanlagen Österreichs, Frankfurt am Main 2005, S. 251.

[34] Während Utilitas auf die Nützlichkeit und Bequemlichkeit eines Gegenstandes abzielt, umfasst der Begriff Decorum in der Kunsttheorie das Schickliche und Angemessene. Hier ist die Würde der Erscheinung eines Objektes gemeint, die der Zweckbestimmung entsprechen sollte..

[35] A. BLOND, Die Gärtnerey sowohl in ihrer Theorie oder Betrachtung als Praxi oder Übung, [...] übersetzt durch F. A. DANNREITTER, Augsburg 1731, Reprint Leipzig 1986, S. 65.

[36] M.-A. LAUGIER, Das Manifest des Klassizismus, Zürich/München 1989, S. 176f.

Aber noch bleibt es bei der Analogie. In Karlsruhe, das nun Residenz werden soll, werden die Möglichkeiten der Bebauung innerhalb der räumlichen Disposition des Fächergrundrisses diskutiert und hinsichtlich der (privaten) Freiräume für Haus, Hof und Garten abgewogen. Mit der ersten Stadt-Anlage um 1716 werden für die Alleen des Strahlenkranzes Adaptionsnotwendigkeiten gesehen, bevor gewissermaßen aus Alleen Gassen werden können. *Die 10 und 20 schühigen Alleen, wo die Häuser hin zu stehen kommen, sollten billich auf 30 Schuh breit seyn, denn sonst die Gassen gar zu schmal würden*[37].

Je mehr der Bezugsrahmen sich zur Stadt hin verschiebt, desto mehr rücken dann Fragen der sozialen Öffentlichkeit inklusive ihrer Praxis ins Zentrum der Betrachtung. In einem Entwurf des Gutachtens der Schlossbau-Deputation zum Aus- und Umbau der Stadt Karlsruhe im Jahre 1764[38] wird das Freihalten öffentlichen Platzes mit der Funktion von Jahr- und Wochenmärkten begründet. In der Mitte der Stadt sollen deshalb keine Alleen sein. In diesen Planungsüberlegungen taucht nun zusätzlich die städtische Promenade als explizit vom Markgrafen gewünschte Anforderung auf; ihr Ort ist der äußere Rand der Stadt, was den Perspektivenwechsel in der Bilderfahrung veranschaulicht. *Nicht aus Schmeichelei aber, sondern aus guten Gründen, halten wir davor, daß Eur. eigener Gedanke einen Vorzug vor anderen verdient. Derselbe besteht darin, daß man durch die lange Straße eine Allee von wilden Kastanien setzen und damit das Pflaster in der Mitte erspahren sollte. Wir finden dasselbe, nach genauer Prüfung, nicht allein möglich, sondern auch gut und* schön [Herv. d. Verf.]. *Da die gedachte Straße eine Breite von 80 Schuhen hat, so könnte in der Mitte 18 Schuhe ausgespart werden, so man gar nicht pflasterte, sondern ganz bleiben machte und darein zwei Reihen Maroniers, einen 12 bis 14 Schuhe von dem andern, und eine Reihe 16 Schuhe von der anderen setzete. Diese Bäume würden en eventaille* [fächerförmig, Anm. d. Verf.] *gezogen und zu dieser Form alle Jahre geschnitten. Der Platz zwischen ihnen, würde mit gutem Sande beschüttet und zu Spaziergängen zubereitet*[39].

Das lustgärtnerische Mittel der Formgebung (en eventaille), aber auch das Element der Kastanie zeigen die Anverwandlung von Modi höfischer Gartenkunst im städtischen Kontext, gleichsam die Übertragung einer Würdeformel. Der solcherart ausgezeichnete Spaziergang geschieht nun im Angesicht der Stadt (und nicht mehr im Angesicht der Residenz, wie noch im Lustgarten) und ist zugleich selbst auch ein tragendes Element des Bildes der Residenzstadt.

Im Zuge der Stadtweiterung wandert diese Funktion an den dann neuen Rand, die Kriegsstraße. *Wenn dieser Weg schön hergestellt, und mit Bäumen besetzt würde [...], so entstünde dadurch zugleich um die ganze Stadt die angenehmste Promenade, nebst einem nützlichen Weg zu allem Gebrauch*[40].

---

[37] Zitiert nach LEIBER (wie Anm. 21), S. 44.
[38] GLA 206/24.
[39] Zitiert nach LEIBER (wie Anm. 21), S. 301.
[40] GLA 229/6346 I, Nota vom 5. April 1799, zitiert nach LEIBER (wie Anm. 21), S. 146.

Abb. 3   Plan der Bebauung auf der Südseite der Straße Durlach-Mühlburg und in Klein-Karlsruhe, 1719, Kopie 1888, W. Bender, SAK, Kartensammlung XVI 15.

Utilitas und Decorum im Stadtausbau

Ein Plan Karlsruhes von 1719 zeigt (*Abb. 3*)[41], wie anfangs städtische Nutzungen und Einrichtungen lediglich am Rand des Zirkels und gewissermaßen noch außerhalb des Prospekts Platz finden, man könnte sagen außerhalb des Bildes der Residenz. Rathaus und Markt siedeln sich – am Ende auch mit markgräflichem Segen und weitreichenden städtebaulichen Konsequenzen – um die Concordienkirche an (*s. ##Beitrag Leiber ##Abb. 24*)[42]. Außerhalb sind die Gärten der Stadtbewohner lokalisiert; sie werden einer späteren Stadterweiterung, die ganz offenkundig noch nicht bedacht ist, im Wege stehen und dann zum Teil unter hohen Kosten vom Markgrafen zurückerworben werden[43]. Mit dem Erbprinzengarten kündigt sich am Rand der Ansiedlung gewissermaßen als herrschaftliches Nutzungsäquivalent ein erstes typisches Phänomen der Residenzstadt an (*Abb. 4*)[44].

Der vordere Zirkel wird baulich als Domizil für den Hofstaat bestimmt, für den Adel und die Räte und ihre Kanzleien[45]. Sogar eine Orangerie findet dort ihren Platz, was in der Folge noch Zündstoff für den Stadtaus- und -umbau liefern soll. In der Funktion und Ausrichtung bestimmt die Residenz im engeren Sinne noch die Physiognomie der Stadt; von einer Residenzstadt kann man in den ersten Jahren noch schwerlich sprechen. »Karlsruhe bleibt denn auch am Ende die einzige der neuen Residenzen am Oberrhein, die in ihren ersten Grenzen die üblichen Standorteigenschaften für eine Residenz vermissen lässt«[46]. Insbesondere die vergleichsweise große Entfernung zu den regionalen Verkehrswegen – ideal für eine Eremitage – erschwert die wirtschaftliche Entwicklung Karlsruhes als Stadt.

---

[41]   Plan der Bebauung auf Südseite der Straße Durlach-Mühlburg und in Klein-Karlsruhe 1719, Kopie 1888 W. Bender, SAK, Kartensammlung XVI 15.
[42]   Leiber (wie Anm. 21), S. 61.
[43]   Ebd., S. 93.
[44]   Das erste bisher in den Quellen gefundene Schriftstück hierzu spricht vom *Erb-.Prinzen-Garten zu Carlsruhe* und stammt aus dem Jahre 1731 (Ebd., S. 198).
[45]   Leiber (wie Anm. 21), S. 48.
[46]   Ebd., S. 30.

Abb. 4 Erbprinzengarten, 1739 (Ausschnitt aus Abb. 3, bearbeitet)

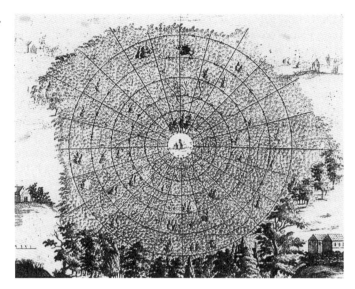

Mit einem Privilegienbrief wird Karlsruhe 1722 offiziell zur Residenzstadt. Ende der 1720er Jahre ergibt sich mit der baulichen Etablierung und Arrondierung eines bürgerlichen Zentrums in der Verlängerung der drei mittleren Gassen um den nun offiziellen Marktplatz ein zweiter räumlicher Schwerpunkt[47], der nicht nur eine stärkere Ausrichtung des Fächergrundrisses erfordern wird, sondern darüber hinaus in einer Querausrichtung weitere Standorte für den Handel nach sich zieht.

Im Jahr 1746 übernimmt Markgraf Carl Friedrich die Regentschaft. Nun rückt die äußere Erscheinung der Residenzstadt in den Fokus. Der Schwerpunkt der baulichen Interventionen und Anstrengungen liegt auf der Verbesserung und vor allem auf einer weiteren Vereinheitlichung des Stadtbildes und davon abgeleitet auf der besseren Ausnutzung des Baulandes. Ein Mittel dazu ist die Forcierung und Förderung des Modellbaus[48]. Der innere Stadtausbau ist bis 1765 erheblich fortgeschritten und zeigt die repräsentativen Anforderungen an die äußere Homogenität dieses Stadttypus.

Die städtebaulichen Konzepte und Überlegungen bestätigen letztlich die im Fächergrundriss des Schlosses gelegene Disposition. »Die Verwirklichung eines kompletten ›Rings‹ um Turm und Schloss [wird] offenbar nicht erwogen, weil damit die räumlich-bauliche Geschlossenheit der Anlage aus Schloss und Stadt aufgegeben worden wäre«[49].

Das schon erwähnte Gutachten zum Aus- und Umbau der Stadt im Jahre 1764 bündelt die Anstrengungen und fasst deren Philosophie zusammen, die in architekturtheoretischer Hinsicht in Übereinstimmung mit den sinnleitenden Kategorien ›Utilitas‹ und

---

[47] Ebd., S. 65.
[48] Ebd., S. 70.
[49] Ebd., S. 75.

›Decorum‹ gebracht werden kann. Es geht neben funktionalen Aspekten, wie der Schaffung von Wohnraum und der Verbesserung der Bequemlichkeit, zentral auch um das Ansehen der Stadt, worunter gewissermaßen die Gestalt, Ordnung und Platzierung der Staatsarchitektur wie der Stadttore, des Rathauses und der Kirchen sowie die Bauten der öffentlichen Einrichtung wie Kanzleien, Schulen und Bauverwaltung zählen. Wesentlich unter diesem Aspekt wird die Gestaltung und erforderliche Größe der Karlsruher Plätze detailliert bedacht, also der öffentliche Raum[50]. Dazu zählt auch der vom Markgrafen gewünschte Ausbau der Langen Straße zur städtischen Promenade. Im Gutachten wird darüber hinaus die offenkundige Kritik an der Zirkel-Orangerie sehr deutlich. Vordergründig wird, weil sie zu viel potentiellen Wohnraum, nämlich vier Hauseinheiten mit Platz für bis zu *zehn rechtschaffenen Häuser*, in Beschlag nimmt, die Verlegung des *hortus botanicus in den neuen Schlossgarten, in die Gegend des Jäger-thores* vorgeschlagen, aber primär folgendermaßen begründet: *1.) haben Eur. schon mehrmal selbst bemerkt, daß die Zerstreuung derer zu der fürstl. Gärtnerei gehörigen Stücke sehr unanständig seie*[51]. Neben den auch in dieser Frage wirksamen praktischen Erwägungen scheint das Residenzstadtkonzept dieser Form der Bebauung an diesem zentralen Ort grundsätzlich entgegen zu stehen. Die Häuser am Vorderen Zirkel werden um die Mitte des Jahrhunderts in einem Schreiben des Geheimrats Reinhardt als die vornehmsten der Stadt bezeichnet[52].

Die Orangerie ist gleichsam ein Relikt des Gartenentwurfs, am Rand und im Kontext eines fürstlich-privaten Lustgartens gelegen. Mit dem Wandel zur Residenzstadt, ihrer immanenten sozialen Öffentlichkeit und den damit zusammenhängenden Bildgeboten – gleichsam dem Decorum einer Residenzstadt – gerät die Orangerie als ein Produktions- und Überwinterungshaus mit ihrer spezifischen Produktionsöffentlichkeit[53] in Widerspruch. Auch der botanische Garten wird später auf der Rückseite der Orangerien auf dem ehemaligen Holzplatz angelegt werden.

Am Ende des Gutachtens wird in aller Ausführlichkeit die Situation des Vorderen Schlossgartens *in Ansehung der Stadt* erörtert. Die neue Ausrichtung und Verbindung zwischen dem bürgerlichen Zentrum und dem Schloss verändere den Charakter des Ortes. Die mittige Zuwegung zum Schloss führe dazu, *dass dadurch solcher Garten dergestalt ist verdorben worden*. Die Kommission plädiert für eine Neugestaltung, *Englische Großstücke und allerhand Grünungen, mit Statuen und Wasserwercken. Nichts, sagen wir, würde schöner sein*[54]. Es werden allerhand Details und Ausstattungsmöglichkeiten unter Bedacht des einheitlichen Raumeindruckes diskutiert, bis hin zur Frage der Öffnung des Gartens *zum allgemeinen Spaziergehen, [was der] Stadt zu unendlicher Annehmlichkeit*

---

[50] Ebd., S. 81.
[51] GLA 206/24, zitiert nach Leiber (wie Anm. 21), S. 297.
[52] Ebd., S. 122.
[53] Der Begriff der Produktionsöffentlichkeit umfasst jene wesentlich über den Gebrauch und die Arbeit charakterisierte soziale Öffentlichkeit bestimmter Freiräume. Eingeführt wurde der Begriff in den Arbeiten von Oskar Negt und Alexander Kluge (O. Negt/A. Kluge, Öffentlichkeit und Erfahrung. Zur Organisationsanalyse von bürgerlicher und proletarischer Öffentlichkeit, Frankfurt a. M. 1972).
[54] Leiber (wie Anm. 21), S. 304.

gereichen würde. Nichts auch kann einem Fürsten wohl angenehmer seyn, als ein zahlreiches und vergnügtes Volk in den Vorhöfen seines Hauses zu sehen[55].

Die zeitweise Öffnung der Schlossgärten für den Publikumsverkehr unter Carl Friedrich ab den 1750er Jahren[56] kann als durchaus bemerkenswert bezeichnet werden, wenn man bedenkt, dass die Gartenordnung für den Großen Garten Hannover-Herrenhausen aus dem Jahre 1777, die eine Öffnung unter Wahrung des Vorrangs der Standespersonen vorsieht, als ein frühes Beispiel in Deutschland gilt.

Formfindung der Residenzstadt

Ist die erste Phase der Entwicklung Karlsruhes durch eine thematische Neuorientierung der Planung in Richtung einer Vereinheitlichung des Stadtbildes und einer Sichtbarmachung der repräsentativen Öffentlichkeit gekennzeichnet, so beginnt nun mit der Erweiterung der Stadt die städtebauliche Formfindung, die stadträumliche Übersetzung der Idee einer Residenzstadt.

Das Gutachten der Schloßbau-Deputation mit dem Titel *Die Erbau- und Erweiterung der Stadt Carlsruhe*[57] und der sogenannte Hauptplan aus dem Jahre 1768 markieren den Paradigmenwechsel hin zu einer Vergrößerung der Stadt. Ausgelöst wird dieser Prozess durch steigende Einwohnerzahlen und den seit der vertraglichen Einigung 1765 absehbaren Erbanfall der Markgrafschaft Baden-Baden. Neben der Bestätigung der bisher gültigen Planungsgrundsätze, auch des formalen Prinzips der Symmetrie und der zentralen Ausrichtung des Stadtkörpers[58], und der bekannten Klage über den Mangel öffentlicher Gebäude – ein nach wie vor bestehendes Defizit für eine Residenzstadt – scheint nun auch eine ästhetisch legitimierte Öffnung zur stadtseitigen Landschaft eine wichtige Agenda zu sein, die über die Zielorte mit dynastisch bedeutenden Herrschaftssitzen territorial auszeichnenden Charakter hat. Neben Durlach und Mühlburg in der Verlängerung der Langen Straße wird nun vor allem die Verbindung nach Ettlingen über Rüppur als wichtige Sicht- und Wegbeziehung (in zweiter Linie auch jene nach Beiertheim und Scheibenhard), als neue und geradeste [sic] Straße – Marc-Antoine Laugier nennt dies als wesentliches Kriterium ihrer Schönheit[59] – angeführt. *Etwas ungemein schönes ist es, [...] Man wird weit gehen müssen, um eine Stadt zu sehen, die in so regelmäßiger Lage drei Städte um sich herum hat*[60]. Dies geschieht in gewissem Sinne analog zu dem im ursprünglichen Entwurf Karlsruhes konzipierten Strahlennetz auf der Hardtwaldseite, das zu den Dörfern am Rand der Niederterrasse führt, nun aber in einer städtischen Manier (vermittelt über Torsituationen) und im Projekt bereits mit einem Obelisken als point de vue ausgezeichnet[61]. Die neue Ausrichtung findet notwendig auch im Innern ihre Entspre-

---

[55] Ebd., S. 305.
[56] U. Schmitt, Der Stadtgarten in Karlsruhe, Karlsruhe 2007, S. 14.
[57] GLA 206/34, in Leiber (wie Anm. 21), S. 308 ff.
[58] Ebd., S. 95.
[59] Laugier (wie Anm. 36), S. 176.
[60] § VII, zitiert nach Leiber (wie Anm. 21), S. 310.
[61] Ebd., S. 84.

Abb. 5 Schlossplatz Karlsruhe, um 1790

chung. Ein neuer Entwurf zum Marktplatz sieht nun die Stadtkirche vis-a-vis des Rathauses. »Mit diesem die Mittelachse freigebenden Plan [...] ist ein grundlegender Schritt getan. Außer dem Schlossbezirk, dem Sitz des Fürsten, empfiehlt die Stadtplanung als ›Gegenpol‹ einen angemessenen großen öffentlichen Raum, der die Bürgerschaft repräsentieren soll, wobei beide Bereiche durch ihre unmittelbare Sichtbeziehung und ihren axialen Bezug miteinander verbunden bleiben. Außerdem entsteht mit diesem Planungsvorschlag der Ansatz zu der eindrucksvollen Platzfolge, die man später durch die Weiterführung der Hauptachse zum Rondell in der Schloßstraße und zum Platz am Ettlinger Tor schaffen wird«[62]. Hier ist bereits in Ansätzen die von Weinbrenner später geplante und architektonisch ausgeformte, heutzutage unter dem Namen ›Via Triumphalis‹ bekannte Platzfolge angedacht (s. ##Beitrag Leiber ##Abb. 31). Friedrich Weinbrenner wird 1801 die Leitung des Karlsruher Bauamtes übertragen, nachdem er dort bereits vier Jahre als Bauinspektor angestellt war. Sein auf das Jahr 1797 datierter Generalbauplan für die Stadtmitte übernimmt die räumliche Disposition und alle vom Fürsten goutierten Gedanken aus dem Hauptplan[63] – wie er ja insgesamt auf dem überkommenen Grundriss der Stadt die formale Weiterentwicklung der Stadtstruktur plant[64] – modernisiert aber das Nutzungsgefüge wie die architektonische Ausformung (s. ##Beitrag Leiber ##Tafel 2).

---

[62] LEIBER (wie Anm. 21), S. 84.
[63] G. LEIBER, Friedrich Weinbrenners Via Triumphalis, in: Stadt Karlsruhe et al, Friedrich Weinbrenner 1766–1826. Architektur und Städtebau des Klassizismus, Petersberg 2015, S. 107–117, hier S. 112.
[64] G. LEIBER, Friedrich Weinbrenners städtebauliches Schaffen für Karlsruhe. T. II, Der Stadtausbau und die Stadterweiterungsplanungen 1801–1826, Mainz 2002, S. 14.

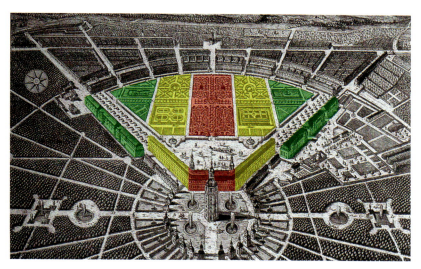

Tafel 1 Vogelperspektive der Residenzstadt Karlsruhe aus Richtung Norden, 1739, C. Thran (bearbeitet)

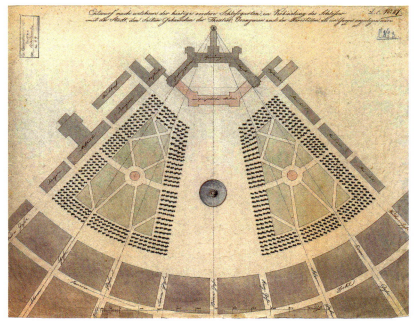

Tafel 2 *Entwurf nach welchem der hiesige vordere Schloßgarten in Verbindung des Schlosses mit der Stadt, den Seiten Gebaeuden des Theaters, Orangerien und Marställen als Ganzes anzulegen wäre*, undatiert (um 1812), unsigniert (J. M. Zeyher)

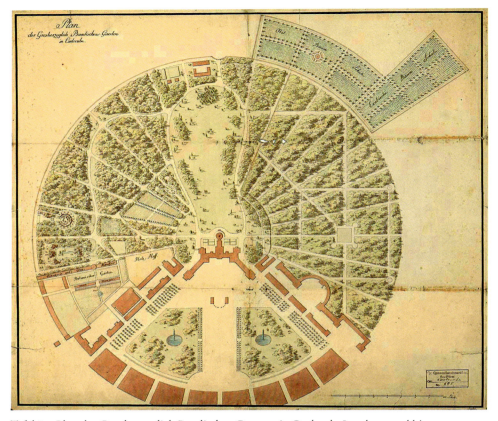

Tafel 3   *Plan der Grosherzoglich Baadischen Gaerten in Carlsruhe* [vorderer und hinterer Schlossgarten sowie der geplante botanische Garten], um 1815

ZUM BEITRAG VON HARTMUT TROLL

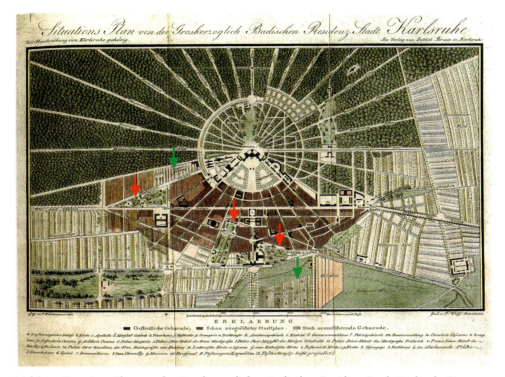

Tafel 4   *Situations Plan von der Grosherzoglichen Badischen Residenz Stadt Karlsruhe/Zur Beschreibung von Karlsruhe gehörig*, 1814, Kupferstich von F. Wolf nach einer Zeichnung von F. Weinbrenner, (bearbeitet; rote Pfeile markieren die herrschaftlichen Gärten, grüne Pfeile die bürgerlichen Nutzgärten)

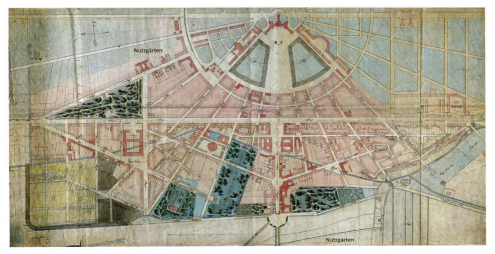

Tafel 5   Stadtplan von Karlsruhe mit den unter Weinbrenner realisierten Stadterweiterungen und der geplanten südwestlichen Vergrößerung der Stadt, 1826, L. Heiß, (bearbeitet)

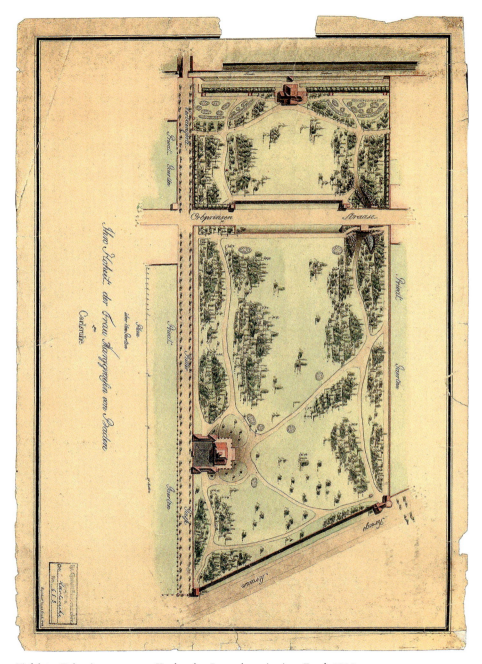

Tafel 6   Erbprinzengarten, Karlsruhe, Lageplan, signiert *Frech 1808*

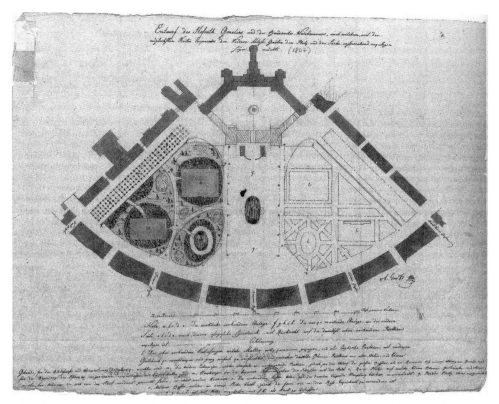

Abb. 6   *Entwurf des Hofrath Gmelins und Baudirector Weinbrenners, nach welchem mit der möglichsten Kosten Ersparnis der Vordere Schloßgarten dem Platz und der Sache entsprechend anzulegen seyn möchte*, 1807

Diese Planvorstellungen ändern immanent den Wahrnehmungsrahmen für den vorderen Schlossgarten. War in der ersten Runde der Adaption die notwendig gewordene Wegebeziehung zum Marktplatz der unmittelbare Anlass planerischer Überlegungen, so ist es nun die sich unter dem Aspekt der ausgedehnten Sichtachse als städtebauliche Entsprechung formierende Reihe öffentlicher Plätze. Gemeinsam mit Carl Christian Gmelin skizziert Weinbrenner in einem Entwurf Vorschläge zur Umgestaltung des Vorderen Schlossgartens, in der neuen Lesart die Eröffnung und mit dem Schlossturm auch der Bezugspunkt der klassizistischen Raumsequenz (*Abb. 5 und 6*). Entgegen diesem Gestaltungskonzept mit Grünflächen in englischer Manier hat Gartendirektor Johann Michael Zeyher, eigentlich ein bekennender Vertreter des fast schon romantisch aufgefassten Landschaftsgartens, bereits einen Entwurf mit einem städtebaulich bemerkenswerten Vorschlag unterbreitet (*Tafel 2*). »Zeyher ist der Ansicht gewesen, die Anlage könne mit Rücksicht auf vorhandene Gebäude ›weder nach dem alten symmetrischen, noch nach denen unseren natürlichen Gesetzen angeordnet werden, sondern muß aus beyden zusammengesetzt seyn‹, vor allem müßten ›die vielen Straßen der Stadt offen bleiben ... die Bepflanzungen in den Zwischenräumen dörfen weder die Aussicht vom Schloss in die Stadt, noch von dieser nach dem Schlosse im Wege stehen‹«[65]. Am Ende wird dieser Entwurf nach seiner 1813 erfolgenden Genehmigung leicht verändert umgesetzt.

Die landschaftsgestalterische Rücksicht auf den baulichen Kontext scheint nur auf den ersten Blick unüblich, sie entspricht durchaus der gartentheoretischen Haltung der Zeit. Schon Christian Cay Lorenz Hirschfeld propagiert in seiner wirkungsmächtigen *Theorie der Gartenkunst* einen Mittelweg zwischen beiden Arten des herrschenden Geschmacks[66], und Friedrich Schiller nimmt diesen Gedanken in seiner berühmten Besprechung Über den Gartenkalender auf[67], in dem er das Hohenheimer Dörfle zwischen versunkener städtischer Herrlichkeit und ländlicher Simplizität verortet, ein möglicherweise auch in Karlsruhe in den Weinbrenner-Planungen wirksames Motiv[68]. Zu guter Letzt vertrat Zeyhers Vorgänger in Schwetzingen und Wegbereiter des klassischen Landschaftsgartens in Deutschland Friedrich Ludwig von Sckell eine gartentheoretische Position, welche die Vorzüge der alten symmetrischen Gartenkunst durchaus anerkannte und der gestalterischen Verbindung zwischen geometrischen und Naturformen besondere Aufmerksamkeit widmete[69]. Eine diesbezüglich enge inhaltliche Orientierung an Sckell ist in der von Zeyher verfassten Beschreibung der Gartenanlagen zu Schwetzingen dokumentiert[70].

Der Vordere Schlossgarten ist nun zum Schlossplatz geworden und wird es bleiben. Ab 1790 ist die Fläche vor dem Corps de logis ohne jede Gestaltung; sie wird in den 1820er Jahren für Messen und als Paradeplatz genutzt. Der vierreihige Baumkranz bestätigt den Zirkel- und Fächergrundriss und übersetzt ihn in eine räumliche Figur. Darüber hinaus bietet diese ranghohe Form einer Allee einen würdevollen Spaziergang zu dem Großherzoglich Badischen Hoftheater auf der Westseite des Schlossplatzes, das 1810 als Um- und Erweiterungsbau der mittleren Orangerie eröffnet wurde[71].

Der fürstliche Lustgarten ist gewissermaßen hinter das Schloss gewandert, wo aus den Waldstücken mit der Zeit ein Landschaftsgarten herausgebildet wird, der eine durchaus positive Resonanz erfährt, sogar bei Hirschfeld, dem ›Papst‹ der neuen Gartentheorie (*Tafel 3*)[72].

---

[65] Ebd., S. 132.
[66] HIRSCHFELD (wie Anm. 6), S. 143f.
[67] F. SCHILLER, Über den Gartenkalender auf das Jahr 1795, in: Schillers sämtliche Werke, Bd. 4, Stuttgart 1879, S. 762–767.
[68] U. M. SCHUMANN, Friedrich Weinbrenner. Klassizismus und praktische Ästhetik, Berlin/München 2010, S. 268.
[69] SCKELL (wie Anm. 7), S. 2, 206.
[70] H. TROLL, Der Schwetzinger Schlossgarten als »Churpfälzisches Monument«, in: Landesamt für Denkmalpflege (Hg.), Monumente im Garten – der Garten als Monument, Stuttgart 2012, S. 205–216, hier S. 212.
[71] C. ELBERT, Die Theater oder das ›Weinbrennerische System‹, in: Stadt Karlsruhe et al, Friedrich Weinbrenner 1766–1826. Architektur und Städtebau des Klassizismus, Petersberg 2015, S. 119.
[72] HIRSCHFELD (wie Anm. 6), S. 73, etwas kritischer in Bd. 5, Leipzig 1785, S. 355.

Visualisierung einer Residenzstadt

Beim Amtsantritt des jungen Weinbrenner erscheint den Besuchern Karlsruhes die Stadt *in einem regelmäßigen Geschmack erbauet*[73], aber im Vergleich zu Durlach oder Rastatt – so eine Meinung aus dem Jahre 1790 – sei der Anblick zwar *nicht häßlich aber wahrlich auch nicht prächtig*[74]. Trotz aller Schönheit wird insgesamt noch ein Mangel an höherer Baukunst gesehen, wie es zur wirklichen Schönheit einer Stadt erforderlich sei[75].

Bereits aus der Anfangszeit seines Studienaufenthaltes in Rom um 1792 haben wir von einem Entwurf Weinbrenners *Zu einer Stadt mit allen dazugehörigen öffentlichen Gebäuden* Kenntnis, also eine frühe Befassung mit solch einer stadtbautypologischen Aufgabe[76]. Mit dem Aufstieg zum Großherzogtum im Jahre 1806 – mittlerweile leitet er das Karlsruher Bauamt – wird das bereits erkannte und dokumentierte Defizit an öffentlichen Gebäuden noch virulenter, und das Bauamt legt eine Liste für entsprechende Neubaumaßnahmen vor, »u. a. für Theater, Kanzlei, Gymnasium, Orangerie, Bauverwaltungsgebäude, Malergalerie und Rathaus«[77]. Das Bauprogramm bestimmt, wenn wir der anfangs erwähnten Studie über die abendländische Stadtbaukunst folgen, das Wesen einer Residenzstadt, aber »nur dort wo hinter der Entwicklung dieser Bauwerke alle anderen Monumentalbauten zurückzutreten hatten, kann man vom Typus der Residenzstadt sprechen«[78]. In dieser Perspektive sind Weinbrenners Bauten für Karlsruhe das eigentliche Residenzstadtprogramm und der von Weinbrenner 1822 herausgegebene Plan der Residenzstadt Karlsruhe mit am Rande umlaufender Darstellung von Baulichkeiten dessen Visualisierung (*Abb. 7*)[79]. Die ›Via Triumphalis‹ genannte Prachtstraße ist mit ihrer rhythmischen Abfolge von Plätzen und Straßenstücken unterschiedlicher Länge und den sie auszeichnenden Monumenten die stadträumliche Transformation dieses Idealtypus. »Doch halten wir fest: Die Entstehung ihrer Teile geht auf unterschiedliche Beweggründe zurück, sie sind zu verschiedenen Zeiten realisiert worden, eine Gesamtkonzeption gab es dafür nicht«[80].

Mit Monumenten ausgezeichnete Denkmalplätze sind eine zentrale Bauaufgabe absolutistischer Stadtbaukunst, gewissermaßen als ein herrschaftliches Verweissystem. Diese integrierende städtebauliche Konzepte nennt man ›embellissement‹ (Verschönerung). Im Zeitalter der Aufklärung »nahm man nun stärker die städtebauliche Qualität des Ganzen in den Blick. Die Plätze waren nicht länger hofartig abgeschlossen und vom Durchgangsverkehr getrennt, sondern bestimmten das Stadtbild in seiner Gesamtheit, etwa durch durchgreifende Straßenachsen oder prospektartige Gebäudefronten«[81]. Im Hinblick der Variabilität der Gestaltungselemente, Architekturmotive[82] und Raumfigu-

---

[73] W. L. Weckhrlin, Reise durch Oberdeutschland, Salzburg und Leipzig 1778, S. 78.
[74] K. I. Geiger, zitiert nach Leiber (s. Anm. 21), S. 107.
[75] Brunn 1791, zitiert nach Leiber (s. Anm. 21), S. 107.
[76] Ebd., S. 98.
[77] Leiber (wie Anm. 12), S. 10.
[78] Braunfels (wie Anm. 1), S. 160.
[79] GLA HfK Hd. 97 (rot).
[80] Leiber (wie Anm. 64), S. 113.
[81] M. Hesse, Handbuch der neuzeitlichen Architektur, Darmstadt 2012, S. 233.
[82] z. B. Form des Ettlinger Tors in Anlehnung an den Typus des Triumphbogens.

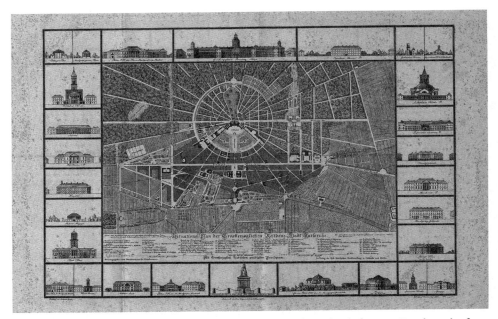

Abb. 7 *Situations-Plan der Grosherzoglichen Residenz-Stadt Karlsruhe* [mit am Rande umlaufender Darstellung von Baulichkeiten], 1822, F. Weinbrenner

rationen einerseits und der Geschlossenheit der Komposition andererseits liegt der Vergleich Karlsruhes mit Nancy nahe. In der lothringischen Hauptstadt unter Stanislaus Leszczynski, dem entthronten König von Polen, schafft Emmanuel Héré ab 1752 eine Sequenz dreier eleganter Platzanlagen[83], die ihr eine Sonderstellung innerhalb des Residenzstadttypus einträgt, nämlich eine der reizvollsten zu sein[84].

Fürstliche Gärten als Veduten der Residenzstadt

Schon relativ früh beginnt sich in Karlsruhe ein typisches Merkmal einer Residenzstadt zu formieren, nämlich herrschaftliche Gärten am Rand der Stadt, im Idealzustand ein Kranz der Villen und Schlösser[85]. Für den markgräflichen Typus scheinen sich die Adelssitze auf den unmittelbaren Familienzusammenhang zu konzentrieren. Am Anfang stehen die Prinzengärten, in schriftlichen Quellen erstmals 1731 als *Erb-Prinzischen-Garten zu Carlsruhe* genannt[86]. Die nach den Zeichnungen des Kunst- und Lustgärtners Christian Thran 1739 gestochene Vogelperspektive der Residenzstadt Karlsruhe aus Richtung

---

[83] Hesse (wie Anm. 80), S. 234.
[84] Braunfels (wie Anm. 1), S. 153.
[85] Braunfels (wie Anm. 1), S. 160.
[86] Leiber (s. Anm. 21), S. 198.

Norden zeigt Größe und Struktur des Gartens jenseits des Landgrabens. Die Gärten der Prinzen Friedrich und Ludwig befinden sich im 18. Jahrhundert ebenfalls außerhalb der Stadt, westlich vor dem Mühlburger Tor[87].

Die Vergrößerung des Erbprinzengartens steht bereits auf der Agenda des schon mehrfach genannten Gutachtens zur Stadterweiterung 1768, wird aber erst am Ende des Jahrhunderts im Zuge der Planung der Kriegsstraße und ihrer erwähnten Widmung als um die ganze Stadt führende *angenehmste Promenade*[88] realisiert. Nun sind die herrschaftlichen Gärten Teil des Residenzstadtprogramms, liegen innerhalb der Stadt an deren prominentesten Rand und sind gleichsam Kristallisationspunkte stadträumlicher Vedutenproduktion. Die Nutzgärten für die Bewohner der Stadt verbleiben in den äußeren Randlagen oder werden dort angelegt: vor dem Linkenheimer Tor, südlich des Rüppurer Tores im sogenannten Neubruch und westlich vor dem Ettlinger Tor (*Tafel 4 und 5*)[89].

Karlsruhe gilt zu dieser Zeit als vorbildlich für die neue natürliche Gartenkunst. Briefe des Markgrafen lassen erkennen, dass »man sich spätestens 1767 mit dem Gedanken trug, in Karlsruhe einen Garten im englischen Stil anzulegen«[90]. Aber wie so oft verzögert sich die Umsetzung der Modernisierungsidee. Die verhaltene Kritik Hirschfelds an der Dominanz des französischen Stils im Schlossgarten[91] beförderte allem Augenschein nach im Jahre 1787 die Berufung des seit sechs Jahren in England arbeitenden badischen Gärtners Johann Michael Schweyckert auf die durch den Tod des Hofgärtners Müllers bereits 1785 vakant gewordene Stelle[92]. Noch im selben Jahr wurde der damals deutlich kleinere Erbprinzengarten im sogenannten natürlichen Stil umgestaltet (*Tafel 6*). Diesem Mann verdanke die Stadt Karlsruhe ihre englischen Anlagen, schreibt dreißig Jahre später rückblickend Gartendirektor Carl Christian Gmelin in einem Nachruf[93]. Und die Stadtansicht von Süden ist für das neue Zusammenspiel von Stadt und nun landschaftlichem Garten exemplarisch (*s. Umschlagabb.*). »Reiseführer empfahlen eine Promenade vom Ettlinger Tor entlang der Kriegsstraße, Künstler hielten die malerische Ansicht der Stadt im Blick von Süden fest. Durch die Aneinanderreihung der neu angelegten fürstlichen Gärten der Markgräfin Christiane Louise, des Erbprinzengartens und des Gartens des Markgräflichen Palais der Hochberg'schen Familie entstand zwischen Karlstor und Ruppürer Tor ein zusammenhängendes ›Gartenreich‹«[94]. Der phänomenologisch hohe Anteil an Gärten im Stadtbild – dominant nach wie vor der Schloss- und Fasanengarten

---

[87] Ebd., S. 199.
[88] GLA 229/6346 I, Nota vom 5. April 1799, zitiert nach LEIBER (s. Anm. 21), S. 146.
[89] LEIBER (s. Anm. 21), S. 106, ausführlich 200 ff.
[90] M. KÖHLER, Frühe Landschaftsgärten in Rußland und Deutschland. Johann Busch als Mentor des neuen Stils, Berlin 2003, S. 55.
[91] HIRSCHFELD (wie Anm. 6), S. 355.
[92] VALDENAIRE (wie Anm. 30), S. 238. Noch im März 1786 entspricht der Markgraf der Bitte von Albert Baron von Seckendorff, zur Unterstützung seines Freundes Burgoyne Schweyckert noch länger in England zu lassen. Anfang des Jahres 1787 drängt plötzlich der Markgraf auf eine schnelle Berufung des Hofgärtners. (GLA 56/3201 Hofgärtnerdienst Karlsruhe 1784–1811).
[93] GLA, N. Krebs 709 Teilnachlass des Gartendirektors Carl Christian Gmelin, nach S. EBERLE, unver. Manuskript.
[94] G. KABIERSKE, Architektur und Natur. Weinbrenners Karlsruher ›Gartenreich‹, in: Stadt Karlsruhe (wie Anm. 64), S. 352.

– führte Ludwig Freiherr vom Ompteda 1886 gar zur Charakterisierung Karlsruhes als Gartenstadt[95].

Für die drei großen Neuschöpfungen am Südrand der Stadt waren von der landschaftsgestaltenden Seite jeweils einer der drei badischen Hofgärtner der Zeit verantwortlich, nämlich in der oben genannten Reihe der Gärten Andreas Hartweg, Johann Michael Schweyckert und Johann Michael Zeyher. Eigentlich ein Glücksfall für die vergleichende Forschung, eine beinahe ideale Versuchsanordnung; leider steht eine ausführliche gartenkunstgeschichtliche Würdigung und Einordnung noch aus[96]. Alle drei Projekte werden unter mutmaßlicher Federführung und baukünstlerischer Verantwortung von Friedrich Weinbrenner realisiert. In seinen Heften über die ausgeführten und projektierten Gebäude notiert er auch den Intentionshorizont; von der Verschönerung der Stadt durch einen ländlichen Ruhesitz im Frieden der Natur ist da die Rede[97]. Die Gestaltungskonzepte reflektieren in hohem Maße die benachbarte städtische Öffentlichkeit; gestaffelte Raum- und Höhenfolgen differenzieren unterschiedliche Blickbeziehungen. Die in landschaftlicher Manier gestalteten Gärten sind, abgesehen von den prachtvollen Palais, reichlich mit Parkarchitekturen verziert, die verschiedenen Bauaufgaben (Orangerie, Vogelhaus, Tempel) und Funktionen dienen und mit ihren uneinheitlichen stilistischen Bezügen je eigene Rezeptionsangebote enthalten. Das Konzept des Belvederes spielt eine herausragende Rolle, insbesondere an der Nahtstelle zur angrenzenden Landschaft; die Aussicht in die angrenzenden Gärten – gewissermaßen als Versicherung und Verallgemeinerung der Programmatik – aber vor allem in die Felder und Waldungen, Wiesen und Dörfer, die mit dem Garten ein Ganzes zu bilden scheinen[98]. Gestützt wird die optische Erweiterung der Gärten durch die landschaftsseitigen großen Aha-Gräben[99], die sozusagen in Karlsruhe Tradition haben, ist doch spätestens 1759 ein Aha im Schlosspark aktenkundig[100]. Der Karlsruher Aha ist einer der ersten in Deutschland und in dieser Größe damals einmalig[101].

---

[95] L. Freiherr v. OMPTEDA, Rheinische Gärten von der Mosel bis zum Bodensee, Berlin 1886, S. 151 ff..

[96] Dies ist sicher auch dem Umstand geschuldet, dass die Gärten vollständig verschwunden sind und sich lediglich fragmentarische Ausstattungsreste als bescheidene Spolienversatzstücke erhalten haben. Der dorische Tempel des Vogelhauses und der antikisierende Rundaltar des Erbprinzengartens stehen heute im Schlossgarten Karlsruhe an nicht wirklich glücklich gewählten Standorten, die Sphingen des Portikus des Gartenhauses beim markgräflichen Palais im Botanischen Garten und die barocken Lengelacher Figuren, die zwischenzeitlich den Garten der Markgräfin Christiane Louise schmückten, wieder am Schlossplatz.

[97] F. WEINBRENNER, Ausgeführte und projectirte Gebäude von Friedrich Weinbrenner, Großherzoglich Badischem Ober-Baudirector. Erstes Heft, Karlsruhe und Baden 1822, S. 4.

[98] Ebd., S. 8.

[99] Der Aha ersetzt als unsichtbare, den Blick nicht beeinträchtigende Gartengrenze eine sichtbare Parkmauer oder einen Zaun. Er ist meist als trockener, deutlich unter dem Geländeniveau liegender Graben ausgeführt.

[100] »Vorschlag von Müller und Arnold vom 13. Dezember 1759, ›wie die Schließung des hinteren Gartens und Zirkels mit einem Graben und Mauer gemacht werden kann, sodass hierdurch der Aussicht derer Alleen und dem Walth der Prospekt nicht benommen‹ werden, und die Beschließung dannoch verwahrlich zu machen.« (VALDENAIRE, wie Anm. 30, S. 235).

[101] Der sog. Hasensprung in Großsedlitz wurde nach 1757 gebaut, in Benrath entstand der Aha im Zuge des Schlossbaus und der zeitgleichen Anlage des Lustgartens, also nach 1756, nachgewie-

Die Aussichten reichen bis hin zu den Vogesen und dem Schwarzwald in seinen *mannigfaltigen malerischen Formen*, wie es bei Weinbrenner in einer typischen rhetorischen Figur der zeitgenössischen Gartentheorie heißt. Das nach Süden als Belvedere gestaltete Gartenhaus im Garten des markgräflichen Palais erlaubt sogar den Blick zum Turmberg[102]. Landschaft und Aussicht sind also immer auch dynastisch konnotiert. Wie sehr die noble Aussicht geradezu ein Privileg des Adels ist, zeigt ein Verwaltungsvorgang: Vorschläge des Bauamtes, vor dem Ettlinger Tor eine Vorstadt zur Verschönerung des Stadteingangs anzulegen oder zumindest das Rondell vor dem Tor mit rahmenden oder bloß pavillonartigen Gebäuden zu fassen, stößt auf Ablehnung des Erbgroßherzogs, »der wolle dort keine Gebäude, da sie den herrschaftlichen Bauten auf der Nordseite der Kriegsstraße die Aussicht nehmen würden«[103].

Die *ländlichen Ruhesitze* am inneren Rand der Stadt beziehen die äußeren Naturschönheiten in die malerische Wirkung des Ganzen ein – *you must call in the country*, sagt Alexander Pope[104] – und inszenieren dergestalt das von Schiller apostrophierte Motiv der ländlichen Simplizität, gewissermaßen als Friedenssitz. In der Gegenblende, von außen betrachtet, verbindet es sich mit dem Prospekt der Stadt, die fürstlichen Gärten und ihre Parkarchitekturen mit den Türmen der Residenz, zu einem Bild städtischer Herrlichkeit, gewissermaßen der Überschlag zur Vedute.

Diese Verbindung ist konzeptionell inszeniert, besonders eindrücklich mit dem Gotischen Turm des Erbprinzengartens (*Abb. 8*). *An diesem Thurm, – der so wie das Vogelhaus auch außerhalb dem Garten gesehen einen besonders günstigen Prospekt gewährt*, würdigt der *Taschenkalender auf das Jahr 1806 für Natur- und Gartenfreunde* eine der *merkwürdigsten* [bemerkenswertesten, Anm. d. Verf.] *Parthien in der ganzen Anlage*[105]. Die mehrseitige Besprechung des Erbprinzengartens mit beigefügten Kupfern weist ihn als ein weit über Karlsruhe hinausstrahlendes Beispiel der schönen Gartenkunst und immanent bedeutendsten der drei Fürstengärten aus. Jener in Tübingen 1795 neu gegründete *Taschenkalender* von Johann Friedrich Cotta sieht sich in der Nachfolge und Tradition des wirkungsmächtigen Hirschfeld'schen Vorgängers. Diese seit dessen Tod bestehende Lücke eines Almanachs wird gemeinsam mit dem zeitgleich in Leipzig bei Voß und Compagnie verlegten *Taschenbuch für Gartenfreunde* von Wilhelm Gottlieb Becker geschlossen[106]. Cottas Kalender ist mithin eines der wichtigsten Medien und in Süddeutschland gewissermaßen das Zentralorgan zur Bildung des Gartengeschmacks.

---

sen erstmals auf dem Plan von Johann Philipp Brosius 1771. In Benrath war der Aha aber ursprünglich nicht gemauert. In Nymphenburg waren anfangs Gitter am Ende der Achsen, die im Zuge der Umwandlung in einen Landschaftspark Anfang des 19. Jahrhunderts durch gemauerte Ahas ersetzt wurden. Das Aha in Pillnitz entstand erst 1790.

[102] KABIERSKE (wie Anm. 93), S. 374.
[103] LEIBER (wie Anm. 12), S. 12.
[104] SCKELL (wie Anm. 7), S. 45.
[105] J. F. COTTA (Hg.), Taschenkalender auf das Jahr 1806 für Natur- und Gartenfreunde, Tübingen 1806, S. 159.
[106] H. TROLL, Ausgerechnet Schiller! Rezeptionsgeschichtliche Anmerkungen zu Hohenheim im Kontext des Gartendiskurses der Zeit, in: STAATLICHE SCHLÖSSER UND GÄRTEN BADEN-WÜRTTEMBERG (Hg.), Zeugnisse eines Gartentraums. Die Hohenheim-Gouachen aus dem Besitz Herzog Carlo Eugens von Württemberg, Regensburg 2016, S. 81–89, S. 85.

Abb. 8   Gotischer Turm im Karlsruher Erbprinzengarten, Blick von Norden auf den Turm und in die offene Landschaft südlich der Kriegsstraße, undatiert (um 1805), Aquatinta von C. Haldenwang nach einer Zeichnung von C. Arnold

Zu den ersten Sehenswürdigkeiten der Churbadenschen Residenzstadt Carlsruhe gehört unstreitig auch der Erbprinzen-Garten in seiner erneuerten Gestalt, welche er der lieben Pflege seiner vornehmen Besitzer, und dem Genie zweier berühmter Künstler verdankt[107], gemeint sind Oberbaudirektor Weinbrenner und an erster Stelle Garteninspektor Schweickhardt [Schweyckert, Anm. d. Verf.][108]. Die stadträumlichen Schwierigkeitsgrade werden außergewöhnlich ausführlich angeführt, um im Nachklang die gestalterischen Lösungen umso mehr zu würdigen. Insbesondere die Herausforderung der den Garten teilenden Straße löse der Entwurf in gleichsam zwingendem Modus. So mache der nicht nur die Gartenteile, sondern auch die beiden Reiche Kunst und Natur verbindende Tunnel (man denkt unweigerlich an das berühmte Beispiel von Alexander Pope in Twickenham) für sich wieder eine angenehme Eigentümlichkeit des Gartens aus. Schweyckert gelingt gerade im Vergleich mit der eher kleinteiligen Wege- und Raumstruktur der Nachbargärten eine ungemein großzügige und die Landschaft öffnende Folge von Gartenszenen. *Die Wege und Alleen des Gartens hat Schweiger* [Schweyckert, Anm. d. Verf.] *ganz sparsam, und zwar nur da angelegt, wo sie unmittelbar zu einem Gegenstande führen, was öfters bei dergleichen Anlagen außer Acht gelassen wird*, bemerkt Weinbrenner voller

---

[107]   COTTA (wie Anm. 104), S. 154.
[108]   Die Schreibweise des Nachnamens differiert in den unterschiedlichen Quellen doch erheblich, auch in den amtlichen Dokumenten. Ich orientiere mich an der Schreibweise bei HARTWEG (wie Anm. 26), die zeitgenössisch auch von Gmelin und Kleiber überliefet ist.

Anerkennung in seinen später publizierten Projektheften[109]. Die dortige Präsentation des Gartenplans neben jener der Bauten für die Markgräfin Amelie wird als Indiz für seinen gestalterischen Einfluss gewertet[110], was aber meines Erachtens deutlich zu relativieren ist, schreibt doch Weinbrenner selbst: *Dem Garteninspector Schweiger* [Schweyckert, Anm. d. Verf.] *wurde die Zeichnung zur Anlage des Gartens, und mir die zu den Baulichkeiten übertragen*[111], wie im Übrigen die signifikanten Unterschiede der drei hier behandelten Gärten die Handschrift der entwerfenden Hofgärtner auf dem gemeinsamen Substrat der Weinbrenner'schen Architekturen zeigen. Im Erbprinzengarten *bequemte sich Altes und Neues und selbst das Widerstrebende unter den Willen des Künstlers, der aus diesen heterogenen Theilen ein Ganzes schuf, das gern gesehen, bewundert und mit Genugthuung benützt wird. Bleibt dieser Garten gegen viele andere an Ausdehnung, an auffallenden Kontrasten und Beladenheit gerne zurück, so kann er doch mit den meisten um den Vorzug der Anmuth und Zweckmäßigkeit wetteifern*[112].

Die großflächige Privatisierung des städtischen Randes – man könnte sagen im Dienste des Decorum einer Residenzstadt, was im Kontext der Kunsttheorie materiellen Aufwand und sozialen Ausschluss legitimiert – verstetigt ein eigentlich unzeitgemäßes Verhältnis von Stadt und Garten, nämlich die Abwesenheit öffentlicher städtischer Grünräume. Diese wurden außerhalb der Stadt vermittelt über die dort angelegten Promenaden und auch in diesem Modus verwirklicht. Das Promenadenhaus, die im Winter zum Eisvergnügen überflutete Schießwiese und das zu Spaziergängen bestimmte Beiertheimer Wäldchen sind Beispiele der 1810er Jahre, die gemeinsam mit der 1823 durch den Hofgärtner Hartweg erfolgenden Umwandlung des Sallenwäldchens in eine öffentliche Parkanlage im englischen Geschmack den beginnenden Wandel markieren. »Mit dem Sallenwäldchen gab es nun eine Grünanlage, die der Allgemeinheit jederzeit und ohne Vorbehalte offenstand«[113].

Gartenkunst und Städtebau

Die Gründung Karlsruhes geschieht in einer Zeit des paradigmatischen Wandels der Stadt im Allgemeinen, der für die in diesem Aufsatz behandelte Fragestellung mit deren Entfestigung und einer stärkeren Korrespondenz der Entwurfs- und Bauaufgaben Stadt und Garten charakterisiert werden kann. Insbesondere im höfischen Kontext der Residenzstadt mit ihren spezifischen habituellen Anforderungen werden dieses Verhältnis und dessen Neuordnung augenscheinlich. Am Ende eines steten Prozesses steht eine sehr eigene und gleichsam in hohem Maße ideale Form der badischen Residenzstadt. Kanonische Regeln der Gartenkunst finden in der städtischen Promenade ihren unmittelbarsten

---

[109] F. WEINBRENNER, Ausgeführte und projectirte Gebäude von Friedrich Weinbrenner, Großherzoglich Badischem Ober-Baudirctor. Zweites Heft. Gartengebäude Ihrer Königlichen Hoheit der Frau Markgräfin Amalie zu Baden, Karlsruhe/Baden 1830, S. 6.
[110] SCHUMANN (wie Anm. 69), S. 109.
[111] WEINBRENNER (wie Anm. 108), S. 4.
[112] COTTA (wie Anm. 104), S. 156f.
[113] SCHMITT (wie Anm. 57), S. 17.

Ausdruck, die neuen, im natürlichen Stil errichteten herrschaftlichen Gärten werden darüber hinaus selbst zu einem zentralen Medium der Stadtansicht, als Zeichen geglückter Regentschaft und eines befriedeten Landes. Die Wirkmächtigkeit dieses Motivs verbindet den Topos der mittelalterlichen Stadtansicht[114] mit der sozialhistorischen Folie der vielfältigen Nutzungen, Gebrauchsmöglichkeiten und Freiheiten vor den Toren der Stadt[115].

Eine urbanistisch verstandene Gartenkunst entwickelt sich in Deutschland in dem Zeitraum zwischen 1800 und 1850, in der Zeit als Gartenkünstler gleichsam als Experten für den landschaftlichen Maßstab Aufgaben der Stadtplanung federführend übernehmen. Friedrich Ludwig von Sckell in München[116], Maximilian Friedrich Weyhe in Düsseldorf oder Peter Joseph Lenné in Berlin[117] sind bekannte Beispiele dafür und zeigen auch die zeitliche Begrenztheit dieses Phänomens[118]. Die enge Koexistenz von Gartenkunst und Städtebau findet in den großen Stadttransformationen des 19. Jahrhunderts etwa in Paris, Wien oder Barcelona aber auch in Washington ihren Höhepunkt und gleichzeitig ihr vorläufiges Ende[119]. Für Karlsruhe fallen am ehesten die nicht verwirklichten großen Erweiterungspläne Weinbrenners in diese Kategorie. Und im übertragenen Sinne der Entwurf von Heinrich Hübsch zur Transformation des Botanischen Gartens (der Nachfolger des Zirkelorangerie mit ihren spezifischen Produktionsöffentlichkeiten) zu einem nach dem Willen des Großherzogs Bezirk städtischer Zierde und Bildung in den 1850er Jahren, in der die Aufgabe monumental in der Darstellung und städtebaulich im Kontext aufgefasst und die Bauten in die großen Linien der Stadtkuppeln eingebunden werden[120].

In der zweiten Hälfte des 19. Jahrhunderts verabschiedet sich zumindest die Gartenkunst der Lenné-Meyerschen Schule als Profession weitgehend von solchen Ansprüchen und beschränkt sich danach wieder mehr auf dekorative Aufgaben. Im Städtebau vertritt Camillo Sitte eine vergleichsweise konservative Auffassung. Die große Reformbewegung Anfang des 20. Jahrhunderts erfasst alle Lebensbereiche und eine neue Generation von Gartenkünstlern betritt die Bühne. Eine Schlüsselrolle in dem umfassenden Erneuerungsprozess spielt der badische Künstler und Mitbegründer des Deutschen Werkbundes Max Läuger[121], aber das ist eine andere Geschichte.

---

[114] Bruno Tauts Die Stadtkrone (Jena, 1919) verkörpert gewissermaßen eine utopische Neuauflage des Motivs.
[115] H. TROLL, Die Kommunalität des Freiraums. Über den Traum schöner Öffentlichkeit idealer Siedlungsentwürfe, Neubrandenburg 2004, S. 61 f.
[116] H. LEMBRUCH, Sckell als Stadtplaner in München, in: Gartenlust und Stadtbaukunst. Friedrich Ludwig von Sckell 1750–1823, München 2000, S. 31–53.
[117] SCHWEIZER (wie Anm. 10).
[118] In Berlin übernimmt danach James Hobrecht, ein Ingenieur, diese Aufgabe und in München der Architekt Leo von Klenze.
[119] SCHWEIZER (wie Anm. 3), S. 151.
[120] »Höhere Architektur ist monumentale Darstellung der größeren, abgeschlossenen, dem öffentlichen Idealinteresse dienenden Räume.« (H. HÜBSCH, Die Architektur und ihr Verhältnis zur heutigen Malerei und Skulptur, Stuttgart 1847).
[121] H. TROLL, Die Bedeutung des Wettbewerbsbeitrages von Max Laeuger für den Hamburger Stadtpark im Lichte der Formfindung der frühen Moderne, in: Die Gartenkunst (2015), Heft 1, S. 37–50.

Stadtgrün und Bürgergeist.
Aspekte urbaner Gartenkultur in Mannheim am Anfang des 19. Jahrhunderts

VON CARL-JOCHEN MÜLLER

Wer in einem Garten weilt, fühlt sich oft in eine Sphäre »interesselosen Wohlgefallens« versetzt, fern vom Alltag mit seinen kleinen Zwecken, Zwängen und Konflikten. Ähnlich ergeht es dem Leser mit vielen Studien zur Gartenkultur. Da wetteifern kreative Gartenkünstler und schönheitssinnige Gartenliebhaber um seine Bewunderung, großzügige, wohldurchdachte Konzepte wecken seine Anteilnahme an Fragen der Raumnutzung, der Geländemodellierung, des Sinns und des Einsatzes von Ausstattungselementen vegetabiler wie architektonischer Art. Handfeste Interessen und zeitgängige Ideologien, mache sich ihr Einfluss nun bei Einzelpersonen oder in einer breiteren Öffentlichkeit geltend, bleiben dem Blick hingegen entrückt.

Die Eindrücke täuschen, dort wie hier. Eine Herangehensweise, die Gartenkultur ernsthaft als Spielart von Kultur behandeln will, kommt um eine tiefere realgeschichtliche Grundierung nicht herum. Das Phänomen ist nur in seiner Teilhabe an den verschiedensten Äußerungsformen menschlicher Lebenspraxis zu erfassen, wobei Verhaltensmuster ebenso eine Rolle spielen wie ästhetische Vorstellungen, moralische Normen oder mediale Strategien. Dank dem kaum auszuschöpfenden Assoziationsreichtum des Themas »Garten« ergibt sich mithin ein breit aufgefächerter, in unterschiedliche Disziplinen eingreifender Katalog von Erkenntnisinteressen.

Der folgende Beitrag versucht einer spezifischen historischen Ausprägung urbaner Gartenkultur von mehreren Seiten her beizukommen. Seine räumliche und zeitliche Folie umreißen die Stadt Mannheim und die ersten Jahrzehnte des 19. Jahrhunderts. Zunächst richtet sich das Augenmerk auf die Grundvoraussetzung der Stadterneuerungs- und Durchgrünungsvorhaben: auf den Abriss der Festung. Dieses Ereignis wird aus dem Blickwinkel seiner öffentlichen Kommunikation, insbesondere seiner literaturgeschichtlich bisher nicht gewürdigten poetischen Hervorbringungen beleuchtet. Sodann rückt das Wirken Friedrich Ludwig Sckells bei dieser Festungsdemolition in den Fokus, seine Rolle als Mentor betroffener Gartenliebhaber – eine Facette der Biographie des großen Gartengestalters, die in der Forschung bisher keine Beachtung gefunden hat. Daran schließt sich, ausgehend von einem Vorschlag für den Mannheimer Schlossgarten, die Präsentation eines in der klassischen Gartentheorie vielerörterten Problems: der Frage nach der Schicklichkeit skulpturaler Dekoration. Einige Schlaglichter auf das Reglementierungswesen im Schlossgarten vollziehen schließlich einen Schwenk hinüber zur gartenrechts- und -verwaltungshistorischen Perspektive.

1. *Der Graben weicht vor uns'rem Fleiss / und giebt ein neues Paradeis* – Zu den physischen Voraussetzungen der Stadterneuerung und ihrer öffentlichen Kommunikation

Das Zitat in der Kapitelüberschrift stammt aus einem der Lieder, die bei Gelegenheit der Schleifung der Festung Mannheim entstanden sind. Wie vielerorts eröffnete auch hier der Abriss der Festungsmauern Möglichkeiten zur Erweiterung und Verschönerung der Stadt[1]. Ursprünglich war geplant, die um die Jahreswende 1798/99 eingeleitete Demolition im Wege der Fronarbeit von Dienstverpflichteten aus der Kurpfalz und ihren Nachbarterritorien zu bewerkstelligen. Schon im Juni 1799 aber erwies sich der Modus als so unzulänglich, dass der Stadtrat sich veranlasst sah, die gesamte männliche Einwohnerschaft zur Mithilfe zu entbieten. *Die Einwohner Mannheims hatten schon seit mehreren Jahren keinen sehnlichern Wunsch, als in keiner Festung mehr zu wohnen, und sich, ihre Häuser, Haab und Gut der Möglichkeit einer Belagerung, und deren folgen entrissen zu sehen. [...] Man glaubt durch diesen allgemeinen Aufruf überhoben zu seyn, die Bewohner hiesiger Stadt zu einem Geschäft persönlich aufrufen zu müßen, welches lediglich und ohne anderes Interesse ihr Wohl und ihre künftige Ruhe bezweckt*[2]. Versprechungen von *Wohl* und *Ruhe* also sollten der Öffentlichkeit das in Aufwand und Folgekosten unabsehbare Unterfangen schmackhaft machen; von den impliziten Chancen einer Stadterweiterung und -verschönerung ist keine Rede. An der Trinität von *Häusern, Haab und Gut* wird kenntlich, auf wessen Zustimmung es in erster Linie abgesehen war: auf die der begüterten, erwerbsorientierten Klassen der städtischen Gesellschaft.

In unmittelbarem Anschluss bildeten sich zwei Gesellschaften freiwilliger Schleifer, die eine 96, die andere 47 Mitglieder stark, darunter auffallend viele Beamte, Schauspieler und Musiker. Nachweislich hat denn auch ein Mitglied dieser Gesellschaften eines der zu präsentierenden Lieder vertont. Zweck der Demolitionslyrik war die Motivation dieser Willigen, deren gewünschter Enthusiasmus angesichts der Größe der Herausforderung nicht lange vorhielt. Sie schmollten darüber, ihr Engagement an höherem Ort nicht ausreichend gewürdigt zu sehen. Im Münchner Kriegsarchiv hat sich ein Schreiben erhalten, mit dem die Gesellschaften die Übersendung eines der Lieder an ihren Landesherrn, den pfalzbayerischen Kurfürsten Max Joseph (1756/1799–1825) begleiteten. Darin beteuern sie, sich sofort nach Erscheinen des Aufrufs zusammengefunden zu haben, um *mit jedem Tage, wenn Geschäfte und Gewerbe es erlauben, Hand anzulegen, dadurch die Entfernung der feindlichen KriegsVölker aus unserer Chur- und Vaterstadt, die Wiederbelebung des gemeinstädtischen Wohlstandes und die ländliche Ruhe der uns begränzenden LandesBrüder*

---

[1] Zur Entfestigungswelle und ihren Ursachen: Y. MINTZKER, The Defortification of the German City 1689–1866, Cambridge/Washington D. C. 2012; M. HILLIGES, Entfestigung. Planungskonzepte zur Urbanisierung der »Leere« im 18. Jahrhundert, in: Die alte Stadt 31 (2004), S. 161–181.

[2] Allgemeine Zeitung vom 21.06.1799.

Abb. 1 Mediale Inszenierung der Mannheimer Entfestigung I: Der Hochgesang der freiwilligen Mannheimer Festungsschleifer, Titelblatt. Das Demolitionswerkzeug Schaufel, Spitzhacke und Spaten, verknüpft mit blauem Flatterband und umgeben von einem Lorbeerkranz

nach Kräften zu befördern. Diese selbst bei Feinden der guten Sache keinem Tadel unterliegende Absicht, die Reinheit des uns selbst gesteckten Zieles und innerer PflichtTriebe für das allgemeine Wohl hat bis nun unserer Unternehmung Kraft und Muth gewähret, nur das Erinnern mangelnden Beifalls unseres Durchlauchtigsten LandesVaters, trübte noch unsere Stunden und drängte Harm auf unsere Seelen, den Wir durch das in tiefester Demuth hiebei gelegte Hochgesang aus unserem Craiße so viel möglich zu verscheuchen suchten[3]. Abermals also *Wohlstand* und *Ruhe* als Ziele der Entfestigung, von Verschönerung kein Wort – was freilich bei Leuten, deren Tage laut Selbstauskunft in erster Linie der Generierung von Umsatz gewidmet sind, nicht weiter verwundert.

Auch in den Liedern, deren Verfasser und Veranlasser das Dunkel der Anonymität umhüllt, sucht man die Erwähnung künftiger Augenweiden und Genüsse vergebens. Das erwähnte Lied, ein zum *Hochgesang*[4] emporgeadeltes Arbeitslied (*Abb. 1*)[5], das die mühe-

---

[3] BayHStA Abt. IV C 1247, Schreiben der Gesellschaften der Mannheimer freiwilligen Festungsschleifer vom 02. 07. 1799.
[4] Badische Landesbibliothek Karlsruhe, Mus. Hs. 999, *Hochgesang Der beiden vereinigten Gesellschaften Der Mannheimer freiwilligen Festungsschleifer Im Brachmonat 1799 fürs Clavier eingerichtet von C[aspar] Weippert.*
[5] Grundlegend für diese Liedgattung: J. Schopp, Das deutsche Arbeitslied (Germanische Bibliothek/2: Untersuchungen und Texte, 38), Heidelberg 1935.

reichen Schleifungsarbeiten reflektiert, reißt in seiner zweiten Strophe nur für einen kurzen Moment den Ausblick in eine schönere Zukunft auf, verharrt dabei aber in dem bis heute gängigen Topos eines »neuen Paradieses«[6]. Entfaltet wird die Verheißung nicht; stattdessen schwelgen die anschließenden Verse huldheischend in dynastiebezogener Ergebenheit.

Wir schurfen, schurfen immerfort,
fein fleisig und behende
Von einem hin zum andern Ort,
bis an des Tages Ende.
Wir werfen ab den Festungs Sand,
Und bauen an für's Vaterland.

Wir hacken, schöppen, rollen weg
In gros' und kleinen Klumpen.
Den Festungsquark, den jähen Rech[7]*,*
Dass Sie ins's Wasser plumpen,
Der Graben weicht von unsr'em Fleiss,
Und giebt ein neues Paradeis.

Wir bauen unter MAXENS Huld
Und unter'm Himmels Seegen,
Freiwillig alle mit Geduld,
Bei Sonnenschein und Regen,
Und uns'rer Stirnen heller Schweis
Ist uns'rer Liebe Kraft Beweis.

Auch CAROLINA, Badens Blut
Sei hoch und hehr gepriesen!!!
Mit Hochgesang, mit Haab und Gut
Ihr Mutterehr' erwiesen!!!
Und bied'rer Sohn, Prinz LUDEWIG!
Was thut der Pfälzer nicht für dich!!!

Die erwähnte Carolina, derentwegen hier schon vier Jahre vor dem Ende der Kurpfalz (!) Badens Lob aus Mannheimer Mund ertönt, ist Friederike Karoline Wilhelmine (1776–1841), geborene Prinzessin von Baden, damals – an der Seite des schlicht als »Max« eingeführten Maximilian I. Joseph – bayrische Kurfürstin und hernach erste Königin von Bayern. Bei Ludewig handelt es sich um Bayerns nachmaligen König Ludwig I. (1786/1825–1848/1868), Sohn aus Max Josephs erster Ehe mit Auguste Wilhelmine von

---

[6] Ein Beispiel vom Büchermarkt für die Verwendung des zugkräftigen Topos bei der Titelbildung einschlägiger Literaturproduktion: J. PREST, The Garden of Eden. The Botanic Garden and the Re-Creation of Paradise, New Haven/London, 1981.
[7] *Rech* bezeichnet einen Erdhaufen, wie er im Zuge der Abtragungsarbeiten aufgeworfen wurde.

Hessen-Darmstadt (1765–1796). Worum es geht, erweist sich an der Häufung von Pronomina der ersten Person Plural: um die Stiftung und Stärkung einer Art von Corporate Identity der freiwilligen Festungsschleifer, gewissermaßen um Social Marketing avant la lettre! An Plausibilität, das lassen die den Arbeitern angesonnenen Gedanken an Landesvater, Landesmutter und Landeserben erkennen, ist dabei wenig gelegen.

Ein weiteres aus demselben Kreis auf die Nachwelt gekommenes Lied deklariert sich gleich im Titel als *Arbeitslied*[8]:

Auf und erfüllet mit Freuden
Brüder die heilige Pflicht,
Rettet von künftigen Leiden,
Was am Herzen Euch liegt.

Länger sollen diese Wälle,
Diese Mauern nicht mehr stehen;
Durch sie nie mehr unsrer Enkel
Lebensfreuden untergehen!

Laßt uns fern von feiger Ruhe,
Mit gestähltem Arm den Sand,
Der uns so viel Leiden brachte,
Stürtzen von der Mauern Rand.

Freut Euch des vergossenen Schweißes,
Achtet nicht der Sonnen Gluth,
Wenn das Vaterland geböte,
Geben wir auch unser Blut.

Dank dem Fürsten, dessen Treue
Für sein Volk uns diese Bahn,
die zur Ruh für uns und unsere
Enkel führet, aufgethan!

Brüder, reichet Euch die Hände
Schwöret: Teutsch und brav zu sein!
Schwört: das Vaterland zu lieben,
Ihm nur jede Kraft zu weih'n.

Laßt nicht Euren Muth erkalten,
Nein! der Pfälzer tändelt nicht,

---

[8] *Arbeitslied der Freiwilligen, gesungen bei Schleifung der Festung Mannheim 1799*, hier zitiert nach: H. von Feder, Geschichte der Stadt Mannheim, nach den Quellen bearbeitet 1, XVII. und XVIII. Jahrhundert, Mannheim/Straßburg 1875, S. 467–468.

Nein, wir sind nicht feige Seelen,
Heilig ist uns Bürgerpflicht!

Nie erlösche dieses Feuer
In des edlen Pfälzers Brust;
Brüder! nur erfüllter Pflichten
Hochgefühl sei eure Lust.

Erndtet dann des Vaterlandes
Dank von Eures Mädchens Mund,
Das Gefühl vollendter Pflichten
Heil'ge dann den Liebesbund!

Ohne Anspielung auf ein zu schaffendes urbanes Paradies begegnet hier als zentraler Motivationsanreiz die *Ruhe*, diesmal prolongiert in die Zukunft, in der es die nachwachsenden Generationen einmal besser haben sollen – eine zutiefst bürgerliche Vorstellung. Zugerechnet wird die nachhaltige Wohltat wiederum dem Fürsten, jedoch – anders als im *Hochgesang* – ohne ihn namentlich zu erwähnen. Den Elogen auf ihn gesellt sich ein dick aufgetragenes Lob des Pflichtbewusstseins und der todesmutigen Einsatzbereitschaft der Pfälzer. Die Beschwörung solcher Tugenden darf vielleicht als Reflex darauf gelten, dass es realiter mit ihnen nicht allzu weit her war. Gleich zu Beginn der Entfestigung waren die Ausschlachtung der nun zu Altmaterial gewordenen Blockhäuser und der Klau von Palisaden dem Arbeitseifer sehr in die Quere gekommen. Auch sonst bot sich Stoff für Ablenkungen zur Pflichtvergessenheit. Schon Mitte Januar 1799 sah sich die kurfürstliche Regierung zu einer Ermahnung veranlasst, *damit [...] das weesentliche der Schleifung nicht länger aufgehalten, sich einsweilen nicht mit Abzirklung von Gärtchens abgegeben und amusiert, sondern mit allem Ernste Hand an das Werck geleget werde*[9]. Offenbar frönten viele Mannheimer erst einmal Träumen vom Glück künftigen Kleinimmobilienbesitzes, empfanden die deshalb ergangene Rüge dann aber als eine *äußerst schmerzhaft*[10] berührende Unbilligkeit.

Von Pflichtethik und Patriotismus zu privatem Liebesglück überleitend, wies die Schlussstrophe des *Arbeitslieds* Anklänge an den empfindsamen Zeitgeschmack und eine bereits epigonal gewordene Anakreontik auf. Von solchen Tendenzen nachgerade übersättigt erscheint ein von einem fiktiven *Winfried* verfasstes und von Johann Peter Ritter (1763–1846), einem am Mannheimer Nationaltheater wirkenden Cellisten und späteren Konzertmeister, in Töne gesetztes *Gesellschaftslied*[11]. Lexikologisch betrachtet, liefern seine neun Strophen ein versifiziertes Florilegium damals modischer Sprach- und Gedankenklischees. Der konkrete Anlass – die Niederlegung der Mannheimer Festung – findet nur im Titel, nicht aber im Gedicht selbst Erwähnung.

---

[9] GLA 213/2092, Mandat vom 14.01.1799.
[10] BayHStA Abt. IV C 1248, Schreiben der Demolitionskommission vom 19.2.1799.
[11] Bayerische Staatsbibliothek München, 2 Mus. pr. 1722-29, *Gesellschaftslied, gesungen bei Schleifung der Festung Mannheim 1799*.

Tafel 1   Mediale Inszenierung der Mannheimer Entfestigung II: *Zernichtung der Vestungswerke von Mannheim im Jahr 1799*, aquarellierter Kupferstich. Im Vordergrund sowohl hackende und schippende als auch plaudernde und trinkende Arbeiter, darunter eine Frau; im Mittelgrund eine Arbeitskolonne mit militärischen Aufsehern, deren Schlagstöcke sind nicht erkennbar

Tafel 2 *Eingang in den Park I.K.H. der Frau GrosHerzogin von Baden an der Sternwarte zu Mannheim, aufgenommen im Maj 1819*, Aquarell/Federzeichnung von Joseph Paul Karg. Blick in den Schlossgarten vom Eingang an der Sternwarte, davor unter anderen ein Parkwächter und ein Knabe [in anständiger Obhut einer Erwachsenen!], innerhalb des Gartens ein Laufmaschinenfahrer

1. Sanfter Schein umwallt die Laube,
Kühlung weht die Abendluft,
Und das Goldne Blut der Traube
Hauchet süssen Balsamduft,
    Chor: Abendschein und TraubenGold
    Sind der Lieb' und Freundschaft Hold.

2. Träumt euch beim bekränzten Becher
In der Vorwelt Zauberland
Teutsche Brüder! wakre Zecher!
Reicht zum Bunde euch die Hand
    Chor: Singt von Treu und Redlichkeit,
    Brüder! aus der Vaterzeit.

3. Laßt uns fest an Freundschaft halten,
Trennt uns auch ein Ozean;
Sie zerstreut des Unmuths Falten,
Ebnet unsre Pilger Bahn.
    Chor: Freundschaft, treu im bängsten Schmerz,
    Labet des ErdenWallers Herz.

4. Weisheit leite unsre Schritte;
Ihr geweiht sei Spiel und Scherz!
Unser Stolz sei teutsche Sitte
Unser Glük ein fühlend Herz!
    Chor: Teutsche Sitte, teutscher Wein,
    Höhnt des Auslands Gaukelein.

5. Lasst uns mit erhabner Freude
Stillen gern des Armen Flehn,
Und im Kittel wie in Seide
Menschen nur und Brüder seh'n
    Chor: Thränen trocknen – Götter Lust
    Schwillt des frohen Gebers Brust.

6. Gern den guten Fürsten ehren,
Der den Schwarm der Schmeichler flieht,
Und gefühlvoll auf die Zähren
Stiller Noth hernieder sieht
    Chor: Ehrt die Tugend auf dem Thron,
    Liebe sei ihr grosser Lohn.

7. Sorgenlos sei unser Leben,
Stille, wie die MitterNacht;

Wie des Baches Spiegel eben,
Und vom Neide unbewacht.
    Chor: Liebe, Freundschaft, froher Muth
    Sind des Lebens schönstes Gut.

8. Wenn wir dann hinüber gehen,
Wo der Tugend Tempel steht; -
Wo von unumwölkten Höhen
Das Pannier der Wahrheit weht; -
    Chor: Liebe trennt mit starker Hand
    dort der Vorurtheile Band.

9. O, dann sehn wir mit Entzücken
Auf das Eichthal noch herab,
Wo ein Freund mit ernsten Blicken
Thränen weint auf unser Grab
    Chor: Heisse Sehnsucht, stiller Dank,
    Sei des Edlen Grab Gesang!

Die ersten Zeilen des Liedes evozieren das Bild eines Gartens, freilich nicht als Vorschein einer schöneren Zukunft, sondern in Repräsentanz einer idyllisch-geselligen Gegenwart. Die unmittelbar angebundenen Floskeln vom *Goldnen Blut der Traube* und vom *bekränzten Becher* rücken den Text in die Nachfolge der Anakreontik, vielleicht auch in die Schillers, in dessen vierzehn Jahre zuvor entstandener »Ode an die Freude« Kannibalen sich an *der Traube goldnem Blut* sänftigen. Die darauf folgenden acht Strophen triefen geradezu von der seinerzeit in Schwang gekommenen Gefühlsseligkeit, deren Hauptingredienzen »Liebe«, »Freundschaft«, »Brüderlichkeit« und »Herz« zur Schau gestellt werden: viermal die *Liebe*, viermal die *Freundschaft*, dreimal die *Brüder* und zweimal das *Herz*. Hinzu treten als weitere Schlüsselwörter viermal die *Stille*, dreimal die *Tränen* beziehungsweise *Zähren* (für die schönen Seelen das Siegel der Menschlichkeit schlechthin) sowie je zweimal die *Tugend* und das *Grab* (auf dass »the joy of grief« nicht fehle). Es ist, als hätte eine Reimmaschine nach Fütterung mit beliebigen Versatzstücken ein Gedicht ausgespien. Das für ein Schleiferlied offenbar unerlässliche Fürstenlob samt zugehörigen Ergebenheitsbekundungen bleibt wiederum allgemein und blass. Und auch die an literarische Strömungen im Gefolge Klopstocks und der Hainbündler anschließende Verherrlichung *teutscher Sitte* entbehrt, von der trinkfesten Weinseligkeit einmal abgesehen, des Profils.

Genützt haben die aufmunternden Lieder wenig. Die Willigkeit der Willigen hatte Grenzen. Als Ende 1799 ihre Dienste erneut in Anspruch genommen werden sollten und die eigens für die Organisation der Demolition niedergesetzte Kommission durchblicken ließ, solcher Einsatz entbinde den Einzelnen keineswegs von eventuell zugleich bestehenden Frondienstverpflichtungen, blieben harsche Reaktionen nicht aus. Der Argwohn, im Kalkül der Obrigkeit als »nützliche Idioten« zu fungieren, rief Unmut hervor. Der Sprecher der Schleifergesellschaft meinte: *Ich bin der Mann nicht, der einen Heuchler macht; noch weniger derjenige, der sich gerne für einen Narren will gebrauchen lassen*, und sprach von *Hinderlist*¹². Die Demolitionskommission freilich verharrte ungerührt auf ihrem Standpunkt. Problematisch blieb die Würdigung der bei der Entfestigung Tätigen auch späterhin. Die Medienrealität des Festungsabrisses bestimmt sein Narrativ bis heute. Die Stadtchroniken der letzten 150 Jahre nahmen gleichsam Jubelmedaillen für bare Münze, ohne ihren Gehalt an dem in Hülle und Fülle vorhandenen Kontrollmaterial aus der Alltagsrealität einer mindestens relativierenden Probe auszusetzen. Einen ausdrücklichen Hinweis darauf, dass der Einsatz der Freiwilligen gegenüber dem der aus der Stadt und dem in- und ausländischem Umland beigezogenen Fröner kaum ins Gewicht fiel, bleiben die Stadtgeschichten schuldig. Auch ist dort nichts von den fortwährenden Bemühungen der »Arbeitgeberseite« um Lohndumping zu erfahren¹³, ebenso wenig von der Frauen- und Kinderarbeit, die, zunächst verpönt, bald aus sozialen Gründen gang und gäbe wurde¹⁴, und von der Rolle des Knüppels als Instrument des Leistungsanreizes. Dazu eine Beschwerde des Heidelberger Stadtrats: *Die von der Frohnde zu Mannheim rückkommenden Arbeiter führen die bittersten Klagen über die Behandlungs-Art des bei diesem Geschäfte zur Aufsicht und Anordnung aufgestellten Militaire, besonders der Sapeurs, indem sie nicht nur ganz ungewöhnlich strenge zur Arbeit angehalten, sondern auch überdies mit Schlägen auf die gröbste Art mißhandelt würden. Diese Klage kömmt nicht aus dem Munde eines einzigen, sondern es ist laute Stimme aller [...]. Die Furcht vor ähnlichen Begegnungen ist bei hiesiger Einwohnerschaft so starck, daß fast niemand mehr zur Frohnde zu bewegen ist, und falls nicht schleunig diesem Unwesen gesteuert wird, so ist nichts mehr vermögend, die Einwohner zur Mannheimer Frohnde zu bewegen*¹⁵. Ein »Dauerbrenner« der administrationsinternen Entfestigungsdebatte – die vom ständigen Bedarf an Billiglöhnern nahegelegte Möglichkeit, *Züchtlinge* (also Strafarbeiter) einzusetzen¹⁶ –, findet nicht die gebührende Würdigung. Zum Ausgleich verschonen die Mannheimer Stadthistoriographen den Leser auch mit Beispielen dafür, wie hochbegehrt andererseits die Demolitionsarbeit war, freilich aus schierer Not, machte das Werben um den Erhalt eines Arbeitsplatzes doch selbst vor der Prostitution der eigenen Sprösslinge nicht halt¹⁷. Warum wird dies verschwiegen? Aus Gründen der Reputierlichkeit? Oder nur, weil es allemal bequemer ist,

---

[12] GLA 213/2134, Bericht der bürgerlichen Demolierungsgesellschaft vom 16.12.1799.
[13] Vgl. hierzu in GLA 213/240 die Korrespondenz zwischen dem Präsidenten der Demolitionskommission von Reibeld und Hauptmann von Wagemann vom Frühjahr 1803.
[14] GLA 213/2134, Mandat vom 09.11.1799, das – *keine Regel ohne Ausnahm* – die Anstellung *solcher Weiber oder ihrer erwachsenen und tauglichen Kinder* ermöglichte, deren Gatten und Väter als Soldaten bei der Demolitionsarbeit beschäftigt gewesen waren, später aus Mannheim hatten abmarschieren und ihre Familienangehörigen *ohne Verdienst, infolgedessen ganz brotlos gemacht* zurücklassen müssen.
[15] GLA 213/2134, Schreiben des Heidelberger Stadtrats vom 07.10.1799.
[16] Vgl. dazu beispielsweise GLA 213/240, Schreiben des Hauptmanns von Wagemann vom 30.12.1800. Nach langen Diskussionen wurde im September 1806 schließlich für die Errichtung des Schlossgartens der Einsatz von *Züchtlingen* in Aussicht genommen.
[17] GLA 213/240, Schreiben des Hauptmanns von Wagemann vom 04.06.1804. Es heißt dort von der Ehefrau des von Entlassung bedrohten Akkordarbeiters Nicolaus Schaeffer, dass sie *sich bei dem Aufseher allda Mühe anthat, ein ArbeitsBilliet zu erhalten, sogar offerirte dieselbe ihre Tochter zur Erkenntlichkeit auf eine Nacht, als ihr dieses nicht gelang, drohete sie klagweis von Seiner Churfürstlichen Durchlaucht den Befehl zu bewircken, daß die Commission gezwungen würde, ihn auf Arbeit nehmen zu müssen*. Der Schuss ging nach hinten los. Der Vorgang wurde der Polizeikommission mitgeteilt, Schaeffer selbst bekam keine weitere Anstellung mehr.

von Vorgängern abzukupfern statt Neues aufzuspüren? Sei dem wie ihm wolle. In der zeitgenössischen Kommunikation des Ereignisses »Festungsschleifung« spielten Zukunftsverheißungen von einer verschönerten und durchgrünten Stadt jedenfalls keine Rolle. Vielmehr fungieren »Sicherheit«, »Ruhe« und »Wohlstand« als zentrale Propageme[18], von denen sich ihre Inspiratoren werbende und überzeugende Effekte versprachen (*Tafel 1*).

2. Ein Besitzstandswahrer und ein Defortifikationsgewinnler: Zwei Mannheimer Klienten Friedrich Ludwig Sckells

Vom medialen Konstrukt der Entfestigung nun zu einigen ihrer tatsächlichen Auswirkungen und deren administrativer Bewältigung. Neben den organisatorisch-logistischen Aufgaben lasteten auf der Demolitionskommission die Funktionen einer Anlaufstelle für Bürger, die sich von dem Umgestaltungswerk in mancherlei Hinsicht betroffen sahen. Dazu gehörten auch etliche Gartenliebhaber, sei es, dass sie als Besitzer eines der im Festungsbereich von früher her schon bestehenden Gärten nun in eine ungewisse Zukunft blickten, sei es, dass sie die Chance witterten, gartenbaulich nutzbares Neuland zu akquirieren. Einen Mentor suchten und fanden sie während der Frühzeit der Kommission in dem damaligen pfalzbayerischen Gartenbaudirektor Friedrich Ludwig Sckell (1750–1823)[19]. Sckells Wirken im Rahmen der Festungsdemolition wird in der Literatur gemeinhin mit der Wiedergabe seines Leitplans für die Stadterweiterung Mannheims abgetan. Seine Rolle in den vor der Kommission verhandelten Fällen blieb bisher unbeachtet. Diesem Desiderat sei mittels zweier Beispiele abgeholfen.

Eines davon betrifft den Magazin-und Kasernenverwalter Peter Palm, dem der frühere Festungsgouverneur Johann Ernst Theodor von Belderbusch (1717–1799) 1795 ein Stück Land an der Mannheimer Rheinschleuse zur Nutznießung überlassen hatte. An dem Gärtchen, das er dort mit beträchtlichen Kosten anlegte, sollte er nicht lange Freude haben. Schon im Oktober 1795 spielten ihm die in der Nähe lagernden französischen Truppen übel mit, zur Deckung ihres Holzbedarfs wurde, wie Palm schreibt, *alles Holzwerk in einer Nacht nebst einem Theile der Weinstöcken verbrennt*[20]. Um den Rest der Anpflanzungen zu schützen, ließ der Geschädigte das Grundstück unverzüglich neu ein-

---

[18] Unter Propagemen seien die kleinsten Sinneinheiten der Propaganda verstanden, in denen sich zeittypische kulturelle, soziale, politische und ökonomische Bedürfnisse ihrer Adressaten abspiegeln, jene von Rainer Gries als »semantische Marker« bezeichneten »Erzählungen begrenzter Komplexität, die wiederholt und über lange Zeit mit Hilfe von Massenmedien einer breiteren Zielgruppe vermittelt werden«, vgl. R. GRIES, Zur Ästhetik und Architektur von Propagemen. Überlegungen zu einer Propagandageschichte als Kulturgeschichte, in: DERS./W. SCHMALE (Hg.), Kultur der Propaganda (Herausforderungen. Historisch-politische Analysen 16), Bochum 2005, S. 9–35, hier S. 34.

[19] Zu Sckell: I. LAUTERBACH (Hg.), Friedrich Ludwig von Sckell (1750–1823). Gartenkünstler und Stadtplaner, Worms 2002; V. HANNWACKER, Friedrich Ludwig von Sckell. Der Begründer des Landschaftsgartens in Deutschland, Stuttgart 1992; F. HALLBAUM, Der Landschaftsgarten. Sein Entstehen und seine Einführung in Deutschland durch Friedrich Ludwig von Sckell 1750–1823, München 1927.

[20] BayHStA Abt. IV C 1221, Schreiben des Magazinverwalters Palm vom April 1801.

fassen. Da aber die benachbarten Magazinschuppen des pfälzischen Militärs nur über seinen Garten zugänglich waren, nahm die Unbill kein Ende: die Soldaten bedienten sich nicht nur aus den Lagerschuppen, sondern auch aus den Palmschen Beeten. Und zu alledem kam Ende 1800 die drohende Vertreibung im Zuge der Festungsdemolition. Kurz vor Weihnachten erhielt Palm die Aufforderung, sich wegen der Frage einer weiteren Pachtung zu melden. In Anerkennung seiner bisherigen kostspieligen Kultivierungsanstrengungen beließ ihm die Demolitionskommission fürs erste den Platz zu einer moderaten Pacht, 15 Gulden pro Jahr. Jedoch sollte die Pacht enden, sobald die Transformationsmaßnahmen den einschlägigen Teil des Festungsterrains erfassten. Den Verwalter schreckte diese Zukunftsperspektive auf: *Es wäre mir [...] äuserst empfindlich, wenn ich auf solche Weiße aus dem Besiz meines Gärtgens käme, das ohne meine Mihe und Unkosten gleich andern jetzt ein ödes Stük Feld wäre*[21]. Palm sann auf Vorkehr und wandte sich an das kurfürstliche Oberkriegskollegium mit dem Wunsch, den Garten als Eigentum zu erwerben. Unterstützt von entsprechenden Attesten, erinnerte er dabei nachdrücklich an seine Dienstbeflissenheit und Pünktlichkeit. Am meisten aber versprach er sich von einer zuvor eingeholten Auskunft: er sei *durch den Gartenbaudirectoren Herrn Skell mittels Vorzeugung des bereits gnädigst genehmigten Plans, die Anlagen um Mannheim betreffend, versichert worden [...], daß dises Gärtgen gar keiner Veränderung ausgeszet ist, sondern noch zur Verschönerung der neuen Anlagen diene, welches Er auf begehren bezeugen will*[22]. Das verfehlte nicht die beabsichtigte Wirkung. Palm erhielt eine Besitzgarantie auch für die Zukunft, allerdings nach wie vor als Nutznießer, nicht als Eigentümer[23]. Gleichviel: die Vertreibung aus dem Paradies war abgewendet – so hatte es zumindest den Anschein. Die Unwägbarkeiten der politischen Wetterlage in den napoleonischen Umbruchszeiten sollten ihm nämlich sein kleines Gartenglück doch noch verhageln. Mit dem Übergang Mannheims an Baden traten neue Akteure auf den Plan – und zu den altbekannten in Konkurrenz. Am 29. Dezember 1803 wies die badische Kriegskommission Palm an, künftig keinen Pachtzins mehr an die Demolitionskommission zu zahlen, ein Vorgang, der ihm im Rückblick als *erste Stöhrung in dem wohlhergebrachten Palmischen Besizstande*[24] erschien. Die Demolitionskommission ihrerseits ließ durchscheinen, dass die Umnutzung des Gesamtterrains zur Errichtung eines neuen Schlossgartens wahrscheinlich schon binnen Jahresfrist anstehe. Palm wurde anheimgestellt, sein Eigentum an Bäumen und Hölzern sogleich wegzuräumen und die Pacht aufzukündigen; zögere er, so habe er zu gewärtigen, dass die Planierung in den kommenden Monaten *ohnrücksichtlich auf Bäume und Gewächs in ihrer Arbeit fortfahren*[25], dann aber auch der Pachtzins entfallen werde. In diese noch einigermaßen behutsam zu nennende Politik der Demolitionskommission fuhr das badische Kriegskollegium am 28. April 1804 mit einer Ordre hinein, laut der *nach mündlicher Anzeige* der Garten, den Palm *unbefugter Weiße an sich gebracht*

---

[21] Ebd.
[22] Ebd.
[23] BayHStA Abt. IV C 1221, Auszug aus dem Tagbuch des pfalzbayerischen Oberkriegskollegiums vom 22.04.1801.
[24] GLA 213/1302, § 5 der Klageschrift an das Hofgericht Mannheim vom 26.04.1805.
[25] GLA 213/1302, Abschrift eines Auszugs aus dem Protokoll der Demolitionskommission vom 10.01.1804.

[26] habe, auf Wunsch des Landesherrn Mannheims jetzigem Kommandanten, dem Obersten Joseph von Cloßmann (1755–1826) zuzuwenden war. Da Palm den Garten unrechtmäßig genieße, solle von Cloßmann ihm lediglich die bereits ausgebrachten Saaten ersetzen. Im Übrigen regte das Kollegium eine Auflistung der Summen an, die der Garten seit dem Tode des Generals von Belderbusch an jährlichem Pachtzins hätte abwerfen können, als Handhabe für die Aufrechnung mit eventuellen gegenläufigen Forderungen Palms wegen seiner Meliorationen.

Am 4. Mai 1804 wurde Palm tatsächlich aus seinem Paradies vertrieben, in einem *tumultuarische[n] Verfahren*[27]. Es blieb ihm – zunächst – nichts übrig, als der Gewalt zu weichen: *Ich habe dieser ganz unerwarteten und ohne hinlängliche Cognition der Sache erlassenen hohen Ordre ganz allein aus schuldigstem Respect jedoch mit ausdrücklichem Vorbehalte meines so sehr verletzten Rechtes nachgegeben*[28]. Anfangs hoffte der Verdrängte noch auf eine Verständigung mit dem neuen Besitzer. Bemühungen der Demolitionskommission um einen Vergleich, der Palm und seiner Familie wenigstens einen Teil des Grundstücks restituiert hätte, scheiterten an von Cloßmanns Sturheit, der durchaus alles für sich haben wollte, einschließlich des eigentlich dem Vorbesitzer zukommenden Zubehörs, wozu *das auf der Oberfläche des Gartens stehende und auf mehr dann 1500 f. berechnete Gartenhaus, Bäume, GartenEinfassung, Gehölz*[29] zählten. Bald darauf verstarb Palm, der Ärger über die Depossedierung ging auf die Erben über, die das auf dem Gelände befindliche Eigentum des Verblichenen im Klagewege zurückverlangten, verbunden mit einer Vergütung des durch die Wegnahme im Mai 1804 entstandenen Schadens (der Garten war damals *als solcher gedüngt und völlig angepflanzt*[30]). Mit Erfolg: der Militärfiskus musste die Kosten übernehmen.

Die weitere Ausschau nach Klienten Sckells aus seiner Kurpfälzer Zeit führt uns zu dem seinerzeit in Mannheim domizilierenden niederländischen Admiral und Gesandten an den Höfen Pfalzbayerns, später Bayerns, Württembergs und Badens, Heinrich August von Kinckel (1747–1821)[31]. Im Verschwinden der Mannheimer Festung, dessen geistige Urheberschaft er sich übrigens zuschrieb[32], erkannte von Kinckel eine außergewöhnliche

---

[26] GLA 213/1302, Abschrift eines Auszugs aus dem Protokoll des kurbadischen Kriegskollegiums vom 28.04.1804.

[27] GLA 213/1302, § 9 der Klageschrift an das Hofgericht Mannheim vom 26.04.1805.

[28] GLA 213/1302, Schreiben Palms vom 08.05.1804 an die Demolitionskommission.

[29] GLA 213/1302, § 9 der Klageschrift an das Hofgericht Mannheim vom 26.04.1805.

[30] GLA 213/1302, § 5 der Klageschrift an das Hofgericht Mannheim vom 26.04.1805. Der Wert der entgangenen Ernte aus dem Garten wurde auf 208 Gulden veranschlagt (88 Gulden für die Trauben von den Rebstöcken, 80 Gulden für das Obst von den Bäumen, 40 Gulden für sonstige *Crescentien*).

[31] Zur Lebensgeschichte des Admirals: F. C. P. VAN DER HORST, Biografie eines herausragenden Bürgers von Heilbronn: Heinrich August Freiherr von Kinckel (1747–1821), in: C. SCHRENK/P. WANNER (Hg.): heilbronnica 5. Beiträge zur Stadt- und Regionalgeschichte (Quellen und Forschungen zur Geschichte der Stadt Heilbronn 20, Jahrbuch für schwäbisch-fränkische Geschichte 37) 2013, S. 171–195.

[32] So in seiner nicht vor 1807 veröffentlichten *Kurze[n] Denkschrift, die Gräben Mannheim's betreffend* (GLA 65/1046), worin es auf S. 3 heißt: *Im Jahre 1795 befand sich der Admiral noch als Gesandter der See-Mächte bey den coalisirten Armeen, als Mannheim durch den Feldmarschall Wurmser bombardirt und eingenommen wurde. Das Unglück der armen Stadt traf ihn so tief, daß er mit der größten Anstrengung den Feldmarschall zu der Schleifung zu überreden suchte, und*

Chance nicht zuletzt für den tüchtigen Einzelnen. Stets auf Mehrung seines Immobilienbesitzes aus[33], gedachte er diese Chance zu nutzen. 1804 suchte der Admiral bei der Demolitionskommission für gartenbauliche Zwecke um die Überlassung von 5/4 Morgen (rund 4.500 Quadratmetern) Land aus dem Festungsterrain nach, um einen Garten darauf anzulegen. Man bot ihm das gewünschte Gelände mit der Auflage an, alle daran hängenden Räumungs- und Kultivierungskosten zu übernehmen. Darüber äußerte von Kinckel später, im schmerzhaften Rückblick: *Grand Dieu! Si j'avais pu deviner alors ce que c'est que de se mettre entre les mains d'une commission, je n'aurais pas hésité d'accepter l'offre; mais le directeur Sckell, qui etait du nombre des convives, me tira dans la croisée et me dit de n'en rien faire qu'il connaissait les travaux de ce genre et que chaque arpent de sable mouvant me reviendrait à mille florins*[34]. Solche Aussicht bewog den Admiral, das Angebot abzulehnen. Auf diesen Vorgang, der Sckells schon damals unbedingte Autorität in allen Landkultivierungsfragen bezeugt, folgte ein Jahr fruchtloser Verhandlungen. Dazu von Kinckel: *Ce serait écrire un volume que de vouloir énumérer tous les délais, retards, dégoûts et difficultés dont on m'a fait vider le calice jusqu'à la lie: il sufferait de dire que pendant la moitié de ma vie j'ai eu des affaires importantes à traiter et que pas une ne m'a coûté autant d'allées, de venues et d'éloquence perdue*[35]. Entnervt ging er endlich doch noch auf die von Sckell einst widerratene Offerte ein, im Glauben, so die leidige Gartenaffäre beenden zu können. Eine Fehleinschätzung, denn nun machte die Kommission Anstalten, ihm ein Stück des begehrten Terrains, und zwar ein für seine Pläne wesentliches, vorzuenthalten. Es kam zu weiteren Auseinandersetzungen, bis die Kommission sich zu einer einmaligen Beteiligung an den Kultivierungskosten bereitfand; alle weiteren Kosten für die Arbeiten sollten dem Admiral zur Last fallen. Der, um seine Ruhe zu haben, stimmte zu – und erlebte alsbald Kostensteigerungen, *qui réalisent déjà la prédiction de Mr. Sckell*[36]. Als in der Stadt obendrein zu hören war, ein anderer Gartenfreund habe ein vergleichbares Stück ohne Umschweif und zu vorteilhaften Bedingungen erhalten, platzte von Kinckel der Kragen. Eigener Einschätzung nach ein »Gutbürger«, mutierte er zu dem, was man heute einen »Wutbürger« nennt. Seine Peiniger von der Kommission erklärte er kurzerhand für korrupt und schrieb anlässlich des Wechsels im Kommissionsvorsitz dem neuen Präsidenten von Hacke ins Stammbuch: *Ich hoffe und wünsche als guter Bürger, daß der neue Herr President, der Verstand und Rechtschaffenheit vereinigt, auch durch unterstützte Energie imstand seyn wird, vermög Amputation, Excision, Incision [...] aller Fäulniß entgegen zu arbeiten und Augiae stabulium repurgare. [...] kein Bettler an der Thür wird so behandelt, wie die Herren der Commission mich behandelt und herum gezogen haben*[37].

---

    diese für die Stadt so nützliche Maaßregel wäre damals schon zustande gekommen, wenn sich nicht der Ingenieur-General Lauer derselben widersetzt hätte.

[33] J. BÖHM, Das alte Mannheimer Bürgerhaus B 5, 17–18, in: Mannheimer Hefte 1977, S. 19–28, hier S. 21–22.
[34] GLA 213/3493, «Exposé historique" von Kinckels. Buchstabenstand und Zeichensetzung des in französischer Sprache abgefassten Exposés wurden bei der Wiedergabe behutsam korrigiert und modernisiert.
[35] Ebd.
[36] Ebd.
[37] GLA 213/3493, Schreiben von Kinckels vom 18./19. 12. 1804.

Der querulatorischen Bitterkeit von Kinckels ging in der Folgezeit der Nährstoff nicht aus. So beschwerte er sich 1807, man habe ihm seinen Gartenteich verboten, worauf ihn die Kommission lapidar beschied: *Er besitzt seinen Weyher ganz in Ruhe, und die Commission wird nie etwas dagegen einzuwenden haben, solange derselbe nicht stinkt*[38]. Die Streitereien setzten sich fort, aufs Neue entfacht durch von Kinckels Forderung nach einer für ihn vorteilhafteren Grenzziehung an seinem Garten – und eskalierend in der Drohung des Admirals, aus der Stadt auszuwandern. Im September machte er die Ankündigung dem Anschein nach wahr. Der Coup erreichte sein Ziel. Den Wegzug eines so finanzkräftigen Mitbürgers mochte die Kommission nicht verantworten. *Um jemand hier zu behalten, der die Summe von 15.000 fl. in Umlauf setzt, um selbst jenen Theil der Stadt eher verschönert zu erhalten*[39], plädierte Präsident von Hacke bei Großherzog Carl Friedrich dafür, dem Admiral entgegenzukommen.

3. *Unüberlegter Zierrath* oder *Zierde der Stadt*? Eine Göttin für den Garten

Inzwischen waren die Vorbereitungen für das hortikulturelle Hauptprojekt der Stadterneuerung vorangekommen: die Anlage des Schlossgartens[40]. Im März 1808 erfolgte der erste Spatenstich, ein halbes Jahr später ging der Bevölkerung die Einladung zu, mittels einer Anleihe an der Finanzierung teilzunehmen. Dabei besann sich die obrigkeitliche Öffentlichkeitsarbeit auf die vordem in Umlauf gesetzten Propageme. Abermals erhielten die Mannheimer Aufschluss über ihre tiefsten Sehnsüchte; von neuem zogen ihre glücklichen *Enkel* vorm inneren Auge auf; und auch der wirkmächtige Hebel des materiellen Interesses wurde wieder umgelegt: *Edle Bewohner Mannheims! Die Anlage eines Gartens auf den Trümmern der Festung war schon seit mehreren Jahren euer sehnlichster Wunsch. Ihr fühltet tief dies Bedürfnis zur Vollendung so vieler Vorzüge, welche allgemein für Mannheim Wohlgefallen erregen. Alles, was vorher die Festung Abschreckendes hatte, hat nun der Enkel nicht mehr zu befürchten. Er wandelt ruhig in dem Schatten schöner Anlagen, und vergißt das schauervolle Andenken von Zerstörung der Vorzeit. Euere Habe, euere Häuser, euer Handel, euere Gesundheit haben hierdurch in gleichem Grade gewonnen*[41]. Nun ist die auffallende Wiederkehr bekannter Botschaften nicht per se als Indiz dafür zu nehmen, dass diese sich beim Einsatz Jahre zuvor tatsächlich bewährt hatten, denn vielseitige Adaptierbarkeit und lange Abnutzungsfristen bilden den Wesenskern eines Propagems. Für die offiziöse Einschätzung der *edlen Bewohner* und ihrer Sinnesart bleibt es gleichwohl allein schon bezeichnend, auf der Skala der Lebenswerte *Gesundheit* hinter *Habe*, *Häusern* und *Handel* rangieren zu sehen.

Mit den *Schatten schöner Anlagen* hatte es übrigens noch gute Weile, auch als sich die Konturen des Schlossgartens bereits abzuzeichnen begannen, inklusive solcher Attraktio-

---

[38] GLA 213/3469, Bericht des Präsidenten der Demolitionskommission vom 08.08.1807.
[39] GLA 213/3469, Schreiben des Präsidenten der Demolitionskommission vom 31.10.1807.
[40] Zur Geschichte des Schlossgartens allgemein: F. WERNER, Der Schloßgarten in Mannheim – Eine Zeitreise, in: Gartenkunst 16 (2004), S. 1–48.
[41] GLA 213/2133, Bekanntmachung vom 10.09.1808 nebst Aufruf *Edle Bewohner Mannheims!*

nen wie einer »Seufzerallee« und eines »Gockelsbergs« (*Tafel 2*). Attraktionen? Sogenannte Seufzeralleen, baum- und heckengesäumte Gänge, finden sich in ungezählten Parks. Und der Gockelsberg? Hier ist der Gedankensprung hin zum männlichen Haushuhn zu unterlassen: Die Pfälzer Mundart nutzt das Wort auch zur Benennung von Tannen- und Fichtenzapfen; mithin handelte es sich um eine mit Nadelbäumen bewachsene Erhebung. Echte Attraktionen waren das nicht. Ein sechssäuliger Tempel, wie ihn Sckell einst für den Schlossgarten geplant hatte[42], hätte in der Tat wohl mehr hergemacht. Im Mai 1810 tröstete sich ein Reisender in Cottas vielgelesenem »Morgenblatt« damit, was nicht sei, könne noch werden. *Abgesehen von den Kunst- und Prachtgebäuden, deren er noch keine hat, wird er dereinst, vollendet, den Schwezinger Garten weit hinter sich lassen*[43]. Ein Jahr darauf war in demselben Organ ein deutlich kritischeres Urteil über die Anlage zu lesen: *Da wo der Schloßgarten im Werden ist, sind die Arbeiten am weitesten gediehen, und es scheint, daß sie mit Ende dieses Jahres vollendet seyn werden. Manches dabey ist gelungen, noch mehreres unterliegt dem Tadel; nur erst, wenn das Ganze fertig ist, und die Pflanzungen eine gewisse Höhe erreicht haben werden, läßt sich ein umfassendes Urtheil fällen, doch auch schon jetzt geht aus der Anlage eine große Einförmigkeit hervor, welche die Zeit nicht tilgen wird: man findet keinen Reichthum der Ideen, und also auch keine Abwechslung. Die Stämmchen und Gesträuche scheinen mit Aengstlichkeit abgezählt, damit auf dieselbe Ausdehnung eine gleiche Zahl komme; dabey ist zu wenig Abwechslung in den Gattungen derselben, und keine Alleen, welche Schatten versprechen, was die ohnehin zu breiten Wege noch unangenehmer macht*[44].

Der vermisste Ideenreichtum und der Mangel an *Kunst- und Prachtgebäuden* ließen auch anderen Besuchern des Schlossgartens keine Ruhe. Wenige Tage nach dem tadelnden Artikel im »Morgenblatt« brachte das »Badische Magazin« am 22. Juni 1811 einen scheinbar mythologisch-antiquarischen Beitrag über den *Tempel der Isis zu Sais*. Nach allgemeinen Einlassungen zur Göttin und zur Religion der alten Ägypter überraschte der mit »N. Müller« gezeichnete Artikel mit einer unvermittelten Schlusswendung: *Aus Liebe des Alterthums und um durch Hieroglyphen Künste und Wissenschaften sicherer auf die Nachwelt zu bringen, finden wir in königlichen und fürstlichen Lustgärten fast alle Tempel der heidnischen Gottheiten nachgeahmet. Die der Isis sind aber äußerst selten. Würde es also nicht eine neue Zierde der Stadt Mannheim und für Fremde ein neuer Reiz sie zu besuchen seyn, wenn bald ein Tempel der Isis mit passenden Verzierungen nach dem Muster des zu Sais unserm neuen zur Vollendung reifenden Schloßgarten (Stephanielust) die Krone aufsetzte?*[45].

Die Frage, ob und wie bestimmte Gestaltungs- und Motivarsenale kompositorisch zu nutzen seien, führt auf ein vielgepflügtes Feld der Gartentheorie. Soll der Garten ein rein botanischer sein oder mit Objekten der Kunst und Architektur angereichert werden? Soll er vorzugsweise Kreise ansprechen, denen antike Tempel und Figuren etwas sagen, oder auch Besucher, bei denen klassische Bildung nicht vorauszusetzen ist? *Wer Mythologie lernen will, lerne sie aus Büchern, um alte Schriftsteller zu verstehen; für den großen Men-*

---

[42] WERNER (wie Anm. 40), S. 16.
[43] Morgenblatt für gebildete Stände vom 26.05.1810.
[44] Morgenblatt für gebildete Stände vom 14.06.1811.
[45] N. MÜLLER, Der Tempel der Isis zu Sais, in: Badisches Magazin vom 22.06.1811, S. 382.

schenhaufen haben dergleichen Vorstellungen in öffentlichen und großen Gärten gar keinen Nutzen und auch wenig Vergnügen[46]: So ließ sich um die Wende zum 19. Jahrhundert Johann Sickler (1742–1820) vernehmen, seinerzeit einer der einflussreichsten Populisatoren der Gartenkunst – und von Profession Pfarrer, dem Heidengötter wohl schon von Haus aus ein Greuel waren. Später kam Herrmann von Pückler-Muskau (1785–1871), den konfessionelle Scheuklappen nicht beengten, zu einem ähnlich verwerfenden Urteil. Hätten die Tempel im Altertum eine volkstümliche, religiöse Bedeutung gehabt, so liefen sie im modernen Garten Gefahr, läppisch zu wirken. *Die abgedroschene, missverstandene Weise, wie man heutzutage die Mythologie auffaßt, möchte es geraten machen, diese ganz wegzulassen*[47].

Skepsis im Hinblick auf die Verwendung von Denkmälern war bereits 1780 in Christian Cay Hirschfelds (1742–1792) »Theorie der Gartenkunst« laut geworden, dem voluminösesten gartentheoretischen Kompendium des 18. Jahrhunderts. Hirschfeld fand vor allem die Übervölkerung mit Statuen bedenklich. *Es ist nicht zu begreifen, was die Bildsäulen des Jupiters, Neptun, Mars, Herkules, der Juno, Minerva, und verschiedener andern, deren ausführlichste Mythologie noch immer in einer weiten Entfernung von der Natur und der Bestimmung eines Gartens liegen bleibt, an einem solchen Orte bedeuten sollen. Eine geringe Betrachtung wird sie zu den unüberlegten Zierrathen hinstellen, die auch eine allgemeine Mode, der Beyfall des Haufens und der Schriftsteller nicht rechtfertigen kann*[48]. [...] *Man müßte in der That einen sehr unvollkommenen Begriff von den mannigfaltigen Wirkungen der Naturscenen haben, wenn man die Statüen für Werke hielte, die in den Gärten nicht entbehrt werden könnten. Ohne sie beweisen die schönsten Gegenden die ganze Macht ihres Eindrucks; und das dürftige Revier kann durch sie nur eine Nebenwirkung, als einen schwachen Ersatz der Anmuth, gewinnen, die ihm die Natur verweigert hat*[49]. Konziliant fährt er immerhin fort: *Weil sie indessen durch die Länge der Zeit nun einmal eine Art von Bürgerrecht in den Gärten erhalten haben, so ist es der Klugheit gemäßer, zu zeigen, wie man einen guten Gebrauch von ihnen machen kann, als sie ganz zu verbannen*[50]. Diesen guten Gebrauch sah Hirschfeld durch Statuen von kräftigem Ausdruck, nationalem und zeitgenössischem Gepräge verbürgt, die bei einem großen Publikum auf Verständnis und Interesse rechnen konnten. In dasselbe Horn stieß Friedrich Ludwig Sckell. Den Statuen nicht grundsätzlich abgeneigt, wollte er doch des Guten nicht zu viel getan sehen: *Gärten sollten zwar, auch ohne diese Verzierungen, sich auszeichnen, gefallen, und in einem ästhetischen Werthe erscheinen, jedoch kann auf der andern Seite nicht geläugnet werden, daß geschmackvolle Gebäude und andere Verzierungen der Art, wenn sie an passenden Stellen*

---

[46] J. V. SICKLER, Ueber Englische Anlagen und die Umwandlung vorzüglich bürgerlicher Gärten in Parks, in: Ders. (Hg.): Der teutsche Obstgärtner oder gemeinnütziges Magazin des Obstbaues in Teutschlands sämmtlichen Kreisen; verfasset von einigen practischen Freunden der Obstcultur 12, Weimar 1799, S. 211–226, hier S. 221.

[47] H. VON PÜCKLER-MUSKAU, Andeutungen über Landschaftsgärtnerei, verbunden mit der Beschreibung ihrer praktischen Anwendung in Muskau, Stuttgart 1834, S. 41.

[48] C. C. L HIRSCHFELD, Theorie der Gartenkunst 3, Leipzig, 1780, S. 129.

[49] Ebd., S. 130.

[50] Ebd.

errichtet werden, eine sehr große Wirkung hervorzubringen vermögen, und auch den eigenthümlichen Charakter eines Gartens mitbestimmen und ausdrücken helfen[51].

Ob dem Beiträger des »Badischen Magazins« dieser gartenästhetische Diskurs bekannt war, darf bezweifelt werden – und ebenso, ob er an dem Für und Wider und »Ja, aber« das mindeste Interesse genommen hätte. Was »N. Müller« speziell mit der Isis bezweckte, wissen wir nicht. Immerhin gehörte die Göttin spätestens seit der »Zauberflöte«, das Heiligtum zu Sais spätestens seit Schillers Ballade aus dem Jahre 1795 zum bildungsbürgerlichen Wissensschatz. Nicht völlig von der Hand zu weisen ist aber auch ein freimaurerischer Ansatz zur Umwidmung des Gartens. Oder liegen die Dinge ganz anders? Der appellative Passus des Beitrags könnte hierfür einen Fingerzeig geben: *Alle Kunstfreunde und Gewerbsmänner werden Interesse finden, thätigst mitzuwirken, daß dieser Gedanke nicht ein bloser frommer Wunsch bleibe*[52]. *Kunst* und *Gewerbe* in innigstem Bund – und welcher der Faktoren dabei den Ausschlag zu geben hat, das lässt zuvor schon die Wendung vom neuen Anreiz für potenzielle fremde Besucher erahnen. Einiges spricht dafür, dass es um die Schaffung einer touristischen Sehenswürdigkeit ging, um die Ankurbelung des Fremdenverkehrs und um das von den Fremden in Mannheim auszubende Geld. Doch der Appell verhallte, die Sponsoren fanden sich nicht, die Anregung kam über den *frommen Wunsch* nicht hinaus.

4. Öffentlich nur für *Ordnung liebende*? – Diskriminierungen und Verbote im Mannheimer Schlossgarten

Sollten einerseits Besucher in den Schlossgarten gelockt werden, so war andererseits ganzen Personenkreisen der Aufenthalt in seinem Areal verwehrt. Wie das alte, so hat auch jedes »neue Paradies« seine Verbote, Sündenfälle und Austreibungen. Das Augenmerk sei deshalb noch auf die Regelwerke gerichtet, die den Zugang zum und die Zustände im Mannheimer Schlossgarten während der ersten beiden Dezennien seines Bestehens zu ordnen versuchten[53]. Mangels Überlieferung einzelner Straffälle lässt sich hier nicht auf Realien zurückgreifen; doch kann diesem Manko teilweise abgeholfen werden. Qualitativ betrachtet, geben normative Texte darüber Auskunft, was zu einem bestimmten Zeitpunkt an einem bestimmten Ort als erwünscht oder unerwünscht gilt. Da insbesondere Verbote meist konkreten Missständen ihre Entstehung verdanken, bilden sie ex negativo durchaus Wirklichkeitspartikel ab. Eine quantitative Auswertung der Erlasse wird obendrein aus der gehäuften Wiederholung inhaltsgleicher Vorschriften Schlüsse auf Schwierigkeiten bei deren Umsetzung ziehen.

Sehen wir uns die verpönten Tatbestände etwas genauer an. Welche Verhaltensweisen wurden inkriminiert? Gab es Risikogruppen, deren Angehörige von Haus aus als garten-

---

[51] F. L. VON SCKELL, Beitraege zur bildenden Gartenkunst für angehende Gartenkünstler und Gartenliebhaber, München² 1825, S. 13.
[52] MÜLLER (wie Anm. 45), S. 382.
[53] Dass ein Vergleich mit Texten zur Disziplinierung und Verhaltensnormierung in anderen badischen und außerbadischen Hof- und Schlossgärten wünschenswert wäre, sei hier ausdrücklich vermerkt.

unverträglich zu gelten hatten und die deshalb auszugrenzen waren? In der Tat stieß im Schlossgarten das Konzept der allgemeinen Zugänglichkeit nahezu von Anfang an auf seine Grenzen. Es kollidierte mit dem in der zeitgenössischen Gartentheorie konkurrierenden Postulat der »Wohlerzogenheit«. Wie hatte doch Friedrich Wilhelm von Ramdohr (1757–1822) schon im ausgehenden 18. Jahrhundert definiert: *Ein schöner Garten ist eine Erdfläche, welche durch Anordnung des Bodens und der Gegenstände, welche er hervorzubringen und zu tragen pflegt, für wohlerzogene Menschen zum Vergnügen am Schönen der Ansicht, Umsicht, Umhersicht, des häufigen Umherwandelns und öfteren Verweilens eingerichtet ist. Ein Garten muß zum Vergnügen am Schönen für wohlerzogene Menschen eingerichtet seyn, wenn er als Werk der schönen Künste angesehen werden soll. Wohlerzogene Menschen haben das zum Voraus, daß sie, um Vergnügen am Schönen zu empfinden, die Würkung, die ein Gegenstand auf sie macht, mit ihrer sittlichen Würde im Verhältnisse finden wollen*[54]. Um Gefahrenquellen für die *sittliche Würde* zu verstopfen, schloss das zentrale und umfassendste Dokument zur moralischen Schädlingsbekämpfung im Schlossgarten, die Instruktion des Mannheimer Oberhofmarschallamts vom 16. Juni 1818 für die zur Parkwacht bestimmten Unteroffiziere[55], *verdächtige Weibspersonen* grundsätzlich vom Gartengenuss aus. Ihnen wurde unterstellt, sie würden von *den Gebüschen und Gruppirungen*[56] aus auf männliche Beute pirschen. Überhaupt war der Schlossgarten kein »jardin de plaisir«, auch unschuldigere Vergnügungen fanden hier keine Freistatt. *Besonders die Schulknaben, wenn sie truppenweise in dem Garten sich einfinden, oder ihre Spiele darinn treiben, wie dieß besonders häufig am Eiskeller geschieht, sind in dem Schloßgarten nicht zu dulden, sondern auf der Stelle fortzuweisen*[57]. Da kamen die Raucher, eine weitere Problemgruppe, noch glimpflich davon. Ihnen gestand man, als im Mai 1822 der gesamte Schlossbereich zur Nichtraucherzone wurde, immerhin den am Schlossgarten verlaufenden Damm als Reservat für die Ausübung ihres Lasters zu[58]. Über sämtliche Spezialia hinaus galt die Generalmaxime: *Aller Lärmen, Streit, und jeder sonstige Unfug, wodurch der Ordnung liebende Theil des Publikums in seinem Vergnügen gestört wird, ist durchaus verboten*[59]. Für die Ordnungshüter schieden sich die Gartenbesucher dichotomisch in zwei Klassen: hier die Partei der *Ordnungsliebenden*, dort die der Unordnung, die es *allda baldmöglichst* zu entfernen galt. Vollends trat die Zwei-Klassengesellschaft bei der Sperrstundenregelung hervor: *Des Abends nach 10 Uhr darf sich Niemand mehr in dem Schloßgarten aufhalten, wenn es nicht Personen von Distinction sind. Nach 11 Uhr aber bleibt der Aufenthalt für Jedermann ohne Unterschied der Person unter-*

---

[54] F. W. B. VON RAMDOHR, Meine Theorie der schönen Gartenkunst, in: Ders.: Studien zur Kenntniss der schönen Natur, der schönen Künste, der Sitten und der Staatsverfassung, auf einer Reise nach Dännemark. Erster Theil, Hannover 1792, S. 256–306, hier S. 256–257.

[55] B. DOLLMÄTSCH (Hg.): Sammlung sämmtlicher Gesetze, Verordnungen, Verfügungen und Anordnungen welche in den Markgrafschaften und in dem Großherzogthum Baden über Gegenstände der Orts-Polizei seit dem Jahre 1712 bis 1832 erschienen sind, und nach den Bestimmungen des vierten Capitels der Gemeinde-Ordnung durch die Bürgermeister vollzogen werden 2, Karlsruhe/Baden-Baden 1837, S. 809–811.

[56] DOLLMÄTSCH 2 (wie Anm. 55), S. 810.

[57] Ebd.

[58] Ebd., S. 111.

[59] Ebd., S. 810.

sagt[60]. Personen von Distinktion – damit dürften in erster Linie die Großherzogin Stephanie und ihre Entourage gemeint gewesen sein. Einige Gartenbesucher waren also »gleicher« als die anderen, Rangunterschiede erheischten gerade angesichts von Nivellierungstendenzen, wie sie sich im Anspruch auf Öffentlichkeit manifestierten, die offizielle Sanktionierung ihrer unangetasteten Gültigkeit.

Vorrangig allerdings schöpft die Verordnungsserie ihre Motivation aus dem Umweltschutz und der Sorge um die potenzielle Beschädigung der Anlagen. »Betreten verboten« – das stereotype Signum deutscher Verbotskultur begegnet auch hier. Nachdem bereits in den Jahren 1803 und 1808 Verordnungen zum Schutz der Pflanzungen ergangen waren, verkündete 1818 die oben bereits zitierte Instruktion: *Das Abbrechen der Blumen und Gesträuche, so wie das Holzsammeln in den Gebüschen, ist Niemanden erlaubt.* Außerdem: *Es darf Niemand über die Grasplätze oder durch das Gebüsch gehen, noch die Graseinfassung an den Wegen betreten*[61]. Schutz genoss auch die Schlossgarten-Fauna: *Das Fangen der Nachtigallen und das Ausheben und Zerstören der Vogelnester ist jedermann verboten*[62]. Im Mai 1822 sah man sich genötigt, diese Verbote erneut einzuschärfen[63], und als im Februar 1826 die Mannheimer Oberhofmarschall-Amts-Deputation das Rasenplatz- und Wegesrand-Betretungsverbot abermals in Erinnerung brachte, erläuterte sie, *daß keine Jahrszeit von diesem Verbote ausgenommen ist*[64] – ein Zusatz, in dem ein Reflex auf tatsächliche Ausreden von Übertretern vermutet werden darf.

Zu einem ebenso zählebigen Sonderproblem avancierte das von den Bäumen und Sträuchern des Schlossgartens abgebrochene Holz. Der Brennstoff hatte sich in Mannheim seit 1803 stark verteuert, eine Folge der Festungsdemolition, deren von der Stadt zu tragender Kostenanteil aus dem Ertrag einer allgemeinen Holzabgabe bestritten wurde. Nicht nur ausgesprochen armen Leuten lag es da nahe, sich gratis mit Holz zu versorgen und für diesen Zweck den Schlossgarten zum öffentlichen Nutzgarten umzufunktionieren. Das Oberhofmarschallamt bewertete derlei als Unterschleif. Das bereits in der Instruktion von 1818 ausgesprochene Holzsammelverbot wurde 1820 erneuert und mit der ausdrücklichen Drohung verknüpft, *daß derjenige, welcher in den Gebüschen oder auf den Wegen des Gartens mit aufgelesenem Holz angetroffen wird, sogleich angehalten und mit Arrest bestraft werden soll*[65]. Eine Verordnung vom Folgejahr paraphrasiert offensichtlich wiederum eine beliebte Ausrede, mit der ertappte Sammler sich aus der Schlinge zu ziehen versuchten: Sie gaben an, das Holz im Neckarauer Wald aufgelesen und den Schloss-

---

[60] Ebd., S. 810–811.
[61] Dollmätsch 2 (wie Anm. 55), S. 810.
[62] Ebd.
[63] B. Dollmätsch (Hg.): Sammlung sämmtlicher Gesetze, Verordnungen, Verfügungen und Anordnungen welche in den Markgrafschaften und in dem Großherzogthum Baden über Gegenstände der Orts-Polizei seit dem Jahre 1712 bis 1832 erschienen sind, und nach den Bestimmungen des vierten Capitels der Gemeinde-Ordnung durch die Bürgermeister vollzogen werden 1, Karlsruhe/Baden-Baden 1836, S. 378–379.
[64] Dollmätsch 1 (wie Anm. 63), S. 397–398.
[65] Ebd., S. 376.

garten damit nur passiert zu haben[66]. Doch auch späterhin war dem Vergehen nicht zu steuern, allen Konfiskationen und 30-Kreuzer-Bußgeldern zum Trotz[67].

Die Sorge um die garteninterne Infrastruktur führte 1814 dazu, dass die Mannheimer Zivilisten für Verheerungen büßen mussten, die auf Fremdeinwirkung zurückgingen. Im Gefolge der häufigen Durchzüge alliierten Militärs durch den Schlossgarten während des Frühjahrs, vor allem im Zusammenhang mit der Invasion des napoleonischen Empire zu Jahresbeginn, hatten Beschädigungen in der Anlage das *besondere Mißfallen der höchsten Herrschaft* (also wohl der Großherzogin Stephanie) erregt. Daraufhin wurde der Schlossgarten allen Lohnfuhren bei 5 Gulden Strafe gesperrt. Eine Strafe in gleicher Höhe kam auf Reiter und Passagiere mit eigener Equipage zu, wenn sie sich auf den Nebenalleen betreffen ließen[68]. Die Mannheimer kehrten sich an solche Sanktionsdrohungen wiederum kaum. Als im November 1819 der Publikumsverkehr auf den unteren Schlossgartenweg begrenzt wurde, hieß es im Folgejahr von dieser Einschränkung, sie werde *fast täglich übertreten*[69].

Ein Spezifikum von Wegeverbot stellen die Erlasse dar, die auf die Erfindung des Freiherrn von Drais reagierten. Noch im Dezember 1817, im Jahr der ersten dokumentierten Draisinenfahrt, hatte das Mannheimer Stadtamt das Laufen mit dem neumodischen Gefährt im Stadtbezirk auf den Nebenstraßen und auf den für Spaziergänger bestimmten Wegen verboten[70]. Im Jahr darauf feierte in der Instruktion für die Schlossgartenwächter der Radweg seine Weltpremiere. *Das Laufen mit den Laufmaschinen ist nur in der Mitte der Hauptwege gestattet, auf dem Fußpfade und allen Nebenwegen aber verboten*[71]. Auch diese Anordnung bedurfte mehrmaliger Einschärfung[72]. Den Schlossgartenbesuchern einen Code von »horticultural correctness« einzuimpfen, hielt offenbar sehr schwer.

5. Zum Ausklang: ein *Schmerzensschrei*

Was im Falle der Truppenbewegungen und des Aufkommens der Draisinen im Kleinen sichtbar wird – die Irritabilität der Ordnungsmacht durch Zeitgeschehen und technische Innovation –, kündigt ein Bedrohungspotenzial an, das im Großen dem Schlossgarten nur zu bald zum Verhängnis werden sollte. Die heraufziehende Industriegesellschaft mit ihrer dynamischen Modernisierung der Infrastruktur verwandelte ihn in der Wahrnehmung der auf Fortschritt und Wachstum fixierten Verwaltungs- und Planungsbehörden in ein lästiges Verkehrshindernis. Wie einstmals die Festung, so wurden nun die *schönen Anlagen* in Teilen weggehackt, -geschippt und -gerollt, zugunsten großer Bauprojekte wie

---

[66] Ebd., S. 377.
[67] Ebd., S. 379.
[68] J. F. WEHRER (Bearbeiter): Vollständige Sammlung der in den Provinzial- und Anzeige-Blättern erschienenen Verordnungen von der Entstehung dieser Blätter, also von 1803 an bis Ende 1835 in vier Abtheilungen. Nebst vollständigen alphabetischen Registern zu jeder Abtheilung und zur ganzen Sammlung 3, Karlsruhe/Baden[-Baden] 1836, S. 1213.
[69] DOLLMÄTSCH 1 (wie Anm. 63), S. 376.
[70] Ebd., S. 374.
[71] DOLLMÄTSCH 2 (wie Anm. 55), S. 810.
[72] DOLLMÄTSCH 1 (wie Anm. 63), S. 379.

der Eisenbahn- und Straßenbrücke über den Rhein ab 1868 und des neuen Bahnhofs ab 1871. Wie diese Wendung der Dinge den einst von offizieller Seite so gern beschworenen *Enkeln* gefallen haben mag? Von verbreitetem Klagegeheul ist nichts überliefert. Lediglich einem anonymen *bekümmerten Mannheimer Blumenfreund* entrang sich 1870 ein *Schmerzensschrei*, den die »Neue Badische Landeszeitung« in die Öffentlichkeit (und auf die Nachwelt) brachte: *Der Schloßgarten, einstweilen unser einziger Park, unsere einzige Stadtlunge, hat bekanntlich durch die Anlegung der Brückenbahn und der Güterbahn am Rhein weder landschaftlich noch gesundheitlich gewonnen; zu dem Staub der nie gegossenen Gartenwege kommt jetzt der Rauch der Lokomotive [...]. Allein bis zum vorigen Jahre hatte man wenigstens in der unmittelbaren Nähe des Schlosses, an der Terrasse, auf der einen Seite die Schönheit und den Duft von Blumenbeeten, auf der anderen Seite einen Rasenplatz, den freilich der Herr Hofgärtner so wenig begießen ließ, daß er jedes Jahr ausbrannte. Das Jahr 1870 hat in beiden Beziehungen eine traurige Änderung gebracht: an die Stelle des Rasenplatzes ist eine gewöhnliche Futterwiese getreten, deren Ertrag wahrscheinlich ein paar Batzen mehr abwirft, über die Blumenbeete ist man einfach zur Tagesordnung übergegangen. Die betreffenden Beete, in denen Fuchsien etc. prangten, stehen einfach leer, nur ein Rosenbeet in halb verwildertem Zustand ist noch vorhanden, weil man den Taglohn für das Ausroden der Stöcke scheute, auf der Seite gegen das Ballhaus aber erblickt das Auge des Wanderers eine Brennesselwüstenei*[73]. Wofür ist derlei zu halten? Für die kleinliche Krittelei eines spitzweghaften Sonderlings, der den Zug der Zeit nicht verstand und biedermeierlichen Nostalgien nachhing? Von der Masse seiner Zeitgenossen dürfen wir immerhin annehmen, dass sie die Zeichen der Zeit erkannte, mit der Zeit ging und die Kollateralerrungenschaften der Industrialisierung anstandslos, wenn nicht gar gern in Kauf nahm: Stimmten (und stimmen) doch der *Enkel Lebensfreuden* aufs trefflichste mit jenen ökonomisch-kommerziellen Interessen überein, deren unbedingten Primat im bürgerlichen Wertekanon die zitierten Quellen vielfach bezeugten.

---

[73] Neue Badische Landeszeitung vom 08.06.1870.

Die ehemaligen englischen Landschaftsgärten in Karlsruhe und die Wörlitzer Anlagen

Eine Studie zu den Karlsruher Gärten und Parkbauten der Weinbrenner-Ära und ihrem historischen Kontext

VON JULIAN HANSCHKE

Die weitgehend verschwundenen englischen Landschaftsgärten der badischen Residenzstadt Karlsruhe hatten unter anderem das berühmte Dessau-Wörlitzer Gartenreich zum Vorbild. Aus dem zeichnerischen Nachlass Friedrich Weinbrenners und seiner Bauschule als auch aus historischen Ansichten und Beschreibungen des frühen 19. Jahrhunderts lässt sich das Aussehen der Karlsruher Gartenanlagen weitgehend erschließen. Im folgenden Beitrag sollen formale und historische Verbindungen nach Wörlitz, einem der prominentesten Orte klassizistisch-romantischer Gartenkunst in Deutschland aufgezeigt werden. Im Fokus der Untersuchung stehen die unter Friedrich Weinbrenner geschaffenen Parkanlagen mit den dortigen Palais und Parkarchitekturen: Es handelt sich um das Markgräfliche Palais mit dem hieran anschließenden Landschaftspark, den Erbprinzengarten mit dem Gotischen Turm und dem Amalienschlösschen sowie um das Palais der Markgräfin Christiane Luise einschließlich der umgebenden Parkanlagen.

Beziehungen zwischen Markgraf Karl Friedrich von Baden (1728–1811) und Fürst Leopold III. Friedrich Franz von Anhalt-Dessau (1740–1817) sind der Forschung seit geraumer Zeit bekannt. Beide Fürsten galten bereits den Zeitgenossen als Protagonisten der Aufklärung und standen mit ihrem Lebenswerk für eine fortschrittliche reformfreudige Politik. Im Zeitalter der Französischen Revolution traten beide für eine »Revolution von oben[1]« ein und waren um eine patriarchalische fürsorgliche Regentschaft bemüht. Besondere Verdienste im Sinne der Aufklärung erwarb Markgraf Karl Friedrich durch die auf seine Initiative hin erfolgte Abschaffung der Tortur und der Leibeigenschaft in den Jahren 1767 und 1783. Mit der Abschaffung der Leibeigenschaft, dem Ausbau des Schulwesens und diverser anderer Reformen, darunter der Förderung von Landwirtschaft und Industrie, ging der Wunsch des Souveräns einher, *ein freies, opulentes, gesittetes, christli-*

---

[1] Vgl. E. Hirsch, Dessau-Wörlitz, Aufklärung und Frühklassik, »Zierde und Inbegriff des 18. Jahrhunderts«, Dößel 2013, S. 297.

ches Volk zu regieren[2]. Ebenso engagiert tat sich Fürst Leopold III. Friedrich Franz von Anhalt-Dessau hervor. Auch Fürst Franz setzte sich für eine Verbesserung der Landwirtschaft, beispielsweise durch die Gründung von Musterbetrieben, ein. Darüber hinaus erfuhr in seinem Staat das »Armen- und Medizinalwesen« bedeutende Verbesserungen. Besondere Beachtung erlangte das Toleranzedikt des Fürsten, das eine Gleichstellung des jüdischen Kultus mit den christlichen Konfessionen intendierte. Einhergehend mit seinen aufklärerischen Vorstellungen schuf Fürst Franz schließlich auch im Bereich der Kunst grundlegend Neues. Mit dem Dessau-Wörlitzer Gartenreich gelang ihm eine gartentheoretische Revolution, nämlich die Etablierung des »neuen« englischen Gartenstils auf dem Kontinent. »In den Niederungsgebieten der Elbe und Mulde entstand mit Unterstützung durch seine Gärtner und Zeichner wie Johann Friedrich Eyserbeck, Johann Leopold Ludwig Schoch und dessen Sohn Johann George Gottlieb und durch den Architekten Erdmannsdorff ein zusammenhängender Landschaftsgarten von über 25 km Länge[3].« Dieser an englischen Vorbildern orientierte Landschaftsgarten diente mit seinen zahlreichen staffageartigen Parkbauten der »Landesverschönerung«.

Eingebettet in die Anlagen waren große landwirtschaftliche Nutzflächen. Das Gesamtwerk bildete nach Erhard Hirsch ein herausragendes Beispiel für »die Anwendung der philosophischen Prinzipien des Zeitalters der Aufklärung auf die Gestaltung einer Landschaft, die Kunst, Pädagogik und Ökonomie zu einem harmonischen Ganzen vereinigt[4].« Dem Projekt gingen mehrere Bildungsreisen des Fürsten nach England voraus: »Kurz nach Beendigung des Krieges, 1763 entschloß sich Franz, wol fühlend, daß ihm, um sein wenn auch kleines Erbland nach den Absichten und Plänen, die er in sich trug, zu regieren, noch so manche Kenntnisse fehlten, zu einer Bildungsreise, deren Ziel England und deren Hauptzweck Kenntnißnahme von allen Sehenswürdigkeiten des Landes und von dessen staatlichen, bürgerlichen und gewerblichen Einrichtungen war[5].«

Bemerkenswert ist, dass auch Karlsruhe unter der Regentschaft Karl Friedrichs einen in dieselbe Richtung zielenden Transformationsprozess erfuhr. Die barocke, auf strahlenförmigem Grundriss errichtete Stadtanlage bot bis zur Mitte des 18. Jahrhunderts den Anblick einer idealen absolutistischen Fürstenresidenz nach Versailler Vorbild. Spätestens in den 1780er Jahren mussten die Gartenanlagen der Residenz jedoch veraltet erscheinen. Beschnittene Bäume, Büsche und Hecken, Bepflanzungen in geometrischen Formen wichen einer freieren Vorstellung von Gartenkunst, die in England während des frühen 18. Jahrhunderts begründet worden war und dort mit den politischen Verhältnissen der englischen Gesellschaft nach der Glorious Revolution einherging (Stärkung des Parlaments, Beschneidung der Rechte des Königtums)[6]. Im Zuge der »englischen Gartenrevolution« brach sich ein neues Schönheitsideal Bahn, das den Formalismus der Vergangenheit verwarf und sich an den von antiken Ruinen geprägten Ideallandschaften

---

[2] Zit. nach F. von WEECH, Karl Friedrich, Großherzog von Baden, in: ADB, Band 15, Leipzig 1882, S. 241–248.
[3] Biographische Angaben nach E. HIRSCH, Leopold III. Friedrich Franz, in: NDB, Band 14, Berlin 1985, S. 268–270.
[4] HIRSCH 2013 (wie Anm. 1), S. 231.
[5] Zit. nach F. SIEBIGK, Leopold Friedrich Franz, in: ADB, Band 18, Leipzig 1883, S. 356–367.
[6] Vgl. H. VON TROTHA, Der Englische Garten. Eine Reise durch seine Geschichte. Berlin 1999, S. 11 f.

Italiens orientierte[7]. Letztere hatten englische Aristokraten auf ihrer Grand Tour durch Europa kennengelernt. Der englische Landschaftsgarten erfuhr im Verlaufe des frühen 18. Jahrhunderts eine stilistische Entwicklung. So wurde die anfängliche theatralisch-szenische Anordnung von architektonischen Elementen nach und nach durch einen malerischen Stil abgelöst, der sich durch großzügigere landschaftliche Effekte und eine geringere Zahl an Architekturstaffagen auszeichnete (vgl. die anhand des Gartens des Dichters Alexander Pope und der berühmten Anlagen von Stowe und Stourhead nachvollziehbare Entwicklung). Protagonisten des Englischen Landschaftsgartens waren Lord Burlington, William Kent, Horace Walpole und Lancelot Brown. Die ersten englischen Landschaftsgärten in Deutschland waren die Parkanlagen in Wörlitz, Weimar, Schwetzingen, Hohenheim und Wilhelmshöhe bei Kassel[8].

1787, 18 Jahre nach der Rezeption des englischen Landschaftsgartens in Wörlitz, wurde schließlich auch der Karlsruher Schlossgarten durch Garteninspektor Johann Michael Schweyckert in einen englischen Landschaftspark verwandelt (*Tafel 1*).

Karl Friedrich war auf seinen Englandreisen von 1747 und 1751 ebenfalls mit der englischen Gartenmode in Kontakt gekommen. Hierzu heißt es in dem Werk von Theodor Hartleben: *Karl Friedrich, welcher die mannichfaltigen Vorzüge Englands aus eigener Erfahrung kannte, war hold dem einfach schöneren und natürlicheren Style englischer Garten-Anlagen. Er übertrug die Umstaltung des französischen Schloßgartens dem Herrn Garteninspektor Schweyckert, welcher während seiner Reisen in England ganz in die Mysterien dessen Gartenkunst eingeweiht wurde. Durch neue dem Zeitgeschmack angemessene Anlagen bildete er ein Muster englischer Gartenkunst. Herr Hofgärtner Müller (Sohn) erhöhte die Mannichfaltigkeit durch den Zusatz einer chinesischen Partie, und Herr Gartendirektor Zeyher gab mit dem seinen Geschmacke des ausgezeichneten Künstlers auf einem Hauptpunkte einem der vorzüglicheren Schauspiele der Natur seine Entstehung*[9]. Überliefert ist auch Karl Friedrichs Beschäftigung mit der als vorbildlich erachteten englischen Landwirtschaft, vgl. die folgend zitierte Überlieferung in der von Ludwig Friedrich von Drais Freiherr von Sauerbronn verfassten Lebensbeschreibung: *Nachdem der Markgraf, noch in demselben Jahr, die zweite Reise nach England gemacht hatte (Sie dauerte vom Mai bis hinter der Mitte des Septembers.) – wo unter andern die höhere Cultur im Feldbau und in Kunstgewerben, nicht weniger als Seine Vorliebe für jene Sprache und jenen Volksgeist, Ihn anzog: so waren die Zerstreuungen, die bis dahin gleichwohl Seinen Regierungsanfang öfter unterbrochen hatten, geschlossen. Sein Gemüth war mehr gesättigt an der übrigen Welt, mehr vollendet in der Vorbereitung zu Seinen nicht gemeinen Regenten – Vorsätzen*[10]. Weitere Bildungsreisen hatten ihn nach Holland, Frankreich, in die Schweiz und nach Italien

---

[7] Vgl. VON TROTHA (wie Anm. 6), S. 12–17.
[8] Vgl. M. L. GOTHEIN, Geschichte der Gartenkunst, Zweiter Band, Von der Renaissance in Frankreich bis zur Gegenwart, Jena 1914, S. 392–406. Zur Entwicklung des englischen Landschaftsgartens allgemein Adrian von Buttlar, Der Landschaftsgarten. Gartenkunst des Klassizismus und der Romantik. Köln 1989.
[9] T. HARTLEBEN, Statistisches Gemälde der Residenzstadt Karlsruhe und ihrer Umgebungen, Karlsruhe 1815, S. 99.
[10] Zit. nach K. W. L. F. VON DRAIS VON SAUERBRONN, Geschichte der Regierung und Bildung von Baden unter Carl Friederich, aus Archiven und andern Quellen bearbeitet. Umfassend die erste Periode dieser Regierung, die baden-durlachische Zeit: 1746–1771., S. 56.

geführt. Als Beleg der Reformbemühungen Karl Friedrichs von Baden ist unter anderem sein bemerkenswerter Traktat »Abriß der Grundlagen der politischen Ökonomie« von 1772 zu nennen sowie die während seiner Regentschaft erfolgte Errichtung von Mustergütern, wie das Versuchsgut Rotenfels oder Katharinental bei Pforzheim, mit deren architektonischer Realisierung Friedrich Weinbrenner beauftragt wurde[11].

Auf hiermit einhergehende Absichten Karl Friedrichs bezüglich einer Landesverschönerung weist die folgende Überlieferung: *Baumgärten in allen vermöglichen Communen und weiche Holzpflanzungen auf offenen Pläzen, wurden schon damals nicht wirkungslos angeordnet – überhaupt nach einer Lieblingsneigung des Markgrafen, die Bäume in besondern Schuz, auch gegen schwer bestrafte Beschädigungen, genommen. Es erging danebst die Verordnung: Kein Unterthan soll, ohne drei junge Eichen gepflanzt zu haben, heirathen*[12].

Außer dem Karlsruher Schlossgarten entstanden weitere englische Landschaftsparks unter dem Stadtbaumeister Friedrich Weinbrenner und seinen Mitarbeitern, dem Garteninspektor Johann Michael Schweyckert, dem Gartendirektor Johann Michael Zeyher sowie dem Hofgärtner Andreas Hartweg[13]. Es handelte sich hauptsächlich um den Garten des Markgräflichen Palais, den Erbprinzengarten sowie den Garten rund um das Palais der Markgräfin Christiane Luise. In Weinbrenners städtebaulichem Schaffen spielten die genannten städtischen Parkanlagen eine essenzielle Rolle. Dies belegen die ausführlichen Publikationen Friedrich Weinbrenners zu den »Gartengebäude[n] Ihrer Königlichen Hoheit der Frau Markgräfin Amalie zu Baden« und Weinbrenners Werk »Stadt-, Garten- und Landgebäude Ihrer Hoheit der Frau Markgräfin Christiane Louise von Baden.« 1807 legte er zusammen mit Karl Christian Gmelin darüber hinaus einen Entwurf für den stadtseitigen Karlsruher Schlossgarten vor (*Abb. s. ##Troll## Abb. 6*)[14]. Den Höhepunkt in Weinbrenners städtebaulichem und gartentheoretischem Entwurfsschaffen bildete bekanntlich sein großartiger Stadterweiterungsplan (der irrig als Tullaplan[15] in die Stadtgeschichte eingegangen ist), der den weiträumigen Ausbau der Stadt einschließlich ihrer Parkanlagen vorsah, bedauerlicherweise jedoch aufgrund der unentschlossenen und zögerlichen Haltung des Regenten unausgeführt blieb (*Tafel 2*). Erwähnenswert ist darüber hinaus, dass Weinbrenner bei Cotta in Tübingen einen Garten-Almanach drucken lassen wollte[16].

Im Zusammenhang mit den Karlsruher Parkanlagen ist von Bedeutung, dass nachweislich enge Kontakte zwischen dem Gründer des Dessau-Wörlitzer Gartenreiches, Fürst Franz und Markgraf Karl Friedrich, dem obersten Bauherrn des Badischen Baudirektors Friedrich Weinbrenner bestanden. Beide Regenten hatten sich ab 1780 mehrfach

---

[11] U. M. SCHUMANN, Klassizismus und »praktische Ästhetik«, Berlin, München 2010, S. 270–73.
[12] Zitiert nach Von DRAIS VON SAUERBRONN (wie Anm. 10), S. 51.
[13] SCHUMANN (wie Anm. 11), S. 109.
[14] Ebd., S. 109, 228, Tafel 27.
[15] Vgl. A. TSCHIRA, Der sogenannte Tulla-Plan zur Vergrößerung der Stadt Karlsruhe, in: Werke und Wege. FS Knittel, Karlsruhe 1959, S. 31–45.
[16] Vgl. SCHUMANN (wie Anm. 11), S. 109, Brief von Posselt an Cotta vom 30. 3. 1803, Deutsches Literatur-Archiv Marbach, Cotta-Archiv.

gegenseitig besucht und pflegten wohl ein freundschaftliches Verhältnis[17]. 1780 reiste die markgräfliche Familie nach Sachsen und Thüringen und besuchte Fürst Franz in Dessau[18]. In Dessau schlief Markgraf Karl Friedrich »bei Hof«; seine Gemahlin Karoline Luise »reiste dagegen auf Wunsch des Gatten in strengstem Inkognito[19].« Im Juli 1782 besuchte der Schweizer Theologe und Philosoph Johann Caspar Lavater (1741–1801) gemeinsam mit Fürst Franz von Anhalt-Dessau den Karlsruher Hof, wo sie freundlich aufgenommen wurden[20]. Eine weitere Begegnung fand 1783 in Zürich statt, wo die beiden Fürstenpaare am 10. August in der Zürcher Peterskirche einer Predigt Lavaters beiwohnten. Zu dieser Zeit hatte Markgraf Karl Friedrich sein berühmtes Edikt bezüglich der Aufhebung der Leibeigenschaft erlassen und genoss eine unerhörte Popularität[21].

1790 übernahm Fürst Franz die Patenschaft für Karl Friedrichs Sohn Leopold, den späteren Großherzog Leopold I.[22]. Auch künstlerisch scheint ein Austausch stattgefunden zu haben. So schuf der spätere Karlsruher Hofmaler Carl Kuntz im Auftrag der Chalkographischen Gesellschaft Dessau um 1797/1800 insgesamt zehn Ansichten des Wörlitzer Schlossparks und der dortigen Parkbauten. Vorausgegangen waren ähnliche Arbeiten zum Schwetzinger Schlossgarten. Beide Ansichtenfolgen wurden in Aquatinta-Manier publiziert und leisteten einen nicht unbedeutenden Beitrag zur Rezeption des englischen Landschaftsgartens in Deutschland. Neben Kuntz gehörte auch der in Durlach gebürtige Kupferstecher Christian Haldenwang der Chalkographischen Gesellschaft in Dessau an. 1804 wechselte Haldenwang von Dessau wieder nach Karlsruhe, um dort die Stelle des Hofkupferstechers anzutreten[23].

Auf weitere intensive Kontakte zwischen Baden und Dessau-Wörlitz in Kunstangelegenheiten weist ein Briefwechsel zwischen Friedrich Weinbrenner und Fürst Franz von August/Oktober 1801. Fürst Franz gelangte damals durch Vermittlung Friedrich Weinbrenners in den Besitz mittelalterlicher oberrheinischer Glasgemälde. Es handelte sich um sechs Straßburger Glasgemälde aus der Zeit von 1490 bis 1520, darunter die Anbetung der Hl. drei Könige (in der Galerie am Grauen Haus in Wörlitz eingebaut), zwei Scheiben mit »Passionsszenen aus dem Leben Christi« und ein Fenster mit dem »Tod Mariens« (Bibliothek des Gotischen Hauses in Wörlitz) sowie zwei Glasmalereien mit der »Marienkrönung« und der »Anbetung der Hirten« (im Speisezimmer des Gotischen Hauses)[24]. Ursprünglich waren die Glasgemälde für Schloss Neu-Eberstein vorgesehen, »das Prinz Friedrich 1798 von seinem Vater zum Geschenk erhalten hatte und das

---

[17] Markgräflich Badische Museen, Carl Friedrich und seine Zeit. Ausstellung im Rahmen der Landesgartenschau 1981, Baden-Baden, Neues Schloß, Karlsruhe 1981, S. 107.
[18] Vgl. J. LAUTS, Karoline Luise von Baden, Ein Lebensbild aus der Zeit der Aufklärung, Karlsruhe 1990, S. 385.
[19] Vgl. LAUTS (wie Anm. 18), S. 385.
[20] Vgl. ebd., S. 313.
[21] Vgl. ebd., S. 402–404.
[22] M. RUOSS/B. GIESICKE, »Falls diese Fenster noch zu haben sind ...«. Friedrich Weinbrenners Vermittlung von sechs Straßburger Gemälden an den Fürsten Leopold III. Friedrich Franz von Anhalt-Dessau, in: Friedrich Weinbrenner (1766–1826), Architektur und Städtebau des Klassizismus. Ausstellung Karlsruhe 2015, S. 153–157, S. 154 mit weiteren Literaturangaben.
[23] Vgl. A. WOLTMANN, Haldenwang, Christian, in: ADB, Band 10, Leipzig 1879, S. 406 f.
[24] RUOSS/GIESICKE (wie Anm. 22), S. 153–157, S. 154.

Weinbrenner 1803/04 zu Wohnzwecken mit mittelalterlichen Elementen ausbaute[25].« Durch den von Weinbrenner ermöglichten Ankauf der Glasgemälde konnte Fürst Franz die Ausstattung des Gotischen Hauses um authentische mittelalterliche Kunstwerke bereichern.

Auch im Hinblick des damals zeitgenössischen Kunsthandwerkes bestand zwischen Karlsruhe und Wörlitz ein Austausch: Während seiner Regentschaft war Fürst Franz um Wirtschaftsreformen und die Etablierung innovativer handwerklicher und industrieller Herstellungsverfahren bemüht. Ein Ergebnis dieser Wirtschaftsförderungen bestand in der Fabrikation und dem Export hochwertiger Möbel. Zu den Käufern der Wörlitzer Möbel zählte neben dem preußischen Königshaus nachweislich auch Markgraf Karl Friedrich von Baden, welcher beispielsweise den in Dessau produzierten »Fürst Franz Stuhl« erwarb[26].

Der im markgräflichen Familienarchiv im GLA Karlsruhe erst kürzlich intensiver beleuchtete Briefwechsel zwischen dem Fürsten Franz und der markgräflichen Familie umfasst die Zeit zwischen 1781 und 1816. Für den Quellenanhang wurde die Korrespondenz ab 1798 erschlossen. Erwähnenswert ist hieraus die Übersendung von *Pflanzen, und Baum Gesähme*[n] aus dem Wörlitzer Garten nach Karlsruhe (Schreiben des Fürsten Franz vom 9. November 1801), die Beschreibung eiserner Waltzen, *so in die hochfürstl Woerlitzer – Gärten befindlich sind* durch den Gartenarchitekten Johann George Gottlieb Schoch (Schreiben von Schoch aus dem Jahre 1801), aus welcher zu erschließen ist, dass man sich in Karlsruhe offensichtlich für technischen Belange der Wörlitzer Anlagen interessierte. Im Juli 1802 reiste *Prinz Louis* nach Wörlitz, wo er am 15.7. um 15 Uhr die *Suppe des Mittags* zu sich nahm (Schreiben vom 14. Juli 1802). Ein weiterer Besuch fand im September desselben Jahres statt (Schreiben vom 3. September 1802). Andere Schreiben betrafen familiäre Ereignisse, so z. B. das Gratulationsschreiben vom 18. September 1784 an Karl Ludwig von Baden zur Entbindung *eines neugebornen Printzen*. Während der unruhigen Zeit der Koalitionskriege bot Fürst Franz dem Markgrafen von Baden Schloss Zerbst als Zufluchtsort an, vgl. das Schreiben vom 22. April 1798: *Gott verhüte alles Unglück über Deutschland, sollten wir aber den so senlich erflehten Frieden nicht erhalten und es wieder vermuten wieder unruhig werden, so kann ich jetz, daß, Zerbster Schlos zu meines wertesten Freunds Bestimmung anbieten.* In seinem Schreiben vom 14. März 1802 erwog Fürst Franz wieder zur Kur nach Baden zu kommen, ebenso war für Sommer 1805 eine Reise nach Baden geplant (Schreiben vom 21. Februar 1805). Darüber hinaus streifen die Briefe auch politische Angelegenheiten. So liegt dem Schreiben von Fürst Franz vom 14. Juni 1807 ein *Pro Memoria* des Regierungsrats von Wolfframsdorff vom 24. Juni 1807 bei, welches die territorialen Zielsetzungen sowie Reparationsansprüche des Fürsten Franz im Falle eines künftigen Friedens definiert. Markgraf Karl Friedrich leitete dieses Memorandum am 24. Juni 1807 an den Freiherrn von Dalberg, *Außerordentl.em Gesandten u. bevollmächtigten Minister am kais. frantzösischen hofe* weiter. Im Begleitschreiben erwähnt Karl Friedrich den Beitritt des Fürstentums Anhalt-Dessau in den Rheinischen Bund. 1815, am Ende der Napoleonischen Vorherrschaft bittet Fürst Franz schließlich darum, dass der Badische Oberst Wieland *im Wellingtonschen Haupt-*

---

[25] RUOSS/GIESICKE (wie Anm. 22), S. 153.
[26] A. BÜTTNER, Möbel für das Gartenreich Dessau-Wörlitz, Wolfratshausen 2007.

Quartier im Auftrag des Fürsten die *Abschließung eines Subsidien-Vertrags mit England* verhandelt (Schreiben vom 15. Juli 1815).

Weitere Beziehungen ergaben sich durch den gemeinsamen Bekannten- und Freundeskreis. Sowohl am Karlsruher Hof als auch in Dessau-Wörlitz waren die führenden Geistesgrößen der Zeit stets willkommen. So verkehrte Karoline Luise von Hessen Darmstadt, die Gemahlin Karl Friedrichs von Baden mit Johann Gottfried von Herder, Johann Caspar Lavater, Johann Wolfgang von Goethe, Friedrich Gottlieb Klopstock und Christoph Martin Wieland. Letztere waren auch in Wörlitz zu Gast und haben durch ihre literarischen Zeugnisse den Ruhm des Dessau-Wörlitzer-Gartenreichs befördert. Nicht zuletzt suchte auch Friedrich Weinbrenner den Kontakt zu den Intellektuellen seiner Zeit: So berichtet Weinbrenner unter anderem in seinen »Denkwürdigkeiten« von der Freundschaft zu dem Theologen und Philosophen Johann Caspar Lavater (1741–1801), mit dem er sich über Kunstfragen und die Gesetzmäßigkeiten der Perspektive unterhielt[27]. Lavater war es auch, der dem Markgrafen von Baden Weinbrenner in einem Schreiben empfohlen hatte: *Ich habe die Ehre, Ihre Durchlaucht zu versichern, daß ich wenige Künstler kenne, die mehr ruhig prüfende Vernunft, mehr Kenntnis, Geschmack, Fleiß und Bescheidenheit besitzen. Ein solcher Mann ist eine wahre Akquisition für einen Staat, eine wahre Ehre für Baden. Es ist gut, daß ich nicht reich bin und nicht bauen kann, aber wenn ich könnte, so wäre* Weinbrenner *gewiß mein Mann*[28]. Des Weiteren nutzte Weinbrenner bei Goethes Besuch in Karlsruhe am 5. Oktober 1815 die Gelegenheit, den großen Dichter durch Karlsruhe zu führen und seine Bauten zu präsentieren. Goethe schrieb am 8. Oktober 1815 an Großherzog Karl August: *Das Theater, bey einer Vorstellung, auch bey Tage hat mir sehr wohl gefallen*[29]. Bereits Jahre zuvor hatte Goethe Karlsruhe besucht; überliefert sind zwei Aufenthalte in den Jahren 1775 und 1779[30]. 1776 folgte darüber hinaus auch der Dichter Klopstock einer Einladung des Markgrafen Karl Friedrich an den Karlsruher Hof.

Mit den englischen Landschaftsgärten verband sich in den Augen der Zeitgenossen zumindest auf künstlerische Weise eine Abkehr von den überkommenen Vorstellungen des Absolutismus. Nach Hans von Trotha stand die neue Gartenmode für nichts Geringeres als einen neuen Geist der Freiheit. Beleg für diese These ist u. a. das folgende Zitat des Philosophen August Hennings, der 1797 in der Zeitschrift »Der Genius der Zeit« schrieb: *Wohl möglich, daß indem der politische Reformator vergebens daran arbeitet, eine Revolution in der Denkart der Menschen zu würken, unvermerkt die schöne Garten Kunst eine gänzliche Reform in den Gesinnungen und in den Vorstellungen der Menschen würken wird; und wer kann leugnen, daß eine solche Reform die sanfteste und wohlthätigste von allen seyn* würde[31].

---

[27] F. WEINBRENNER, Denkwürdigkeiten aus seinem Leben, von ihm selbst geschrieben, hg. von A. SCHREIBER, Heidelberg 1829, S. 230–234.
[28] A. VALDENAIRE, Friedrich Weinbrenner, Sein Leben und seine Bauten, Karlsruhe 1926, S. 59–60.
[29] VALDENAIRE (wie Anm. 28), S. 222, 324.
[30] B. JESSING (Hg.), Metzler-Goethe-Lexikon (alles über Personen, Werke, Orte, Sachen, Begriffe, Alltag und Kurioses), Stuttgart/Weimar 1999.
[31] VON TROTHA (wie Anm. 6), S. 12, 15.

Für einige Regenten des ausgehenden 18. Jahrhunderts dienten private englische Landschaftsparks als Orte der Erholung abseits des strengen Hofzeremoniells. Marie-Antoinette, Königin von Frankreich schuf sich bekanntermaßen hinter dem Petit Trianon in Versailles einen privaten Rückzugsort mit reizvollen kleinen Parkbauten, wie dem Belvedere oder dem Amortempel, zu dem lediglich die Gäste der Königin Zutritt erhielten. Benachbart lag das Hameau de la Reine, ein von dem französischen Architekten Richard Mique angelegter malerischer Weiler, der in den Jahren kurz vor der Revolution die Wertschätzung der Königin für das Landleben und die Arbeit auf dem Lande zum Ausdruck bringen sollte. In gleicher Weise betätigte sich ihr Gemahl König Ludwig XVI. von Frankreich abseits des Hofes mit technischen und handwerklichen Tätigkeiten, überliefert ist sein Interesse an Uhren und Armaturen. Derartige Sympathiebekundungen für das Bürgertum sind auch in der Vita Karl Friedrichs überliefert. So schreibt Theodor Hartleben über die Eremitage des Karlsruher Schlossgartens: *Wer sich nach tiefer Stille und schauerlicher Oede sehnt, wandere unter dem Hügel, auf welchem das chinesische Sommerhaus ruht, in die Grotten, gebildet durch zwey aufeinander gelegte große Felsenstücke. Zu einer freundlicheren Einsamkeit war die sonst unbewohnte Eremitage mit ihrem Hofe und Gärtchen zur Linken des eisernen Thores nächst der Invaliden-Wache einladend. Dort erholte sich zuweilen Karl Friedrich in den wenigen Ruhestunden seines Geistes durch die künstliche Verarbeitung seltener Hölzer an dem Drehrade eines vollständigen Werktisches*[32].

In der Literatur über Wörlitz wird neben den Gartenanlagen und den Wörlitzer Sammlungen mit ihrer Bedeutung für die kulturelle Bildung des Untertanen immer wieder das bürgerliche Erscheinungsbild des Wörlitzer Schlosses hervorgehoben. In dem Werk von Joseph Friedrich zu Racknitz »Darstellung und Geschichte des Geschmacks der vorzüglichsten Völker« von 1796 heißt es: *Auch das in jeder Rücksicht in gutem und edelem Geschmack von dem Hr. von Erdmannsdorff daselbst erbaute und innerlich verzierte fürstliche Lustschloß war eines der ersten, das frey von Schnörkeln und groteskem Geschmack, als Muster eines reinern und edlern Geschmacks in Arabesken und andern innern Verzierungen diente. Bald darauf folgte man allgemein diesem Beyspiele. So wirkten zwey Männer von Geist aus einer der minder großen aber ruhigen Provinzen auf den Geschmack der Nation*[33]. Eine ähnlich bürgerliche Haltung lässt sich ohne weiteres auch am Markgräflichen Palais, dem wichtigsten Palaisbau der Stadt Karlsruhe in der Epoche Karl Friedrichs ablesen. Der Bau des Markgräflichen Palais erfolgte für die Söhne der zweiten Gemahlin Karl Friedrichs, der Reichsgräfin Hochberg. Betrachtet man die Vorentwürfe Weinbrenners für das am Rondellplatz nahe der südlichen Stadtgrenze anvisierte Bauprojekt, fallen die Zurückhaltung hinsichtlich der äußeren Baudekoration und die geradezu minimalistisch gestalteten Seitengebäude auf, welche sich nahtlos in die folgende Bürgerhausbebauung integrierten. Lediglich die Größe des Palais, die symmetrische Baumassenverteilung und der hohe Giebel (erst im Ausführungsentwurf durch einen klassischen korinthischen Portikus ersetzt) wiesen das Markgräfliche Palais als herrschaftliches Gebäude aus[34].

Im Vergleich mit dem Wörlitzer Schloss lassen sich einige architektonische Parallelen erkennen: Betritt man das Innere des Wörlitzer Schlosses, gelangt man über die Ein-

---

[32] HARTLEBEN (wie Anm. 9), S. 102.
[33] Zitiert nach HIRSCH (wie Anm. 1), S. 286.
[34] Abgebildet in VALDENAIRE (wie Anm. 28), S. 151.

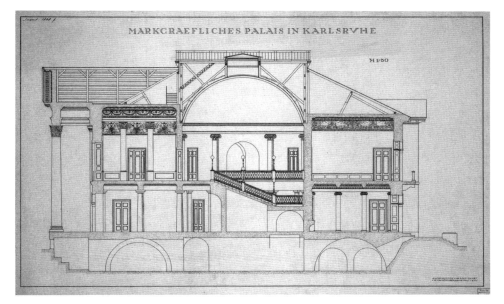

Abb. 1   Markgräfliches Palais, Schnitt durch das Treppenhaus, Bauaufnahme von Arthur Valdenaire und Arno Mattheus, vor 1945

gangsrotunde in einen lichten Innenhof mit zwei seitlichen Säulenreihen, welche ein klassisches Gebälk tragen. Den oberen Abschluss des Raumes bildet ein später hinzugefügtes Glasdach. Ein durchaus ähnliches Arrangement wies das Innere des Markgräflichen Palais auf. Anstelle des zunächst offen geplanten Innenhofes fügte Weinbrenner das Treppenhaus ein, das von einem Tonnengewölbe mit apsidialen Raumenden überdeckt wurde. Die Anlage der Säulengitter in den Apsiden (*Abb. 1*) ging auf eine Idee zurück, die mit Bleistift skizzenhaft in den Ausführungsplan nachträglich eingefügt wurde. Da der Plan im Sinne eines fürstlichen Placet handschriftlich von Karl Friedrich bezeichnet wurde, liegt es nahe, dass die Änderung auf besonderen Wunsch des Markgrafen erfolgte. Die Zeilen des Markgrafen auf dem prachtvoll ausgearbeiteten Entwurf, der in der Karlsruher Kunsthalle vorliegt (Inv. Nr. Weinbrenner 1944–15), lauten wie folgt: *Da ich für meine Gemahlin und meine gräflichen Kinder eine Wohnung von diesem Umfang und dieser Eintheilung nothwendig erachte, so gebe ich dem Baudirektor Weinbrenner den Auftrag diesen von mir gebilligten und bereits angefangenen Plan auszuführen. Favorite den 7. August 1804. Carl Friderich Kurfürst*[35]. Von den zahlreichen Planvariationen des Markgräflichen Palais hebt sich eine von dem Weinbrenner-Schüler Arnold gezeichnete Planbearbeitung ab, welche die Idee des Säulengitters berücksichtigt und damit dem Wörlitzer Schloss recht nahe kommt. Das von Weinbrenner von Anfang an intendierte Oberlicht und das nachträglich hinzugenommene Säulengitter stellten eine formale Verbindung

---

[35]   Kunsthalle Karlsruhe, Inv. Nr. 1944–15.

Abb. 2 Schloss Wörlitz, Schnittdarstellung

zum Wörlitzer Schloss her, auch wenn in Wörlitz die korinthische statt ionische Ordnung gewählt wurde und Apsiden im Lichthof fehlen (immerhin kommt das damals sehr populäre Apsidenmotiv, das sich auf die römische Thermen- und Palastarchitektur bezieht, benachbart in einem der Repräsentationssäle vor). Weitere Übereinstimmungen lässt die Schnittdarstellung des Wörlitzer Schlosses aus dem 1788, 1798 und 1814 publizierten Führer August von Rodes zu den Wörlitzer Anlagen erkennen. Mit großer Wahrscheinlichkeit wird daher anzunehmen sein, dass Weinbrenner über einen Plansatz des Wörlitzer Schlosses verfügte (*Abb. 2 und 3*). Naheliegend ist, dass ihm wenigstens der Parkführer August von Rodes vorgelegen hat. August von Rode diente dem Fürsten Franz von Anhalt-Dessau als Hofrat; nebenbei machte er sich durch die Übersetzung antiker Schriften einen Namen. Ein besonderes Verdienst erwarb er sich durch die Übersetzung der zehn Bücher über Architektur von Vitruv. Rode und Weinbrenner waren sich nachweislich begegnet. Dies geht aus einem Brief von Ernst Ludwig Posselt vom 21. Januar 1802 an den Verleger Johann Friedrich Cotta hervor, in welchem er Weinbrenner als Autor für das Projekt eines »Journals für die Baukunst« empfahl: *Ich habe Ihnen einmal in Betreff eines architectonischen Journals, das unser Baudirector Weinbrenner herausgeben will, ein par Wort geschrieben. Fragen Sie doch über diesen Mann (der selbst in Rom bewundert ist, dem zu Gefallen vor einiger Zeit Rode in Dessau, der Bearbeiter Vitruvs, eine Reise hieher gemacht hat [...]) Ihren geschulten Künstler Thouret in Stuttgardt, der auch in Rom war*[36].

Aufgrund dieser Quelle muss davon ausgegangen werden, dass Weinbrenner und Rode in intensivem fachlichem Austausch standen. Durch Vermittlung Rodes wird Weinbrenner detaillierte Einblicke in die Konzeption des Dessau-Wörlitzer Gartenreiches erhalten haben. Leider ist nicht bekannt, ob Weinbrenner auch mit Friedrich Wilhelm von Erdmannsdorff, dem Architekten des Wörlitzer Schlosses und der Wörlitzer Parkbauten in Kontakt stand. Erdmannsdorff war in seinem Entwurfsschaffen maßgeblich von englischen Herrenhäusern inspiriert. In Bezug auf das oben angesprochene Mo-

---

[36] Zitiert nach SCHUMANN (wie Anm. 11), S. 106.

Abb. 3 Grundriss
Schloss Wörlitz

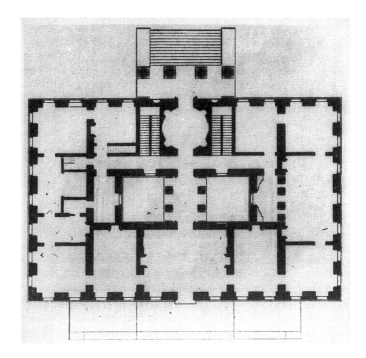

tiv des Säulengitters vor der Apside ist ergänzend Robert Adams berühmte Bibliothek im Kenwood House zu nennen, welche 1774 in einer Stichfolge publiziert wurde.

Eine weitere architektonische Parallele zwischen dem Markgräflichen Palais und dem Schlossbau in Wörlitz stellt die Anlage eines Belvederes dar. Oberhalb des Portikus erhebt sich in Wörlitz ein kastenförmiger Aufsatz, der als Aussichtsplattform dient und von einer Balustrade umsäumt wird. Auch beim Markgräflichen Palais fand sich eine solche waagerechte Plattform, allerdings mit einer schmiedeeisernen Brüstung, die von kleinen Pfeilern unterbrochen wurde. Wie in Wörlitz bot sich von der Plattform ein Ausblick über den angrenzenden Landschaftsgarten hinweg in die umgebende Landschaft. Im Führer zu Wörlitz heißt es zur Plattform *Anstatt des Giebels, erhebt sich über dem Gebälke, so hoch als das Dach, eine Attike, welche, nach dem ersten Plane, ein Altandach (Plate-forme) zu tragen bestimmt war...*[37]. Auch das Belvedere des Markgräflichen Palais fand in der Beschreibung im Karlsruhe-Führer von Hartleben 1815 eine besondere Würdigung: *Ein Belvedere auf der Zinne des Palais erinnert an die alt griechischen und römischen Baumeister, welche den Bewohnern der Städte mit Bequemlichkeit die reinste Luft und angenehmste*

---

[37] A. VON RODE, Wegweiser durch die Sehenswürdigkeiten in und um Dessau, Beschreibung des Fürstlichen Anhalt-Dessauischen Landhauses und Englischen Gartens zu Wörlitz, Dessau 1798, S. 17. Auf die vorbildhafte Wirkung des Wörlitzer Schlosses, d. h. insbesondere dessen Portikus weist auch Georg Machauer in seiner Magisterarbeit, Das Markgräfliche Palais von Friedrich Weinbrenner in Karlsruhe, Universität Heidelberg, 2016, S. 65 f.

Abb. 4 Friedrich Weinbrenner, Deckenmalerei-Entwurf aus dem architektonischen Lehrbuch (Kopie nach Pietro Santi Bartoli, Gli Antichi Sepolcri overo Mausolei Romani, et Etruschi«, Rom 1697, Abb. S. 16 mit dem Titel: »Pittura nella volta a Botte del Sepolcro della Villa Corsina al nu-20. della pianta.«)

Ansicht verschafften. Von da überblickt man einen Theil der Stadt und des angrenzenden Gartens[38].

Dass das architektonische Werk Friedrich Wilhelms von Erdmannsdorff, des maßgeblichen Architekten des Fürsten Franz von Anhalt-Dessau Weinbrenner mitunter als Anregung gedient haben wird, erweist sich nicht nur anhand der Gegenüberstellung des Wörlitzer Schlosses und des Markgräflichen Palais. Erdmannsdorffs Fassadengestaltungen einfacherer Zweckbauten sind mit Weinbrenners Fassadenkonzeptionen teilweise gut zu vergleichen. Dies trifft vor allem auf die ehemaligen Muldbrückenhäuser und das Elbzollhaus bei Dessau oder auch das Zeremonienhaus des jüdischen Friedhofs in Wörlitz zu. Die genannten Beispiele vertreten einen reduzierten, sparsam anmutenden Stil, der mit Weinbrenners Werk bzw. vor allem dessen Fassadengestaltungen einhergeht. Dass Weinbrenner auch den Interieurstil Erdmannsdorffs schätzte, offenbart sich an einem seiner Deckenmalerei-Entwürfe im architektonischen Lehrbuch (3. Theil, höhere Baukunst, Entwurf auf Tafel XIII, Nr. 28), welcher größtenteils mit der Gestaltung der ehemaligen Decke im Festsaal des Dessauer Schlosses von Erdmannsdorff übereinstimmt (*Abb. 4, Tafel 3*). Erwähnenswert ist überdies die mit dem Hauptsaal von Schloss Luisium verwandte Gestaltung des unteren Gartensaales im Markgräflichen Palais mit einer Kassettendecke, die auf der Unterseite der Balken mit einem Mäander geschmückt war.

Ob sich Weinbrenner und Erdmannsdorff jemals begegnet sind, ist den Quellen nicht zu entnehmen. Immerhin ist bekannt, dass Erdmannsdorff um 1795 als Gutachter für die Planungen des Karlsruher Marktplatzes herangezogen wurde[39]. Ein im markgräflichen Familienarchiv im Generallandesarchiv Karlsruhe vorliegender Brief aus dem Jahre 1798 bezieht sich hingegen auf die Herstellung eines Kupferstiches nach einem im Besitz des Markgrafen Karl Friedrich befindlichen Reiterportraits des Fürsten Franz. Der nach dem Gemälde hergestellte Stich trägt folgende Bezeichnung: *Leopold Friedrich Franz Fürst zu Anhalt Dessau / Seiner Durchl. dem regierenden Marggrafen Carl Friedrich zu Baden und Hochberg etc. etc. / das Originalgemaehlde ist in der Sammlung des Marggrafen zu Baden*

---

[38] HARTLEBEN 1815 (wie Anm. 9), S. 71.
[39] Vgl. G. LEIBER, Friedrich Weinbrenners städtebauliches Schaffen für Karlsruhe, Teil 1, Karlsruhe 1996, S. 176.

in Carlsruhe. /unterthaenigst gewidmet von der Chalkographischen Gesellschaft zu Dessau 1800. / sign. gemahlt v. Becker / geschabt v.J.J. Freidhof. In dem oben erwähnten Brief bedankte sich Friedrich Wilhelm von Erdmannsdorff bei Markgraf Karl Friedrich für die Übersendung des Gemäldes an die Chalkographische Gesellschaft:

Durchlauchtigster Markgraf, Gnädigster Herr, Eure Durchlaucht geruhen gnädigst, die Danksagungen unserer Khalcographischen Gesellschaft für die Uebersendung des Portraits des Fürsten von Dessau durch mich annehmen zu wollen. Unsere Gesellschaft ist ganz durchdrungen von dem gnädigen Zutrauen mit welchem Eure: Durchlaucht unsere Bitte haben willfahren wollen, und ich fühle das vorzügliche Glück das dabey mir zu Theil wird, höchst Denenselben unsere schuldigen Gesinnungen vorlegen zu dürfen. Da wir unter unsren hiesigen Künstlern einen recht geschickten Zeichner haben; der dazu vollkommen fähig ist; so werden wir von allen Dingen durch diesen eine Zeichnung nach diesem Gemälde in der Größe machen lassen als der Kupferstich werden soll, damit wir, wenn solche so geräth wie wir hoffen und die Aehnlichkeit des Originals darinnen ganz nach Verlangen dargestellt ist, Eure: Durchlaucht das Bild mit unthänigstem Dank zurück senden mögen, weil die Bearbeitung einer solchen Platte doch eine geraume Zeit erfordert, und wir uns nicht erlauben würden, Höchst Denselben dieses Gemälde so lange vorzuenthalten. Wir hoffen um desto mehr daß uns diese Zeichnung hinreichend dienen können, da wir auch eben demselben Künstler die Platte stechen zu lassen gedenken. In tiefster Ehrfurcht verharre ich zeitlebens Eure Durchlaucht unterthänigst gehorsamster Erdmannsdorff Dessau, den 2. Juli 1798.

1817 reiste Weinbrenner nach Leipzig wegen seines dortigen Theaterprojektes und hielt sich dort über sechs Wochen auf[40]. Anzunehmen ist, dass Weinbrenner spätestens bei dieser Gelegenheit Wörlitz besucht hat und seine dortigen Eindrücke ihn zu der Anlage des Palais der Markgräfin Christiane Luise einschließlich der dortigen Parkbauten inspirierten.

Wie das Wörlitzer Schloss war das Markgräfliche Palais in Karlsruhe mit einem englischen Landschaftsgarten verbunden. Der Entwurf zu diesem Garten ist in mehreren Plänen überliefert. Die Fassung im Generallandesarchiv Karlsruhe (*Tafel 4*) zeigt einen Vorplatz vor dem rückwärtigen Mitteltrakt des Palais und eine Anzahl hiervon ausgehender geschlängelter Wege. Nach Westen war der Garten durch das Palais und den südlich folgenden Wirtschaftshof begrenzt. Letzterer umfasste einen Stall für 24 Pferde und Wohnungen für Knechte sowie Geschirrräume[41]. An der Nord- und Südseite des Grundstücks bestanden als Garteneinfassung hohe Mauern. Gestalterische Höhepunkte des Gartens stellten das pantheonartige Gartenhaus an der südlichen Mauer und ein unweit des Gartenhauses aufgeworfener Hügel dar. Auf letzterem stand ein *hölzerner, mit Rosen umrankter Tempel*, welcher als Schutzbau für eine *marmorne Büste Karl Friedrichs* fungierte[42]. Ganz im Osten folgte ein ausgedehnter Nutzgarten. Eine detaillierte zeitgenössische Schilderung liefert wiederum Theodor Hartleben: *Gräflich-Hochbergischer Garten. Er schließt sich an das Palais der Frau Gräfin Hochberg an. Vor demselben ziehet sich an der Straßenseite ein kleiner mit Mauern eingefaßter Blumengarten und die Orangerie nebst einigen zum Palais gehörigen Gebäuden. Das Ganze bestehet aus englischen Blumen-*

---

[40] SCHUMANN (wie Anm. 11), S. 122, Brief von Karl August Böttiger an Cotta vom 12. 5. 1817.
[41] VALDENAIRE (wie Anm. 28, Auflage von 1919), S. 131.
[42] VALDENAIRE (wie Anm. 28, Auflage von 1919), S. 129.

und Gemüs-Anlagen in einer so schönen Eintheilung, daß das Auge durch diesen Wechsel angenehm überrascht wird. Hier zeigen sich Gruppen von auserlesenen nordamerikanischen Hölzern und französischen Ostsorten – dort blühen Orangen und mannichfaltige Pflanzen vorzüglicher Gattung. Ueber sie erhebt sich ein geschmackvoll erbautes Gartenhaus mit jonischen Säulen geziert. Der Styl desselben wird den Baukünstler, der es schuf, jedem Beobachter verrathen.

In dem Erdgeschosse dieses Lusthauses nimmt uns in den heißesten Tagen ein kühler Speisesaal auf. Aromatische Pflanzen und Blumen hauchen in seiner Nähe Wohlgerüche aus.

Wir steigen hinan zu einem niedlich meublirten Gesellschaftssaale, um dessen Kuppel sich im Inneren eine Gallerie zieht, und an welchen mehrere kleine Zimmer angrenzen. Dieses kleine Lusthaus, in welchem der erhabene Stifter Karl Friedrich auch zu Zeiten mit seiner Familie so lange, bis das hinzugehörige Palais aufgebaut war, wohnen wollte, hat 17 theils große theils kleine Piecen, und in dem Gesellschafts-Saal auf dem Piedestal der Büste des Großherzogs die Aufschrift (von dem Landhaus des Virgils bey Mantua). Gratae Minti S. Deus nobis haec otia fecit. Zu dem reinsten Genusse der Natur und der herrlichsten Aussicht führt uns eine bequeme Stiege auf das Kuppeldach. Die sanfte Gebirgskette gegen Ettlingen, Baden, und bis zu dem Michelberge dehnt sich dort im Hintergrunde vor unseren Augen aus. Die große Ebene mit ihrem Wechsel von Alleen, üppigen Fluren, kleinen Hainen und ländlichen Wohnungen giebt ein Schauspiel, welches kaum der Farbenpinsel des Künstlers, noch viel weniger also die Feder des Schriftstellers, zu versinnlichen vermag.

Gleiche Ansicht von einem minder hohen Standpunkte gewähret eine an der Mauer zur Seite des Gartenhauses angebrachte breite Gallerie, welche im Sommer mit den schönsten Blumen und Orangenbäumen geschmückt ist.

Das Höchste ist uns noch vorbehalten, wenn wir zum Rosenberge wallen. Wir richten unsere Blicke auf den zierlichen Tempel, der sich umkränzt von siebenzigfachem Rosenschmuck auf dessen Spitze erhebt. Plötzlich überrascht uns aber am Fuße desselben Karl Friedrichs Büste – heilig den Deutschen, wenn sie auch nicht Badner heißen; denn wem wäre der Geist der Humanität, der seine Regierung über ein halbes Jahrhundert bezeichnete, fremd geblieben? Der kararische Marmor kann zwar nicht sein beseligendes Auge, seinen deutschen freyen und unbefangenen Blick geben; aber wir werden uns doch mit innigster Rührung der Büste nähern, wir erinnern uns der hohen Ruhe und des milden Ernstes auch an diesem steinernen Nachbild. Weihen wir dem Andenken des seltnen Fürsten eine stille Thräne in diesem Rosentempel! Vor dem Austritt aus dem Garten vergesse man nicht die Anschauung des vierzig Schuh hohen Obelisken, welcher eine der wohlthätigsten Gaben der Natur in sich verbirgt, so wie der Orangerie aus fünfzig großen Orangebäumen und nächst drey tausend kleineren Pflanzen zusammengesetzt.

Zu Förderung des Wachsthums zarter und früher Gewächse ist durch zwölf Reihen Mistbeete hinreichend gesorgt.

Der Garten, mit einer netten Mauer eingefaßt, enthält sechs und ein Viertel Morgen. Die Ehre der schönen Anlagen desselben gebührt theils dem Hrn. Garteninspektor Schweyckert, theils dem verdienten Hrn. Gartenbaudirektor Zeyher. Unterhalten wird er von dem eifrigen Gärtner Hrn. Hambel[43].

---

[43] HARTLEBEN (wie Anm. 9), S. 125–128.

Abb. 5   Pantheon in Wörlitz, Modell aus dem Museumsdepot in Schloss Wörlitz, ca. 1980

Die Anlage des Gartens am Markgräflichen Palais wies eine Reihe von Parallelen zum Wörlitzer Garten auf. Hervorzuheben ist vor allem das Gartenhaus des Markgräflichen Palais mit seinem ionischen Portikus, der inneren Rotunde und dem Kuppelgewölbe, welches sich einerseits auf das antike Pantheon, andererseits auf Palladios Villa La Rotonda in Vicenza bezog. Als Vorbildbau kann darüber hinaus auch das Pantheon Friedrich Wilhelms von Erdmannsdorff in Wörlitz erwogen werden (*Tafel 5*). Das Pantheon als Staffagebau zählte zu den populärsten architektonischen Versatzstücken in englischen Landschaftsgärten. Eine besonders eindrucksvolle Pantheon-Nachempfindung weist der Garten von Stourhead in England auf und knüpft wohl an das berühmte Gemälde von Claude Lorrain »Aeneas in Delos« von 1672 in der National Gallery in London an[44]. Das Wörlitzer Pantheon, das 1795–1797 erbaut wurde, erhielt im Inneren einen dreigeschossigen Aufbau (*Abb. 5*). In seiner Gesamtkonzeption ähnelt es der prachtvoll aquarellierten Schnittdarstellung des Gartenhauses des Markgräflichen Palais von dem Weinbrennerschüler Friedrich Arnold im Südwestdeutschen Archiv für Architektur und Ingenieurbau (*Tafel 6*). Die Darstellung Arnolds datiert auf das Jahr 1802 und wird wohl als weitgehende Kopie des nahezu zeitgleich erfolgten Ausführungsentwurfs für das Innere zu deuten sein. Aus dem Plan von Arnold und weiteren vorliegenden Entwurfszeichnungen geht hervor, dass sich unter der Rotunde wie beim Wörlitzer Pantheon ein weiterer im Grundriss kreisförmiger Raum befand. Die obere Rotunde besaß anstelle des antikischen Stockwerksgesimses (vgl. Wörlitz) einen über Konsolsteinen vorkragenden

---

[44]   VON TROTHA (wie Anm. 6), S. 56.

Abb. 6   Rotunde im Wörlitzer Schloss

Umgang mit zwei Nischen zur Aufstellung von Portrait-Büsten, darunter einer Büste von Karl Friedrich. Auch in Wörlitz ergab sich durch die Durchbrüche im oberen Teil der Rotunde in die anschließenden Räume der Eindruck einer Galerie. Wie die Rotunde des Wörlitzer Schlosses (*Abb. 6*) besaß die Rotunde des Gartenhauses eine prachtvolle spiralförmig angebrachte Kassettierung, welche sich auf den Tempel der Venus und der Roma in Rom und das dortige ganz ähnlich kassettierte Apsidengewölbe bezog.

Beachtung verdient darüber hinaus auch das Motiv der vorgelagerten Grottenanlage vor dem Unterbau des Wörlitzer Pantheons. Eine ähnliche Grottenanlage realisierte Weinbrenner einige Jahre später am Palais der Markgräfin Christiane Luise, dessen zentraler Innenraum – wie weiter unten beschrieben – wiederum das Pantheon zitierte (*Abb. 7*). Beim Wörlitzer Schloss (*Abb. 3*) diente der pantheonartige Saal hinter dem Portikus als Vestibül. Weinbrenner hat diese originelle Eingangslösung offensichtlich beim Palais der Markgräfin Christiane Luise in Karlsruhe in variierender Form wiederholt.

Die Tempelfront des Gartenhauses im Garten des Markgräflichen Palais besaß zwei seitliche Treppenläufe, die an ihrem unteren Ansatz jeweils von ägyptisierenden Sphinx-Paaren flankiert wurden. Ein geschichtlicher Verweis auf das alte Ägypten ist auch hinsichtlich des Wörlitzer Pantheons überliefert. So erwähnt August von Rode in seinem Parkführer diverse Statuen und *Basreliefs* ägyptischer Gottheiten (darunter Osiris, Anubis, Isis) und nennt als Grund für die Aufstellung ägyptischer Bildhauerwerke unter anderem die *Bestimmung des Pantheons zum Museum* und die Absicht, *auf den*

Tafel 1   Der Karlsruher Schlosspark nach der Teilumwandlung in einen englischen Landschaftsgarten, Ölgemälde von Carl Kuntz, 1804

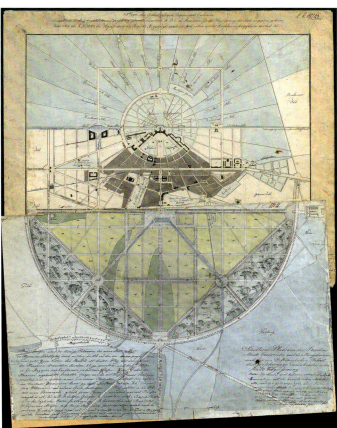

Tafel 2   Friedrich Weinbrenner, Entwurf für die südliche Erweiterung von Karlsruhe, sogenannter Tulla-Plan, 1812

Tafel 3   Decke im Festsaal des Dessauer Schlosses von Friedrich Wilhelm von Erdmannsdorff

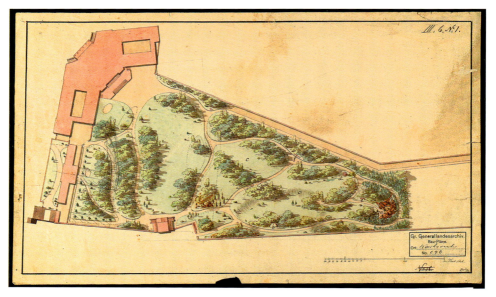

Tafel 4   Johann Michael Zeyher, Garten des Markgräflichen Palais, Lageplan, um 1815

Tafel 5 Wörlitzer Anlagen, Pantheon

Tafel 6   Friedrich Arnold, Gartenhaus des Markgräflichen Palais, Schnitt, 1802

Tafel 7　Gotischer Turm in Karlsruhe, Schnittzeichnung

ZUM BEITRAG VON JULIAN HANSCHKE

Tafel 8   Amalienschlösschen im Karlsruher Erbprinzengarten, Schnittzeichnung, unsigniert, undatiert

Tafel 9   Villa Hamilton, Wörlitz, Kaminzimmer, antike Tänzerinnen

Tafel 10 Villa Hamilton, Wörlitz, Kaminzimmer, Decke

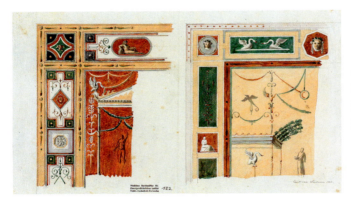

Tafel 11 Karl Joseph Berckmüller, Wandmalereien im Bogengang der Villa Giulia in Rom nach Friedrich Weinbrenner, 1822

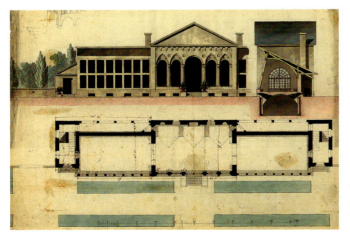

Tafel 12 Gotische Orangerie im Garten der Markgräfin Christiane Luise, Karlsruhe

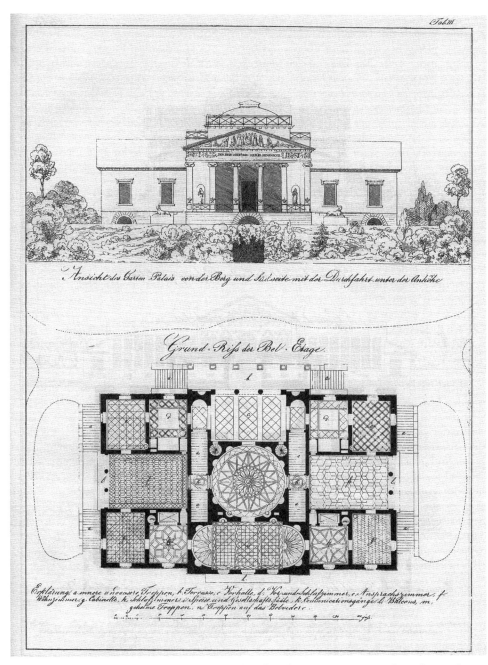

Abb. 7   Friedrich Weinbrenner, Palais der Markgräfin Christiane Luise, Ansicht und Grundriss

aegyptischen Ursprung der Wissenschaften und Künste Griechenlandes zu weisen[45]. Ein Kuriosum stellt die Tatsache dar, dass einzig die Sphinx-Skulpturen von Weinbrenners pantheonartigem Gartenhaus überdauert haben. Die von dem Bildhauer Tobias Günter im November 1801 für 18 Louisdor gemeißelten Skulpturen[46] befinden sich heute im Botanischen Garten. Wie die Kuppel des Wörlitzer Pantheons waren die Wände der oberen Rotunde des Gartenhauses mit Arabesken ausgestattet, vgl. die Erwähnung von *Arabesken, im antiken Geschmacke, von sehr lebhaften Farben* und die Überlieferung einer Arabeskenmalerei in der Rechnung des Malers Schaffroth zum Karlsruher Gartenhaus[47].

Eine weitere bedeutende Parkanlage, die von Weinbrenner mit Gartenarchitekturen ausgestattet wurde, stellte der unweit entfernte Erbprinzengarten dar. In seiner um 1800 nach Süden erweiterten Form erstreckte sich der Erbprinzengarten vom heutigen Nymphengarten bis über den Friedrichsplatz. An seiner Nordseite stand ein 1788 durch Wilhelm Jeremias Müller errichtetes repräsentatives Gesellschaftshaus[48]. Der Garten wurde von Johann Michael Schweyckert als englischer Landschaftspark angelegt. In der Zeit um 1800 war die Anlage im Besitz des Erbprinzen Karl Ludwig, und Weinbrenner wurde mit der Planung eines kleinen Sommerschlösschens an der Westseite des Gartens beauftragt.

In seinem Werk »Ausgeführte und Projectirte Gebäude. Gartengebäude Ihrer Königlichen Hoheit der Frau Markgräfin Amalie zu Baden« hat Weinbrenner einige Besonderheiten der Anlage aufgezählt und die von ihm errichteten Baulichkeiten beschrieben. Auf besonderen Wunsch des Bauherrn wurde damals an der Südseite des Gartens ein kleines Stück Wald von einigen hundertjährigen Eichen miteinbezogen. Die Ecken der südlichen Garteneinfassung, welche die südliche Grenzziehung der Stadt geringfügig überschritt, wurden vom einem Vogelhaus in der Form eines dorischen Tempels und dem Gotischen Turm akzentuiert. Von weitem ergab sich zusammen mit dem benachbarten tempelartig gestalteten Ettlinger Tor und dem miniaturformatigen Pantheon im Garten des Markgräflichen Palais die Anmutung einer arkadischen Landschaft, wie das berühmte Gemälde von Carl Kuntz in der Karlsruher Kunsthalle veranschaulicht (*Abb. Einband*).

Ein äußerst interessantes und im Werk Friedrich Weinbrenners unikales Gebäude stellte der Gotische Turm dar. Mit dem Gotischen Turm des Erbprinzengartens verbanden sich diverse unterschiedliche Funktionen. Das Bauwerk diente als Belvedere und trat in der Südansicht der Stadt wie ein Wehrturm in Erscheinung. Unmittelbar an der Nordseite schloss sich eine Gedächtniskapelle für den früh verstorbenen Erbprinzen an. Westlich des Turmes folgte ein kleiner Wohntrakt für die Witwe des Erbprinzen mit einem *Familiensaal*, einem Kabinett im Obergeschoss und einem Baderaum im darunterliegenden Erdgeschoss. Möglich ist, dass sich Weinbrenner bei der Konzeption des Gotischen Turmes unter anderem vom Gotischen Haus in Wörlitz inspirieren ließ (*Abb. 8*). Wie in Wörlitz wurden die Bauformen des gotischen Turmes vorzugsweise der italienischen Gotik entlehnt. Hierzu zählen die etwa 45 Grad geneigten Dächer der Kapelle und des Wohntraktes sowie die typisch italienischen Bogenfriese. In einer der zahlreichen Plan-

---

[45] RODE (wie Anm. 37), S. 198 f.
[46] VALDENAIRE (wie Anm. 28), S. 141.
[47] RODE (wie Anm. 37), S. 192; VALDENAIRE (wie Anm. 28), S. 141.
[48] VALDENAIRE (wie Anm. 28), S. 159–61.

Abb. 8   Gotisches Haus in Wörlitz

variationen⁴⁹ zum Gotischen Turm weist die Frontfassade der Kapelle ein Radfenster auf – ähnlich wie man es häufig an Kirchenfassaden der italienischen Romanik antrifft. In Wörlitz hingegen wurde eine tatsächlich existierende gotische Kirchenfassade nachempfunden. Es handelt sich um die Eingangsfassade der Kirche Madonna dell'Orto in Venedig.

Weitere Verbindungen zwischen dem Gotischen Haus in Wörlitz und dem Gotischen Turm in Karlsruhe ergeben sich erst auf den zweiten Blick und betreffen die Gestaltung von Einzelheiten. Beispielsweise besitzen die Maßwerkfenster des Gotischen Hauses wulstartige Rahmungen und schlichte kelchartige Kapitele. Gleichartige Fensterrahmungen fanden sich auch am Gotischen Turm in Karlsruhe, wie eine im Generallandesarchiv Karlsruhe vorliegende Fotografie dokumentiert. Auch hinsichtlich der Innenraumgestaltung fallen Übereinstimmungen auf. So enthält das Erdgeschoss des Gotischen Hauses in Wörlitz zwei Gemäldekabinette mit Adels-Porträts des 17. Jahrhunderts. Das entsprechende Pendant hierzu bildete ganz offensichtlich der untere Raum im Wohntrakt des Gotischen Turmes in Karlsruhe, welcher unter anderem als Wohn- und Badezimmer diente. Nach den erhaltenen Schnittzeichnungen war dieser ebenfalls mit einem Portrait-Fries ausgestattet. Eine der Planvarianten⁵⁰ deutet Portraits an, die der Mode nach (Halskrausen) auf das 17. Jahrhundert verweisen (*Tafel 7*). Weitere Gemeinsamkei-

---

⁴⁹ Stadtarchiv Karlsruhe, Inv. Nr. 8 PBS XV 1200.
⁵⁰ Stadtarchiv Karlsruhe, Inv. Nr. 8 PBS XV 1195.

Abb. 9 Kirchensaal im Gotischen Haus zu Wörlitz, Fries aus gemalten halbierten Kreuzgratgewölben

ten bestehen hinsichtlich der Präferenz für sternförmige Parkette sowie hinsichtlich des umlaufenden Frieses aus aufgemalten halbierten Gewölben im Kirchensaal des Gotischen Hauses (*Abb. 9*) bzw. dem Familiensaal im Gotischen Turm (*Tafel 7*). Wie am Gotischen Haus in Wörlitz waren auch am Gotischen Turm in Karlsruhe die Maßwerkfenster mit einer Buntverglasung versehen. Dies belegt ein im Stadtarchiv Karlsruhe befindliches Aquarell mit dem Titel: *Sogenannter Gothischer Thurm und Schlösschen im Erbprinzengarten a. d. Kriegsstraße* (Inv. Nr. 8/PBS oXIVa-234). Deutlich zu erkennen sind die Buntverglasungen im Couronnement der Maßwerkfenster der Kapelle und des Familiensaales im Wohntrakt. Dem Anschein nach handelte es sich um Scheiben mit einem starken Rotanteil. Im Inneren der Vierpässe der genannten Hauptfenster betrachtet man jeweils ein dunkel abgesetztes Bogenviereck, wie es häufig bei Buntverglasungen des 19. Jahrhunderts anzutreffen ist. Unklar bleibt jedoch, ob es sich wie in Wörlitz um originale, in den Gotischen Turm translozierte mittelalterliche Glasmalereien handelte, oder um eine zeitgenössische Verglasung, wie sie Weinbrenner beispielsweise im Belvedere von Schloss Neu-Eberstein realisierte, vgl. das im Generallandesarchiv Karlsruhe erhaltene Aquarell aus dem Inneren des Belvederes von dem Maler Stroobant (?) vom 8. September 1825. Die Ausstattung neugotischer Bauwerke mit originalen Ausstattungsstücken war in der Zeit um 1800 gängige Praxis. Neben mittelalterlichen Glasgemälden wurden in neugotischen Bauwerken vielfach Waffen und Rüstungen des Mittelalters und der Renaissance präsentiert. Auch im Gotischen Turm in Karlsruhe sah Weinbrenner die museale Präsentation einer mittelalterlichen Rüstung als Ausstattungsstück vor, vgl. die Rundbogennische in der südlichen Loggia (*Tafel 7*). Ein prominenter Vorläufer des Gotischen Turmes stellt die Löwenburg im Kasseler Bergpark Wilhelmshöhe dar, die Weinbrenner wohl aus eigener Anschauung kannte[51]. Auf die Löwenburg in Kassel verweist nicht nur die dortige Ausstattung mit mittelalterlichen Waffen und sonstigen Artefak-

---

[51] Während seiner kurzen Zeit in Hannover, wohin er auf Einladung des Prinzen August von England gekommen war, hatte Weinbrenner möglicherweise auch die Schlösser in Kassel kennengelernt und die Gelegenheit genutzt, die damals gerade im Bau befindliche neugotische Lö-

ten, sondern auch die Gestaltung des umlaufenden Umganges im oberen Drittel des Turmes, die ganz offensichtlich dem ehemaligen Bergfried der Löwenburg von Heinrich Christoph Jussow entlehnt war[52].

In Wörlitz stand das Gotische Haus mit seiner reichen Ausstattung für eine »altdeutsche Vergangenheit« und eine sentimentale Wertschätzung des Mittelalters angesichts des sich anbahnenden Endes des Hl. Römischen Reiches. Das mit dem Gotischen Haus in Wörlitz verbundene Stimmungsbild überliefert eine Beschreibung des Archäologen und späteren Direktors der Dresdener Antikensammlung Carl August Boettiger: *Wir eilten zum gotischen Hause, ... und gelangten so vor die hintere, mannigfaltiger aufgeputzte und durch Türmchen, ausgezackte Fenster und Türbögen und hundertelei gotische-saracenisches Schnörkelwerk kraus und bunt zusammengewürfelte Fronte des gotischen Hauses. Schon der Eintritt ins Vorzimmer unten verkündet, was man hier zu erwarten habe.... Dies versetzt gleich in die rechte Stimmung: du wandelst hier in lauter Denkmälern altteutscher Vergangenheit! Tische, Stühle und alle übrigen Gerätschaften sind mit unglaublichem Studium hier in Einklang und Übereinstimmung gebracht. Alles ist in viereckigten, pyramidalisch zulaufenden Zickzack und doch mit Maße verschnörkelt. Es ist der höchste Geschmack im Ungeschmack. Die hier aufgehangenen Portraits sind zum Teil kostbare Reliquien der alten teutschen Kunst und für die Kunstgeschichte selbst von nicht geringem Belang. Das ausgesuchteste findet man im obern Stockwerk, wo die Wände des Ganges mit alten Dolchen, Säbeln, Feuergewehren, ja selbst mit einem türkischen Roßschweif militärisch aufgeputzt sind. ... Von hier aus tritt man in den hinteren Hauptsaal, ... der durchaus mit Fenstern von altem gemalten Glas beleuchtet ist. Dieser mittlere Saal ist nach der Idee eines Kapitelsaales in einem Karthäuserkloster angelegt...Wie weit zweckmäßiger ist aber der Gedanke des Fürsten v. Dessau, für alle dergleichen Sachen, die für die noch mit so mancher Dunkelheit behaftete Kunstgeschichte des 15. und der folgenden Jahrhunderte bei aller Unscheinbarkeit und Geschmacklosigkeit oft unschätzbare Belege des Kunstsinnes unserer Vorfahren enthalten, ein eigenes Haus zu erbauen, das sogleich durch sein gotisches Aussehen dem Eintretenden sagt: hier findest du nichts Transalpinisches, hier ist alles teutsche, nordische Art und Kunst, hier wandelst du unter den Trümmern und Liebhabereien deiner Vorfahren*[53].

Bemerkenswert ist, dass Boettiger mit der Erwähnung von historischen Gemälden, Möbeln und Waffen vor allem den musealen Anspruch des Gebäudes und seiner Interieurs unterstrich. Mit dem Gotischen Haus in Wörlitz sollte zudem auf plakative Weise die Geschichte der Dynastie und deren ruhmreiche Vergangenheit inszeniert werden.

Sentimentale Erinnerung an einen Verstorbenen, nämlich den Erbprinzen bildete dagegen in Karlsruhe den Anlass zum Bau des Gotischen Turmes. Karl Ludwig war am 16. Dezember 1801 auf der Heimreise von Schloss Gripsholm in Schweden, wo er seine

---

wenburg des hessischen Landbaumeisters Heinrich Christoph Jussow zu studieren; zur Reise nach Hannover siehe VALDENAIRE (wie Anm. 28), S. 72.

52 Vergleichende Abbildungen siehe in J. HANSCHKE, Friedrich Weinbrenners Gotischer Turm in Karlsruhe. Neue Erkenntnisse zu einem frühen Beispiel neugotischer Architektur in Baden, in: Jahrbuch der Staatlichen Kunstsammlungen in Baden-Württemberg 48/49 (2013), S. 41–60.

53 Zitiert nach R. ALEX, Gotisches Haus Wörlitz im Dessau-Wörlitzer Gartenreich, Regensburg, o. J., S. 6–8.

Tochter Louise besucht hatte, tödlich verunglückt. Seine trauernde Witwe war die Bauherrin des Gotischen Turmes. Sie ließ sich ebenso wie ihrem Gemahl in der zugehörigen Kapelle ein Standbild setzen. Die architektonische Wirkung des Gotischen Turmes und des genannten Denkmals erhellt eine Beschreibung von Hartleben: *Ein höherer Genuß erwartet unser Gefühl nächst dem gothischen Thurme. Durch einen den ehelichen Tugenden geweihten Hain, in welchem ehrwürdige Eichen an die Kraft im Guten unserer Vorväter erinnern, schreiten wir zu dem Denkmale, gestiftet von der trauernden Gattin dem Andenken des Geliebten nach der schmerzlichen irdischen Trennung.*

In einer hohen gothischen Kapelle reißt uns eine holde weibliche Gestalt, welche in tiefem Schmerze vor dem Bildnisse des unvergeßlichen verklärten Erbprinzen versunken ist, zur glühendsten Theilnahme hin. Die Meisterhand eines Scheffauer hat uns diese Bezeichnung eines Fürstenpaars geliefert, das nach seinem mustervollen Wandel und in einer so seltnen Verschmelzung gleicher Wünsche und Gefühle das höchste Lebensalter verdienet hätte. Doch ist dieses Denkmal einer genauern Darstellung würdig.

Hinter einem Sockel hebt sich ein Piedestal, worauf ein einfaches Cinerarium im antiken Geschmacke ruht. Vorn in einer Füllung desselben zeigt sich das sehr ähnliche Bildnis des Verstorbenen en Medaillon; auf den Seiten zwey trauernde Genien. Der Deckel des Aschenbehälters ist mit Wappen, Trauer-Masquen und anderen Symbolen von Schlaf und Tod verziert. Fußgestell und Cinerar sind durch ein geschmackvolles Gesimse verbunden. Die Höhe des ganzen Grabmahls beträgt 10 Schuh. Unten auf dem Sockel sitzt eine edle weibliche Figur, die eheliche Liebe vorstellend (6 Schuh hoch), das Haupt voll Schmerz und Sehnsucht aufwärts gekehrt; die Haare loshangend auf die Schultern; die Arme kraftlos auf die Knie herabgesenkt; die Hände gefaltet. Wegen des niedrigen Sitzes sind Lenden und Beine, als trügen sie die Trauernde nicht mehr, zusammen gesunken. [...] Der Künstler dachte sich unter der Figur die Gattin des edlen Todten, wie sie einsam und nur von ihrem Schmerz begleitet, sein Grab besucht. Erst stand sie laut weinend vor dem Denkmale; dann setzte sie sich, vom Kummer ermattet, zu dessen Fuß nieder. – Diesen Moment haschte der Künstler und er ist wohl der natürlichste, für eine weibliche Figur der passendste und ganz geeignet, um Mitleid und tiefe Rührung hervorzubringen. [...] In unserer erhabenen Stimmung wollen wir zu der eingefaßten Plattforme des gothischen Thurmes auf 125 Stufen hinan eilen. Der geschmückte Teppich, den hier die Schöpfung unseren Augen aufrollt, die majestätische Bergkette, mit welcher sie es auf zwey Seiten im Hintergrunde beschränkt, und der Einklang in der Mannichfaltigkeit unzähliger Bilder, die wir da erblicken, erheben die süßeste unserer Hoffnungen, die des Wiedersehens in ewigen Gefilden, welche das Denkmal ausspricht, zur stärkenden Gewißheit.

Der gothische Thurm selbst, vortrefflich situiert und mahlerisch gestaltet, wird des Kenners wie des Kunstfreundes Aufmerksamkeit fesseln.

Er entspricht ganz dem Baustyle des Zeitalters, an welches er uns erinnert. Die erste Etage enthält ein niedliches Bade-Cabinet, die zweyte einige Zimmer für den Genuß einer herrlichen Aussicht im Wechsel mit der Unterhaltung, welchen der sich an den Fenstern hinziehende fleißig besuchte Spaziergang gewähret[54].

---

[54] HARTLEBEN (wie Anm. 9), S. 115–118.

Mit dem Gotischen Turm vergleichbar erscheint ein weiteres Bauprojekt Friedrich Weinbrenners, nämlich der neugotische Ausbau des Schlosses Neu-Eberstein, den Weinbrenner 1803–04 unternahm[55]. Damals erhielt der elf Meter über die sonstigen Burgmauern hervorragende Hauptturm ein Belvedere, dessen Formgebung aus originalen Bauplänen als auch aus historischen Ansichten bekannt ist. Demnach stellte das Türmchen eine Wiederholung des Wohntrakt-Obergeschosses am Gotischen Turm dar. Da es sich lediglich um einen einzigen Raum hoch über den mittelalterlichen Wehrmauern handelte, bietet sich prinzipiell der Vergleich mit der 1794–98 errichteten Luisenklippe in Wörlitz an, eines neugotischen belvedereartigen Einraumhauses, das jedoch – anders als der genannte Turm auf Schloss Neu-Eberstein – hoch über einer künstlichen Grotte errichtet wurde.

Unweit des Gotischen Turmes an der Westseite des Gartens schuf Weinbrenner das Amalienschlösschen, ein *Wohngebäude, in welchem der Höchstselige Herr Erbprinz mit Höchstdero Frau Gemahlin die schönen Frühlings- und Herbsttage in ländlicher Anmuth zubringen wollten*[56]. Das Raumprogramm des Schlösschens umfasste eine fürstliche Wohnung mit einem Speise- und Gesellschaftssaal, einen Vorhof mit zwei Seitenflügeln, in welche noch einige weitere Zimmer für zwei männliche und zwei weibliche Domestiquen unterzubringen waren, ein Badezimmer, eine Küche, eine Pferdestallung zu 3–4 Pferden sowie eine Kutschenremise. Weinbrenners Erstentwurf des Schlösschens stellte eine vereinfachte Bearbeitung Palladios La Rotonda dar, konnte jedoch aufgrund der hohen Bausumme nicht verwirklicht werden. Im Ausführungsentwurf wurde der aufwendige Rundsaal mit der Kuppel fortgelassen und stattdessen ein kleines turmartiges Belvedere vorgesehen (*Tafel 8*).

Das Innere des Palais scheint mit größerem Aufwand dekoriert worden zu sein. Weinbrenner selbst beschrieb die Interieurs wie folgt: *Obgleich sich bei diesem Gebäude die darin enthaltenen Piecen, wohl auf das Minimum einer fürstlichen Wohnung beschränken, und die übrigen Nebenbaulichkeiten auch nur das sparsamste Erforderniss einer ländlichen Fürstenwohnung enthalten, so haben Ihro Hoheit, die verwittwete Frau Markgräfin doch das Innere der Zimmer zum Theil mit Familienbildern, zum Theil mit auserlesenen Kupfern, so wie auch mit Gemälden, worunter eine grosse Anzahl nach den geistreichen Erfindungen Raphaels, sehr schön und geschmackvoll ausgeziert. Den gemeinschaftlichen Saal habe ich, wie er in dem Grundriss Tab. IV. zu sehen, für den Sommeraufenthalt mit einem venetianischen Gypsmarmorboden versehen, und die Decke, unter welcher ein reichhaltiger gemalter Fries herumgeht, nach Art der römischen Plafonds, durch das Hervorragen der Balken, und Bedeckung desselben mit einem cassaturartigen Tafelwerk versehen. Die Vergoldung ist hier nur sparsam angebracht, da beim Aufgang der Sonne die ersten Lichtstrahlen in diesen Theil des Gebäudes fallen und die Fülle der Beleuchtung spenden.*

Die übrigen Zimmer sind, wie schon bemerkt, mit den obgedachten Kunstprodukten geschmückt, und die Decke und Gesimse unter denselben haben nur wenige architektonische gemalte und vergoldete Verzierungen[57]. Bedauerlicherweise ist das Amalienschlösschen im

---

[55] Hierzu VALDENAIRE (wie Anm. 28), S. 177 f.
[56] F. WEINBRENNER, Ausgeführte und projektirte Gebäude, Garten-Gebäude ihrer königlichen Hoheit der Frau Markgräfin Amalie zu Baden, Karlsruhe und Baden 1830, S. 7.
[57] WEINBRENNER (wie Anm. 56), S. 9.

Abb. 10 Wandmalerei im Amalienschlösschen

Zweiten Weltkrieg ausgebrannt und danach bis auf den heutigen Gebäudesockel abgetragen worden. Die architektonische Wirkung des Amalienschlösschens lässt sich somit lediglich aus einigen wenigen historischen Fotos erschließen. Diese dokumentieren die weitgehende Übereinstimmung des Gebäudes mit dem von Weinbrenner publizierten zweiten Entwurf. Nach der Baubeschreibung Arthur Valdenaires schmückte ein gemalter Figurenfries ehemals den Hauptraum des Schlösschens[58]. Demnach scheint die Ausführung des Frieses von der publizierten Schnittdarstellung bei Weinbrenner abgewichen zu sein. Ein Plansatz des Amalienschlösschens im Generallandesarchiv Karlsruhe präsentiert hingegen in Übereinstimmung mit der Schilderung Valdenairs einen Figurenfries bestehend aus in lange Gewänder gehüllten Frauengestalten, welche durch herabhängende aufgemalte Festons miteinander verbunden sind (*Tafel 8*). Über den Köpfen erscheinen jeweils zu kleinen Baldachinen geformte Draperien mit langen herabhängenden Bändern. Im Nachlass Valdenaire findet sich eine unbezeichnete Fotografie eines übereinstimmenden Frieses mit einer reich profilierten Kassettendecke. Allem Anschein nach dokumentiert dieses bislang nicht identifizierte Foto die Ausmalung des Hauptraumes im Amalienschlösschen und stellt damit ein wertvolles Dokument zu Weinbrenners Interieurgestaltungen dar (*Abb. 10*).

Das Ausstattungsdetail der antiken Tänzerinnen erlaubt wiederum einen Vergleich mit Wörlitz. Es handelt sich um die Villa Hamilton im Wörlitzer Park, welche in einem der beiden Haupträume mit einem ähnlichen Reigen tanzender Frauengestalten sowie Stichwiedergaben der Fresken Raffaels (Loggia der Villa Farnesina in Rom) ausgestattet ist (*Tafel 9*). Im Gegensatz zur Dekoration des Amalienschlösschen handelt es sich hier jedoch nicht um Malereien, sondern um zart modellierte Gipsreliefs.

---

[58] VALDENAIRE (wie Anm. 28), S. 161.

Abweichend von dem genannten Interieur der Villa Hamilton war hingegen die zugehörige Decke im Hauptraum des Amalienschlösschens gestaltet. Aus den erhaltenen Bauplänen und Planvarianten bzw. Schriftquellen sowie den Baurechnungen ist die Deckengestaltung im Hauptraum des Amalienschlösschens wie folgt zu rekonstruieren: Die im Grundriss längsrechteckige Decke war durch zwei Unterzüge in drei Kompartimente untergliedert. Die Flächen zwischen den Balken besaßen 231 Kassetten, die mit Rosetten gefüllt waren[59]. Die Malereien stammten von dem Maler Schaffroth; dieser erhielt den Auftrag, den vier Schuh hohen und 90 Schuh langen Fries mit Figuren, Girlanden und zwei Reihen Arabesken auszuschmücken.

Dass Weinbrenner eine Vorliebe für dekorative Malereien, wie sie in der Villa Hamilton (*Tafel 10*) zu sehen sind, hegte, offenbart das Blatt *Tafel 11* aus dem Nachlass des Weinbrenner-Schülers Karl Joseph Berckmüller, das als Kopie nach Weinbrenner verbürgt ist. Es handelt sich um die Wiedergabe zweier renaissancezeitlicher Wandgemälde im Bogengang der Villa Giulia in Rom[60], welche in einigen wesentlichen Aspekten den Deckenmalereien in der Villa Hamilton (*Tafel 10*) nahekommen und Motive der antiken Wandmalerei variieren. Mit der Deckenmalerei des oben beschriebenen Raumes in der Villa Hamilton erscheinen insbesondere die Rahmungen der einzelnen Motive sowie die Kleinteiligkeit und Anordnung der Felder vergleichbar. Weinbrenner und Erdmannsdorff ließen sich demnach nicht nur von authentischen Werken der Antike, sondern auch von Werken der römischen Renaissance inspirieren. In der Summe lässt sich anhand der miteinander verglichenen Interieurs der Villa Hamilton und des Amalienschlösschens konstatieren, dass Weinbrenner – wenn auch sicher wesentlich sparsamer – einen ähnlichen Motiv- und Ideenvorrat für seine Innenraumgestaltungen vorsah.

Auch die weiteren Parkbauten des Erbprinzengartens und des Gartens der Markgräfin Christiane Luise schöpften aus dem damals gängigen Motivrepertoire. Dabei offenbart sich, dass Weinbrenner stets zu interessanten und originellen Lösungen gelangte, wie beispielsweise dem grottenartigen Verbindungsgang unter der Erbprinzenstraße, welcher die beiden Teile des Gartens miteinander verband (*Abb. 11*). Als einfallsreich und innovativ ist auch das Arrangement an Parkbauten um das Palais der Markgräfin Christiane Luise zu bewerten. Das auf einem Erdwall mit grottenartigem Zugang positionierte Palais war mittels eines Viaduktes mit dem benachbarten Gesellschaftshaus an der Kriegsstraße verbunden. Letzteres imitierte mit seinen beiden Eckpavillons eine römische Villa Rustica. Auch die gotische Orangerie gegenüber dem Palais der Markgräfin Christiane Luise stellte einen eigenständigen Beitrag dar. Dem Bauwerk geht stilgeschichtlich die gotische

---

[59] Vgl. F. HIRSCH, 100 Jahre Bauen und Schauen, Band II, Karlsruhe 1932, S. 40–42. Die von Hirsch zitierten Baurechnungen nennen die *Stucador Arbeit in dem neuen Gartenhaus.... Der Plafond des Saals* war *in 3 Compartiments eingetheilt, jede Eintheilung* enthielt *37 Caßaturen, jede Caßatur 4'1", das ganze 231 Stück beträgt zusammen 943 Schu den laufenden Schu mit verzierten Karnieß einzusetzen ad 3 Kr.*

[60] Das Blatt ist mit *Copie nach Weinbrenner 1822* bezeichnet, zur Identifikation der von Weinbrenner aufgenommenen Malereien siehe U. M. SCHUMANN, Von Weinbrenner bis Durm. Die badische Architekturschule im Spiegel ihrer Italienerfahrung, in: Staatliche Kunsthalle Karlsruhe, Viaggio in Italia. Künstler auf Reisen 1770–1880. Werke aus der Sammlung der Staatlichen Kunsthalle Karlsruhe, Berlin/München 2010, S. 130–151, hier S. 133.

Abb. 11 Grottenartiger Durchgang im Erbprinzengarten, Aquarell, bez. »Stabel«, um 1850 (?)

Orangerie in Wörlitz voraus (*Tafel 12 und Abb. 12*). Die in historischen Fotografien dokumentierte Hauptfront des Orangeriegebäudes vereinigte auf gleichwertige Weise gotisches und klassisches Formempfinden. Der Mitteltrakt derselben war mit seinem breit gelagerten Tempelgiebelmotiv als Pendant zum gegenüberliegenden Palais konzipiert, die Fassade jedoch in gotischen Maßwerkarkaden geöffnet.

Bemerkenswert ist, dass Weinbrenner nach eigenen Schilderungen kurz vor Baubeginn des Palais der Markgräfin Christiane Luise von seiner Reise nach Leipzig zurückgekehrt war[61]. Möglicherweise hatte Weinbrenner während seines mehrwöchigen Leipzig-Aufenthaltes die Gelegenheit, neben Dresden auch Wörlitz zu besuchen.

In seiner Publikation über das Palais bzw. die Gartenbauten der Markgräfin Christiane Luise hebt Weinbrenner hervor, dass die Anlage im Hungerjahr 1817 erbaut wurde, um *den Dürftigen Arbeit und Lohn zuzuweisen*[62]. Ähnliches ist auch in Bezug auf die Bauprojekte des Fürsten Franz überliefert. Durch das Elbhochwasser von 1770 war sein

---

[61] Vgl. WEINBRENNER (wie Anm. 56), S. 3; VALDENAIRE (wie Anm. 28), S. 157.
[62] WEINBRENNER (wie Anm. 56), S. 2.

Abb. 12 Gotische Orangerie, Wörlitz

Fürstentum schwer getroffen worden und es folgten mehrere Hungerjahre. In der Biographie des Fürsten Franz von Friedrich Reil heißt es hierzu: *Das namenlose Unglück, wovon in jenen Jahren, die man die großen Wasserjahre nennt, das Land heimgesucht wurde, wo Wiesen und Felder und Hutungen theils verschlemmt, theils Ellen hoch versandet waren, wo der Landmann nicht säen und weder sich noch sein Vieh ernähren konnte, wo eine Theuerung aller Lebensmittel einbrach, die bis zur Hungersnoth stieg, gab dem Fürsten Antrieb und Gelegenheit, nicht nur seine Bau- und Gartenunternehmungen schneller als sonst geschehen sein würde, zu fördern, sondern auch als Wohlthäter und Ernährer Seiner in die bitterste Armuth versunkenen Unterthanen aufzutreten*[63]. Neben der offensichtlich übereinstimmenden Intention, die herrschaftliche Bautätigkeit dem Volk bzw. darbenden Handwerkern zu Gute kommen zu lassen, ist schließlich noch auf die formalen Parallelen in der Grundrissbildung des Wörlitzer Schlossbaus und des Palais der Markgräfin Christiane Luise zu verweisen. Beide Bauten verfügten jeweils über einen pantheonartigen Saal als Vestibül, der von Treppenhäusern flankiert wurde (*Abb. 3 und 7*). In Wörlitz ist der zugehörige Portikus der Fassade vorgelagert, in Karlsruhe war er dagegen bündig

---

[63] F. REIL, Leopold Friedrich Franz, Herzog und Fürst von Anhalt-Dessau, nach seinem Wirken und Wesen geschildert, Dessau 1845, S. 41.

in die Fassade integriert, so dass die räumliche Situation eines Antentempels entstand. Mit einiger Wahrscheinlichkeit dürfte anzunehmen sein, dass Weinbrenner die Grundrisskonzeption des Wörlitzer Schlosses und die beim Wörlitzer Pantheon vorgebildete unterirdische Grottenanlage in der Grundrissbildung des Palais der Markgräfin Christiane Luise aufgegriffen hat.

In der Summe lässt sich für Weinbrenners Entwurfsschaffen in Karlsruhe konstatieren, dass der nach seinen Vorgaben erfolgte Ausbau der Stadt den von Schiller formulierten Idealvorstellungen von *ländlicher Simplizität* und *städtischer Herrlichkeit*[64] sehr nahe kam. Die Gartenanlagen und die von Weinbrenner hierin errichteten Bauten ergaben ein Gesamtkunstwerk, das den ästhetischen Vorstellungen des frühen 19. Jahrhunderts entsprochen hat. Spätestens der in der Gründerzeit erfolgte Ausbau der Stadt hat dieses temporäre Idealbild beeinträchtigt. Schwerwiegender noch hat sich dann die Zerstörung der Stadt im Zweiten Weltkrieg und der nachfolgende Wiederaufbau auf das Werk Friedrich Weinbrenners ausgewirkt.

Die hier nur summarisch vorgestellten Aspekte zeigen auf, dass zwischen den Wörlitzer Anlagen und den englischen Landschaftsgärten in Karlsruhe zahlreiche formale und ideologische Übereinstimmungen bestanden. Aus diesem Grunde dürfte anzunehmen sein, dass es neben dem Briefwechsel zwischen Fürst Franz und Friedrich Weinbrenner bezüglich der Straßburger Glasgemälde noch weitere Korrespondenzen gab und ein größerer künstlerischer Austausch stattgefunden hat. In der künftigen Weinbrenner-Forschung wäre es daher sinnvoll, den angesprochenen Indizien weiter nachzugehen und sich in der archivalischen Überlieferung auf die Spurensuche zu begeben.

---

[64] SCHUMANN (wie Anm. 11), S. 266, vgl. F. SCHILLER, Über den Gartenkalender auf das Jahr 1795 (1794), in: DERS., Werke und Briefe, Band 8: »Theoretische Schriften«, Frankfurt a. M. 1992, S. 1007–1015, Kommentar S. 1537–1542.

Der großherzoglich badische Hofgartendirektor Leopold Graebener, die badischen Hofgärten und die Deutsche Dendrologische Gesellschaft unter dem Protektorat Großherzog Friedrichs I. von Baden

VON VOLKER ANDRÉ BOUFFIER

Karl Friedrich Leopold Graebener (*Abb. 1 und 2*) wird am 24. Mai 1849 im badischen Michelfeld als Sohn eines evangelischen Kirchenrats geboren und stirbt am 3. Januar 1937 in Oberkirch/Ortenau. Seine zweijährige Lehre absolviert er ab Oktober 1865 im *Großherzoglichen botanischen Garten* zu Karlsruhe bei dessen damaligem Direktor Mayer. Seine gärtnerischen Lehr- und Wanderjahre führen Graebener nach Brüssel, wo er von Mai 1871 bis Mai 1872 eine Anstellung als Gehilfe bei Jean Linden (1817–1888) findet[1]. 1873 erfolgt der Aufbau einer Privatgärtnerei in der südrussischen Steppe. Noch im selben Jahr kehrt Graebener nach Baden zurück, und weitere Stationen seiner Laufbahn im Hofdienst bzw. Botanischen Garten Karlsruhe folgen. Vom 11. Dezember 1875 bis 9. Februar 1876 unternimmt er eine Bildungsreise nach Kew Gardens und Paris zum »Studium der Gärten, Pflanzen und Kulturen«[2].

Laut Schreiben der General-Intendanz der Grossherzoglichen Civilliste erfolgt am 6. August 1895 die Berufung Graebeners zum Großherzoglich Badischen Hofgartendirektor (*Abb. 3*). Damit unterstehen ihm nunmehr innerhalb der *Großherzoglich Badischen Hofgartendirection in Karlsruhe* alle badischen Hofgärten, die schon damals für ihre dendrologisch äußerst bemerkenswerten Gärten und Parks – begründet und erweitert durch den kontinuierlichen Sammeleifer der Markgrafen und Großherzöge von Baden –

---

[1] Linden, der als einer der Pioniere der Orchideenforschung gilt, ist von 1851–1861 Direktor des zoologischen und botanischen Gartens Brüssel und handelt weltweit mit exklusiven Orchideen. Graebener kann sein dort erlerntes Wissen über die anspruchsvolle Kultur der Orchideen später in Karlsruhe erfolgreich einsetzen: Zu seiner Zeit sind dem Karlsruher Palmenhaus noch vier kleine Gewächshäuser vorgelagert, darunter ein Warm- und Kalthaus, ein Haus zur Vermehrung und ein Orchideenhaus. Wiederholt veröffentlicht Graebener zur Orchideen-Kultur, z. B. zur *Behandlung frisch importierter Orchideen* (L. GRAEBENER, Aus unserem Orchideenhaus, in: Die Gartenwelt III, 2 (1898), S. 18; Behandlung frisch importierter Orchideen, in: Die Gartenwelt III, 4 (1898), S. 37–38; Zur Orchideen-Kultur, in: Die Gartenwelt VII, 14 (1903), S. 157–160).

[2] M. HESDÖRFFER, Unsere Mitarbeiter. Leopold Graebener zum 70. Geburtstag, in: Die Gartenwelt XXIII, 21 (1919), S. 165–166, hier S. 166.

Abb. 1 Leopold Graebener (1849–1937)

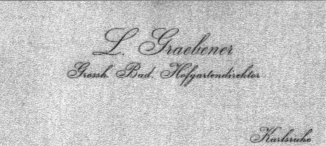

Abb. 2 Visitenkarte

berühmt sind³. Hierzu zählen unter anderem die Anlagen auf der Insel Mainau, in Baden-Baden, Badenweiler sowie die Schlossgärten Favorite bei Rastatt und Schwetzingen.

---

³ GLA 56/598.

Abb. 3 Ernennung Leopold Graebeners zum Hofgartendirektor am 6. August 1895 durch Großherzog Friedrich I. (Abschrift)

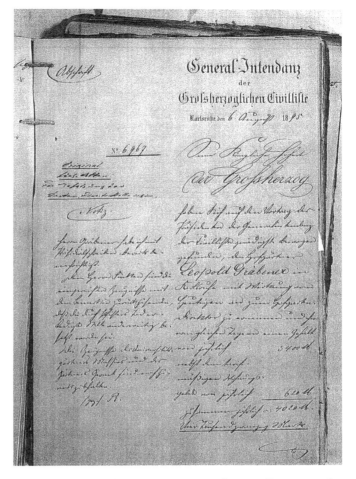

Graebener ist bewusst, dass die von ihm betreuten Gartenanlagen, allen voran der botanische Garten in Karlsruhe, nicht nur den Anspruch fürstlicher Repräsentation erfüllen müssen, sondern auch Forschungsrelevanz haben: *Obgleich der Karlsruher botanische Garten nicht in den Dienst einer Hochschule gestellt ist, sondern als Hofgarten voll und ganz den Anforderungen eines solchen zu entsprechen hat, obgleich kein Professor der Botanik an seiner Spitze steht, hat er es doch verstanden, seinen ihm vom Großherzog Karl Friedrich zu Anfang dieses Jahrhunderts verliehenen Charakter eines botanischen Gartens zu erhalten, ja er darf nach dem Urteil aller Fachleute zu den besten Gärten solcher Art in Deutschland gezählt werden. Enthält auch die lange Front der mächtigen Gewächshäuser eine große Menge Dekorationsmaterial, müssen in den kleineren Häusern die vielen Mutterpflanzen für die ausgebreitete Teppichgärtnerei des Schloßplatzes überwintert werden, so findet der Botaniker doch noch überall reiche Schätze seltener und gut gepflegter botanisch interessanter Pflanzen, die mit Liebe und Sorgfalt gepflegt werden, deren Sammlung man*

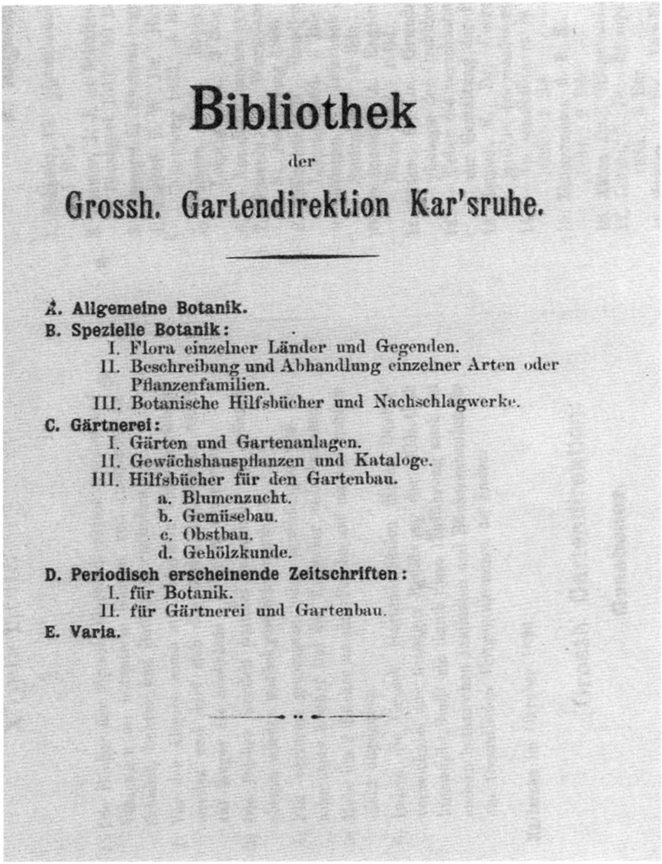

Abb. 4 Graebener, Verzeichnis der Bibliothek der Grossherzoglichen Gartendirektion Karlsruhe, 1896

Bibliothek
der
Grossh. Gartendirektion Kar'sruhe.

A. **Allgemeine Botanik.**
B. **Spezielle Botanik:**
   I. Flora einzelner Länder und Gegenden.
   II. Beschreibung und Abhandlung einzelner Arten oder Pflanzenfamilien.
   III. Botanische Hilfsbücher und Nachschlagwerke.
C. **Gärtnerei:**
   I. Gärten und Gartenanlagen.
   II. Gewächshauspflanzen und Kataloge.
   III. Hilfsbücher für den Gartenbau.
      a. Blumenzucht.
      b. Gemüsebau.
      c. Obstbau.
      d. Gehölzkunde.
D. **Periodisch erscheinende Zeitschriften:**
   I. für Botanik.
   II. für Gärtnerei und Gartenbau.
E. **Varia.**

immer bestrebt ist zu vergrößern. Werden auch einzelne Familien, wie z. B. die Orchideen, Cacteen, Bromeliaceen oder die Neuholländer Pflanzen in besonders reicher Zahl kultiviert, so fehlen doch andererseits die Vertreter der anderer Familien oder die offizinellen und tropischen Nutzpflanzen nicht und allzeit sind die Schwestergärten gerne mit dem Karlsruher Garten in Tauschverkehr getreten, wissend, daß sie von da gut und reich bedient werden. Im Freiland werden in besonderer Abteilung die Apothekerpflanzen kultiviert und gerne liefert man das Material zu Studienzwecken an angehende Pharmazeuten oder zu den jährlich wiederkehrenden Staatsprüfungen. Systematisch geordnet sind auf einem zweiten Feld die einjährigen, und auf einem andern die Staudenpflanzen; auf einer langen Hügelreihe befinden sich seltene Pflanzen der Alpen und der einheimischen Flora. Was den Dendrologen aber am meisten interessiert, sind die Laubgehölze und Coniferen, welche teils im botanischen Garten, teils auf den Schloßplätzen und in dem Schlossgarten in selten schönen Exemplaren zu finden sind. Wir sehen hier Riesenbäume von Liriodendron, Ginkgo, Taxodium, Liquidambar, Sophora, Juglans, Carya, amerikanische Quercus, Pinus Strobus u. a., welche der oben genannte kunstsinnige Fürst direkt und indirekt aus fernen Weltteilen kommen ließ, um sie versuchsweise hier anzupflanzen, heute bilden sie eine Sehenswürdigkeit des Gartens, jenes Fürsten Lob verkündend[4].

Der äußerst tätige Graebener erstellt eigenhändig ein Bücherverzeichnis der Bibliothek der Großherzoglichen Gartendirektion Karlsruhe (*Abb. 4*), um sich einen Überblick über die Bestände zu verschaffen und in den Leihverkehr mit Bibliotheken anderer botanischer Institute treten zu können[5]. 1896 gehört er zu den ersten Autoren der von Max Hesdörffer begründeten Zeitschrift *Die Gartenwelt*, die ab Oktober 1897 wöchentlich erscheint und für die er im Laufe seines Lebens viele Artikel und Abhandlungen schreibt. Als Graebener 1897 einen durch Großherzog Friedrich I. autorisierten Führer der Insel Mainau herausgibt[6] (*Abb. 5*), beschreibt er in Form eines Rundgangs auch über 50 Bäume, die er in einem *Verzeichniss der im Führer benannten Coniferen und Laubbäume* in einem Plan vermerkt[7]. Er ist eines der Gründungsmitglieder und späteres Ehrenmitglied der 1892 ins Leben gerufenen Deutschen Dendrologischen Gesellschaft (DDG). Zudem wird seit 1898 auf sein Betreiben[8] im Karlsruher botanischen Garten ein botanisches Museum eingerichtet, wahrscheinlich in den Räumlichkeiten des Torbogenhauses. Graebener verfasst sowohl ein 15-seitiges *Samen-Verzeichnis des Gross. [herzoglichen] Botanischen Gartens zu Karlsruhe i.*[n] *B.*[aden] (*Abb. 6*) als auch ein 48-seitiges *Verzeichniss der Laub- und Nadelhölzer, welche in der Grossherzoglichen Gehölzbaumschule zu Karlsruhe gezogen und abgegeben werden*[9] (*Abb. 7*). 1901 publiziert er zu *badischen Hofgärten in dendrologischer Hinsicht*. Darin charakterisiert er einleitend Baden insgesamt ob seines Klimas und der Vegetation als *Garten Deutschlands*, beschreibt die anstehenden Gesteine und Bodenarten und die Gärten, in welchen *die Akklimatisation fremdländischer Gehölze*

---

[4] L. GRAEBENER, Der Grossherzogl. botanische Garten zu Karlsruhe und dessen botanisches Museum, in: MDDG 7 (1898), S. 359–360, hier S. 359.

[5] L. GRAEBENER, [Bücherverzeichnis zur] Bibliothek der Gross. [herzoglichen] Gartendirektion Karlsruhe, 1896 (GLA 56/3323).

[6] L. GRAEBENER, Mainau. Ein Führer durch die Insel. Mit Einblicken in ihre Geschichte, Konstanz 1897.

[7] Unter Nr. 28 und 28' nennt Graebener *Sequoia (Wellingtonia) gigantea Torr. Californien*. Der stärkste dadurch heute noch zu lokalisierende, von Graebener als *Mammutfichte Nord-Kaliforniens* bzw. *Sequoia gigantea Torr* bezeichnete Berg- oder Riesenmammutbaum hat damals eine Höhe von 17,45 m und einen Stammumfang von 4,5 m (GRAEBENER, wie Anm. 6, S. 52). Heute haben sich diese Maße mehr als verdoppelt.

[8] Graebener wendet sich auch mit einem Aufruf zur Spende von Exponaten an die Mitglieder der Deutschen Dendrologischen Gesellschaft: *Seit Jahresfrist besitzt der Karlsruher botanische Garten in sehr geeignetem Raum auch ein botanisches Museum. In einem so großen und reichen Garten wie dem Karlsruher gibt es allezeit interessante Dinge, die einen förmlich auffordern, sie zu sammeln und aufzubewahren. Bald ist's ein Stück Holz von einer abgestorbenen Kübelpflanze, bald ein Palmenstamm oder deren Blätter, bald seltene Früchte und Blüten [...] Im Interesse dieses ist es, die Sammlung zu vergrößern, und hoffen wir mittels unsere Mitglieder der dendrologischen Gesellschaft gewiß gerne bereit sein, auch ihrerseits durch Zuwendung geeigneter Dinge dazu beizutragen* (GRAEBENER, wie Anm. 4, S. 359–360).

[9] L. GRAEBENER, Ernte 1900. Samen-Verzeichnis des Gross.[herzoglichen] Botanischen Gartens zu Karlsruhe i.[n] B.[aden], Karlsruhe 1900 (GLA 56/868); Verzeichniss der Laub- und Nadelhölzer, welche in der Grossherzoglichen Gehölzbaumschule zu Karlsruhe gezogen und abgegeben werden, Karlsruhe 1901 (GLA 56/868).

Abb. 5 Graebener, Mainau. Ein Führer durch die Insel, 1897

in Baden bereits ansprechende Resultate vorzuweisen habe. Dabei unterscheidet er sehr genau, in welchen Hofgärten unter den verschiedenen klimatisch-bodenkundlichen Voraussetzungen welche Arten wie langfristig mit Erfolg kultiviert werden könnten[10].

1913 feiert Graebener seine 40jährige Dienstzeit als badischer Hofbeamter[11]. Am 1. Oktober 1915 kann er, der am 1. Oktober 1865 im Großherzoglichen Botanischen Garten in Karlsruhe als Lehrling unter Hofgartendirektor Mayer begonnen hatte, auf seine »50jährige gärtnerische Berufstätigkeit zurückblicken«[12]. Während des Ersten Weltkrieges ist Graebener eingezogen und versieht seinen Dienst im Militärbekleidungsamt

---

[10] L. GRAEBENER, Die badischen Hofgärten in dendrologischer Hinsicht, in: MDDG 10 (1901), S. 331–334.
[11] R. AHRENS, Nachrufe. Hofgartendirektor Leopold Graebener †, in: MDDG 49 (1937), S. XIV–XVI.
[12] M. HESDÖRFFER, Unsere Mitarbeiter. Leopold Graebener zum 70. Geburtstag, in: Die Gartenwelt XXIII, 21 (1919), S. 165–166.

Abb. 6 Graebener, Samen-Verzeichnis, 1900

vom 3. August 1914 bis 12. Dezember 1918 unter anderem als »Einkäufer und Verwalter der großen Lederlager, daneben aber auch noch seine Stellung als Hofgartendirektor«[13]. Die beweglichen Pflanzensammlungen vieler bedeutender Hofgärten sind durch Revolution und Ersten Weltkrieg in ihrer Existenz bedroht[14]. Graebener muss noch mit ansehen, wie im Jahre 1918 infolge des Kohlenmangels viele Warmhauspflanzen im Botanischen Garten Karlsruhe zugrunde gehen[15]. 1919 tritt er als letzter Großherzoglich Badischer

---

[13] HESDÖRFFER (wie Anm. 12).
[14] F. ENCKE, Die kulturgeschichtliche Bedeutung der Hofgärten und ihre Erhaltung für das deutsche Volk, in: Die Gartenkunst 32, 10 (1919), S. 126–135.
[15] L. GRAEBENER, Aus unseren Pflanzenschätzen. Helxine Soleirolli, in: Die Gartenwelt 33, 37 (1929), S. 520.

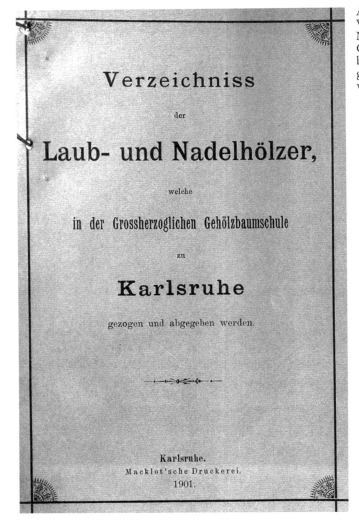

Abb. 7 Graebener, Verzeichniss der Laub- und Nadelhölzer, welche in der Grossherzoglichen Gehölzbaumschule zu Karlsruhe gezogen und abgegeben werden, 1901

Hofgartendirektor im Alter von 70 Jahren in den Ruhestand und zieht mit seiner Familie nach Oberkirch in die Ortenau. Dem Ortsvorstand der Gemeinde Oberkirch bietet er am 15. 12. 1920 seine Unterstützung bezüglich Umgestaltung bzw. Bepflanzung des Stadtgartens an. Am 3. Januar 1937 stirbt Graebener im Alter von 87 Jahren[16].

---

[16] J. S[AATHOFF], Leopold Graebener †, in: Der Blumen- und Pflanzenbau vereinigt mit Die Gartenwelt 41, 5 (1937), S. 60.

Hintergrund: Koniferen »en Vogue«

Studiert man Gehölzlisten und Pflanzpläne von Gärten und Parks oder Pflanzenkataloge von Baumschulen aus der zweiten Hälfte des 19. Jahrhunderts, so fällt eine intensivierte Verwendung von Nadelgehölzen auf. Zahlreiche Berichte über Forschungsreisen fungieren zu der Zeit als »Katalysator« für das wachsende Interesse an Koniferen und die Verbreitung dieser Pflanzen. Spät eingeführte Baumarten wie z. B. Mammutbäume (*Sequoiadendron giganteum* um 1853, *Sequoia sempervirens*) sowie viele Tannen- und Kiefernarten wecken die Begehrlichkeiten von Pflanzenliebhabern, Förstern und Dendrologen. Die zunehmende Euphorie für Koniferen lässt sich in vielen Bereichen nachweisen: Seitens der Forstwirtschaft sucht man nach ertragreichen Gehölzen, beispielsweise in den preußischen Staatsforsten, und begründet Anbauversuche mit schnellwachsenden Holzarten[17]. In Botanischen Gärten werden vielfach eigene Quartiere für Nadelgehölze, so genannte Pineten, eingerichtet, so auch im Botanischen Garten Karlsruhe, wie ein Situationsplan von 1888 zeigt (*Abb. 8*)[18]. Noch heute sind an dieser Stelle überwiegend Nadelgehölze zu finden.

Das Pflanzen dieser exotischen Gehölze verändert vielerorts den Charakter von Parkanlagen und Waldstücken. Ein eindrucksvolles Beispiel ist der *Kastanienwald* in Weinheim an der Bergstrasse. Rund ein Dutzend Edel-Kastanien finden sich noch am Rande des Schlossparks und künden von einstigen großen Kastanienhainen, die dem Wald ihren Namen geben. Ende des 19. Jahrhunderts wird die Edel-Kastanie zunehmend unrentabler. Graf von Berckheim lässt ab 1867 an ihrer Stelle unter hohen Kosten Nadelgehölze anbauen. So wird aus dem *Kastanienwald* der Weinheimer *Coniferen-Wald*[19], der heute als *Weinheimer Exotenwald* bekannt ist[20]. In der Zeitschrift *Die Gartenwelt* heißt es 1898: *Wohl schwerlich existiert in Deutschland ein zweiter Wald mit so seltenen, herrlichen Coniferen wie hier in Weinheim*[21].

Richard Ahrens, Hofgärtner im Großherzoglichen Hofgarten zu Baden-Baden und langjähriges Mitglied der Deutschen Gesellschaft für Gartenkunst, ist in seinem 1910 erschienenen Artikel *Koniferenbilder aus dem Hofgarten zu Baden-Baden* die Begeisterung an Nadelgehölzen deutlich anzumerken. So spricht er von *Prachtkoniferen, Paradekoniferen* und *hiesigen Koniferenschätze[n]* in Baden-Baden[22]. Am 2. April 1900 teilt Graebener mit, dass *auf höchsten Befehl S. K. H. des Erbgroßherzogs [...] im Park zu Baden-*

---

[17] A. Schwappach, Die weitere Entwicklung der Versuche mit fremdländischen Holzarten in Preußen, in: MDDG 20 (1911), S. 3–27.
[18] G. Sommer, Führer durch den Grossherzoglichen Garten zu Karlsruhe. Mit einem Plane, Druck und Verlag von J. J. Reiff, Karlsruhe 1888.
[19] Sch. [evtl. Autorenkürzel für F. v. Schwerin], Der Weinheimer Coniferen-Wald, in: Die Gartenwelt II, 14 (1898), S. 165–167.
[20] U. Wilhelm/W. Ernst, Der Exotenwald Weinheim, Weinheim (1998).
[21] L. Beissner, Jahres-Versammlung [der DDG] zu Darmstadt, den 7., 8. und 9. August, in: MDDG 7 (1898), S. 340–345.
[22] Ahrens erwähnt exemplarisch eine *Cunninghamia chinensis von 11 m Höhe, mit 10 m Kronendurchmesser [...] die größte, die wir zurzeit in Deutschland besitzen [...] 190 cm Stammumfang* (R. Ahrens, Koniferenbilder aus dem Hofgarten zu Baden-Baden, in: Die Gartenwelt XIV, 2 (1910), S. 13–15).

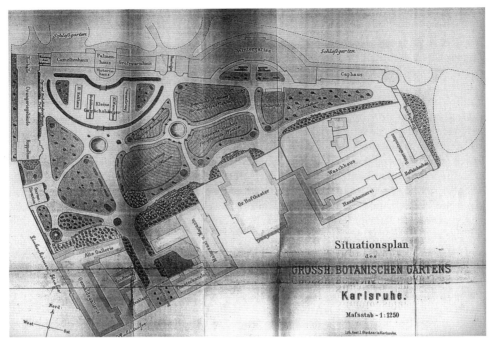

Abb. 8 Situationsplan des Großherzoglichen Botanischen Gartens Karlsruhe, 1888

weiler ein Stück Land gegen den von dem Engländer Alcard angelegten Garten mit Gehölz bepflanzt wurde. Diese *zum Theil Coniferen* werden als Eigenbedarf aus Karlsruhe geliefert. Badenweiler wird als einer der bevorzugten *Lieblingssitze des Landesfürsten*[23] bezeichnet. Großherzog Friedrich I. von Baden bewohnt während seiner Aufenthalte das Großherzogliche Palais und begeht 1906 in Badenweiler als dienstältester Monarch in Europa seinen 80. Geburtstag. Als sein *Lieblingssitz*[24] in Baden, mit einem reichhaltigen Arboretum[25], das Teil seines Lebenswerks ist, und einer Anlage, mit der er sich selbst ein grünes Denkmal gesetzt hat, gilt jedoch die Insel Mainau.

---

[23] L. BEISSNER, Jahres-Versammlung [der DDG] zu Colmar i. Els. und Ausflüge vom 8.–13. August, in: MDDG 17 (1908), S. 15–42, hier S. 40–41.

[24] L. GRAEBENER, Großherzog Friedrich †, in: Der Gartenfreund XXXXI, 11 (1907), S. 185–186.

[25] M. ZEILER, Das Arboretum der Mainau, in: Beiträge zur Gehölzkunde 18 (2009), S. 178–185.

Abb. 9   Großherzog Friedrich I. von Baden

Großherzog Friedrich I. von Baden und die Insel Mainau

Zeitgleich mit dem Weinheimer Coniferen- oder Exotenwald werden auf Veranlassung des *großen Baumfreundes und Kenners*[26] Großherzog Friedrich I. von Baden (1826/1856–1907; *Abb. 9*), der die Insel 1853 erwirbt, auch auf der Mainau Hunderte von seltenen Koniferen gepflanzt. Die Anlage eines Arboretums und erste Baumpflanzungen beginnen mit dem Ankauf der Insel, die meisten Koniferen werden dann in den 1860er und 1870er Jahren angepflanzt (*Abb. 10*). Garteninspektor Victor Nohl (1868–1941), Großherzoglicher Hofgärtner auf der Insel, berichtet, dass auch Friedrich I. eine *Vorliebe für*

---

[26]   L. BEISSNER, Jahresversammlung [der DDG] zu Konstanz vom 7.–11. August 1905, in: MDDG 14 (1905), S. 340–366, hier S. 358.

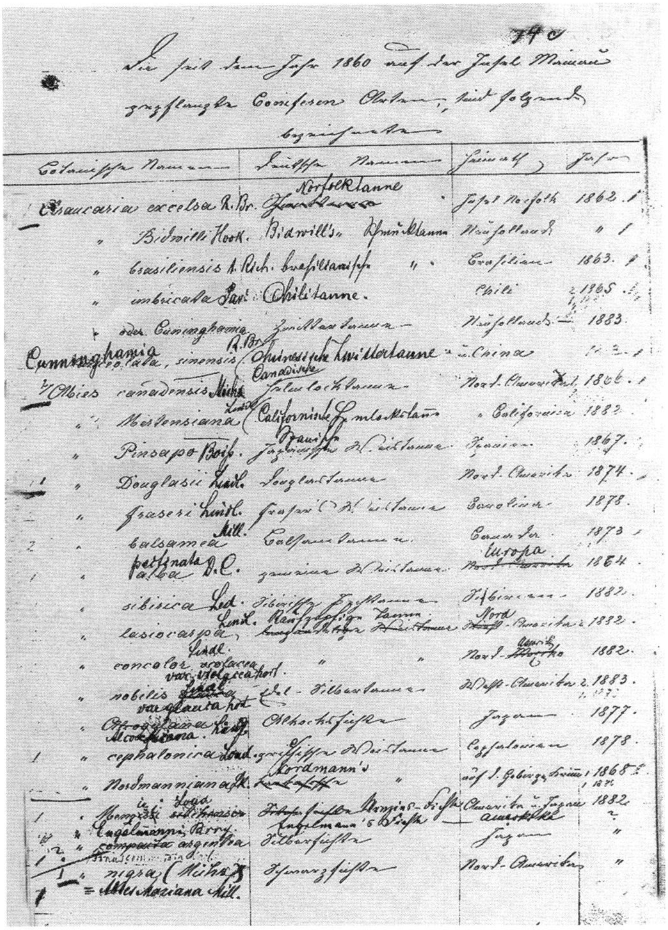

Abb. 10 Die seit dem Jahre 1860 auf der Insel Mainau gepflanzten Coniferen-Arten

Coniferen habe und der Hauptreiz der Mainau den Koniferen gebühre[27]. Auf Nohl[28] geht wahrscheinlich eine sechs Seiten umfassende, sehr detaillierte Gehölzliste und Kurzbeschreibung der Mainau[29] zurück. Sein Dank an Garteninspektor Ludwig Beissner, Geschäftsführer der Deutschen Dendrologischen Gesellschaft[30], für die Hilfe unter ande-

---

[27] V. Nohl, Geschichte der Anpflanzungen auf der Insel Mainau und Beobachtungen an den dortigen Exoten, in: MDDG 14 (1905), S. 401–405, hier S. 402; GLA 58/35

[28] seit 1899 Mitglied in der Deutschen Dendrologischen Gesellschaft (H. Höfker, Nachrufe. Victor Nohl †, in: MDDG 55 (1942), XIII).

[29] F. Graf v. Schwerin, Jahresversammlung [der DDG] in Lindau mit Ausflügen vom 15.–22. Juni 1931, in: MDDG 43 (1931), S. 467–515, hier S. 491–496.

[30] Deren Mitglieder besichtigen die Insel 1905 und 1931. Die erste dieser Reisen haben Beissner, Präsident/ F. Graf v. Schwerin und Graebener bereits Jahre zuvor vorbereitet, auf Vorexkursio-

Abb. 11 Denkmal von Großherzog Friedrich I. am historischen Wasserreservoir der Insel Mainau

rem bei Gehölzbestimmungen weist auf intensive Kontakte seit deren Gründung hin[31]. Die *echten Cypressen* auf der Insel Mainau haben es Beissner als Koniferenspezialist besonders angetan, wie er in seinen *Reisenotizen* unter anderem hervorhebt[32].

---

nen die interessanteren Gärten und Gehölzbestände ausgewählt und teils auch vermessen.

[31] NOHL, Geschichte der Anpflanzungen auf der Insel Mainau (wie Anm. 27).

[32] Beissner nennt *vor allem hohe Säulen der echten Cypressen Cupressus sempervirens fastigiata, welche hier noch trefflich gedeihen und auch schon aus ihren Samen einen kräftigen Nachwuchs geliefert haben, von denen schöne Pflanzen bereits wieder in einem Blumengarten Aufstellung gefunden haben. Gleich den Coniferen sind auch viele schöne Laubgehölze vertreten, dazu kräftige Bambusen und mit ihnen an den wärmsten Stellen auf den Terrassen sind prächtige Zusammenstellungen von Dekorationspflanzen aller Art, üppige Musa, Palmen, Solanen und wie sie alle heißen die stolzen Blattpflanzen, welche die Üppigkeit der südlichen Breiten für den Sommer in unsere Gärten tragen, vorhanden.* (L. BEISSNER, Reiseerinnerungen, in: MDDG 7 (1898), S. 416–426, hier S. 420).

Am 28. September 1907 stirbt Großherzog Friedrich I. auf der Insel Mainau (*Abb. 11*). Graebener verfasst als Präsident des Badischen Landesgartenbau-Vereins einen ganzseitigen Nachruf in der von ihm redigierten Fachzeitschrift *Der Gartenfreund*[33] (*Abb. 12*). Schwerin bezeichnet Friedrich I. in seinem Nachruf als *fürstlichen Dendrologen*[34]. Ludwig Klein (Großherzoglich Badischer Geheimer Hofrat und Professor der Botanik an der TH Karlsruhe[35]), der akribisch die Naturdenkmäler des Großherzogtums Baden dokumentiert hat[36], widmet ihm posthum sein Buch über *Bemerkenswerte Bäume im Großherzogtum Baden*[37].

Beim Besuch der Mainau durch Mitglieder der Deutschen Dendrologischen Gesellschaft 1931 werden noch Schäden des Polarwinters 1928/29 in der Gehölzliste dokumentiert, in der etliche Bäume mit entsprechenden Bemerkungen (*durch Frost gelitten; zurückgefroren*) versehen sind[38]. Im Bildarchiv der Gesellschaft finden sich heute noch ca. 100 teils unveröffentlichte Bilder von Gehölzen von den Exkursionen im Jahre 1905 (*Abb. 13 und 14*) und 1931 (Schwerpunkt).

---

[33] Um 1900, Rheinischer Gartenfreund, Organ des Badischen Landesgartenbau-Vereins, Fachschrift für Blumen-, Obst- und Gemüsebau, Karlsruhe (L. GRAEBENER, Großherzog Friedrich †, wie Anm. 24).

[34] *Wahre Perlen des Gartenbaues sind die von ihm teils angelegten, teils verschönten und weiter ausgebauten Parks von Mainau, Karlsruhe, Schwetzingen, Baden-Baden und Badenweiler... Der erlauchte Verstorbene war aber nicht nur ein wohlwollender Herr dieser Pflanzungen, er war auch ein ganz vorzüglicher Pflanzen- und besonders Coniferenkenner, der es in seinen Kenntnissen und Erfahrungen mit jedem, selbst mit den gewiegtesten Mitgliedern unserer Vereinigung aufgenommen hätte, und wer einmal das Glück gehabt hat, mit ihm über seine Pflanzen plaudern zu dürfen, der war erstaunt über das tiefe und reiche Wissen und gerührt über die große Liebe, die der Dahingegangene nicht nur der ganzen Pflanzenwelt, sondern jeder einzelnen Pflanze, die ihm lieb und teuer war, entgegen brachte.* (F. Graf v. SCHWERIN, Geschäftsbericht, in: MDDG 16 (1907), S. 2–5 [S. 0/1, dem Geschäftsbericht vorangestellt beginnt der Band mit dem Nachruf auf Friedrich I. Großherzog von Baden].

[35] In seiner Festrede beim feierlichen Akt des Rektorats-Wechsels am 25. November 1903 an der Grossherzoglichen Technischen Hochschule Fridericiana (benannt nach Großherzog Friedrich I. von Baden, der auf Bitten der Lehrerschaft der TH Karlsruhe dieser am 12. April 1902 seinen Namen verleiht) sagt Klein über Großherzog Friedrich I.: *Als leuchtendes Vorbild steht auch in dieser Beziehung unser erhabener Landesherr da, der als feinsinniger Naturfreund den zahlreichen schönen alten Bäumen seiner Hofgärten und Parks die weitgehendste individuelle Freiheit und den weitgehendsten Schutz gewährt* (L. KLEIN, Die botanischen Naturdenkmäler des Grossherzogtums Baden und ihre Erhaltung, Festrede am 25. November 1903, Karlsruhe 1904, S. 35).

[36] KLEIN (wie Anm. 35).

[37] L. KLEIN, Bemerkenswerte Bäume im Großherzogtum Baden (Forstbotanisches Merkbuch), mit Unterstützung des Großherzoglichen Ministeriums der Justiz, des Kultus und Unterrichts (Hg.), Heidelberg 1908. Dieses Buch ist nach Inhalt und Ausrichtung an die u. a. 1905 und 1906 herausgegebenen *Forstbotanischen Merkbücher im Königreich Preussen* angelehnt.

[38] Beispielsweise eine zu dem Zeitpunkt 50jährige *Cupressus semp.[ervirens] fastigiata* (Nr. 11), eine *Prunus lusitanica* im Espergärtle (Nr. 14), *Stachyurus praecox* (Nr. 32), eine 56jährige *Magnolia grandiflora* an der Orangerie (Nr. 37), eine 50jährige *Araucaria araucana* (Nr. 38), eine 46jährige *Sequoia sempervirens* (Nr. 39), eine 40jährige *Edgeworthia papyrifera* (Nr. 45) und eine 48jährige *Sequoia sempervirens* (Nr. 88) (F. Graf v. SCHWERIN, Jahresversammlung der DDG 1931, wie Anm. 29, S. 492–496).

No. 11. **Jahrgang XXXXI.** **November 1907.**

Der Gartenfreund.

Inhalt: Großherzog Friedrich †. — **Bekanntmachungen.** — **Blumengarten:** Chrisanthemum. — Die doppelte Verwertung von Pflanzen. — Der Efeu. — Winterharte Buschrosen. — **Gemüsegarten:** Eine vorteilhafte, solide Einzäunung für Gemüseländer. — Was pflanze ich in meinen Gemüsegarten? — Salat im Winter. — **Obstgarten:** Der Nußbaum. — Von der Obstbaummüdigkeit. — Ist es für den Landwirt ratsam, mehr Obstbaumstücke anzulegen? — **Aufsätze und Mitteilungen verschiedenen Inhaltes:** Das Ueberhangs- und Ueberfallsrecht. — Vasen und Vasensträuße. — Der Kraftstoff des Weines. — Der Heilwert der Weintrauben. — Internationale Obstausstellung in Mannheim. — **Vereinsberichte.** — **Neue Literatur.**

Großherzog Friedrich †.

Auf seinem Lieblingssitze, der herrlichen Insel Mainau, schloß Großherzog Friedrich am 28. September, morgens 9 Uhr, die Augen zur ewigen Ruhe. Nach kurzem Krankenlager, da wo er so gerne geweilt hatte, in seinem Garten, umgeben von den Angehörigen und treuester Liebe, verklärt im Morgenstrahl eines herrlich schönen Herbsttages, schwang sich eine reine, fromme Seele hinauf zum ewigen Licht, das zu suchen und zu finden Ziel und Zweck eines langen Lebens war. In langem, stummem Zug durchzog er wenige Tage darauf nochmals sein schönes Land, in tiefer Trauer begrüßt von einem weinenden Volk und hier haben wir ihn in der von ihm selbst geschaffenen Grabesstätte zur ewigen Ruhe gebettet, wo er mit Sohn und Brüdern vereinigt in einem Blumenmeer ruht, das treue Liebe ihm bereitet. Das Leben, das Gutes nur geschaffen und Schönes gewollt, es ist in so schöner Harmonie erloschen; mit tiefem Weh im Herzen freuen wir uns doch dessen und gönnen dem müden Pilger die gefundene himmlische Ruhe. Er war unser, er war auch der Protektor unseres Verbandes und hat liebevoll unser stets gedacht. Liebe und Treue geht bis über das Grab; er bleibt unser, so lange unsere Herzen schlagen.

Have pia anima.

Gr.

Abb. 12   Nekrolog Leopold Graebeners auf Großherzog Friedrich I. in dem von ihm redigierten »Gartenfreund«, 1907

Abb. 13 Jahresversammlung der DDG in Konstanz im August 1905, Besuch der Insel Mainau, v.l.: 1 Maurice de Vilmorin, Firma Vilmorin, Andrieux & Cie, Paris; 2 Ludwig Beissner, der Geschäftsführer der Gesellschaft, 3 Hofgartendirektor Leopold Graebener; 4 Ernst Pfitzer, Vizepräsident der DDG; 5 Fritz Graf von Schwerin, Präsident der DDG. Foto German Wolf, L. Beissner, Jahresversammlung [der DDG] zu Konstanz vom 7.–11. August 1905

Taxonomie der Nadelgehölze

Das immense Interesse an Koniferen ab Mitte des 19. Jahrhunderts verlangt nach allgemeingültigen und einheitlichen Benennungen der Pflanzenarten. Bis dato bestand ein gravierendes Verständigungsproblem, da in der Wissenschaft, unter Praktikern, Liebhabern und im Handel sowohl bei den einheimischen als auch und erst recht bei den neu eingeführten Nadelbäumen eine Vielzahl unterschiedlicher Namen verwendet und beispielsweise Fichte, Tanne und Kiefer in einem Atemzug synonym genannt werden. So sind in der vier Seiten umfassenden, nach botanischen und deutschen Namen, Heimatland und Pflanzjahr gegliederten Liste der *seit dem Jahr 1860 auf der Insel Mainau gepflanzten Coniferen Arten* unter *Abies* auch *Pseudotsuga menziesii*, *Picea-*, *Pinus-* und *Tsuga*-Arten aufgeführt[39].

Julius Wilde reflektiert 1936 rückblickend: *Um nur ein Beispiel zu geben, sei hier mitgeteilt, unter welchen Forschernamen unsere Weisstanne Abies pectinata, (D. C.)* [heute bekannt als Weiß-Tanne (Abies alba MILL)] *käuflich war und angepriesen wurde: Pinus Picea, Pinus Abies, Pinus pectinata, Abies Picea, Abies taxifolia, Abies vulgaris, Abies alba, Abies excelsa, Abies candicans, Picea pectinata. [...] Es war deshalb eine erlösende Tat, als Garteninspektor Beissner in Dresden hier endlich Wandel schuf und nach vieljährigen, eingehenden und vergleichenden Studien und Beobachtungen unter Zustimmung des Coniferen-Kongresses alle Nadelhölzer Deutschlands in eine bestimmte, nicht bloss dem Handels-*

---

[39] GLA 58/35

Abb. 14   Präsidium der DDG im August 1905 vor der Ökonomie auf der Insel Mainau, während der Jahresversammlung in Konstanz, v.l.: Ernst Pfitzer, Fritz Graf von Schwerin, Ludwig Beissner, Emil Koehne, L. Beissner, Jahresversammlung [der DDG] zu Konstanz vom 7.–11. August 1905

gärtner, sondern auch den strengeren Forderungen der Wissenschaft Rechnung tragende Ordnung brachte und die nach den Katalogen scheinbar existierenden 9–10000 Pflanzen auf etwa 175 Arten mit ungefähr 1600 verschiedenen Formen zurückführte[40].

Graebener und die Deutsche Dendrologische Gesellschaft (DDG)

Der von Wilde erwähnte *Coniferen-Kongress* findet 1887 in Dresden statt, als erstmalig Koniferenkenner und Züchter zusammenkommen. Im April 1890 folgt dann die *Confe-*

---

[40]   J. WILDE, Die Coniferen im Amtsbezirke Neustadt/Haardt, Vortrag d. Hauptlehrers u. Obmanns der bot. Abteilung des Bezirks-Ausschusses für Naturpflege für Neustadt/Haardt, Bad Dürkheim 1918, Pfälzische Landesbibliothek Speyer, B. Ms. 2971, hier S. 3–4.

renz *deutscher Coniferen-Kenner* auf der großen allgemeinen Gartenbau-Ausstellung in Berlin und 1892 schließlich die dritte Konferenz in Karlsruhe anläßlich der dort stattfindenden Jubiläums-Ausstellung des Landesgartenbauvereins für das Großherzogtum Baden.[41] Der Einladung ist zu entnehmen, dass diese dritte Koniferen-Konferenz auf Grund des Erfolges *des Dresdener Kongresses deutscher Coniferen-Züchter und -Kenner, sowie der entsprechenden Berliner Konferenz* einberufen wurde, und auch, weil *der Wunsch ausgesprochen worden ist, es möchte bei dieser Gelegenheit eine »Deutsche dendrologische Gesellschaft«gebildet werden*[42]. Maßgeblich an der Organisation der Jubiläums-Ausstellung beteiligt ist auch der letzte großherzogliche Hofgartendirektor Graebener, einer der 19 Gründungsmitglieder der DDG.

Gemeinsam mit ihm ist der gesamte künftige Vorstand der zu gründenden DDG in die Jubiläums-Ausstellung involviert[43].

In einem Rückblick auf die Jubiläums-Gartenbauausstellung in Karlsruhe berichtete Meyer: *Auf dem gleichzeitig tagenden Coniferen-Kongreß wurde bei dieser Gelegenheit eine »Dendrologische Gesellschaft« gegründet*[44], *und so hat die Ausstellung nicht nur viele Laien und Neugierige angelockt, sondern auch eine stattliche Zahl von Fachmännern zusammengeführt*[45].

Landwirtschaftsinspektor Dr. Beinling ist ein gesonderter *Bericht über die während der Jubiläums-Ausstellung stattgefundenen Kongresse und Versammlungen* zu verdanken. Da es zu den damaligen Zielen der DDG gehörte, *in verschiedenen Theilen von Deutschland dendrologische Versuchsgärten anzulegen, um die Widerstandsfähigkeit der einzelnen Gehölze gegen die Winterkälte zu erproben*, erhoffte er sich, dass *unser badisches Land für die beabsichtigten Versuche in hervorragender Weise in Betracht kommen wird [...]. Da wir in Baden in der glücklichen Lage sind, im Deutschen Reich das mildeste Klima zu haben, da ferner z. B. in der Besitzung Seiner Königlichen Hoheit des Großherzogs auf der Insel Mai-*

---

[41] Während heute die Jahresversammlungen der DDG von nationalen oder internationalen Gartenbauausstellungen losgelöste, eigenständige mehrtägige Veranstaltungen sind, sind sie *in der ersten Zeit eintägig und wurden stets dort abgehalten, wo eine größere Gartenbau-Ausstellung stattfand* (F. Graf v. SCHWERIN, Rückblick auf die ersten 25 Jahre der Deutschen Dendrologischen Gesellschaft, in: MDDG 26 (1917), S. 242–258, hier S. 253). Die genannte Jubiläums-Ausstellung des badischen Landesgartenbauvereins wird aus Anlass seines 25jährigen Bestehens *in Verbindung mit einer Ausstellung landwirthschaftlicher Maschinen und Geräthe* vom 23. April bis 2. Mai 1892 in der Fest- bzw. Ausstellungshalle im Stadtgarten in Karlsruhe ausgerichtet (F. S. MEYER, Die Jubiläums-Ausstellung des Gartenbauvereins für das Großherzogthum Baden, in: Rheinischer Gartenfreund XXVI, 5–7 (1892), S. 65–97, hier S. 65; GLA/5810). Zugleich wird auch das 40jährige Regierungsjubiläum des Schirmherrn Großherzog Friedrich I. mit dieser Ausstellung begangen.

[42] u. a. in der Zeitschrift für bildende Gartenkunst von v. ST. PAUL-ILLAIRE.

[43] u. a. Ulrich von St. Paul-Illaire (gestorben 1902), der künftige Präsident der DDG, und Prof. Dr. Ernst Pfitzer (1846–1906), einer der drei künftigen Vize-Präsidenten, Würtenberger von Schloss Eberstein bei Baden-Baden, der künftige Vize-Präsident Dr. Leopold Dippel (1827–1914), der künftige Geschäftsführer Ludwig Beissner, Hermann Zabel (Garteninspektor in Hannoversch-Münden; F.-G. SCHROEDER, Die Deutsche Dendrologische Gesellschaft und ihre Präsidenten von 1892 bis 2008, in: MDDG 102 (2017), S. 77–146) und Dr. Adolf Engler, Berlin.

[44] Die DDG ist damit eine der ältesten dendrologischen Gesellschaften weltweit.

[45] MEYER (wie Anm. 41), S. 94.

Abb. 15 Gesuch des Vorstands der DDG an Großherzog Friedrich I., das Protektorat der DDG zu übernehmen, 6. März 1895

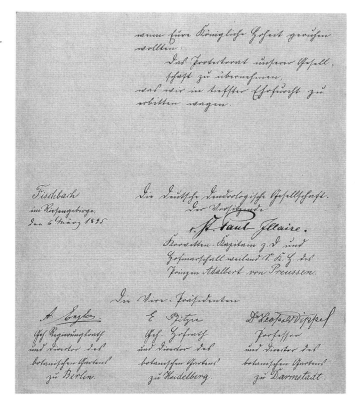

nau, im Großh[erzoglichen] Schloßgarten zu Heidelberg schon sehr ausgedehnte, dendrologische Anlagen bestehen, umso mehr, als es auch, z. B. in den Fürstlich Fürstenberg'schen Anlagen in Donaueschingen, größere Höhenlagen bietet[46]. Wenige Jahre später, 1895, kommt Großherzog Friedrich I. dem Gesuch des Vorstandes der DDG nach, das Protektorat der Gesellschaft zu übernehmen (Abb. 15).

Das Schreiben enthält darüber hinaus interessante Informationen über die DDG: So wird bei ihrer Gründung die Thätigkeit dieses Congresses [erweitert] und auch auf die Laubgehölze [ausgedehnt], und man sieht es als Aufgabe dieser neuen dendrologischen Gesellschaft, Bäume und andere Gehölze aus allen Ländern kennen zu lernen, auf Ihren

---

[46] BEINLING, [Die Jubiläums-Ausstellung des Gartenbauvereins für das Großherzogthum Baden in Karlsruhe]. Bericht über die während der Jubiläums-Ausstellung stattgefundenen Kongresse und Versammlungen, in: Rheinischer Gartenfreund XXVI, 5–7 (1892), S. 122–124, hier S. 123; vgl. hierzu auch E. PFITZER, Immergrüne Laubhölzer im Heidelberger Schlossgarten (insgesamt 6 Mitteilungen), in: MDDG 7 (1898), S. 351–358; MDDG 8 (1899), S. 98–102; MDDG 9 (1900), S. 185–188; MDDG 10 (1901), S. 297–300; MDDG 11 (1902), S. 470–473; MDDG 13 (1904), S. 179–182; außerdem Beissner, Jahresversammlung der DDG 1905 (wie Anm. 26).

Abb. 16   Gruppe von Teilnehmern am [Karlsruher] Kongress der Deutschen Dendrologischen Gesellschaft im Schlossgarten zu Schwetzingen, 6. August 1900

Nutzen und Zierwerth zu prüfen, sowie die Kenntniß und den Anbau der geeigneten Formen in Deutschland zu verbreiten. Zu diesem Zeitpunkt zählt die DDG bereits 215 Mitglieder[47], darunter *Gelehrte, Gutsbesitzer, Gärtner und Liebhaber*[48].

Im Jahre 1900 wird die Jahresversammlung der acht Jahre zuvor in Karlsruhe gegründeten DDG ganz bewusst zum neuen Jahrhundert wieder in Karlsruhe ausgerichtet, Regierungssitz ihres Protektors Friedrich I. und Wirkungsstätte Graebeners, der zu ihren einflussreichsten Mitgliedern (Gründungs- und späteres Ehrenmitglied) gehört. Graebener organisiert diese Jahrestagung (5. bis 7. August 1900) mit dem Besuch der badischen Hofgärten und Schlösser, etwa in Karlsruhe, Baden-Baden, Gernsbach[49] und Schwetzingen (*Abb. 16*). Aus diesem Anlass erscheint im Vorfeld (am 4. August 1900) eine reich illustrierte *Festnummer zum Congress der Deutschen dendrologischen Gesellschaft in Karlsruhe* in der *Gartenwelt*, in welcher die besuchten Gärten von Graebener und seinen Hofgärtnern auch dendrologisch beschrieben werden. Auf der Titelseite (*Abb. 17*) findet sich ein blumenumranktes Portrait von *Friedrich, Grossherzog von Baden, Protektor der »Deutschen dendrologischen Gesellschaft«*. Teil dieser Festnummer ist auch eine angehängte Wertschätzung Graebeners in der Rubrik »Verdiente Fachgenossen«, die durch den Herausgeber der *Gartenwelt* selbst, Max Hesdörffer, ebenfalls DDG-Mitglied, vorgenommen wird[50].

---

[47]   MDDG 1895, S. 93.
[48]   GLA 60/1575.
[49]   Schloss Eberstein, damals in Privatbesitz von Großherzog Friedrich I., unterhalb mit prachtvollem Kastanienhain (*Castanea sativa*) und Arboretum (V. A. BOUFFIER, Alte und seltene Edelkastanien [Sorten], in: TASPO Baum Zeitung 41, 6 (2007), S. 17–18).
[50]   Darin stellt er Graebener als einen der ältesten und gewissenhaftesten Mitarbeiter der *Gartenwelt* vor, gibt einen kurzen Lebenslauf mit seinen bisher erworbenen Meriten und lobt die organisatorische Arbeit für die Jahrestagung (M. HESDÖRFFER, Verdiente Fachgenossen, in: Die Gartenwelt IV, 44 (1900), S. 525–526).

Abb. 17 Titelblatt der zur Jahrhunderttagung am 4. August 1900 in Karlsruhe erschienenen *Festnummer zum Congress der Deutschen dendrologischen Gesellschaft in Karlsruhe*, mit Portrait des Protektors, Großherzog Friedrich I., von Oskar Suck, Gartenwelt IV, Nr. 44

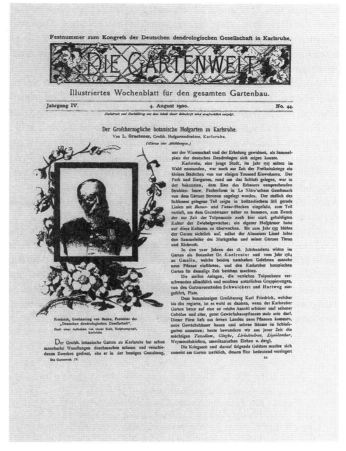

In einem Schreiben vom 22. Dezember 1900 an Friedrich I. gibt Hofmarschall v. St. Paul-Illaire als Vorsitzender einen Rückblick auf Entstehung und erste Entwicklung der DDG. Als einen wichtigen Beweggrund für ihre Gründung nennt auch er klar die Schaffung einer einheitlichen, international geltenden Nomenklatur für die damals so beliebten Koniferen: *Bei den verschiedensten [Gartenbau-] Ausstellungen hatte es sich als einen großen Mangel herausgestellt, daß in den Namen der verschiedenen Pflanzen eine übergroße Mannigfaltigkeit und Unklarheit herrschte. Was man z. B. an einem Orte Tanne nannte hieß an einem anderen Fichte und an einem dritten verstand man unter Fichte wieder die Kiefer. Im Austausch mit dem Auslande war trotz der lateinischen Namen die Schwierigkeit der Verständigung noch größer.*
Da besonders in jener Zeit die Coniferen im Vordergrunde des allgemeinen Interesses standen, trat 1887 in Dresden ein Congreß von Coniferen-Kennern und Züchtern zusammen. Etwa 40 Männer der Wissenschaft und Praxis. Die wählten den unterzeichneten Hof-

marschall von St. Paul als Vorsitzenden, und eine ständige Commission, bestehend aus diesem Vorsitzenden, dem Gartenmeister Zabel aus Münden und dem Garteninspector Beissner aus Bonn. Zugleich wurde eine Arbeit des letzteren: »Einheitliche Coniferen-Benennung« als Grundlage unserer Arbeiten angenommen und ihre allgemeine Einführung beschlossen[51].

Mehrere Congresse folgten von Jahr zu Jahr, das Werk wurde ausgebaut und in die Praxis übertragen. Die Arbeiten der Commission und der Congresse bestanden im vertieften Studium der Coniferen und der Verbreitung der besten Arten unter ihren richtigen Namen.

Das Jahr 1892 traf uns in Karlsruhe. Dort wurde uns der Wunsch vorgetragen, wir möchten unsere Thätigkeit erweitern und alle Gehölzpflanzen in den Kreis unserer Fürsorge ziehen.

Wir gingen darauf ein[52]. *Aus dem Coniferen-Congreß ging die Dendrologische Gesellschaft hervor. Wir schrieben auf unsere Fahne: »Prüfung aller Holzgewächse der Welt und Verbreitung der besten in Deutschland. [...] Wir haben Samen und Pflanzen*[53] *sammeln lassen und eingeführt*[54].

Graebener schätzt die Förderung der Sammlung und Verbreitung von Gehölzen durch die DDG-Tagungen, wo Gleichgesinnte nicht nur ihren Erfahrungsschatz teilen, sondern auch seltene Pflanzen aus eigener Anzucht tauschen. So schreibt er, dass es *keinem unserer Vorfahren eingefallen* [war], *für die Verbreitung dieser seltenen Bäume* [hier bezogen auf den Geweihbaum, *Gymnocladus dioicus*] *zu sorgen. Erst die neuere Zeit holt Versäumtes eifrig nach, und erfüllt die deutsche dendrologische Gesellschaft eine Pionierarbeit, welche von unseren Nachkommen erst recht gewürdigt werden wird*[55].

---

[51] L. BEISSNER, Handbuch der Coniferen-Benennung. Systematische Einteilung der Coniferen und Aufzählung aller in Deutschland ohne oder unter leichtem Schutz im freien Lande ausdauernden Coniferen-Arten und Formen mit allen Synonymen, angenommen als Grundlage für die einheitliche Benennung der Nadelhölzer in Deutschland vom Kongress von Koniferen-Kennern und -Züchtern in Dresden am 12. Mai 1887, Erfurt 1887.

[52] *Ferner wird schon in einigen Wochen das im Auftrage der Deutschen Dendrologischen Gesellschaft herausgegebene »Handbuch der Laubholzbenennung«* [L. BEISSNER/E. SCHELLE/H. ZABEL, Handbuch der Laubholz-Benennung. Systematische und alphabetische Liste aller in Deutschland ohne oder unter leichtem Schutz im freien Lande ausdauernden Laubholzarten und -formen mit ihren Synonymen, Im Auftrag der Deutschen Dendrologischen Gesellschaft bearbeitet, Berlin 1903] *erscheinen, das eine einheitliche Benennung der Laubholz-Arten und -Formen vorbereiten soll, wie es seit Jahren durch die Bestrebungen unserer Gesellschaft schon bei den Nadelhölzern annähernd erreicht worden ist.* (F. Graf v. SCHWERIN, Notiz [Saatgut von *Pseudotsuga menziesii* wurde durch Freiherr von Fürstenberg aus Kanada eingeführt; Saatgut von *Magnolia hypoleuca* (*M. obovata*, s. A. BÄRTELS/P. A. SCHMIDT et al. (Hg.), Enzyklopädie der Gartengehölze, Stuttgart 2014, 883 S.) ist zu erwarten], in: MDDG 11 (1902), S. 499).

[53] *Abies arizonica* (F. KNEIFF, Aus der Jugendzeit der Deutschen Dendrologischen Gesellschaft. Erinnerungen anläßlich ihres 50jährigen Bestehens, in: MDDG 55 (1942), S. 364–374, hier S. 366), *Magnolia hypoleuca, Douglasien* etc.

[54] GLA 60/1575, S. 78 ff.

[55] L. GRAEBENER, Gymnocladus dioeca Baill., in: Die Gartenwelt IV, 16 (1900), S. 181–182, hier S. 181.

Die Teilnahme an der DDG-Jahrestagung vom 7. bis 9. August 1901 in München[56] wird Graebener mit einem klaren Auftrag genehmigt. Am 25. Juli 1901 schreibt Großherzog Friedrich I. aus St. Moritz im Engadin seinem Präsidenten der Generalintendanz der Civiliste, Eduard von Nicolai (1858–1914), dass Graebener *die Interessen der Hofverwaltung dort zu vertreten habe. Er soll sich so vorbereiten, daß er über die Erfahrungen dort berichten kann, welche im Bereich der Baumpflanzungen gemacht worden sind. Also Versuche mit Aklimatation, mit Vervielfältigung, mit Obstbaumarten, mit Holzgattungen u. s.f. und dann bezüglich solcher Bäume, die im Winter unter Dach kommen und irgendein Interesse bieten. – Graebener soll also seine Erfahrungen im weitesten Sinne schildern vom Bodensee bis Schwaben. Er soll aber auch über den Verlauf der Verhandlungen des Vereins [DDG] genauen Bericht erstatten und alle etwa neu getretenen Erfahrungen sammeln und darstellen*[57]. Graebener präsentiert bei dieser Tagung, wie auch in den Jahren zuvor, Pflanzenmaterial in Form von *Zweigen seltener und interessanter Gehölze, mit Früchten reich behangen... von Prachtexemplaren im Karlsruher Hofgarten*. Zudem hält er *im Auftrage des Großherzogs von Baden*[58] wahrscheinlich einen Vortrag über *Die badischen Hofgärten in dendrologischer Sicht*, welcher bereits im DDG-Jahrbuch 1901 veröffentlicht ist[59].

Später, auf der Jahresversammlung 1928 in Cleve [heute Kleve], wird Graebener zum Ehrenmitglied der DDG ernannt[60]. Die Verleihung der Ehrenmitgliedschaft findet zu der Zeit in der DDG nur äußerst sparsam statt. Neben Graebener führen sie 1928 nur fünf weitere Ehrenmitglieder, darunter Adolf Engler, Schwappach und Graf von Silva-Tarouca, mit welchem Graebener auch in Schriftverkehr unter anderem bezüglich Bildmaterial steht[61].

Noch 1929 führt Graebener, inzwischen 80 Jahre alt, die Teilnehmer der DDG-Jahrestagung mit Unterstützung des damaligen Schlossgartenverwalters Sorg durch den Schlossgarten und den Botanischen Garten Karlsruhe, wo er von 1865–1919 (im Alter von 70 Jahren noch) wirkt[62]. Im Vorfeld werden sehr umfangreiche, ausführliche Gehölzlisten der Gartenanlagen am Schlossplatz, im Schlossgarten, im Botanischen Garten und im Stadtgarten erstellt, wahrscheinlich mit Ausnahme des Letzteren von Graebener selbst, die die Gehölze mit Standort, Höhe, Umfang, Alter und weiteren Bemerkungen

---

[56] L. BEISSNER, Jahres-Versammlung [der DDG] zu München am 7., 8. und 9. August 1901, in: MDDG 10 (1901), S. 270–281.
[57] GLA Nicolai Nr. 1/ 23.
[58] BEISSNER, Jahres-Versammlung [der DDG] 1901 (wie Anm. 56), S. 270–271.
[59] GRAEBENER, Die badischen Hofgärten in dendrologischer Hinsicht (wie Anm. 10).
[60] MDDG 40 (1928), S. XXV; F. Graf v. SCHWERIN, Nachrufe. Ludwig Beißner †, in: MDDG 40 (1928), S. XIX-XXI.
[61] BA DDG IV C 227.
[62] Graebener, der *sein Leben den hiesigen Anlagen geweiht hatte, ja, der sogar die meisten dieser herrlichen Gehölze selbst gepflanzt hatte, war hier wohl der beste Führer für die DDG* (F. Graf v. SCHWERIN, Jahresversammlung in Stuttgart [Karlsruhe] mit Ausflügen vom 1.–7. August 1929, in: MDDG Nr. 41 (1929), S. 426–465 [Karlsruhe S. 454–459 und Tafel 54], hier S. 454–455).

charakterisieren. Innerhalb der DDG gilt Graebener als Spezialist für *Carya, Juglans*[63], *Rhus* und *Magnolia*[64].

Die Baumschule am Schlossgarten in Karlsruhe

Hofrat Carl Christian Gmelin, dem zu dieser Zeit unter anderem die Leitung der botanischen Sammlungen in Karlsruhe unterstand, berichtet in seiner *Kurzen Geschichte der Lustgaerten und Plantagen, welche mit den botanischen Gaerten dahier in Verbindung stehen*, dass zur Kosteneinsparung viele Gehölze in den von Garten-Inspektor Johann Michael Schweyckert in Karlsruhe seit 1787 betriebenen *Baumschulen von auslaendischen Baeumen und Straeuchern* vor Ort angezogen würden. Ursprünglich dienen diese Gehölze nur der Umgestaltung des *Carlsruher Schloßgartens [...] zu einer englischen dem jetzigen Gartengeschmacke angemessenen Anlage*, aber die Vermehrung geht so gut vonstatten, dass etwa auch der Schlossgarten Favorite bei Rastatt sowie der Schlossgarten in Schwetzingen und der Forstgarten in Heidelberg mit Gehölzen, *welche unter freyem Himmel ausdauern*, bestückt werden können[65].

Die Baumschulen in den Hofgärten sind sehr gut sortiert und produzieren nicht nur für den Eigenbedarf, sondern auch für den Tausch und Verkauf im In- und Ausland, wie Rechnungen über teils sehr seltene Gehölze belegen. So werden 1849 aus der großherzoglichen Baumschule zu Carlsruhe in den Schlossgarten nach *Seyfriedsberg*[66] Gehölze geliefert, die Zeugnis von der Vielfalt der in Karlsruhe herangezogenen, für die damalige Zeit noch teils schwer erhältlichen Bäume geben[67] (*Abb. 18*). Und Friedrich I. lässt für die Insel Mainau Gehölze zwar teils aus dem In- und Ausland beschaffen[68], aber auch aus den eigenen Baumschulen, etwa eben der Großherzoglichen Baumschule in Karlsruhe, wer-

---

[63] zusammen mit Karl Friedrich Rebmann, Kaiserlicher Forstmeister in Straßburg.

[64] F. Graf v. SCHWERIN, Spezialisten der DDG., zur Erteilung von Auskünften, in: MDDG 39 (1928), S. 2–3.

[65] C. C. GMELIN, Ueber den Einfluß der Naturwissenschaft auf das gesammte Staatswohl vorzueglich auf Land und Zeit berechnet, Christian Friedrich Mueller, Carlsruhe 1809, S. 391–392; zu Favorite vgl. ebd., S. 395 sowie W. SCHWENECKE/W. WIESE, Schloßpark Favorite und Eremitage. Ein Kurzführer, Oberfinanzdirektion Karlsruhe (Hg.), o.J.

[66] Bei Augsburg, L. BEISSNER, Jahresversammlung [der DDG] zu Augsburg und Ausflüge vom 4.–10. August 1912, in:, MDDG 21 (1912), S. 264–312.

[67] Die Liste enthält neben anderem in verschiedenen Arten und Sorten (alte Nomenklatur beibehaltend): *Calycanthus, Catalpa syringifolia*, 2 *Ginkgo biloba*, 5 Ulmen, 5 Eichen (*Q. macrocarpa, Q. tinctoria, Q. palustris, Q. ambiqua, Q. fastigiata*), 6 verschiedene *Juglans* und *Carya*, Platanen und *Paulownia imperialis* (StAA Herrschaft Seifriedsberg).

[68] Aus einem Vortrag von Mainau-Hofgärtner Nohl zur *Geschichte der Anpflanzungen auf der Insel Mainau und Beobachtungen an den dortigen Exoten* wissen wir, dass im Jahre 1865 [Auguste] Napoléon Baumann aus Bollweiler *100 Wellingtonien [Sequoiadendron giganteum], 4 Zypressen [Cupressus sempervirens und] 6 Magnolia grandiflora* liefert (NOHL, Geschichte der Anpflanzungen auf der Insel Mainau, wie Anm. 27). Auch von den Baumschulen Späth in Berlin (H.-J. ALBRECHT, Die Bedeutung der Baumschule; L. SPÄTH für die Dendrologie, in: Beiträge zur Gehölzkunde 20 (2013), S. 50–64, Rinz in Oberursel, Scheurer in Heidelberg, Haitz in Basel, Fratelli Rovelli in Pallanza und Melchior Martin in Nizza kommen Lieferungen.

Abb. 18 Lieferverzeichnis der Karlsruher Baumschule für den botanischen Garten auf Schloß Seyfriedsberg bei Augsburg im Frühjahr 1849

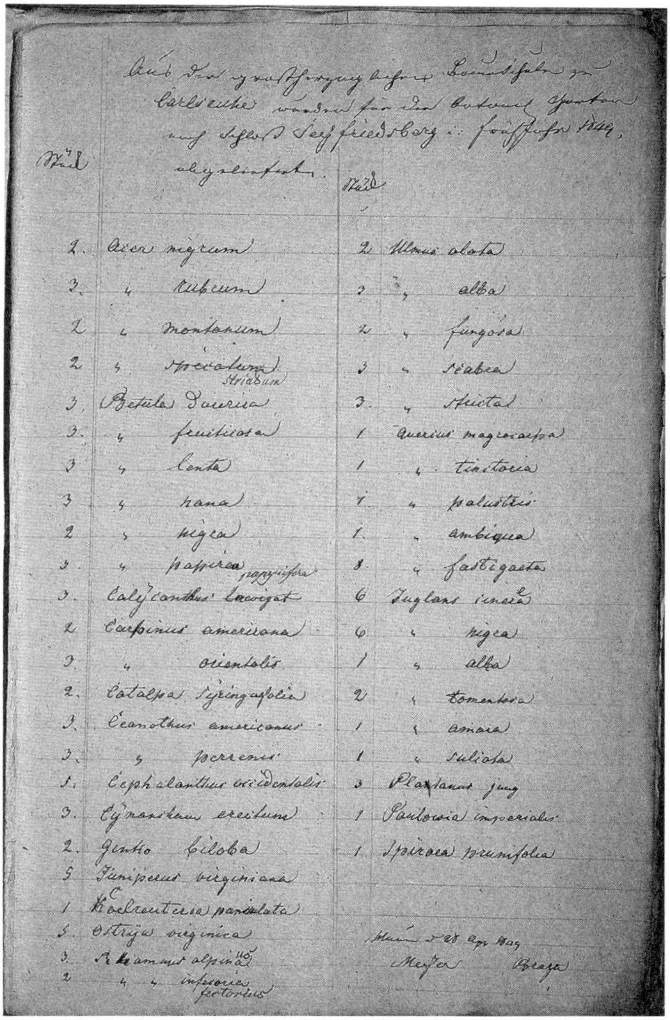

Aus der großherzoglichen Baumschule zu Carlsruhe wurden für den Botanischen Garten auf Schloß Seyfriedsberg im Frühjahr 1849 abgeliefert.

Stück		Stück	
1.	Acer nigrum	2	Ulmus alata
3.	" rubrum	3	" alba
2	" montanum	2	" fungosa
2	" speciosum (striatum)	3	" scabra
3.	Betula Daurica	3.	" stricta
3.	" fruticosa	1	Quercus macrocarpa
3	" lenta	1	" tinctoria
3	" nana	1	" palustris
2	" nigra	1.	" ambigua
3.	" papyrea (papyrifera)	8.	" fastigiata
3.	Calycanthus laevigat	6	Juglans cinerea
2	Carpinus americana	6	" nigra
3.	" orientalis	1	" alba
2.	Catalpa syringaefolia	2	" tomentosa
3.	Ceanothus americanus	1	" amara
3.	" perrenis	1	" sulcata
3.	Cephalanthus occidentalis	3	Platanus jung
3.	Cynanchum erectum	1	Paulowia imperialis
2.	Ginkgo biloba	1.	Spiraea prunifolia
5	Juniperus virginiana		
1	Koelreuteria paniculata		
5.	Ostrya virginica		
3.	Rhamnus alpinus		
2	" " infectoria (fectorius)		

den Gehölze geordert, wie *Listen der für die Mainau befohlenen und vorgeschlagenen Pflanzen von Karlsruhe*, beispielsweise vom 23. Februar 1884, belegen[69].

Außerdem berichtet Graebener, dass im Mai 1890 alleine 200 *Liriodendron tulipifera* mit 4–6 cm Durchmesser erfolgreich verpflanzt wurden, und weist darauf hin, dass ein

69 Aufgeführt sind Gehölze wie *Rhododendron virgatum, Cedrus deodara, Quercus robur nigra, Q. r. Concordia, Virgilia lutea, Thuja plicata, Thuja elegantissima, Abies Menziesii* »zur Mauerbekleidung« und andere vorgesehene *Banksia Rosen, Glycine chinensis, Aristolochia, Menispermum canadense und Tecome radicans* (GLA 58/35).

erfolgreiches Umpflanzen schon *im Saft* zu geschehen habe[70]. Das Saatgut stammt von einer 81 Bäume umfassenden Allee aus Tulpenbäumen im Schlossgarten Karlsruhe[71]. In den Jahren 1890–1892 erfolgt eine *Vergrößerung der Gehölzbaumschule bei Hofgärtnerei Karlsruhe* für rund 6.500 Mark[72]. 1894 Insgesamt ist die Großherzogliche Baumschule in Karlsruhe unter Graebener derart erfolgreich und kann Handels- und Landschaftsgärtnern so günstig Gehölze in hohen Stückzahlen anbieten, dass sie vielfach von den Handelsgärtnereien in Deutschland als *unberechtigte Konkurrenz* empfunden wird[73].

Aus einem von von St. Paul-Illaire an Friedrich I. gerichteten Schreiben vom 6. Juni 1895 geht hervor, dass Dr. Grassmann, Professor der Forstwissenschaften aus Tokio, 1894 und 1895 der DDG *eine größere Menge Samen japanischer Bäume und Gehölze* schickt (Saatgut von ca. 170 Arten), *unter denen sich manche neuere und interessante Sorten* befinden. Dieses Saatgut wird unter den Mitgliedern der Gesellschaft verteilt, aber auch die Hofgärtner Graebener in Karlsruhe und Fiesser in Baden-Baden haben *mehrere Arten davon zur Aufzucht übernommen, sodaß wir hoffen dürfen, durch diese Sendung die deutschen Gärten um manchen schönen und nützlichen Baum bereichert zu sehen*[74].

Unter der Leitung von Graebener muss die Baumschule in Karlsruhe nach eigenen Angaben ein besonders großes Gehölzsortiment geführt haben: *An den Schloßgarten schließt sich eine große Gehölzbaumschule an, in der der Dendrologe fast alles findet, was von Laubgehölzen und Coniferen in Deutschland winterhart ist. In Massen werden die Pflanzen angezogen, denn sie sollen außer für die Hofgärten des Landes [Baden], auch für des Liebhabers große und kleine Hausgärten dienen, um die Kenntnis sortenreiner und seltener Gehölze weithin zu verbreiten. Diese Baumschule ist ferner eine Station der dendrologischen Gesellschaft, von wo aus die durch dieselbe erhaltenen Sämereien* [teils durch die DDG oder ihre Mitglieder eingeführte Gehölze, besondere Provenienzen] *als junge Pflanzen an die Mitglieder verschickt werden*[75].

Beissner besucht 1898 in Begleitung Graebeners den Botanischen Garten in Karlsruhe und notiert: *Einen prächtigen Baumwuchs finden wir im angrenzenden Schlossgarten, mächtige echte Kastanien, Liquidambar, Ginkgo*[76], *beide Geschlechter und somit reiche Samenernten liefernd, Gymnocladus, Cladrastis (Virgilia lutea), eine prächtige alte Sophora wohl auch eine der stärksten in Deutschland, starke Taxodien und noch viele schöne stattliche Coniferen*[77].

Nach dem Besuch des *Weinheimer Exotenwaldes*[78] hat auch Graebener die Idee, auf einem großherzoglichen Gut einen kleinen *Coniferenwald* aus den Beständen der Baum-

---

[70] L. GRAEBENER, Der Tulpenbaum Liriodendron Tulipifera L., in: Gartenflora 40 (1891), S. 163–164.
[71] Siehe dazu BA DDG IV D 209 mit dem Titel *Liriodendrum Allee*.
[72] GLA 56/3324.
[73] P. ENGLERT, Baden ist das Eldorado der unberechtigten Konkurrenz, in: Frankfurter Gärtner-Zeitung, Organ zur Wahrung der Handels und Verkehrs Interessen des Gartenbaues und verwandter Geschäftszweige 5, 49 (1894), S. 383–384; GLA 56/867.
[74] GLA 60/1575, S. 10 ff.
[75] GRAEBENER, Der Grossherzogl. botanische Garten zu Karlsruhe und dessen botanisches Museum (wie Anm. 4).
[76] MDDG 103, Teil II.
[77] BEISSNER, Reiseerinnerungen (wie Anm. 32).
[78] SCH[WERIN?], Der Weinheimer Coniferen-Wald (wie Anm. 19).

schule in Karlsruhe zu begründen[79]. Am 10. Februar 1900 nennt Graebener dem Grossherzoglichen Oberhofmarschallamt in Karlsruhe Teile der *Bestände an Coniferen in der Gehölzbaumschule* Karlsruhe, die aus *überreiche[r] Stecklingsvermehrung und Samenaussaaten von Coniferen Ende der 80er und Anfangs der 90er Jahre* resultieren. *An besseren Coniferen* waren in der Baumschule laut Graebener folgende *mannshohe Pflanzen* aufgeschult: *500 Cupressus Lawsoniana [Chamaecyparis lawsoniana]; 500 Thuja Lobbi; 200 Thujopsis dolabrata [Hibalebensbaum], 1000 Thuja Ellwangeriana; 100 Juniperus hibernica; 100 Chamaecyparis plumosa aurea; 100 Chamaecyparis pisifera aurea und 100 Abies Nordmanniana.* Die Baumschule habe *in den letzten Jahren viele Coniferen in den Schloßgarten, den Palaisgarten und Friedrichsbaugarten hier an die Hofgärtnerei Mannheim*[80] *und den Park zu Favorite abgegeben*[81].

Graebeners Magnolien-Sammlung im Botanischen Garten Karlsruhe

Im Botanischen Garten Karlsruhe und dem angrenzenden Schlossgarten werden seit Ende des 19. Jahrhunderts Magnolien, und hier besonders auch Großblattmagnolien und deren Hybriden, als Sammlungs-Schwerpunkt kultiviert, was auf die besondere Vorliebe Graebeners für Magnolien zurückgeht, welche sich auch in mehreren Veröffentlichungen niederschlägt[82]. Schon 1865, als Graebener noch Eleve im Botanischen Garten Karlsruhe war, existieren Magnolien im Botanischen Garten und Schlossgarten. Sie finden sich bereits in den ältesten Gehölzlisten[83]. 30 Jahre später hat Graebener, nun als Großherzogli-

---

[79] Graebener richtet am 14. März 1900 ein Schreiben an die General-Intendanz der Grossherzoglichen Civilliste: *Wir haben unsere werthvollen Coniferen, die nach und nach überständig werden* [zu groß und damit schlecht zu verpflanzen], *Hohen Oberhofmarschallamts zur »versuchsweißen Anpflanzung eines kleinen Coniferen-Wäldchens« auf eines der Groß*l. *Hofgüter angeboten, dachten dabei an Zwingenberg* [an der Bergstrasse], *Aspiehof, Mainau-Güter, ähnlich wie in Weinheim auf den v. Berkheim'schen Gütern Coniferen-Wäldchen angelegt sind, die heute das Entzücken aller Pflanzenkenner und das Ziel ihrer Exkursionen sind* (vgl. DDG-Jahrestagung in Darmstadt 1898, auf welcher der Freiherrlich von Berckheim'sche und die Forsten exotischer Nadelhölzer – heute kurz Schlosspark und Weinheimer Exotenwald genannt – besucht wurden, s. BEISSNER, Jahres-Versammlung [der DDG] zu Darmstadt, (wie Anm. 21); GLA 60/1575, S. 50–51 f), GLA 56/3324.

[80] v. STENGEL 1836.

[81] GLA 56/866.

[82] Über *Die in Deutschland winterharten Magnolien* hält Graebener während der Jahresversammlung der DDG in Konstanz im Jahre 1905 einen Vortrag, dem eine mit Magnolien aus dem Botanischen Garten Karlsruhe reich illustrierte Abhandlung im DDG-Jahrbuch folgt, die 1920 in einem zweiten Teil Vollendung findet (S. OLBRICH, Bericht über die XIV. Jahresversammlung der Deutschen Dendrologischen Gesellschaft in Konstanz vom 7. bis 10. August 1905, in: Die Gartenwelt IX, 48 (1905), S. 575–576; 49 (1905), S. 584–587; 50 (1905), S. 595–598; L. GRAEBENER, Die in Deutschland winterharten Magnolien [Vortrag in Konstanz 1905, s. BEISSNER Jahresversammlung [der DDG] 1905, [wie Anm. 26], in: MDDG 14 (1905), S. 367–382; L. GRAEBENER, Über die in Deutschland winterharten Magnolien II, in: MDDG 29 (1920), S. 73–76).

[83] GMELIN, Ueber den Einfluß der Naturwissenschaft auf das gesammte Staatswohl (wie Anm. 65).

cher Hofgartendirektor, nicht nur Gefallen[84], sondern auch wissenschaftliches Interesse an den Magnolien. In der *Gartenwelt* und vor allem in den *Mitteilungen der DDG* veröffentlicht er viele seiner fundierten Berichte zu den damals weitgehend noch unbekannten, äußerst seltenen Magnolien des Karlsruher Gartens. Zu dieser Zeit sind Magnolien noch kaum verbreitet, was an ihrem hohen Preis und ihrer vermuteten Frostempfindlichkeit gelegen haben mag.

In Graebeners Bericht aus dem Jahre 1900 ist eine bildlich festgehaltene Gruppe von Großblattmagnolien aus *M. macrophylla*, *M. tripetala* (und *M. acuminata*, im Bildhintergrund zu erahnen) dargestellt. Ab 1905, zehn Jahre nach seiner Berufung zum Hofgartendirektor, kommt er in den Besitz von *Kobus, Watsoniana, salicifolia, Fraseri, glauca, Thompsoniana*, und besitzt damit nach eigener Einschätzung *alle winterharten Arten*[85]. Die damals noch sehr seltene und kostspielige Anschaffung von *Magnolia sieboldii* führt zu Streitigkeiten. Aus einem vom 5. Dezember 1908 datierenden, zehn Seiten umfassenden Schreiben des Großherzoglichen Hofgärtners Georg Hermann Fiesser an die Hohe General Intendanz in Karlsruhe (Graebener als unmittelbaren Vorgesetzten bewusst übergehend) geht hervor, dass er Hofgartendirektor Graebener eine *Budgetbelastung en gros* dahingehend vorwirft, dass letzterer aus *persönlicher Liebhaberei* seltene und damit noch teure Magnolien, *Cacteen* und Orchideen, insbesondere aus Frankreich und Belgien, bestellt habe[86]. Dies ist möglicherweise als Retourkutsche für eine vorherige Ermahnung des Hofgärtners durch Graebener zu sehen, die im Wesentlichen darauf abzielt, Kosten zu sparen. Jedoch erfahren wir so von Fiesser, dass *gerade die Magnolien [...] zu unseren teuersten vielverlangten Gehölzen* [in der Großherzoglichen Baumschule in Karlsruhe] *gehören,* was teils auch aus den Verzeichnissen von *Saatgut und Gehölzen*, hervorgeht. Er wirft Graebener vor, dass die große Nachfrage nach Magnolien in der Vergangenheit nicht bedient werden konnte und Jungpflanzen zur Aufschulung *schon seit Jahren aus Holland* bezogen werden müssten. Im Widerspruch dazu kritisierte Fiesser die Anschaffung von zwei *Magnolia parviflora* [*M. sieboldii*] aus Frankreich und Deutschland im Jahre 1907, da der Preis von 18 Mark ebenso eine *Budgetbelastung* sei. Im Falle von *Magnolia parviflora* will Graebener jedoch nicht nur eine neue Art der Sammlung einverleiben, sondern diese später auch profitabel vermehren. Die erwähnten Gehölzbestellungen in Deutschland und Frankreich weisen zudem darauf hin, dass die Karlsruher Baumschule floriert[87].

---

[84] *Zu den schönsten Blütenbäumen Nordamerikas und Japans zählen unstreitig die Magnolien, deren Schönheit und Blühwilligkeit so hervorragend sind, dass dieser Halbbaum auch von solchen mit Namen gekannt ist, die sich gewöhnlich nicht viel um Botanik kümmern. Wenn die Bäume im April, der Blätter noch entbehrend, sich mit ihren großen, weißen, rosa oder roten Blüten schmücken, glauben wir uns bei dieser Pracht in ein Märchenland versetzt* (L. GRAEBENER, Die Magnolien, in: Die Gartenwelt IV, 25 (1900), S. 294–295).

[85] L. GRAEBENER, Dendrologische Notizen. Magnolien-Nachtrag, in: MDDG 20 (1911), S. 250–255.

[86] GLA 56/3330.

[87] GLA 56/3330.

Schlusswort

Zu Leben und Werk Leopold Graebeners als letztem Hofgartendirektor in Karlsruhe wurde bislang nicht wissenschaftlich gearbeitet. Seine Rolle als Gründungs- und Ehrenmitglied der Deutschen Dendrologischen Gesellschaft war gänzlich unbekannt, und auch die Bedeutung der badischen Hofgärten und insbesondere Karlsruhes für die 1892 erfolgte Gründung der DDG unter dem Protektorat Großherzog Friedrichs I. noch unerforscht. Im Vorfeld des 125-jährigen Jubiläums der DDG im Jahre 2017 stand die Geschichte der Gesellschaft dann im Fokus. Da ich mich in den letzten Jahren sehr intensiv mit Magnolien und Magnoliensammlungen in Deutschland auseinandergesetzt habe, kam ich in diesem Zusammenhang an Graebener nicht vorbei, der in Karlsruhe eine der größten Magnoliensammlungen etablierte[88].

Ein weiterer Bezugspunkt zu den badischen Hofgärten und Graebener ergab sich durch die Sichtung des 2009 entdeckten und bisher verschollen geglaubten Bildarchivs der DDG im Park Hohenrode in Nordhausen/Harz[89]. Unter den Bildern waren auch Fotospenden Graebeners zu den Gehölzen im Botanischen Garten und Schlosspark Karlsruhe, so dass die umfangreichen Gehölzlisten in den Jahrbüchern der DDG auch mit historischen Fotos illustriert werden konnten und Vergleiche dieser mit aktuellen Aufnahmen möglich wurden.

Die wiederholte Sichtung aller Jahrbücher der DDG führte 2015 unter anderem zu einer Veröffentlichung über den Erscheinungsverlauf der ab 1892 herausgegebenen *Mitteilungen der Deutschen Dendrologischen Gesellschaft*, in der auch Graebener publizierte[90]. Im Jubiläumsband der DDG erschien dann 2017 zum 125-jährigen Bestehen der DDG ein chronologischer Abriss der Geschichte der DDG, insbesondere zu ihrem Gründungsort Karlsruhe unter Fokussierung auf Graebener und die Entwicklung der DDG unter dem Protektorat Großherzog Friedrichs I.[91].

Die inzwischen umfangreiche Materialsammlung über Graebener und intensive Besuche des Karlsruher Botanischen Gartens und Schlossparks ermöglichten es mir, die von der DDG erstellten Gehölzlisten zu Karlsruhe entsprechend auszuwerten, so dass ich die unter anderem 1929 von Graebener vermessenen Gehölze und die historischen Fotos um 1900 den heutigen aktuellen Aufnahmen (der Bäume) zuordnen konnte. Daraus ergab sich »zu Ehren des Gründungsortes Karlsruhe« im Jahre 2018 ein weiterer Artikel über historische und rezente Bäume im Botanischen Garten, am westlichen und östlichen Na-

---

[88] V. A. BOUFFIER, Botanischer Garten Karlsruhe. Gärten am Reiseweg, in: Gartenpraxis 33,7 (2007), S. 62–64.

[89] V. A. BOUFFIER, Die Geschichte der Bildersammlung der DDG – von ihren Anfängen bis zur Schaffung eines Bild- und Baumarchivs, in: MDDG 98 (2013), S. 29–46.

[90] V. A. BOUFFIER, Chronologischer Abriss zum Erscheinungsverlauf der Mitteilungen der Deutschen Dendrologischen Gesellschaft, in: MDDG 100 (2015), S. 27–57.

[91] V. A. BOUFFIER, Hofgartendirektor Leopold Graebener (1849–1937) und die Entwicklung der Deutschen Dendrologischen Gesellschaft unter dem Protektorat von Großherzog Friedrich I. von Baden (1826–1907). Ein chronologischer Abriss zur Geschichte der DDG, insbesondere zu ihrem Gründungsort Karlsruhe und den Badischen Hofgärten, in: MDDG 102 (2017), S. 147–185.

jadenbrunnen (Schlossplatz) und im Schlosspark in Karlsruhe[92]. Durch die vielfältigen Veröffentlichungen Graebeners war es schließlich möglich, ein genaues Bild des historischen Gehölzbestandes zu erlangen.

Graebener hatte entscheidenden Einfluss auf die Bewahrung und Weiterentwicklung der Pflanzenvielfalt in den badischen Hofgärten und insbesondere in Karlsruhe. Viele seltene Gehölze wurden während seiner Amtszeit etabliert, unter anderem Koniferen im Pinetum und etliche Magnolien. Anhand seiner Fotos im Bildarchiv der DDG, die er auch Camillo Schneider zur Verfügung stellte, lassen sich viele heute nicht mehr im Botanischen Garten vorhandene Gehölze verorten und gegebenenfalls denkmalpflegegerecht nachpflanzen.

---

[92] V. A. BOUFFIER, Historische und rezente Bäume im Botanischen Garten, am westlichen und östlichen Najadenbrunnen/Schlossplatz und im Schlosspark in Karlsruhe, in: MDDG 103 (2018), S. 9–43.

Klassik und Reform.
Von Friedrich Weinbrenner zu Friedrich Ostendorf

VON ULRICH MAXIMILIAN SCHUMANN

Es wurden schon immer Parallelen in der europäischen Architektur der Jahre um 1900 zu jener der Zeit um 1800 beobachtet und als Wiederbelebung des damaligen Klassizismus erklärt. Für das Land Baden ist dieser Paradigmenwechsel kaum je angesprochen worden. Dabei lässt er sich gerade hier mit prominenten Namen belegen. Diese bezeugen obendrein, dass dahinter mehr stand als die Renaissance antiker Formen und Details, sondern nicht weniger als eine Neubestimmung im Verhältnis zwischen Kultur und Natur oder, in ihren konkretesten Formen, Stadt und Garten.

Um diese Traditionen aus dem gewohnten Bild von Geschichte als unaufhaltsam vorwärtsziehendem Strom herauszulösen und so sichtbar zu machen, bietet sich eine einfache Methode an, die von bekannten Modellen gestützt wird und dennoch befremden mag[1]. Es lässt sich der Zeitpfeil umkehren und an seinem Ende beginnen, was hier bedeutet: in den Jahren kurz vor dem Ersten Weltkrieg, und ganz konkret bei einem Buch, das zwar kein Geheimtipp mehr ist, aber immer noch ein – oft missverstandenes – Mirakel, Friedrich Ostendorfs »Sechs Bücher vom Bauen«. Der Autor lehrte seit 1907 Architektur an der Technischen Hochschule in Karlsruhe. Da er im März 1915 auf dem Schlachtfeld fiel, erschienen zu Lebzeiten nur zwei Bände sowie der Supplementband »Haus und Garten«, posthum ein dritter[2]. Umso mehr hinterließ das Werk den Eindruck eines Vermächtnisses.

Friedrich Ostendorf

Heute werden die »Sechs Bücher« als Schlüsseldokument gelesen, das die Ablösung verschiedener Strömungen durch einen neuen Klassizismus wesentlich beförderte und die-

---

[1] Besonders T. LESSING, Geschichte als Sinngebung des Sinnlosen, München 1919.
[2] F. OSTENDORF, Sechs Bücher vom Bauen 1, Theorie des architektonischen Entwerfens, Berlin 1914; 2, Die äußere Erscheinung der einräumigen Bauten, Berlin 1914; 3, Die äußere Erscheinung der mehrräumigen Bauten, bearbeitet von Walter Sackur, Berlin 1920; Haus und Garten, Berlin 1914.

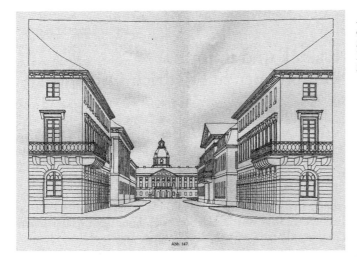

Abb. 1 Friedrich Ostendorf, Paraphrase auf die Schlossstraße in Karlsruhe, Blick vom Marktplatz zum Schloss

sen ostentativ Bauten der vorangehenden Reformbewegungen gegenüberstellte[3]. Bestärkt wird diese Interpretation durch das Gewicht der Abbildungen gegenüber den erläuternden Texten und die graphische Vereinheitlichung der heterogenen Beispiele: historische und zeitgenössische, erfundene und reale, darunter auch eigene, von Ostendorf entworfene. Und selbst wenn die positiven Beispiele mehrheitlich einem stilistischen Umfeld zwischen Spätbarock und Klassizismus zuweisbar scheinen, bleiben viele Unschärfen bestehen, die nicht oder nur um den Preis der Vereinseitigung und Banalisierung zu glätten sind, wenn nicht gleichzeitig konkrete Traditionen und Hintergründe benannt werden.

So fällt auf, dass er in den »Sechs Büchern« Entwürfe von Badens bedeutendstem, klassizistischem Architekt Friedrich Weinbrenner als positive Beispiele heranzieht. Jedoch geschieht dies in überschaubarer Zahl, ohne ausführliche Erläuterung und in korrigierter und idealisierter Form, darunter auch die Schlossstraße, die Mittelachse der klassizistischen Neustadt Karlsruhes, die hier jedoch einheitlicher bebaut erscheint als in der Realität (*Abb. 1*)[4].

Ohnehin griffe es zu kurz, den Erfolg von Ostendorfs Theorie allein einer allgemeinen Tendenz hin zum Klassizismus zuzuschreiben. Denn Bücher, die Beispiele aus der Zeit »um 1800« in Form eines Bilderkatalogs verbreiteten, hatten bereits eingeschlagen wie 1908 das gleichnamige Werk des Berliner Architekten Paul Mebes, in dem aus Karlsruhe Werke des Baudirektors Wilhelm Jeremias Müllers wie auch seines Amtsnachfolgers Friedrich Weinbrenner zu finden sind[5]. Auch hatten diese Vorbilder bereits Folgen in der

---

[3] Beginnend mit J. POSENER, Berlin auf dem Weg zu einer neuen Architektur. Das Zeitalter Wilhelms II. München 1979, Kapitel »Friedrich Ostendorf", S. 175–188.
[4] OSTENDORF, Theorie des architektonischen Entwerfens (wie Anm. 2), Abb. 147.
[5] P. MEBES, Um 1800. Architektur und Handwerk im letzten Jahrhundert ihrer traditionellen Entwicklung, zwei Bände, München 1908, Bd. 1: S. 48, 50, 55, 146, 174, 176, 178/9, 188; Bd. 2: S. 35, 116, 126, 134.

Abb. 2   Luftbild Karlsruhes mit dem halbrunden Haydnplatz und dahinter dem Generallandesarchiv, um 1912

planerischen Praxis gezeitigt. In Karlsruhe wurde der Paradigmenwechsel am Haydnplatz augenfällig, dessen vier Wohnhausblöcke Heinrich Sexauer ab 1901 um eine exakt halbrunde Grünanlage herum anordnete und klassisch durch Achsen und Pilastern gliederte (*Abb. 2*). Damit brachte er sie in einen deutlichen Kontrast zum Neubau des Generallandesarchivs, das zur gleichen Zeit, 1902–05, unmittelbar nebenan entstand. Hier jedoch entwarf Friedrich Ratzel eine monumentale Baugruppe, die er, typisch für die Architektur des späten 19. Jahrhunderts, malerisch auflockerte, indem er mit derselben ›natürlich‹ gedachten Freiheit klassische Stilformen verfremdete. Aus diesem Grund erinnert das Resultat an den historischen Barock, ohne ihn zu zitieren. Dieses Verfahren wollten die neuen ›Klassizisten‹ umkehren und das Natürliche der Baukunst nicht in weichen, ›organischen‹ Formen suchen, sondern zuvorderst in der lebensnahen Sachlichkeit, Funktionalität und Organisation. ›Stil‹ sollte sich erst aus diesem abstrakten ›Organismus‹ ableiten und aus der individuellen Aufgabe verallgemeinern[6].

Demnach dürften ebenso wenig Ostendorfs eigene Projekte, die er in den »Sechs Büchern vom Bauen« abbildete, zum Auslöser der Solidarisierung mit ihm geworden sein – zumal sich sein Oeuvre nicht nur quantitativ bescheiden ausnimmt, sondern auf den

---

[6]   Zu diesem »manieristischen« Paradigmenwechsel siehe U. M. SCHUMANN, Wilhelm Freiherr von Tettau 1872–1929. Architektur in der Krise des Liberalismus, Zürich 2002, S. 178–183.

Abb. 3   Friedrich Ostendorf, Haus Ostendorf mit Garten, Karlsruhe, 1912/13, Isometrie

ersten Blick formal konventionell, selbst innerhalb des Klassizismus der Zeit. Sein eigenes Haus in der Karlsruher Weberstraße, 1912/13 gebaut, zeigt dies programmatisch (*Abb. 3*: Isometrie + Grundriß). Stilkonsequenz scheint das Äußere stärker zu bestimmen als es das Innere tut. Denn die Zimmereinteilung ist asymmetrisch, während die Reihung einzelner Elemente – Säulen, Pilaster, Konsolen und andere – dem Ganzen ein geschlossenes und regelmäßiges Äußere verleiht.

Es hat bereits 1978 Julius Posener darauf hingewiesen, dass Ostendorfs Lehre ohnehin nicht um die Begriffe ›Geschichte‹ oder ›Stil‹ kreiste, wie dies für seinen Vorgänger Heinrich Hübsch so prominent gegolten hatte, sondern sich um die überzeitlichen Kategorien ›Form‹ und ›Raum‹ verdichtete, was er gleich zu Beginn der »Sechs Bücher« in einprägsame Sentenzen kleidete, etwa: *Das eigentliche Ziel der Baukunst ist das, Räume zu schaffen*. Oder: *Entwerfen heißt: die einfachste Erscheinungsform für ein Bauprogramm finden*[7]. Hingegen ist bislang nicht eigens thematisiert worden, dass und wie sich diese Konsequenz von Form, Raum und Ordnung in die Gartenanlage des Bauwerks hinein erstreckt und verlängert.

Dabei finden sich auch hierfür zahlreiche Bildbeispiele und war Friedrich Ostendorf diese Symbiose aus »Haus und Garten« offenbar so wichtig, dass er den gleichnamigen Supplementband vor den Bänden III bis VI einschob. Hierin zeigte er viele der Beispiele aus Band I und II nochmals, nun aber unter dem Vorzeichen, wie sich Haus und Garten verbinden. Das Kapitel über »Die Entwicklung des Gartens« beginnt er mit der Feststellung, dieser müsse per se einen abgegrenzten Raum bilden, so wie sich das Wort ›Garten‹ vom Verb ›gürten‹ ableite[8]. Die nächstliegende Zielscheibe seiner Kritik bildet entsprechend der Landschaftsgarten seiner wie auch vorhergehender Zeit. Denn dieser sei *nicht wie Räume entstanden, sondern aus Motiven zusammengesetzt*[9]. Für Ostendorf lag

---

[7] Posener (wie Anm. 3), S. 183; Ostendorf (wie Anm. 2), Bd. 1, S. 1, 3.
[8] Ostendorf, Haus und Garten (wie Anm. 2), S. 430.
[9] Ebd., S. 486.

Abb. 4 Friedrich Ostendorf, Haus Krehl mit Garten, Heidelberg, 1911–13, Isometrie

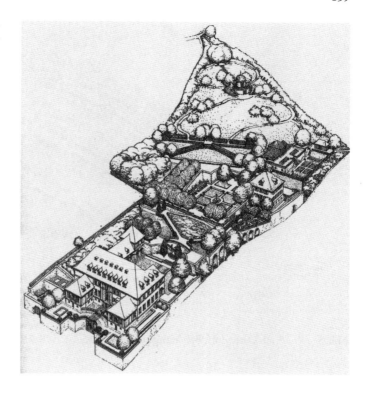

das oberste Ziel des Gartens nicht in der Betrachtung oder gar dem Staunen, wie es eben für den Landschaftsgarten gelte, sondern in der räumlichen Erfahrung; seine Wirkung entstehe erst durch seine Begrenzung, nicht die Entgrenzung. So erschien ihm der Garten dem Haus grundsätzlich wesensverwandt und das eine müsse sich auf das andere beziehen.

Dies lässt sich in den symbiotischen Einheiten, die er selbst gestaltete, auf vielfältige Weise nachvollziehen. Für Ludolf Krehl, Direktor seiner eigenen Klinik in Heidelberg, entwarf der Architekt Ostendorf nicht nur ein Haus, das von 1911 bis 1913 an der Bergstraße entstand, sondern wie selbstverständlich auch die ausgedehnte Gartenanlage (*Abb. 4*). Aus dieser Einheit ergibt sich das Ideal einer Villa, wie es in der italienischen Renaissance vorgeformt wurde, sehr ähnlich etwa ab 1566 mit der Villa Lante in Bagnaia: Hier wie dort gleicht sich der Garten rings um den klaren Hauskörper selbst einem Werk der Architektur an, insbesondere dank der gewaltigen Sockelmauern und der klaren Geometrie der Räume, und schließt sich rückwärtig ein Teil an, der einem Stück freier Landschaft ähnelt. Garten und Park addieren sich zueinander, vermischen sich nicht; die Grenzen bleiben erkennbar, wie es Ostendorf in seiner Theorie gefordert hatte.

In seinen eigenen Projekten konnte diese Symbiose aus Haus und Garten eine städtebauliche Dimension annehmen, am umfassendsten in der 1907 gegründeten Karlsruher Gartenstadt, für die Ostendorf die Pläne des Durlacher Architekten Karl Kohler über-

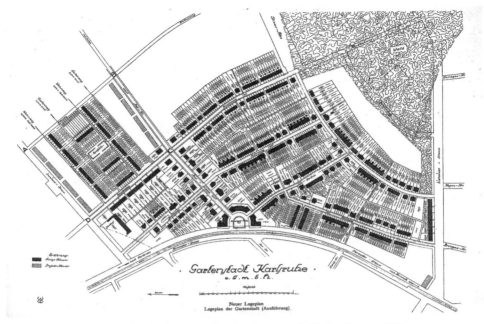

Abb. 5   Friedrich Ostendorf, Bebauungsplan der Gartenstadt Karlsruhe, um 1911

arbeitete (*Abb. 5*). Zwar durfte auch danach das große Ganze noch gebogenen Straßenlinien folgen, nach dem Muster der geschwungenen Wege im Landschaftsgarten und der ersten Gartenstädte, die mit der Idee hierzu im Vereinigten Königreich entstanden waren. Doch nach Ostendorfs Überarbeitung wurden Asternweg, Rosenweg und Sperlingsgasse in deutlich begradigter Form ausgeführt und für die Publikation in den »Sechs Büchern« dann sogar in einer vollkommen geradlinigen Variante umgezeichnet[10] (*Abb. 6*).

In der Gartenstadt ist die Synthese aus den beiden Begriffen in ihrem Namen Programm, hier nun für viele Einzelhäuser, wo es die Grenzen subtiler zu ziehen galt, damit sich die Stadt- und Gartenräume ausgewogen verzahnen konnten, ohne die gemeinsame – soziale – Form unkenntlich zu machen. Es entstand ein differenziertes Instrumentarium von Zäunen, Hecken und Mauern. Offener, urbaner und förmlicher gibt sich als eindeutig öffentlicher Raum der Ostendorfplatz, für den der Namensgeber 1914 spätbarocke Vorbilder aufgriff (*Abb. 7*).

So stellt sich die Symbiose aus Haus und Garten sogar als Zielpunkt von Ostendorfs Lehre dar. Stilistische Vorbilder lassen sich nicht eindeutig benennen, für Haus wie Garten oszillieren sie zwischen Spätbarock, Biedermeier und Reformbewegung. Zielführender erscheint deshalb, auf der Suche nach Hintergründen Ostendorfs unmittelbares, eige-

---

[10]   OSTENDORF, Haus und Garten (wie Anm. 2), Abb. 306.

Abb. 6 Friedrich Ostendorf, Paraphrase auf die Rosenstraße, Gartenstadt Karlsruhe

Abb. 7 Friedrich Ostendorf, Ostendorfplatz, Gartenstadt Karlsruhe, ab 1914

nes Umfeld zu beleuchten. Dieses hatte sich 1907 einschneidend mit dem Umzug von Danzig nach Karlsruhe geändert, wo er die vakante Professur für mittelalterliche Baukunst übernahm, die vor ihm Carl Schäfer innegehabt hatte.

In mittelalterlichen Formen hatte Ostendorf bis dahin selbst entworfen, z. B. ein »Fest- und Gesellschaftshaus für die Marine«, mit dem er 1899 den Schinkelpreis gewann; in Karlsruhe aber zeichnete sich ein Paradigmenwechsel hin zu einer klassischen Architekturvorstellung ab, d. h. von der Antike abgeleiteten Formen und einer symmetrischen und proportionalen Ordnung. Es ist früh vermutet worden, dass sich diese Neuorientierung mit dem Ortswechsel in Verbindung bringen ließe[11]. Wer oder was aber war dann dafür verantwortlich?

---

[11] POSENER (wie Anm. 3).

Max Laeuger

Eine Bezugsgröße hielt Friedrich Ostendorf selbst für so naheliegend und grundlegend, dass er die Leser der »Sechs Bücher vom Bauen« an prominenter Stelle darauf hinwies, denn sie sind dem *Freunde Max Läuger gewidmet*. Dies müsste dann überraschen, wenn man in diesem nur den Keramiker sähe, als der er am bekanntesten wurde, und nicht den universalen Künstler, den das Verbindende und explizit Künstlerische in der Kunst interessierte. So konnte er genau im Jahr von Ostendorfs Zuzug nach Karlsruhe in aller Öffentlichkeit eine neue Vorstellung vom Garten präsentieren und dessen Verhältnis zu Architektur und Stadt neu definieren.

Die Jubiläums-Gartenbauausstellung, die Mannheim zum dreihundertjährigen Bestehen 1907 um den Wasserturm herum ausrichtete, vermittelt so programmatisch wie kein anderes Werk Laeugers seine Bedeutung für Städte- und Gartenbau – und vermag damit seine folgenden Projekte in diesem Spannungsfeld zu erklären (*Abb. 8*). Wenn diese Anlage die Geburtsstunde des »architektonischen Gartens« markierte[12], dann weist dies zunächst darauf hin, dass beides aufs engste verzahnt ist, die Architektur für den Garten in Form der umgebenden Hallen bildet ebenso den Rahmen wie durch das Badehaus den Mittelpunkt. Es bedeutet weiter, dass sich die Architektur aus dem Garten heraus entwickelte, und dies ganz wörtlich, wenn sich Mauern, aber auch die Treppen, Passagen und eben Hallen aus dem Terrain und den Hecken emporschoben und nur noch eine verhaltene Andeutung an vertrauten Bauformen zuließen (*Abb. 9*). Und es sagt letztlich aus, dass sich Mauern und Hecken, mithin Architektur und Garten, abwechseln und austauschbar werden – als Elemente in dem großen Zusammenhang, der seine Wirkung auf die Besucher vor allem aus den steten Übergängen in neue Wege und Räume bezog, in anderen Worten: ein Labyrinth bildete, das in dem Spiel zwischen Geschlossenheit und Durchlässigkeit sowie im Spiel mit den Bewegungsrichtungen real erlebbar wurde und zudem, wenn man es mythologisch auf Daidalos zurückverfolgte, den gemeinsamen mythischen Ursprung für Architektur wie Garten im kretischen Labyrinth evozierte.

Die Verbindung aus beidem wäre kaum enger denkbar als in dieser beispiellosen Symbiose aus Garten, Architektur und Städtebau. Im Verzicht auf Stilformen und der kubischen Vereinfachung steckte eine mutige Radikalität, jedoch nicht im Sinn einer Entgrenzung, denn die Grenzen waren sichtbar und sogar entscheidend für das räumliche Erleben des Gartens. Laeuger selbst fand dafür ein klares Bild: *Mit der Gartenkunst ist es ähnlich wie bei der Raumkunst. Es handelt sich in beiden Fällen um Raum, nur mit dem Unterschied, dass in einem Fall die Decke aus dem Himmel, die Wände aus grünen Hecken, oder Bäumen, der Boden aus Blumen, oder grünen Teppichen besteht, während im andern Fall die Decke ein Gewölbe, oder gezimmerte Platte, die Wände Stein u. der Boden aus Holz ist*[13]. Diese Aussage, der gewiss auch Ostendorf zugestimmt hätte, sollte von nun an Laeugers folgende Projekte bestimmen.

Im unmittelbaren Anschluss an die Mannheimer Ausstellung, die ihrer Bestimmung gemäß nur auf Zeit bestand, floss diese Erfahrung in die Gönner-Anlage in Baden-Baden

---

[12] Z. B. V. ZOBEL, Mannheimer Ausstellungsgärten I. Die Läuger-Gärten, Dekorative Kunst 10 (1907), S. 393–406, 427.
[13] Undatiertes Typoskript, BLB Karlsruhe, Nachlass Max Laeuger, A42.

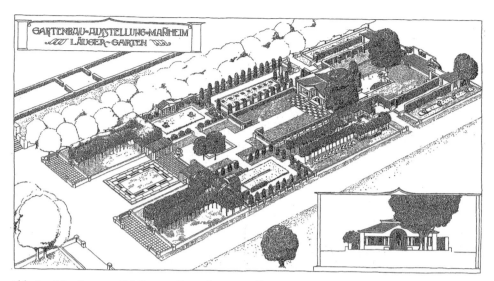

Abb. 8 Max Laeuger, Jubiläums-Gartenbauausstellung 1907, Mannheim, 1905–07, Axonometrie der Gesamtanlage

Abb. 9 Max Laeuger, Jubiläums-Gartenbauausstellung 1907, Mannheim, 1905–07, Eckpavillon mit Treppen

Abb. 10   Max Laeuger, Gönner-Anlage, Baden-Baden, ab 1908, Postkarte, um 1912

ein und wurde dort zu einem festen städtischen Baustein, der auch heute noch erlebbar ist. Da Gebäude im Programm nicht enthalten waren und die polyglotte Stilarchitektur der gründerzeitlichen Nachbarbauten seinem abstrakten, ja archaischen Konzept zuwiderlief, verräumlichte er hier die Hecken zu einer Ersatzarchitektur (*Abb. 10*). Über seine Frau Marie ließ er Friedrich Ostendorf, der Bilder der Anlage in Berlin ausstellen wollte, 1913 ausrichten, dass hierauf die Häuser im Hintergrund penibel retuschiert würden, wie er es auf mehreren photographischen Abzügen selbst vornahm[14] (*Abb. 11*).

Mit der wachsenden Künstlerfreundschaft zwischen Laeuger und Ostendorf näherten sich auch die Projekte einander an. 1910 beteiligte sich der Architekt am Wettbewerb für den Friedhof in Bremen-Osterholz mit einem Entwurf, der in seiner großflächigen Ausbreitung abgeschlossener, geometrischer Gartenräume ohne Laeugers Projekte kaum denkbar wäre: Mannheim, Baden-Baden und vor allem den legendären Entwurf für den Hamburger Stadtpark von 1908[15] (*Abb. 12*). Nachdem der Einfluss zunächst vor allem vom Kunsthandwerker auf den Architekten ausgegangen zu sein scheint, veränderte der Austausch auch Laeuger, der lernte, wieder Zutrauen zu den stilerprobten, weniger radikalen als konventionellen Formen zu fassen. Mit ihnen ließen sich eine harmonische Verbindung von Haus und Garten herstellen und aus deren Überblendung zusätzliche Poesien gewinnen. Diese Entwicklung gipfelte im späten Hauptwerk der »Wasserkunst

---

[14]   Brief an Marie Laeuger, 10.04.1913, BLB Karlsruhe, Nachlass Max Laeuger, Korrespondenz »Von Max Läuger – Briefe an Frau, Kinder, Eltern, Geschwister und Briefe von Angehörigen«; retuschierte Photographien ebd., C15.

[15]   Z. B. L. MIGGE, Der Hamburger Stadtpark und die Neuzeit, Hamburg 1909.

KLASSIK UND REFORM 165

Abb. 11 Max Laeuger, Retusche eines Photos vom Josephinenbrunnen in der Gönner-Anlage

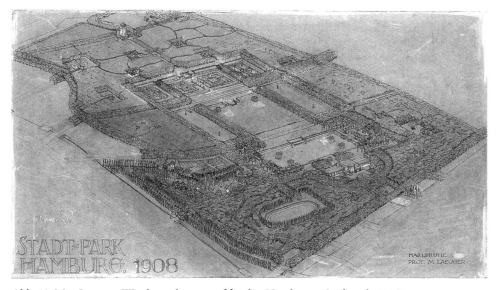

Abb. 12 Max Laeuger, Wettbewerbsentwurf für den Hamburger Stadtpark, 1908

Abb. 13   Max Laeuger, Wasserkunst Paradies, Baden-Baden, 1922-25, Zwischenplateau am Ende der Wasserkette mit zwei Häusern, Photographie von Carl Albiker

Paradies«, die ab 1922 auf dem Baden-Badener Friedrichsberg entstand. Die Verzahnung von Stadt und Garten ist hier Programm. Eine Achse aus künstlichen Wasserläufen, Bassins und Brunnen, welche über zwei kreuzende Straßen hinwegführt, bildet das Rückgrat für eine symmetrische Bebauung aus zwölf Wohnhäusern mit eigenen Gärten (*Abb. 13*). Schon Vorentwürfe und Modellfotos weckten Assoziationen an klassische Baukörper, je nach Entwurfsstadium eher an zeitlose mediterrane oder an repräsentativere barocke. Die Wasserkette im oberen Bereich verleugnet ihre Verwandtschaft zu entsprechenden Anlagen aus dem italienischen Manierismus nicht, etwa wiederum zur Villa Lante in Bagnaia oder der Villa Farnese in Caprarola, 1559–75. Architekten arbeiteten die einzelnen Häuser aus und hielten sich dabei getreu an das endgültige Muster, das ihnen Laeuger vorgab und das in auffallend ähnlicher Form bereits in Ostendorfs »Sechs Büchern vom Bauen« zu finden war[16] (*Abb. 14*).

So wie den ebenen Ausstellungsgarten von Mannheim oder auch die Karlsruher Gartenstadt, deren Planung Laeuger nach Ostendorfs Tod übernahm, unterteilen Hecken, Bäume und Mauern auch dieses steil abfallende Areal des »Paradieses«. In der Verzahnung öffentlicher und privater Räume überlebt noch immer die Assoziation des Labyrinths mit seinen Übergängen und Richtungswechseln. Dies sprach ein Autor in der Zeitschrift »Bauwelt« klar aus, wenn auch in negativem Ton, beginnend *mit viel, viel*

---

[16]   OSTENDORF, Theorie des architektonischen Entwerfens (wie Anm. 2), S. 66, Abb. 58.

Abb. 14 Friedrich Ostendorf, Hausentwurf in den »Sechs Büchern vom Bauen«

klobigem Beton, der auch in der neuen ,Paradies'-Anlage über Baden-Baden viel guten Erdboden mit wirren Blöcken und Zackentreppen, die nur die Hunde freuen, steinigt[17]. Diese vereinzelte Kritik, die ihrerseits Widerspruch provozierte[18], konnte der Popularität der Anlage nichts anhaben.

Max Laeuger bewahrte seine Eigenart selbst dort, wo er Friedrich Ostendorf seine Referenz erwies, sehr auffällig 1927 am Haus für Karl Wilmanns, den Leiter der Psychiatrischen Klinik: Das Hinarbeiten auf die klare Form gipfelt in einem annähernd vollkommenen Würfel, der sich hier geradezu aus der bewegten Topographie herauszukristallisieren scheint (*Abb. 15*). Nur sparsam, fast graphisch ist der Bau gegliedert. Die hohe Stützmauer begründet sich aus der steilen Hanglage, aber auch der Nachbarschaft zum Haus Krehl, wo dies sein inzwischen verstorbener Freund und Kollege Ostendorf vorgemacht hatte. Komprimierter als dort wächst das Haus Wilmanns aus einer abstrakten Hügellandschaft heraus, in der sich Mauern und Hecken, Terrassen und Grünflächen abwechseln, mithin als ein dreidimensionales Labyrinth.

So ist auch der Ehrenhof der ehemaligen Technischen Hochschule Karlsruhe, wie ihn Laeuger ab 1926 gestaltete, heute aber nur noch rudimentär zu erleben ist, als eine Überblendung von Garten und Stadt zu verstehen (*Tafel 1*). Für den neuen Bodenbelag, den Sockel für Karl Albikers Allegorie der »Fridericiana«, das Heinrich-Hertz-Denkmal und den Brunnen verwendete er durchgängig hellen Stein, vorrangig Muschelkalk. Laeuger legte damit eine verbindende, farblich wie formal zurückhaltende Ebene durch das bestehende Ensemble. Efeu verkleidete die umgebenden steinsichtigen Häuserwände und verlängerte so das Grün in die Senkrechte. In seiner ehrgeizigen Planung für das gesamte Karlsruher Hochschulgelände aus den Jahren um 1930 wollte er diese Überlage-

---

[17] J. QUADE, Pläne, die nicht gelingen dürften, Bauwelt 18 (1927), S. 875–876, hier S. 875.
[18] A. VALDENAIRE, Das großzügige Baden-Baden, Bauwelt 19 (1928), S. 111.

Abb. 15   Max Laeuger, Haus Wilmanns, Heidelberg, 1927, Entwurfszeichnung

rung von Garten und Gebäuden auf einen noch größeren Maßstab übertragen und damit die antiken Begriffe von ›Campus‹ und ›Akademie‹ wiederbeleben: ein »Feld« und eine vor den Toren der Stadt gelegenen Oase mit Spazierwegen zum Nachdenken und mit Sportstätten zum körperlichen Ausgleich. Alleen, Hecken und klare Kanten konturieren die Wegeführung und räumliche Ordnung. Darin liegen die bereits vorhandenen Bauten eingebettet; einerlei, ob sich ihr Mauerwerk in Ziegel oder Sandstein, Rot, Gelb oder Ocker präsentierte: Laeuger stellte sie als weiße Kuben dar, die zum umgebenden Grün einen deutlichen Kontrast setzen.

Seine Arbeiten an der Schnittstelle von Garten und Stadt sind in einem breiten Rahmen zu sehen, der einer gängigen Einengung auf Disziplinen widerspricht. Sie waren nicht ohne den Graphiker und den Keramiker in Max Laeuger denkbar, der zuerst auf seinen Bildern und Gefäßen ein grünes ›Arkadien‹ entwarf, bevor er es in die Tat umsetzen konnte[19]. Es war ein Leitthema der Lebensreform- und Kunstgewerbebewegung schon seit dem britischen »Arts & Crafts«. Die Erneuerung des Alltagslebens, die im Hausinnern begann, führte hinaus in den Garten – und von hier in die Stadt, in der sich die einzelnen Bauten mit der Natur zu einer neuen, arkadischen Form verbanden, symbiotisch und zugleich mit klaren Kontrasten und Grenzen.

---

[19]   U. M. SCHUMANN, Poesie und Zufall. Ein Gang durch Max Laeugers Kunst, in: Max Laeugers Arkadien. Keramik Garten Bau Kunst, Ausstellungskatalog Baden 2007, S. 15–49, hier S. 29–33, 42–44.

Damit stellt sich die Frage, ob auch hinter dieser individuellen Entwicklung des Künstlers Max Laeuger Impulse durch lokale Traditionen auszumachen sind, und wieder führt eine gedruckte Widmung auf eine naheliegende Spur. Denn ihm ist ein weiteres bedeutendes Buch *in Dankbarkeit zugeeignet*, Arthur Valdenaires Monographie über den badischen Baudirektor Friedrich Weinbrenner von 1919[20]. Demnach liegt die Annahme nahe, dass sich Max Laeuger um die Rehabilitation und Aktualisierung eines lange unterschätzten Oeuvres verdient gemacht hatte. Inwiefern könnte Weinbrenners Klassizismus seinen Platz im Thema der Reform finden, insbesondere wenn man es wie Ostendorf und Laeuger auf das Verhältnis von Stadt und Garten zuspitzte?

Friedrich Weinbrenner

Auf den ersten Blick lässt sich beider architektonische Ästhetik mit Begriffen wie Klassizität, Proportionalität und Klarheit beschreiben und somit grundsätzlich auf Friedrich Weinbrenners Vorbild beziehen. Wie für Ostendorf eingangs dargelegt, lassen ihre Bauten allenfalls vage Assoziationen an dessen Klassizismus zu. Noch emblematischer zeigen die Illustrationen, die Max Laeuger hiervon für seinen erfolgreichen Unterricht anfertigte, dass nicht Details oder Konstruktionen seine Aufmerksamkeit auf sich zogen[21]. Vielmehr fokussierte er direkt auf die Volumina und Umrisse der Gebäude – und auf die Erfahrung, wie sich mit ihnen das äußere Verhältnis zum Umraum verändert. Glaubt man etwa eine Ähnlichkeit zwischen Laeugers Badehaus im Mannheimer Jubiläumsgarten und Weinbrenners Pavillon im Markgräflichen Garten in Karlsruhe von 1803 festzustellen, dann nicht aufgrund benennbarer Details, sondern wegen einer vergleichbaren Idee von der Gesamtform und deren Wechselwirkung mit der unmittelbaren Umgebung, dem Garten (*Abb. 16*).

Demnach dürfte man auch Friedrich Weinbrenner nicht auf den reinen Architekten und Städtebauer einengen, der Linien zieht, Straßen anlegt und Parzellen zuteilt. Ebenso wenig wie Ostendorf äußerte sich Laeuger ausdrücklich zu seinem Bild vom historischen Vorgänger, und schon dessen eigenes Verhältnis zur Gartenbaukunst ist bis heute nicht erforscht. Doch lassen sich einzelne Schlüsse aneinanderreihen, beginnend bei der Episode, dass sich Friedrich Weinbrenner im März 1803 seinem späteren Verleger und Bauherren Johann Friedrich Cotta als Autor eines Gartenalmanachs anbot, wobei das Konzept nicht bekannt ist[22]. Diese Begebenheit ist anekdotisch, aber bezeichnend, denn sie belegt, dass sich Friedrich Weinbrenner in diesem Bereich des zeitgenössischen Gartens zuständig und kompetent fühlte.

---

[20] A. VALDENAIRE, Friedrich Weinbrenner. Sein Leben und seine Bauten, Karlsruhe 1919.
[21] M. LAEUGER, Farbe und Form in der Baukunst, Baugilde 13 (1931), S. 1446–1455, hier S. 1447; Lehrtafeln im SAAI Karlsruhe, Werkarchiv Max Laeuger.
[22] Brief Ernst Ludwig Posselt an Johann Friedrich Cotta, 30. 3. 1803, Deutsches Literatur-Archiv Marbach, Cotta-Archiv; siehe hierzu wie auch zu den folgenden Ausführungen: U. M. SCHUMANN, Friedrich Weinbrenner. Klassizismus und »praktische Ästhetik", Berlin/München 2010, S. 109/110.

Abb. 16   Friedrich Weinbrenner, Pavillon im Markgräflichen Garten in Karlsruhe, 1803

Wohlbekannt ist, dass im Zuge des Stadtausbaus von Karlsruhe, für den er an leitender Stelle mitverantwortlich war, zahlreiche Grünanlagen geschaffen wurden, darunter auch regelrechte Landschaftsgärten wie diejenigen hinter dem Markgräflichen Palais und um die Stadtvillen der Markgräfinnen Amalie und Christiane Luise (*Abb. 17, 18*). Die tragende Rolle hierbei spielte der Gartenbaudirektor Johann Michael Zeyher, teilweise unter Mithilfe des Garteninspektors Friedrich Schweickardt. Doch darf Weinbrenners Einfluss nicht unterschätzt werden, wo Namen generell nur selten genannt wurden, denn die Anteile waren nur unvollkommen auseinanderzudividieren und die Rollen nicht so präzise verteilt und strikt getrennt, wie es sich angesichts dessen vermuten ließe.

Nicht nur waren es Weinbrenners Gebäude, welche die großen Linien in der Verteilung der Gartenpartien vorzeichneten und die wichtigsten Wegekoordinaten vorgaben, zwischen denen sich die Rasenflächen und Baumgruppen aufspannten. Auch übertrat Weinbrenner hierbei offen die beruflichen Grenzen. Wie selbstverständlich präsentierte er den Plan des Garten der Markgräfin Amalie, der Johann Michael Zeyher zugeschrieben wird, 1822 in der Veröffentlichung seiner »Ausgeführten und projectirten Gebäude« unter seinen eigenen Werken[23] (*Abb. 18*). Als Mitverfasser eines öffentlichen Gartenplans

---

[23]   F. WEINBRENNER, Ausgeführte und projectirte Gebäude 2, Garten-Gebäude ihrer königlichen Hoheit der Frau Markgräfin Amalie zu Baden, Karlsruhe und Baden[-Baden] 1830, Tafel I.

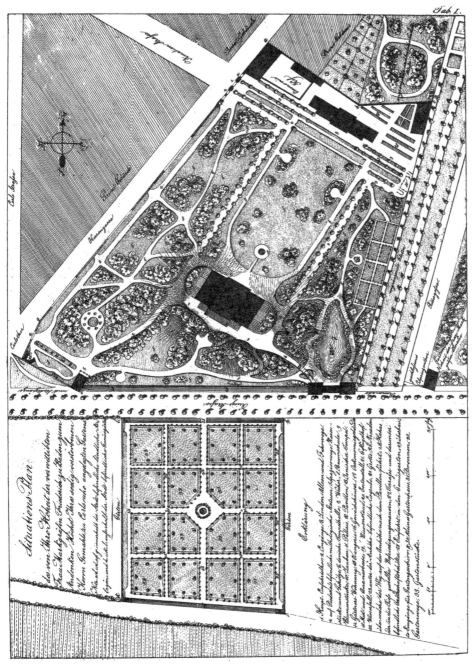

Abb. 17   Garten der Markgräfin Christiane Louise in Karlsruhe, Lageplan in: Friedrich Weinbrenner, Ausgeführte und Projectirte Gebäude

172 ULRICH MAXIMILIAN SCHUMANN

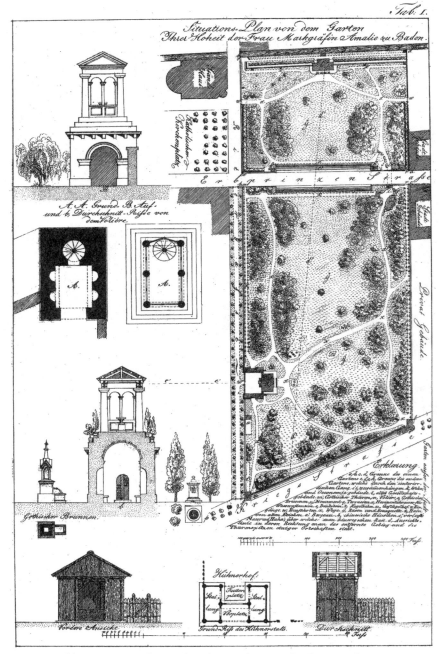

Abb. 18　Garten der Markgräfin Amalie in Karlsruhe, Lageplan in: Friedrich Weinbrenner, Ausgeführte und Projectirte Gebäude

trat er 1807 auf, als er in Zusammenarbeit mit Karl Christian Gmelin einen Gegenvorschlag zu Zeyhers Projekt für einen neu gefassten Schlossvorplatz unterbreitete[24] (s. S. 65, Abb. 6). Wie in seiner Architektur sollten sich dabei funktionale mit ästhetischen Anforderungen verbinden; so wären die vorhandenen, teichgroßen Pfützen zum Bassin gefasst und das Wasser für praktische Zwecke gebraucht worden.

Das Entwerfen eines Gartens im Zusammenhang mit einem Haus gehörte in der Weinbrenner-Schule zu den üblichen Aufgaben[25]. Der Grünraum vor seinem eigenen Haus, welches 1800/01 vor dem Ettlinger Tor entstanden war, zeichnete sich mit der leicht geschwungenen Vorfahrt durch die Verbindung aus unmittelbarer Nutzbarkeit und dekorativer Wirkung aus[26] (Tafel 2). Dieser schlichte Vorgarten bildete zusammen mit seinem Gegenüber ein grünes Entrée in die Stadt und den Auftakt in Weinbrenners Konzeption von Städtebau und Architektur.

Die Gründe für diese Grenzüberschreitungen sind nicht in einer Anmaßung Weinbrenners zu suchen, sondern neben dem aufgeklärten Universalismus auch in der Natur der Bauverwaltung, die er leitete und die ihre hohe Effizienz aus der Zusammenarbeit und dem ständigen Austausch von Aufgaben und Plänen gewann, aber auch in seiner Konzeption von Stadt, die er erarbeiten und durchsetzen musste und die von einer vielfältigen Überlagerung mit Grünräumen lebte. Es offenbart sich dabei sogar die Bescheidenheit des Oberbaudirektors, denn sein Anteil muss erst aus Archiven geborgen werden und geht weit über den reinen Städtebau hinaus.

Anders als für Karlsruhe konnte die Bandbreite von Weinbrenners garten- und landschaftsplanerischen Eingriffen jüngst für Baden-Baden aufgedeckt werden, die Stadt, die *ausser der hiesigen Grosherzoglichen Residenz [...] verdient, dass von Seiten des Staats mit aller Aufmerksamkeit auf die Verschönerung der Baulichkeiten gesehen wird*, wie er am 6. Oktober 1807 an den Hof schrieb[27]. Sie bot ihm Möglichkeiten, seine Konzeption ebenso konsequent von der bestehenden Stadt wie von der umgebenden Natur her zu planen. Zu den Projekten gehörten, teils auf eigene Initiative, teils nach Auftrag, die Anlage von Promenaden, Meilensteinen, Brücken, eines Flussbades, eines Fußwegs hinauf zum Alten Schloss, eines Wanderwegs jenseits der Geroldsauer Wasserfälle einschließlich eines Gipfelkreuzes auf dem Bernickelfelsen, die Verbindung von Baden nach Steinbach über den Fremersberg, die Anbindung der englischen Anlage und des Neuen Schlosses an die Altstadt und Beuerner Vorstadt oder die Verlegung eines Weihers oder eines Friedhofs, allesamt Projekte an der Schnittstelle von Stadt- und sogar, in heutigen Begriffen, Regional- und Landesplanung (Tafel 3).

Sämtliche der für Baden-Baden charakteristischen und aufwändigen Projekte der Landschaftsgestaltung passierten Weinbrenners Schreibtisch, und er griff direkt in die Zeichnungen beispielsweise Schweyckardts, des Hofgärtners Emanuel Klee oder auch des Ingenieurs Johann Gottfried Tulla ein, auch und gerade bei der diffizilen Gestaltung der

---

[24] GLA, 206/2167; G. LEIBER, Friedrich Weinbrenners städtebauliches Schaffen, T. 2, Mainz 2002, S. 132–134.
[25] Z.B. saai Karlsruhe, Konvolut Weinbrenner-Schule I, 107 und 114.
[26] GLA, G Karlsruhe 492.
[27] GLA, 422/183; Promenade der Klassik. Friedrich Weinbrenner in Baden-Baden, Ausstellungskatalog 2015.

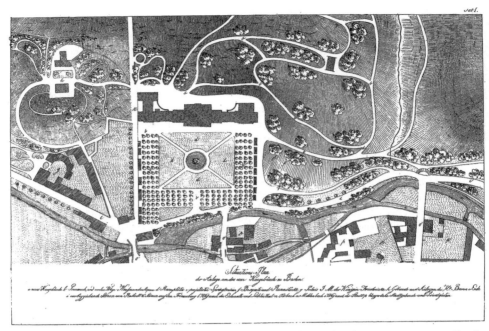

Abb. 19 Promenade entlang der Oos in Baden-Baden mit dem rechteckigen Kurgarten vor Friedrich Weinbrenners

Promenade, die sich in die Naturlandschaft einpassen und zugleich einen Rahmen um das neue Konversationshaus herstellen sollte (*Tafel 4–5, Abb. 19*). Hier zeigt sich die Überlagerung von Stadt und Garten am deutlichsten: Den Kurgarten mit seinem geometrischen »Grundriss« aus vertikalen Baumreihen und horizontalen Rasenflächen entwarf er selbst in engstem Zusammenhang mit dem Gebäude, das in der Regel als Solitär betrachtet wird, aber die Promenade mit seinem langen Baukörper begleitet und damit ebenso sehr eine Rückwand für diese bildet, wie sie die Architektur ins Freie weiterführt. Konversationshaus und Kurgarten sind für sich Hauptattraktionen des öffentlichen Lebens und zugleich auf einander bezogen, das eine bildet den Hintergrund für das andere.

Dass sich in der entstehenden Stadtlandschaft Kunst und Natur überlagern und nicht vermischen sollten, zeigte sich auch darin, dass sich Friedrich Weinbrenner mit Verve, wenn auch letztlich vergeblich für die Erhaltung der historischen Stadttore einsetzte[28]. Die Qualitäten des Ortes, die künstlichen wie die natürlichen, sollten gestärkt, bereichert und herausgearbeitet werden, nicht nivelliert.

Eine grundsätzlich gleichgerichtete Zielsetzung darf für Karlsruhe angenommen werden, wenn auch in der Annäherung von einer anderen Richtung her: von der Bereiche-

---

[28] Promenade der Klassik (wie Anm. 27), S. 13, 44, 85; Friedrich Weinbrenner. Worte und Werke, S. 14–16.

Abb. 20   Karlsruher Marktplatz mit Weinbrenners Pyramide, Postkarte um 1920

rung eines künstlichen urbanen Rasters durch gestaltete Natur und nicht von der Urbanisierung eines kleinen und noch ländlichen ‚natürlichen' Städtchens. Doch mit dem Blick auf Baden-Baden ließe sich erkennen, wie breit und innovativ Weinbrenner die Überlagerung von Stadt und Garten auch für die badische Hauptstadt erdachte. Ansatzpunkte könnten seine visionären Projekte zur Stadterweiterung sein, in denen er ab 1812 das Raster fortführen und zugleich durch ‚gebändigte' Naturräume wie Parks, Wasserläufe und Alleen überlagern wollte[29], wobei zunächst sogar eine gartenstadt-ähnliche Bebauung südlich des Ettlinger Tors vorgeschlagen wurde[30]. Auch ist bislang weitgehend übersehen worden, dass er mit der Pyramide ein Element auf den Marktplatz stellte, das in den deutschen Ländern bis dahin nur in Landschaftsgärten zu finden war[31] (Abb. 20).

Zeitgenössische Ansichten bestätigen diese Deutung auch für das bestehende Karlsruhe und geben weitergehende Einblicke. August Mosbrugger, Schüler Friedrich Weinbrenners, konfrontiert in seinem Skizzenbuch die neuen Wahrzeichen der Stadt gezielt mit Grünflächen, besonders markant den Rathausturm mit dem Erbprinzengarten (Abb. 21) oder das Ettlinger Tor mit dem Übergang in die vorstädtische Landschaft (Ta-

---

[29] LEIBER (wie Anm. 24), S. 55–60.
[30] Ebd., S. 421–425.
[31] U. M. SCHUMANN, Monument und Denkmal – Begriffswandel zwischen Ancien Régime und Aufklärung, in: Monumente im Garten – der Garten als Monument, Internationales Symposium vom 31. März bis 2. April 2011, Arbeitsheft 25, Regierungspräsidium Stuttgart Landesamt für Denkmalpflege, Stuttgart 2012, S. 23–31, hier S. 30.

Abb. 21　August Mosbrugger, Turm des Karlsruher Rathauses, Aquarell im Skizzenbuch, 1820er Jahre

fel 6). Aus diesen ungewohnten Perspektiven wirken die bekannten Werke seines Lehrers verfremdet, fast unkenntlich. Er bringt Architektur und Natur eng zusammen, was den Kontrast noch betont. Selbst noch über der gewohnten Augenhöhe konnte ganz Karlsruhe wie ein Landschaftsgarten mit eingebetteten Bauten erscheinen. Festgehalten ist diese Sichtweise auf der lithographierten »Ansicht der Residenzstadt Carlsruhe«, die 1819 nach einer Vorlage von Johann Ludwig Bleuler verlegt wurde, der sie im südlich der Kriegsstraße gelegenen Gartenteil der Markgräfin Christiane Louise gezeichnet haben muss[32] (*Tafel 7*). Die allgegenwärtige Geometrie des Stadtgrundrisses verschwindet hier völlig aus dem Blick zugunsten einer malerischen Landschaft, die sich die Stadt zurückzuerobern scheint. In der Fernsicht verschliffen sich die Kontraste und Maßstäbe noch stärker, und so wäre die Stadt im Blick vom Süden über die Felder hinweg, den der badische Hofmaler Carl Kuntz schon 1804 für die Kunst entdeckte[33], nicht von einem in die

---

[32]　Aus der Serie »Mahlerische Ansichten von Städten und interessanten Gegenden im Grosherzogtum Baden«, Karlsruhe (C. F. Müller) 1819, überliefert in kolorierten und unkolorierten Drucken.

[33]　»Karlsruhe. Ansicht von Süden«, 1804, Öl auf Leinwand, Staatliche Kunsthalle Karlsruhe; Lithographien z. B. von Johann Peter Wagner um 1840.

ZUM BEITRAG VON ULRICH MAXIMILIAN SCHUMANN

Tafel 1 Max Laeuger, Gesamtplanung für das Gelände der Technischen Hochschule Karlsruhe, um 1930

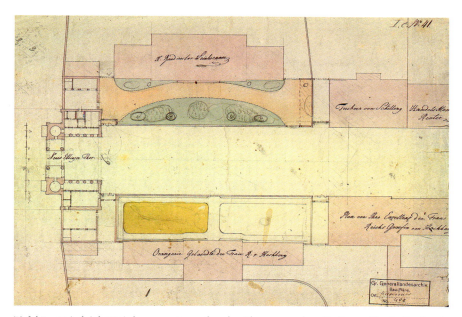

Tafel 2 Friedrich Weinbrenner, Lageplan des Platzes vor dem Ettlinger Tor in Karlsruhe mit seinem eigenen Wohnhaus (oben) und der dazugehörigen Grünfläche, um 1802

ZUM BEITRAG VON ULRICH MAXIMILIAN SCHUMANN

Tafel 3 Carl Ludwig Frommel, »Vue de Bade – Ansicht von Baden«, Blick auf die englische Anlage Baden-Badens mit dem ersten Theater (rechts) und anderen Bauten Friedrich Weinbrenners, Radierung, 1819

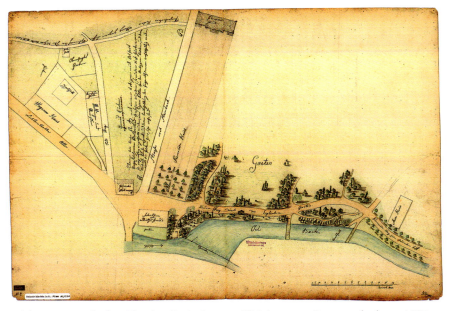

Tafel 4 Emanuel Klee, Plan für die Anlage um Weinbrenners Promenadenhaus, 1817

ZUM BEITRAG VON ULRICH MAXIMILIAN SCHUMANN

Tafel 5 Promenade vor Friedrich Weinbrenners Konversationshaus mit Blick auf die Altstadt von Baden-Baden, Stich nach Wilhelm Scheuchzer

Tafel 6 August Mosbrugger, Ettlinger Tor in Karlsruhe von der Landseite, Aquarell im Skizzenbuch, 1820er Jahre

ZUM BEITRAG VON ULRICH MAXIMILIAN SCHUMANN

Tafel 7   Ansicht der Residenzstadt Carlsruhe, Lithographie nach Johann Ludwig Bleuler, lithographiert von C. F. Müller, 1819

Tafel 8   Viktor Heideloff, Die Küche des Boudoirs oder das Laboratorium aus dem Hohenheimer Park, 1790

Natur eingebetteten Dorf zu unterscheiden, wenn sich nicht die wenigen sichtbaren Bauwerke als Weinbrenners bekannte Architekturen identifizieren ließen.

Eine solche Sichtweise auf Weinbrenners Stadtbaukunst stand bislang nicht im Blickfeld der Literatur, obwohl sie für deren Wahrnehmung und Wertschätzung grundlegend war und ihre untrennbare andere Seite darstellte. Es wäre verlockend, hierauf den modernen Begriff der ›Stadtlandschaft‹ anzuwenden, und auch nicht irreführend, solange man darunter nicht die völlige Entgrenzung und »Auflösung der Städte«[34] versteht. Doch liegt eine zeitgenössische Deutung ohnehin näher, die Friedrich Schiller 1794 in seiner bekannten Rezension des »Gartenkalenders« aus dem Cotta-Verlag für den Mittelweg zwischen formalem und Landschaftsgarten fand, das Gleichgewicht zwischen *ländlicher Simplizität und städtischer Herrlichkeit*[35] (Tafel 8). Er erklärte damit am Beispiel des Hohenheimer Schlossgartens, wie sich aus dem Zusammenspiel von Gebäuden und grünen Szenerien eine Geschichte entwickelte, die dem scheinbar ungeplanten Landschaftsgarten eine Bedeutung verlieh, und wie hierdurch selbst in dieser künstlichen Natur ein klarer menschlicher Wille und eine Botschaft erkennbar würden. Damit verbänden sich die Vorzüge von Land und Stadt, Natur und Zivilisation, zu einer arkadischen Landschaft, in der den Betrachtern allgemein gültige Inhalte vermittelt würden, unterstützt durch die ästhetische Überzeugungskraft der gebauten Ensembles, die oft aus versunkenen antiken Tempeln und zeitlosen ländlichen Wohnhäusern bestanden. Ähnlich konnte Weinbrenners Vorstellung von Stadt verstanden werden; im Zusammenhang mit ›seinem‹ Baden-Baden ist zeitgenössisch Schillers Begriffsschöpfung zitiert worden[36]. Wie im Hohenheimer Garten überlagerten sich dort, aber konsequenter noch in Karlsruhe Hausformen von *ländlicher Simplizität* und Tempelfronten von *städtischer Herrlichkeit* mit Grünflächen von ländlicher Natürlichkeit, die auf immer neue Weise den von Schiller skizzierten *Mittelweg zwischen der Steifigkeit des französischen Gartengeschmacks und der gesetzlosen Freiheit des sogenannten englischen* belegen[37].

Die Reformergeneration des frühen 20. Jahrhunderts konnte in diesen Konzepten einer badischen Tradition – neben den meist herangezogenen Palastanlagen der italienischen Renaissance und des französischen Barock – ein zeitlich, örtlich und inhaltlich näherliegendes Vorbild für die eigenen arkadischen Stadtlandschaften wiederentdecken, wie sie Max Laeuger und Friedrich Ostendorf im freundschaftlichen Austausch und unvoreingenommener Radikalität entwickelten. Die Suche nach der präzisen Form stand in dieser Tradition im Vordergrund, aber nicht als benennbares Stilelement, sondern als erfahrbare Schnittstelle zwischen Natur und Kultur, Garten und Stadt. Beide Seiten wurden nicht als getrennte Felder betrachtet, bearbeitet von trainierten Spezialisten, sondern als eine ursprüngliche, symbiotische Einheit. In diesem Sinn darf man die hier gezeigten Projekte als Zeichen gegen die Technokratie und Entfremdung in der Gesellschaft lesen,

---

[34] Zum Schlagwort geworden seit: B. Taut, Die Auflösung der Städte, Hagen 1920.
[35] F. Schiller, »Über den Gartenkalender auf das Jahr 1795« (1794), in: ders., Werke und Briefe, Band 8: »Theoretische Schriften«, Frankfurt am Main 1992, S. 1007–1015, Kommentar S. 1537–1542, hier S. 1013.
[36] A. Schreiber, Korrespondenz-Nachrichten, Baaden, 25. Sept., Morgenblatt für gebildete Stände 19 (1825), S. 968; fälschlich Johann Ludwig Klüber zugeschrieben in: Valdenaire (wie Anm. 20), S. 168; Schumann (wie Anm. 22), S. 268.
[37] Schiller (wie Anm. 36), S. 1010.

die sich selbst in Weinbrenners Zeit schon abzeichneten, umso mehr aber in der Zeit Laeugers und Ostendorfs. Die klaren Kontraste und Grenzen dienten dazu, das Verbindende, das Trennende und die jeweiligen Qualitäten herauszuarbeiten, und dies ist es auch vorrangig, was in ihren abstrakten, architektonischen Gartenlandschaften eine Poesie entstehen ließ, die bis heute wirkt, wenngleich nur noch an wenigen Stellen real erlebbar ist.

Ausbau, Umbau, Aufbau –
Karlsruher Stadtentwürfe zwischen Weimarer Republik und Nachkriegszeit

VON VOLKER ZIEGLER

Einleitung

Ausgehend vom epochalen Karlsruher Generalbebauungsplan unter Hermann Schneider (1881–1965) werden die Karlsruher Stadtentwürfe der 1920er bis 1940er Jahre beleuchtet[1]. So hat der städtische Oberbaurat Carl Peter Pflästerer (1888–1962) nach seinen Beiträgen für das Karlsruhe des Neuen Bauens in den 1930er Jahren den Ausbau der Stadt entlang ihrer Monumentalachsen entworfen und sich dabei an den Neuplanungsstädten Albert Speers orientiert. Die Planungen wurden mit dem Verlust der Hauptstadtfunktion an Straßburg, das ab 1940 zum Regierungs- und Verwaltungssitz des neugeschaffenen Gaus Baden-Elsass ausgebaut werden sollte, als Kompensationsmaßnahmen weitergeführt. Pflästerers Arbeit zu Karlsruhe steht im Gegensatz zum großräumlichen Vorschlag des Karlsruher Städtebautheoretikers Roman Heiligenthal (1880–1951) für das konkurrierende Straßburg.

Der drohende Bedeutungsschwund und die Kriegszerstörungen veranlassten zu Ende des Krieges eine Beauftragung des Karlsruher Städtebauprofessors Otto Ernst Schweizer (1890–1965) und seines Kollegen, des Verkehrsplaners Friedrich Raab (1894–1964), zu einem Gutachten zur Neuordnung des Großraums Karlsruhe. In der 1944 vorgelegten, radikal modernen Studie dominieren ähnlich wie bei Heiligenthal Überlegungen zum

---

[1] Inhalte folgender Texte der Autors sind in diesen Beitrag eingeflossen: V. ZIEGLER, La naissance de l'autoroute et les aménagements urbains dans la région du Rhin Supérieur, Forschungsorientierte Masterarbeit (Diplôme d'études approfondies, École d'architecture de Paris-Belleville), unveröff. Manuskript, 1995; DERS., Pianificazione urbana nella Renania Superiore, dagli anni venti alla ricostruzione. Karlsruhe, Strasburgo, Friburgo, in: Storia urbana 129 (2010), S. 171–193; DERS., Les autoroutes du IIIe Reich et leurs origines, in: J.-L. COHEN, Les années 30. L'architecture et les arts de l'espace entre industrie et nostalgie (Ausst.-Kat.), Paris 1997, S. 207–213; DERS., Straßburg wächst über den Rhein. Vom Grenzraum zur Städtelandschaft Oberrhein, in: PlanerIn (Themenschwerpunkt: Räumliche Leitbilder. Karlsruhe 300 Jahre nach dem Großen Plan) 2 (2015), S. 11–13; DERS., Der Oberrhein, Fiktion und Fabrikation eines Metropolraums, in: Revue d'Allemagne et des pays de langue allemande 47 (2015), S. 321–344.

Siedlungs- und Wirtschaftsraum sowie zur Verkehrsinfrastruktur, die zu den geografischen Elementen der Stadtlandschaft am Rhein in Beziehung gesetzt werden.

Deutlich wird dies auch am Beispiel des Ideenwettbewerbs zum Wiederaufbau der Karlsruher Innenstadt von 1947, an dem etliche Schweizer-Schüler teilnahmen und prämiert wurden, wie Richard Jörg (1908–1992) und Adolf Bayer (1909–1999), dem späteren Nachfolger Schweizers an der Technischen Hochschule in Karlsruhe. Ihr Karlsruher Wettbewerbsentwurf zeigt darüber hinaus eine geistige Verwandtschaft mit Planungen in Mainz, an denen sie im Auftrag der französischen Bestatzungsmacht beteiligt waren.

Der Fünfzig-Jahre-Plan – Hermann Schneiders Karlsruher Generalbebauungsplan

Nach dem Ersten Weltkrieg stößt die räumliche und wirtschaftliche Entwicklung der Städte am Oberrhein immer wieder an die durch den Versailler Vertrag geschaffenen Staatsgrenzen und die harten Friedensbedingungen. Die rheinüberschreitenden Verkehrsnetze und Märkte sind zerschnitten, Bahnverkehr und Rheinschifffahrt werden kontrolliert und Industriestandorte sowie Häfen zeitweise besetzt, so die Stadt Kehl (1918–1930) und die Häfen in Mannheim und Karlsruhe (1923/24).

Ihre schwierige Lage im Glacis der beiden Staaten lassen die Städte am Oberrhein aber auch enger zusammenrücken, Erfahrungen und neue Ideen werden ausgetauscht, vor allem von den Vertretern der im Badischen Städteverband zusammengeschlossenen Gemeinden[2]. Mit Verweis auf den Siedlungsverband Ruhrkohlenbezirk empfiehlt der Badische Städteverband 1926 den beiden großen Stadtregionen im Land, Mannheim/Heidelberg und Karlsruhe, ihre Stadtentwicklung auf die Ebene der Landesplanung zu heben, *um den Zusammenschluss aller zu einem einheitlichen Wirtschaftsgebiete gehörigen Gemeinden zu erreichen*[3].

Der noch im selben Jahr unter Baubürgermeister Hermann Schneider in Kraft tretende, auf 50 Jahre angelegte Karlsruher Generalbebauungsplan stellt genau diese Thematik ins Zentrum der Überlegungen zur zukünftigen Entwicklung des Karlsruher Siedlungs- und Wirtschaftsraums, wobei zum Planungshorizont 1975 ein Wachstum von 150.000 auf 250.000 Einwohner für das Stadtgebiet und von 200.000 auf 400.000 für das Wirtschaftsgebiet erwartet wird[4]. Die entsprechenden Siedlungsflächen werden im Generalbebauungsplan folgendermaßen ausgewiesen:

Neben den städtischen Wohngebieten (grau im Übersichtsplan) sind deren Erweiterungen (rot) dargestellt, wobei die Struktur der Neubaugebiete zwischen in sich abgeschlossenen Kompositionen und sich zur Landschaft öffnenden Anlagen schwankt. Industriegebiete (gelb, grau umrandet) werden um neue Industrieflächen (gelb) erweitert,

---

[2] Akten der städtischen Hauptverwaltung betr. Landesplanung und Badischer Städteverband ab 1926, StadtAF, C4/XV/10/01.

[3] M. ZOELLER (Oberbürgermeister von Durlach), Denkschrift über die Durchführung von Landesplanungen in Baden, StadtAF, C4/XV/10/01, bes. S. 24.

[4] H. SCHNEIDER, Generalbebauungsplan der Landeshauptstadt »Karlsruhe in Baden«, Karlsruhe 1926, bes. S. 96.

die vor allem im Nordwesten um bestehende und geplante Hafenbecken ausgewiesen werden. Bei den Verkehrsanlagen (rot schraffiert) für Bahn und Schiff sowie für Autostraßen und Flugplätze fallen die projektierten Nord-Süd- und Ost-West-Autostraßen auf, die sich bei Grötzingen kreuzen sollen, sowie die großräumige Neuordnung der Bahnanlagen durch *Sprengung oder zum mindesten [...] Auflockerung des die Stadt im Osten, Süden und Westen umgebenden Rings der Eisenbahnanlagen* zugunsten einer nördlich des Stadtparks durch den Hardtwald verlaufenden Querspange[5]. Diese wird parallel zur Ost-West-Autostraße (Stuttgart-Karlsruhe-Pfalz) geführt und soll die im Osten und Westen der Stadt in zwei neuen Bahnhöfen zusammengeführten Bahnlinien miteinander verbinden. Weiterhin werden Wasser (blau) und Wälder (dunkelgrün) ausgewiesen sowie Grünanlagen (hellgrün) für die *Volksgesundheit*, mit Parks, Friedhöfen, Kleingärten, Spiel- und Sportplätzen *(Tafel 1)*.

Der Generalbebauungsplan, der 1926 auf dem Internationalen Städtebau-Kongress in Wien einem großen Fachpublikum vorgestellt wird, soll die räumliche Entwicklung der Stadt lenken und gleichzeitig Baudenkmäler und Landschaftsbilder schützen. Der Charakter Karlsruhes als *Garten- und Grünstadt* soll dabei erhalten und vertieft werden[6]. Die Stadt soll nicht mehr allein über gefasste Stadtplätze, Alleen und Schmuckanlagen durchgrünt werden, sondern auch über das Einbeziehen von großräumigen Landschaftselementen wie Hardtwald, Albufer und Rheinwald.

Der Anteil der Grünflächen am *Stadtorganismus* soll vervielfacht und diese über bepflanzte Wege und Grünzüge miteinander verbunden werden. Besonders stechen folgende Grünräume im Generalbebauungsplan hervor: die Rennwiesen östlich von Rüppurr, die als Ausstellungsgelände und Sportbahn ausgewiesen werden; die Anlagen am Albufer und der Waldfriedhof; der sogenannte *Sportpark Hardtwald* im Waldring, mit Kleingärten, Sport- und Erholungsstätten im *Wald- und Grüngürtel*, die bis ins Stadtinnere reichen; die Rheinparkanlagen, wo 1929 das Strandbad in Rappenwört eröffnet wird[7]. Schneider sind diese Vorhaben so wichtig, dass er 1927 eine separate Broschüre zur Grünpolitik im Karlsruher Generalbebauungsplan herausgibt[8].

Unter dem Einfluss der Arbeiten von Robert Schmidt, dem Direktor des Siedlungsverbands Ruhrkohlenbezirk, fordert Schneider im Erläuterungsbericht zum Generalbebauungsplan ein dem Preußischen Städtebaugesetz entsprechendes Siedlungsplangesetz, dessen Entwurf gleich mitliefert wird[9]. Da die benötigten gesetzlichen Grundlagen aber nicht geschaffen werden und sich auch die Bahndirektion wenig kooperativ zeigt, können gerade die aufwendigen verkehrspolitischen Schlüsselmaßnahmen, nämlich die geplante nördliche Querverbindung durch den Hardtwald, die *Zusammenfassung der [östlichen] Eisenbahnlinien in einem Gemeinschaftsbahnhof Karlsruhe Ost-Durlach, [die] Verlegung des Verschubbahnhofs nach dem Süd- oder Nordwesten der Stadt, [die] Beseitigung der*

---

[5] H. SCHNEIDER, Die Grünpolitik im Karlsruher Generalbebauungsplan. Der Rheinpark Rappenwört, Karlsruhe 1927, S. 9; siehe auch SCHNEIDER, Generalbebauungsplan (wie Anm. 4), S. 72.
[6] SCHNEIDER, Generalbebauungsplan (wie Anm. 4), S. 94.
[7] Ebd., S. 95.
[8] SCHNEIDER, Die Grünpolitik (wie Anm. 5).
[9] SCHNEIDER, Generalbebauungsplan (wie Anm. 4), S. 101–103.

Gleisanlagen des jetzigen Westbahnhofs unter Umleitung, mindestens aber Hochlegung der Maxaubahn, nicht umgesetzt werden[10].

Weitsichtiger erweist sich der Generalbebauungsplan jedoch bezüglich der Straßenplanung. Obwohl in Deutschland bis dato noch kein einziger Kilometer Autobahn gebaut worden war, werden die in jenen Jahren heiß diskutierten, aber bis auf wenige Ausnahmen erst unter dem NS-Regime realisierten Autostraßenprojekte nicht einfach nur in die Planung übernommen. Man denkt vielmehr einen Schritt weiter, beispielsweise an eine kreuzungsfreie Verkehrsführung des neuen Straßentyps im Karlsruher Raum. So finden sich unter den Abbildungen zum Generalbebauungsplan auch die Entwürfe für das geplante Autobahnkreuz bei Grötzingen und die Anbindung an die Nord-Süd-Autobahn bei Wolfartsweier[11]. Hermann Schneider sitzt als Vertreter der Stadt im HaFraBa-Verein, der 1926 auf Initiative deutscher Städte, Industriekonzerne und Handelsorgane mit schweizerischer und italienischer Beteiligung gegründet wurde, um die Schaffung einer modernen Straßenverbindung zwischen den Häfen der Nordsee und des Mittelmeers voranzutreiben, gedacht auch als wirtschaftspolitische Antwort auf die Folgen des Versailler Vertrags. Gerade an diesem unter dem Kürzel HaFraBa bekannten Projekt einer Autostraße von Hamburg über Frankfurt bis Basel – und weiter bis nach Genua – ist Karlsruhe besonders interessiert.

Das monumentale Karlsruhe –
Carl Peter Pflästerers Planungen der 1930er Jahre

Trotz des Scheiterns des Verkehrskonzepts behält der vom Generalbebauungsplan vorgegebene großräumige Planungsrahmen auch in den 1930er Jahren seine Gültigkeit, zumal das Karlsruher Stadtgebiet seit Jahrzehnten kontinuierlich wächst – an der Schwelle zum 20. Jahrhundert durch Abgabe von Grund des Badischen Hofes, später dann durch Eingemeindungen – von knapp 3 km² 1871 über 44 km² 1910 (mit Mühlburg, Beiertheim, Rintheim, Rüppurr, Grünwinkel und Daxlanden), 86 km² 1935 (mit Bulach und Knielingen) auf 123 km² 1938 (mit Durlach und Hagsfeld)[12].

Damit wachsen auch die planerischen Herausforderungen und Aufgabenfelder. Entsprechende Dienststellen und Planungsämter werden geschaffen, deren Arbeit mit der Person des von 1919 bis 1954 tätigen städtischen Oberbaurats Carl Peter Pflästerer über die politischen Brüche hinweg für eine gewisse Kontinuität steht[13]. Pflästerer arbeitet ab 1924 am Generalbebauungsplan sowie an der Planung für das Rheinstrandbad Rappenwört und reicht zum Wettbewerb für die Dammerstock-Siedlung einen eigenen Entwurf ein. Über die Leitung des Stadterweiterungsbüro (1929) steigt er nach dem Zweiten Welt-

---

10 SCHNEIDER, Die Grünpolitik (wie Anm. 5), S. 9 f.
11 SCHNEIDER, Generalbebauungsplan (wie Anm. 4), Abb. 30 und 31.
12 SCHNEIDER, Generalbebauungsplan (wie Anm. 4), S. 24. Weitere Eingemeindungen (Hohenwettersbach, Stupferich, Wolfartsweier, Grötzingen, Wettersbach, Neureut) erfolgen erst wieder in den 1970er Jahren im Zuge der Gemeindereform. Heute beträgt die Fläche des Stadtgebiets rund 173 km².
13 Zur Person und zum Werk Pflästerers, siehe I. DUPONT, Carl Peter Pflästerer und die Stadtplanung Karlsruhes in der ersten Hälfte des 20. Jahrhunderts, Karlsruhe 2012.

krieg zum Leiter des Stadtplanungsamts (1947) auf, wobei seine Karriere allerdings nicht geradlinig verläuft, da er als Mitglied der SPD anfänglich dem NS-Regime reserviert gegenübersteht.

Der politische Bruch von 1933 trifft insbesondere Karlsruhe, das aufgrund seiner sensiblen Lage als *Gau- und Grenzlandhauptstadt* einem verlässlichen Parteimitglied der ersten Stunde übertragen wird, Robert Wagner (1895–1946), Reichsstatthalter und Gauleiter von Baden. Stadt- und Ämterspitzen werden ausgetauscht, Baubürgermeister Schneider wird entlassen und Pflästerer die Leitung des Stadterweiterungsbüros zugunsten des NSDAP-Manns Johannes Dommer (1881–1974) entzogen, der wie er am Generalbebauungsplan und an den Planungen für die Dammerstock-Siedlung beteiligt war.

Insofern mag es nicht verwundern, dass unter der symbolbeladenen Schicht der NS-Planungen ab 1933 immer wieder der Generalbebauungsplan als Grundgerüst durchscheint. Handfeste städtebauliche Fragen zur Modernisierung der stetig wachsenden Weinbrennerstadt, die über die Jahrzehnte immer drängender wurden, werden in der Folge mit Visionen einer tiefgreifenden Umformung der Stadt im Sinne des Nationalsozialismus verbunden. Ansatzpunkt ist die Verbreiterung und der Ausbau von Friedrich Weinbrenners (1776–1826) Via triumphalis südlich des Ettlinger Tors, um eine klarer gefasste Verbindung zwischen Stadtzentrum und dem 1907 nach Süden jenseits des Stadtparks verlegten Hauptbahnhof zu gestalten. Ein 1924 ausgerichteter und von Hermann Billing (1867–1946) gewonnener Wettbewerb sollte den damals schon *zwanzig Jahre dauernden Streit um die Ettlinger-Tor-Baufrage* lösen. Von Billings Vorschlag, einem symmetrischen, arkadengesäumten Platz, der nach Süden von zwei identischen Verwaltungsgebäuden abgeschlossen wird, kann bis 1938 nur das Reichspostgebäude errichtet werden[14].

Insgesamt passt Billings Entwurf jedoch nicht mehr in die neue Zeit. Nach einer Besprechung Ende 1935 bei Reichsstatthalter Wagner wird klar, dass ihm für »seine« Gauhauptstadt eine großzügige Neuordnung vorschwebt, die sich an Albert Speers Planungen in Berlin anlehnt[15]. So soll die Via triumphalis südlich des Ettlinger Tors zu einem gigantischen Gauforum ausgebaut werden, für das Teile des Stadtgartens überbaut werden sollen. Der monumentalen Platzfolge auf der Nord-Süd-Achse steht der Ausbau der Ost-West-Achse zwischen Rhein und Durlach gegenüber, mit ähnlich repräsentativen Platzanlagen am Entenfang im Westen und am Durlacher Tor im Osten (*Tafel 2*). Mit dieser Aufgabe, für die zu Anfang auch freischaffende Karlsruher Architekten wie Hermann Alker (1885–1967), Otto Ernst Schweizer, Max Beller, Richard Hartmann und selbst Hermann Billing konsultiert wurden, wird 1936 das Stadtplanungsamt betraut, das als eigenständige Behörde aus dem bis dahin dem Tiefbauamt unterstellten Stadterweiterungsbüro hervorgeht. Dort wiederum wird Pflästerer, der zwar noch kein Partei-

---

[14] H. SCHNEIDER, Das Ettlinger Tor in Karlsruhe, Karlsruhe 1924, S. 2; vgl. G. KABIERSKE, Bebauung des Ettlinger-Tor- und Festplatzes Karlsruhe 1924–1938, in: DERS., Hermann Billing. Architekt zwischen Historismus, Jugendstil und Neuem Bauen (Ausst.-Kat.), Karlsruhe 1997, S. 224–234.

[15] Besprechung bei Robert Wagner, 19. 12. 1935, StadtAK 7/Nl 24 Pflästerer 149. Aus der Hand Albert Speers, der 1923/24 an der Karlsruher Fridericiana studiert hatte, stammt ein nicht erhaltener Gegenentwurf zu Billings Planungen, vgl. KABIERSKE (wie Anm. 14), S. 232.

Abb. 1 C. P. Pflästerer, Planung zur Neugestaltung Karlsruhes (1936–1943), Modellaufnahme der Nord-Süd-Achse mit Gauforum an der Ettlinger Straße zwischen Ettlinger Tor (r.) und Ehrentor (l.), um 1937

mitglied, aber ein erfahrener Planer und talentierter Zeichner ist, der verantwortliche Entwerfer[16].

So arbeitet Pflästerer nach seinen wichtigen Beiträgen für das Karlsruhe des Neuen Bauens erneut an großen städtischen Bauvorhaben, zunächst hinter den Kulissen im Stadtplanungsamt, ab 1937 als frisches NSDAP-Mitglied auch wieder in prominenter Position[17]. Im Zuge der Neuordnung der städtischen Ämter ernennt ihn der ab 1938 amtierende Oberbürgermeister Oskar Hüssy (1903–1964) 1939 zum Leiter des neugeschaffenen Amts für städtebauliche Sonderaufgaben und allgemeine Baupflege. Pflästerer unterliegt nunmehr die Aufsicht über alle öffentlichen und privaten Bauvorhaben der Stadt. Durch sein Gegenzeichnen der Baugenehmigungen beeinflusst er alle Entscheidungen, die das architektonische Gesamtbild der Stadt betreffen, was für Karlsruhes geplante Neugestaltung eine Synthese zwischen der *Verpflichtung gegenüber der abgeklärten Arbeit Weinbrenners* und den *raumgreifenden Ideen des Nationalsozialismus* bedeutet[18].

Im Zentrum seiner Arbeit steht die Ausgestaltung des riesigen Gauforums entlang der Ettlinger Straße (*Abb. 1*). Das Herzstück der nationalsozialistischen Stadt sollen die Mo-

---

[16] Ebd., S. 233.
[17] H. Ringler, Die Karlsruher Akteure des Projekts Dammerstock. Politiker – Stadtplaner – Architekten, in: B. Frantzen (Red.), Neues Bauen der 20er Jahre. Gropius, Schwitters und die Dammerstock-Siedlung in Karlsruhe, Karlsruhe 1997, S. 56 f.; vgl. E.-O. Bräunche, Gauhauptstadt auf Widerruf – Karlsruhe im Zweiten Weltkrieg, in: K. Krimm (Hg.), NS-Kulturpolitik und Gesellschaft am Oberrhein 1940–1945 (Oberrheinische Studien 27), Ostfildern 2013, S. 84.
[18] C. P. Pflästerer, Manuskript vom 27. 3. 1938, StadtAK 7/Nl 24 Pflästerer 178.

Abb. 2 C. P. Pflästerer, Planung zur Neugestaltung Karlsruhes (1936–1943), Perspektive des Durlacher-Tor-Platzes an der Ost-West-Achse, um 1940

numentalbauten für Partei und Staat um Gauhaus und Festhalle bilden. Den südlichen Abschluss des Aufmarschplatzes markiert ein Ehrentor, von dem aus die Nord-Süd-Achse über den Hauptbahnhof und die südlichen Vororte bis nach Ettlingen verläuft. Auch die Ost-West-Achse entlang der Kaiserstraße und Kaiserallee führt über den riesigen Platz am Durlacher Tor hinaus, das dem Übergang zwischen der klassizistischen Stadt und den Vororten im Osten einen baulichen Rahmen geben und eine großzügige Verkehrsführung für die vielen hier einmündenden Straßen erlauben soll (*Abb. 2*).

Im weiteren Verlauf der beiden Straßenachsen nach Süden beziehungsweise nach Osten stellt sich nun auch die Frage des Anschlusses Karlsruhes an das Netz der Reichsautobahnen. Die Nord-Süd-Strecke der HaFraBa ist im Oktober 1937 von Frankfurt bis Ettlingen durchgehend befahrbar, und auch an der Autobahnverbindung nach Stuttgart und München wird gebaut, so dass im Dezember 1938 das fehlende Teilstück zwischen Karlsruhe und Pforzheim dem Verkehr übergeben werden kann. Wie im fernen Berlin, wo Speers Achsenkreuz in den Autobahnring um Berlin mündet – oder im nahen Mannheim, wo die Einfahrt der Autobahn in die Augustaanlage mittels einer von Bauten für die Partei gesäumten und bis 1940 fertiggestellten Platzfolge inszeniert wird – verschmelzen auch in Pflästerers Entwürfen für Karlsruhe nationalsozialistisches Neugestaltungsprogramm und großstädtische Verkehrsplanung (*Tafel 3*).

An der Kleeblattkreuzung zwischen Nord-Süd-Achse und Autobahn soll im Süden von Rüppurr ein neues Wohngebiet entstehen, für das Pflästerer Bebauungspläne und Modelle anfertigt[19]. Für die näher an der Stadt gelegene Anbindung der Ost-West-Achse an die Autobahn wird nach Verhandlungen mit der Reichsautobahnbehörde die in Ro-

---

[19] C. P. Pflästerer, Stadtplanung Karlsruhe 1924–1939. Pläne & Skizzen, StadtAK 7/Nl 24 Pflästerer 174, 152–156.

bert-Wagner-Allee umbenannte Durlacher Allee bis September 1938 großzügig verbreitert und auf einem Damm über die Autobahn geführt. Der Übergang über die Autobahn soll mit dem Reichsadler oder dem badischem Greif als Hoheitszeichen inszeniert werden, eine Lösung, *die sich würdig an die Ausführung der Einfahrten zur Reichsautobahn anderer Städte, insbesondere der Stadt Mannheim, anschließt*[20].

Acht Jahre lang beschäftigt sich Pflästerer in immer wieder überarbeiteten Entwürfen mit der Ausgestaltung des Karlsruher Achsenkreuzes. Zwar ist in seinen Vorschlägen das siedlungsräumliche und verkehrliche Grundgerüst des Generalbebauungsplans von 1926 immer noch zu erkennen, doch anstelle der landschaftsbezogenen *Grün- und Gartenstadt* mit ihren Erholungsräumen, Sportflächen und Kleingärten für die Bewohner der Stadt rücken die *Sonderaufgaben* in der Innenstadt ins Zentrum seines Interesses, denn die Ausarbeitung der Pläne für die monumentalen Bauten und Raumfolgen haben Priorität. Trotz Kriegsbeginn führt Pflästerer mit Hüssys Einverständnis diese Teilplanung bis 1943 weiter, nun als Kompensationsmaßnahme für den Verlust der Hauptstadtfunktion Karlsruhes an Straßburg, das zum Regierungs- und Verwaltungssitz eines aus Elsass und Baden gebildeten Oberrhein-Gaus ausgebaut werden soll.

Pflästerers Spagat, den Geist der klassizistischen Weinbrennerstadt zu erhalten und gleichzeitig ein pompöses Bauprogramm in den Stadtkörper zu zwängen, scheitert an seinem eigenen Anspruch, da ganze Teile der alten Stadt für die Neugestaltung hätten abgerissen werden müssen. Mit den Überlegungen zur Anbindung Karlsruhes an das Autobahnnetz und später mit den Kriegszerstörungen wird deutlich, dass Pflästerer neben Weinbrennerstadt und NS-Stadt städtebauliche Forderungen in seine Planungen miteinbezieht, die sich auch ohne den symbolischen Überbau stellen. Für den Wiederaufbau der Stadt schlägt er noch im Krieg die Auflockerung der Innenstadt und Teilsanierung der Südstadt sowie die Umgestaltung und Verbreiterung der Kaiserstraße und Rheinstraße vor. Nach seinem Entnazifizierungsverfahren wieder in Amt und Würden, stellt Pflästerer 1947 seine Entwürfe und Aquarelle ideologisch gereinigt in einer Ausstellung im Badischen Kunstverein als wiederaufbautaugliche Planung für Karlsruhe aus[21].

Stadtregion und Wirtschaftsraum – Roman Heiligenthal und das Neue Straßburg

Pflästerers Entwürfe stehen im Gegensatz zum großräumlichen Vorschlag des Bruchsaler Architekten, Stadtökonomen und Städtebautheoretikers Roman Heiligenthal für Straßburg, der designierten Hauptstadt des Gaus Baden-Elsass[22]. Heiligenthal beschäftigt sich in theoretischen Untersuchungen, aber auch in konkreten Planungen sehr früh mit Fragen der Stadt-Land-Beziehung, der Metropolentwicklung und der Regionalplanung, die

---

[20] Ebd., 149–151 und 252–254; C. P. PFLÄSTERER, J. DOMMER, maschinengeschr. Manuskript vom 16. 1. 1937, StadtAK 7/Nl 24 Pflästerer 151.

[21] Ausstellung »Planung, Wiederaufbau Karlsruhe« vom 30.9.–26. 10. 1947 im Badischen Kunstverein, StadtAK 7/Nl 24 Pflästerer 172.

[22] W. VOIGT, Deutsche Architekten im Elsass 1940–1944. Planen und Bauen im annektierten Grenzland, Tübingen/Berlin 2012, hier insbes. S. 29–96 (Straßburg als Gauhauptstadt).

er gerade wegen der wechselhaften politischen Großwetterlage als wichtige Arbeitsfelder begreift.

Nach Stationen im Essener Stadterweiterungsamt (1909–1914) unter dem Bau-Beigeordneten Robert Schmidt, dem Gründer des Siedlungsverbands Ruhrkohlenbezirk, und in Berlin, wo er 1914 und von 1918 bis 1926 in der Verwaltung Groß-Berlins die Bauordnung und den Wirtschaftsplan für die Gesamtstadt aufstellt, folgt Heiligenthal 1927 dem Ruf an die Technische Hochschule Karlsruhe, wo er sich bis zu seiner Emeritierung 1949 vor allem als Wegbereiter der Landesplanung am Oberrhein einen Namen macht. Die Ergebnisse der von ihm und seinen Mitarbeitern am Institut für Städtebau, Stadtwirtschaft und Siedlung gemachten Untersuchungen veröffentlicht er in den zwölf Heften der zwischen 1933 und 1941 erscheinenden *Siedlungsstudien*, die das künftige Arbeitsfeld der Raumplaner am Oberrhein umreißen[23]. Trotz mancher sich ideologisch anbiedernder Hefte bleibt Heiligenthals Sicht auf den Oberrhein insgesamt die des Ökonomen, der hinter dem Verlust der politischen Einheit des Gebiets vor allem die verloren gegangene sozio-ökonomische Einheit bedauert. Im Zentrum seiner landesplanerischen Überlegungen steht daher in erster Linie der wirtschaftliche Aufschwung entlang des Flussraums, den er als Verkehrs- und Handelsverbindung zwischen Nord- und Südeuropa betrachtet.

Besonders deutlich wird dies in den letzten beiden Bänden der *Siedlungsstudien*, die 1941 erscheinen und dem wiedergewonnenen Elsass mit Straßburg gewidmet sind, wo die deutschen Besatzer Großes vorhaben[24]. Anlässlich seines Besuchs in Straßburg am 29. Juni 1940 legt Adolf Hitler persönlich fest, dass das *Neue Straßburg* zur Stadt am Rhein ausgebaut werden soll, zumal es als neue Gauhauptstadt nun auch über Gebiete beiderseits des Stroms wacht. Theodor Ellgering (1897–1962), stellvertretender Oberbürgermeister von Duisburg im Siedlungsverband Ruhrkohlenbezirk, erscheint den deutschen Besatzern als der geeignete Mann, um als Straßburger Stadtkommissar innerhalb weniger Monate eine deutsche Stadtverwaltung aufzubauen[25]. Im November 1940 legt Ellgering eine erste Skizze für den Großraum Straßburg vor, deren Ambition durchaus mit der des Karlsruher Generalbebauungsplans vergleichbar ist. So geht er für die kommenden fünfzig Jahre von einer Verdoppelung der Bevölkerung Straßburgs aus und fordert eine grundlegende Neuordnung der Siedlungsgebiete der Stadt und der umliegenden Gemeinden. Im Vordergrund stehen dabei die Entmischung von Industrieflächen und Wohngebieten und die Stärkung der Grünräume als trennendes Element. Im Westen Straßburgs soll der ehemalige Festungsring zum Grüngürtel werden und die Stadt von

---

[23] Für eine kritische Würdigung der Hefte 1–10 der *Siedlungsstudien*, siehe E. VONAU, À la recherche de l'unité perdue. Les travaux d'aménagement régional de Roman Heiligenthal 1933–1941, Transeo 2–3 (April 2010), unter www.transeo-review.eu/A-la-recherche-de-l-unite-perdue.html (abgerufen am 12.5.2014).

[24] R. HEILIGENTHAL, Neubau Straßburgs. Grundlagen und Vorschläge (Siedlungsstudien 11), Heidelberg 1941; DERS., Straßburg unter den Rheinstädten (Siedlungsstudien 12), Heidelberg 1941.

[25] Theodor Ellgering war seit 1914 bei der Stadt Duisburg beschäftigt, ab 1934 als Bürgermeister. In Straßburg wird er von Ende Juni 1940 bis März 1941 als Stadtkommissar eingesetzt, danach bei der Gesandtschaft in Bukarest und 1943–1945 als Geschäftsführer des interministeriellen Luftkriegsschädenausschusses; vgl. VOIGT (wie Anm. 22), S. 179 (Fußnote 94).

den gartenstadtartigen Stadterweiterungen trennen, die Ellgering hier vorsieht. Weitere Siedlungsflächen sollen am Rhein geschaffen werden, indem die Industrie- und Hafenanlagen von Straßburg und Kehl vereinigt werden.

Da die Straßburger Gemeindegrenzen von 1939 nicht mehr dem Wachstum der Stadt entsprechen und eine kohärente Stadtentwicklung im Sinne Ellgerings unmöglich machen, werden wenig später mit der Eingemeindung acht linksrheinischer Vororte und dem rechtsrheinischen Kehl Tatsachen geschaffen. Dem administrativen Gewaltakt sollen nun auch die von Hitler geforderten städtebaulichen und architektonischen Großtaten folgen, um Straßburg an den Rhein zu bringen. Hitler selbst hatte entschieden, dass Straßburg und Kehl über drei, zusammen ein liegendes Y bildende Erschließungsachsen miteinander verbunden werden sollten, in deren Verlauf nun großzügige Flächen für ein Ausstellungsgelände, für eine Beamtenwohnstadt und für militärische Anlagen ausgewiesen werden. Im Schnittpunkt der drei Achsen, auf halbem Weg zwischen der Straßburger Altstadt und Kehl, soll als Herz der NS-Stadt ein politisches Forum mit den neuen Bauten für Staat und Partei entstehen.

Auf der Grundlage dieser Festlegungen lobt der nun auch für das Elsass zuständige Gauleiter Wagner im Januar 1941 einen Wettbewerb zur Gestaltung des *Neuen Straßburgs* aus, zu dem nach einigem Hin und Her neben den sechs badischen Architekten Hermann Alker, Hans Möhrle, Wolfdietrich Panther, Erich Schelling, Joseph Schlippe und Alfred Wolf auch zwei im Elsass geborene Architekten eingeladen werden, nämlich Richard Beblo und Paul Schmitthenner.

Doch weder Hitler noch Speer, die den Wettbewerb 1942 entscheiden sollten, scheinen die eingereichten Entwürfen und Modelle gesehen zu haben. Einerseits lässt Gauleiter Wagner, der auf eine Hauptstadtverlegung nach Straßburg nicht erpicht ist, die Entscheidung im Sande verlaufen, andererseits haben sich durch den Kriegsverlauf andere Prioritäten ergeben, welche die erzwungene Vision einer in Stein gebauten Gauhauptstadt beiderseits des Rheins in den Hintergrund rücken lassen.

Abgesehen vom Entwurf Richard Beblos (1905–1993), der ab November 1940 als kommissarischer Stadtbaudirektor Straßburgs in die Fußstapfen seines Vaters Fritz Beblo (1872–1947) tritt und die städtische Bauverwaltung leitet, befasst sich keiner der Konkurrenten tiefer mit den städtebaulichen Fragen der Stadt und der Entwicklung des Straßburger Großraums. Ein weiterer stimmiger Entwurf kommt vielmehr von außen.

Im Vorfeld des Planungswettbewerbs veröffentlicht Heiligenthal eigene Vorschläge für die Neuordnung des Straßburger Wirtschafts- und Verkehrsraums beiderseits des Rheins. Heiligenthal arbeitet im Herbst 1940 mit Erich Schelling (1904–1986) an einem Entwurf zur Ost-West-Achse zwischen Straßburg und Kehl, um sich für kommende Aufgaben zu empfehlen, allerdings wird nur Schelling zum Wettbewerb eingeladen[26]. Heiligenthal führt die Arbeit allein weiter und erweitert sie zu einer Studie über den Großraum Straßburg, bei der er Ellgerings Konzept verfeinert, indem er die geografischen Besonderheiten Straßburgs berücksichtigt. Die Siedlungsgebiete der Stadt werden durch eine großräumliche Freiraumstruktur entlang des Rheins und seiner Zuläufe und Verbindungskanäle neu geordnet (*Abb. 3*).

---

[26] VOIGT (wie Anm. 22), S. 41 und 179.

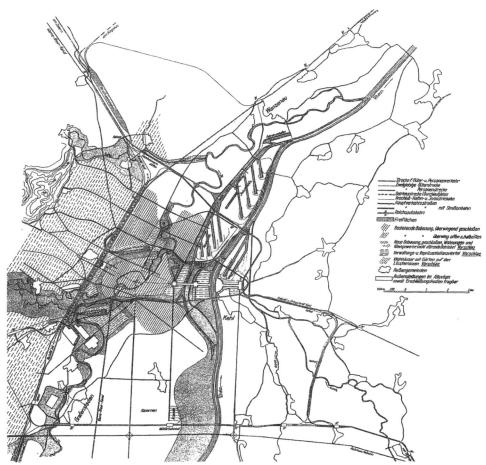

Abb. 3   R. Heiligenthal, Entwurf zur Neuordnung des Großraums Straßburg (1940/41), Plan für den Neubau Straßburgs

Die Straßburger Gleisanlagen rückt Heiligenthal nach Westen, an den Rand der Lössterrassen, die als Siedlungsfläche für Kleinhäuser mit Gärten ausgewiesen werden. Dadurch schafft er mehr Raum für die Flusslandschaft entlang der Ill, die in den nun als Grüngürtel fungierenden Westabschnitt des aufgelassenen Festungsrings der Stadt übergeht. Hafen- und Industrieanlagen werden im Norden der Stadt beiderseits des Rheins gebündelt, so dass im zentralen Bereich zwischen Straßburger Altstadt und Kehl Flächen für ein *Verwaltungs- und Repräsentationsviertel* ausgewiesen werden können. Hierhin legt er, wie in der Auslobung des Wettbewerbs gefordert, ein monumentales politisches Forum, das die deutsche Herrschaft am Rhein markieren soll.

Heiligenthal arbeitet hier wie Pflästerer in Karlsruhe mit den für die Speerschen Neugestaltungsstädte typischen Stadträumen, die entlang einer *West-Ost-Achse* von Kehl über eine *monumentale Rheinfront* zur Straßburger Altstadt aufgereiht sind. Diese Achse soll das *Symbol* werden *der Kämpfe um den Rheinübergang, des nun zwei Jahrtausende dauernden Ringens um die Oberrheinlande. Nur dadurch kann hier eine Straße nationaler Wallfahrt entstehen, daß ein architektonischer Rahmen geschaffen wird, der beide Ufer des Rheinbogens von Straßburg zusammenfaßt.* [...] *Im Osten soll die Anlage in einem Platze endigen, der als Vorplatz für den zu verlegenden Bahnhof Kehl dient. Dieser Bahnhof bzw. der Bahnhofsvorplatz mit seiner Verbindung an die Reichsautobahn und seinen Straßenbahnlinien dienen dem Aufmarsch der Besucher vom rechten Rheinufer. Von hier aus soll der Marsch an den Rhein und (mit Motorbooten) über den Rhein angetreten werden, den Turm des Münsters vor Augen*[27].

Im Schatten dieser ideologisch aufgeladenen und gleichwohl kuriosen Inszenierung arbeitet Heiligenthal einen für die Entwicklung des Straßburger Großraums unabdingbaren Planungsaspekt heraus, nämlich die Neuordnung der Verkehrsnetze. Er schlägt vor, die Bahntrasse über den Rhein aus dem Übergangsbereich zwischen Straßburg und Kehl herauszunehmen und durch einen Eisenbahnring zu ersetzen, der großräumig um beide Städte geführt wird. Damit soll sich auch das im Übergangsbereich vorgesehene monumentale Stadtquartier als Verbindungselement zwischen Kehl und Straßburg besser entwickeln können. Der nördliche Bahnbogen verbindet den neuen Bahnhof östlich der Kehler Innenstadt mit dem Hafen- und Industriegebiet im Norden, den weiter in den Westen Straßburgs verlegten Bahngleisen und dem neuen Hauptbahnhof der Stadt. Die Südtrasse hingegen soll vor allem die Kasernen über einen eigens angelegten Militärbahnhof an die links- und rechtsrheinischen Bahnnetze anbinden. Die Reichsautobahn wird parallel zur Südtrasse über den Rhein geführt, mit Anbindungen zum neuen Kehler Bahnhof und zur Straßburger Altstadt, so dass auch für die Straße der Schwerlast- und Durchgangsverkehr aus dem zentralen Übergangsbereich herausgenommen wird.

In einer Entwurfsvariante hinterfragt Heiligenthal auch die zukünftige Rolle des Straßburg gegenüberliegenden Rheinufers und betrachtet als mögliches Vorbild für die Entwicklung eines rheinüberschreitenden Straßburger Großraums die Region Rhein-Neckar um Mannheim, Ludwigshafen und Heidelberg, deren Entwicklung ebenfalls durch die alliierte Rheinlandbesetzung (1918–1930) und die Grenznähe zu Frankreich gestört wurde. Dabei fragt er sich, ob *Kehl lediglich die Rolle eines Brückenkopfes spielen wird, oder ob hier eine Stadt entstehen kann, etwa von der Größe und Bedeutung Ludwigshafens*[28]. (*Abb. 4*)

Auch Heiligenthals Vorschläge münden nicht in konkrete Maßnahmen, zumal die Planungen der Besatzungszeit am Kriegsende in den Schubladen verschwinden. Manche der aufgeworfenen Fragen bleiben jedoch aktuell. So wird der von Ellgering mittels Zwangseingemeindungen geschaffene Großraum Straßburg nach der Befreiung wieder annulliert, mit der Gründung des »Gemeindeverbands Straßburg« werden jedoch schon 1967 Überlegungen angestoßen, die mit der Schaffung des Eurodistrikts Strasbourg-Ortenau 2005 die Entstehung einer rheinübergreifenden »Eurometropole« – so nennt sich der Gemeindeverband seit 2015 – einleiten. Das Zusammenwachsen von Straßburg und Kehl wird nach wie vor durch den Schwerlastverkehr und die Bahnanlagen erschwert,

---

[27] HEILIGENTHAL, Neubau Straßburgs (wie Anm. 24), S. 16.
[28] HEILIGENTHAL, Straßburg unter den Rheinstädten (wie Anm. 24), S. 5.

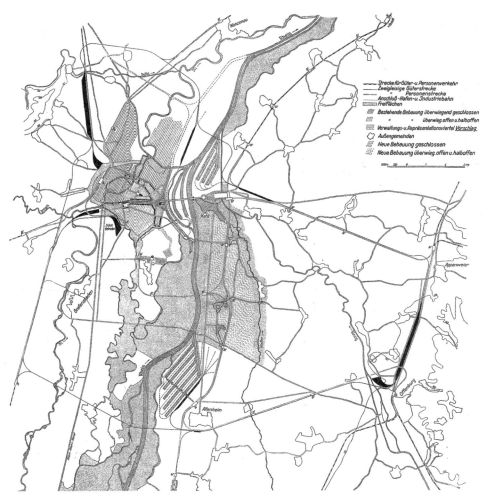

Abb. 4 R. Heiligenthal, Entwurf zur Neuordnung des Großraums Straßburg (1940/41), Plan zur Ausdehnung Straßburgs auf das rechte Rheinufer, 1941

wobei die seit 2002 eröffnete südliche Autobahnquerung des Rheins durchaus Parallelen zu Heiligenthals Entwurf aufweist.

Aufbau und Neuordnung – Otto Ernst Schweizers Bandstadt für Karlsruhe

Interessanterweise sind keine derart detaillierten Überlegungen oder gar Entwürfe Heiligenthals zum Karlsruher Raum bekannt. Die Kriegszerstörungen und der drohende Bedeutungsschwund der Stadt durch den Verlust der Hauptstadtfunktion führen im Herbst 1943 zur Beauftragung seiner Karlsruher Kollegen von der Technischen Hochschule, des Architekten und Stadtplaners Otto Ernst Schweizer und des Verkehrsplaners Friedrich Raab, mit den Planungen für den Wiederaufbau und die zukünftige Entwicklung Karlsruhes[29].

Die Doppelstrategie Oberbürgermeister Hüssys, Kompensierungs- und Wiederaufbaumaßnahmen miteinander zu verknüpfen, orientiert sich an den *Richtlinien für den baulichen Luftschutz im Städtebau* und den damit verbundenen Vorgaben zur Trennung von Wohn- und Gewerbegebieten und zur Auflockerung der Bebauung[30]. Im Schatten des Luftkriegs stehen nun nicht mehr Monumentalbauten für Staat und Partei auf der Tagesordnung, sondern die funktionelle Entmischung des Stadtkörpers und die Außenwanderung der Industrie, verbunden mit der verkehrlichen Neuordnung des Karlsruher Großraums. Nach Vorgesprächen Hüssys und Dommers mit Raab, der die Bahnanlagen neu trassieren soll, wird auf dessen Empfehlung Schweizer mit dem städtebaulichen Teil der Neuordnungsstudie beauftragt[31].

Schweizer und Raab erarbeiten bis September 1944 eine radikal moderne Studie zur Neuordnung des Großraums Karlsruhe, in der ähnlich wie bei Heiligenthal Überlegungen zum Siedlungs- und Wirtschaftsraum sowie zur Verkehrsinfrastruktur dominieren. Schweizers Ansatz ist es, Fragen der Verkehrsordnung und der Siedlungs- und Wirtschaftsentwicklung zu den geografischen Elementen der Stadtlandschaft des Rheintals um Karlsruhe in Beziehung zu setzen[32]. Er unterscheidet hierbei drei landschaftlich verschiedene Zonen der Gesamtstadt: die Rheinebene mit den parallel zum Fluss verlaufenden Verkehrswegen und kettenförmigen Siedlungsstrukturen, das Hochplateau am Schwarzwaldrand und Karlsruhe mit seinen Stadtbezirken[33] (*Abb. 5*).

Der Geografie des Rheintals um Karlsruhe passt Schweizer seinen *Idealplan einer Großstadt* von 1931 an, der Le Corbusiers (1887–1965) starrem Schema der *Ville contemporaine* eine erweiterungsfähige *elastische* Stadtstruktur entgegensetzt, die Parallelen zu Nikolai Miljutins (1889–1942) sowjetischem Bandstadtkonzept aufweist[34] (*Abb. 6*). Sein Entwurf sieht *Trabantenbänder aus Komplexen von Wohneinheiten und zugeordneten Arbeitsstätten beiderseits des Hardtwalds* vor[35]. Dabei werden bestehende Ortschaften und neue Wohnviertel zu Trabantenstädten ausgebaut, die den Bezug zur Landschaft suchen. Zusammen mit den ihnen zugeordneten Industriegebieten werden die Trabanten mittels effizienter Verkehrsadern an die zum *Idealzentrum* wiederaufgebaute Karlsruher

---

[29] W. STREIF (Red.), Otto Ernst Schweizer und seine Schule. Die Schüler zum sechzigsten Geburtstag ihres Meisters, Ravensburg 1950, S. 54–68; I. BOYKEN, Otto Ernst Schweizer 1890–1965. Bauten und Projekte, Stuttgart 1996, hier S. 150–153 und 180 f.

[30] Reichsarbeitsministerium, Richtlinien für den baulichen Luftschutz im Städtebau (RGBl. 1942 I S. 2), 5.9.1942, StadtAK 1/H-Reg. A 1028.

[31] Korrespondenz und Vermerke bezüglich des neuen Wirtschafts- und Verkehrsplan der Stadt Karlsruhe vom 21.10.–13.11.1943, StadtAK, ebd.

[32] O. E. SCHWEIZER, Die städtebauliche Neuordnung von Karlsruhe, 19.9.1944, StadtAK, ebd.

[33] STREIF (wie Anm. 29), S. 56 f.

[34] O. E. SCHWEIZER, Über die Grundlagen architektonischen Schaffens. Mit Arbeiten von Studierenden der Technischen Hochschule Karlsruhe aus den Jahren 1930/34, Stuttgart 1935, S. VII–X (Die neue Stadt) und S. 1.

[35] STREIF (wie Anm. 29), S. 55.

Tafel 1   H. Schneider, Generalbebauungsplan der Landeshauptstadt »Karlsruhe in Baden«, Karlsruhe 1926

ZUM BEITRAG VON VOLKER ZIEGLER

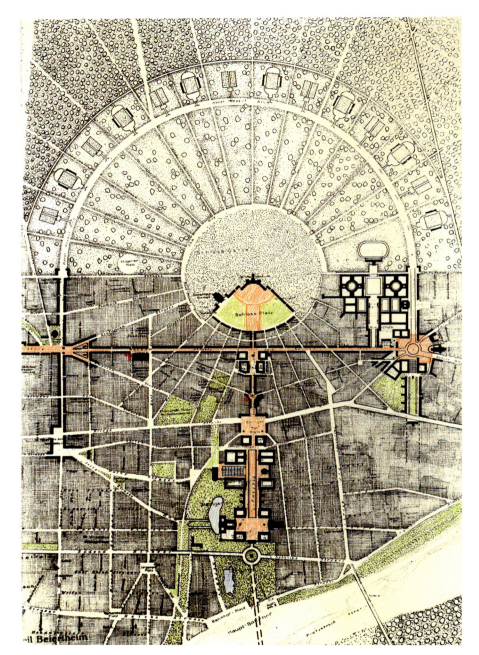

Tafel 2   C. P. Pflästerer, Planung zur Neugestaltung Karlsruhes (1936–1943), Plan der Innenstadt mit Nord-Süd- und Ost-West-Achse, um 1937, datiert 1939

ZUM BEITRAG VON VOLKER ZIEGLER

Tafel 3   C. P. Pflästerer, Planung zur Neugestaltung Karlsruhes (1936-1943), Generalbebauungsplan, 1939

Tafel 4   O. E. Schweizer, Planung zur Neuordnung des Großraums Karlsruhe (1943/44), Planskizze zur Bebauung und Durchgrünung der westlichen Stadtbezirke entlang der Alb, mit trabantenartiger Stadterweiterung nach Südwesten und Umgestaltung im Verlauf der heutigen Reinhold-Frank-Straße

ZUM BEITRAG VON VOLKER ZIEGLER

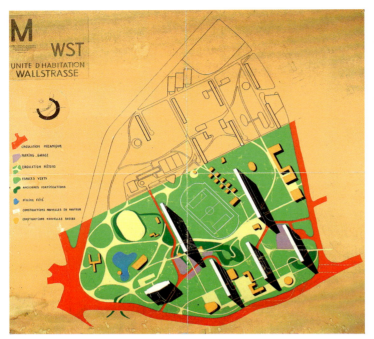

Tafel 5   M. Lods mit A. Bayer und R. Jörg, Planung zum Wiederaufbau von Mainz (1946–1948), Wohneinheit Wallstraße, Plan eines Baufelds, um 1947

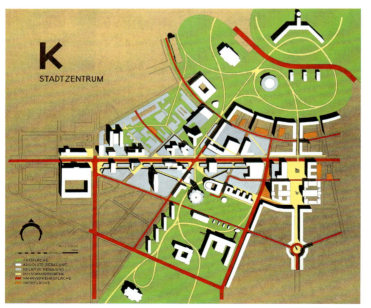

Tafel 6   A. Bayer und R. Jörg, Entwurf zum Ideenwettbewerb Kaiserstraße Karlsruhe (1947/48), Plan des Stadtzentrums

Abb. 5   Bebauungsformen für die drei Zonen der Landschaft von Karlsruhe (Hochplateau, Südstadt Karlsruhe, Forchheim), Modellaufnahmen von Studentenarbeiten am Lehrstuhl von O. E. Schweizer, um 1948/49

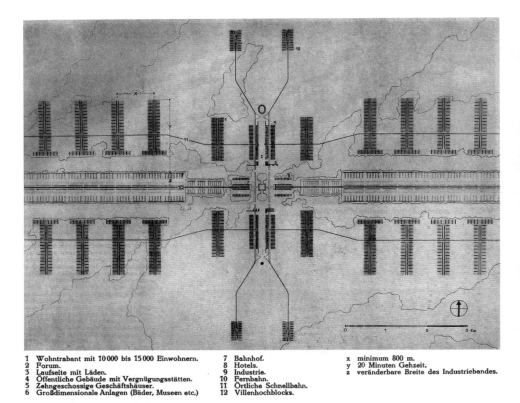

1 Wohntrabant mit 10 000 bis 15 000 Einwohnern.	7 Bahnhof.	x minimum 800 m.
2 Forum.	8 Hotels.	y 20 Minuten Gehzeit.
3 Laufseite mit Läden.	9 Industrie.	z veränderbare Breite des Industriebandes.
4 Öffentliche Gebäude mit Vergnügungsstätten.	10 Fernbahn.	
5 Zehngeschossige Geschäftshäuser.	11 Örtliche Schnellbahn.	
6 Großdimensionale Anlagen (Bäder, Museen etc.)	12 Villenhochblocks.	

Abb. 6   O. E. Schweizer, Die neue Stadt: Idealplan einer Großstadt, 1931

Innenstadt gekettet[36]. Der Westrand des Hardtwalds und der Ostrand des Hochgestades, der die Siedlungskante der am Rhein gelegenen Gemeinden im Süden und im Norden Karlsruhes bildet, begrenzen ein parallel zum Fluss verlaufendes regionales Trabantenband, das von Rastatt über Karlsruhe in Richtung Philippsburg entlang der badischen Staatsstraße und der Bahnlinien verläuft. Ein weiteres Trabantenband führt am Ostrand des Hardtwalds entlang von Karlsruhe-Rintheim nach Norden (Abb. 7).

Jeder Trabant ist ein für 10.000 bis 15.000 Einwohner bemessener, fußläufig in zwanzig Minuten erschließbarer und in sich abgeschlossener Siedlungsorganismus. Er ist in Ost-West-Richtung funktional gegliedert; Arbeiten, Wohnen und Sich-Erholen sind voneinander getrennt. Die Neubaugebiete werden als Wohnkomplexe in Zeilenbauweise an die bestehenden Ortskerne angelagert und durch Grünzüge gegliedert, über die auf kürzestem Weg die Arbeitsstätten erreicht werden können. Das Industriegebiet eines jeden

---

[36]   Auf dem Plan abgebildet sind folgende Gemeinden, die zu Trabantenstädten ausgebaut werden sollen: nach Süden Forchheim, Mörsch, Durmersheim und Bietigheim, nach Nordwesten Knielingen, Neureuth und Eggenstein, nach Nordosten Hagsfeld, Blankenloch und Stutensee.

Abb. 7 O. E. Schweizer, Planung zur Neuordnung des Großraums Karlsruhe (1943/44), Gesamtplan

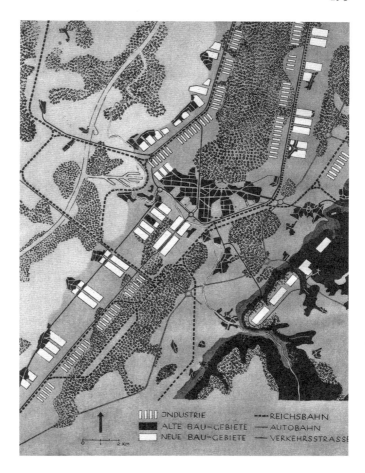

Trabanten liegt tausend Meter weiter entfernt am Rand des Hardtwalds und wird von Grünflächen mit Baumbestand umschlossen. Der funktionalen Untergliederung eines Trabanten entspricht im übergeordneten Gesamtstadtorganismus eine klare Trennung von Siedlungsband und Industrieband mit den parallel geführten Verkehrslinien von Straße, S-Bahn und Industriebahn. Weder Schweizer noch Raab messen der Autobahn, die kurz vor Kriegsbeginn Karlsruhe mit Stuttgart und Frankfurt verbindet, eine große Bedeutung für den Nahverkehr bei. Für jeden Trabanten soll zwischen den Wohnsiedlungen ein eigenständiges Zentrum städtischen Lebens ausgebildet werden, dessen Bauten für Verwaltung und Kultur sich über Grünzüge und Sportanlagen zur Landschaft hin öffnen und von dem aus die Bebauungsdichte zu den Siedlungsrändern hin abnimmt. Die Trabantenzentren sind über ein Hauptverkehrsband untereinander und mit dem übergeordneten Zentrum Karlsruhes verbunden (*Abb. 8*).

Für den zweiten Landschaftstypus, dem Karlsruhe zugewandten Gebirgsplateau zwischen Ettlingen und Durlach, sieht Schweizer kleinere Wohntrabanten mit Blick über die

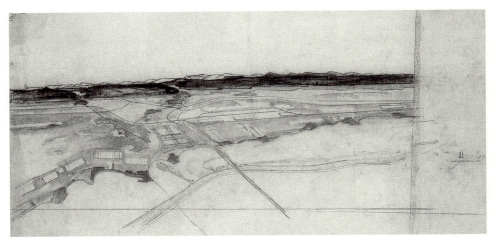

Abb. 8   O. E. Schweizer, Planung zur Neuordnung des Großraums Karlsruhe (1943/44), Perspektivskizze, Vogelblick von Nordwesten über den Rhein in Richtung Schwarzwald, mit Trabantenband am Rande des Hochgestades, der Stadt Karlsruhe und dem nördlichen Hardtwald

bewaldeten Vorhügel des Nordschwarzwalds und die Rheinebene vor, wobei hier in direkter Nachbarschaft keine Arbeitsstätten geplant werden. Neben den mehrgeschossigen Wohnsiedlungen, die sich in Zeilenbauweise zur Landschaft hin öffnen, sind auch hier für jeden Trabanten eigene Ortszentren und eine Schnellanbindung an die Karlsruher Innenstadt vorgesehen.

Schweizer spricht sich für den Erhalt der barocken Innenstadt und die Arrondierung der Karlsruher Stadtränder aus. Mit der Verlegung des Güterbahnhofs und der das Stadtgebiet im Südwesten einschnürenden Bahnlinien werden wesentliche Forderungen des Generalbebauungsplans von 1926 aufgegriffen. Die Gleisanlagen zwischen Hauptbahnhof und Rheinhafen werden weiter nach Süden verlegt und dort mit einer zweiten Rheinquerung verbunden. Entsprechend nehmen auch die ausgewiesenen Neubaugebiete – im Osten des Stadtgebiets um Rintheim und auf dem Gelände des Güterbahnhofs, im Westen im Bereich beiderseits der Alb zwischen Beiertheim und Mühlburg – im Wesentlichen die schon im Generalbebauungsplan ausgewiesenen Stadterweiterungsflächen ein (*Tafel 4 und Abb. 9*).

Mit Bebauungsdichten von 300 bis 350 Einwohnern pro Hektar sollen die neuen Stadtbezirke Einrichtungen erhalten, die ihnen ein Eigenleben sichern, sowie durch *eine geeignete Bebauungsweise und durch entsprechende Wohnhaustypen die Forderung nach Licht, Luft, Sonne und Einbeziehung des Grüns erfüllen*[37]. Auch hier betrachtet Schweizer den mehrgeschossigen Zeilenbau als geeignete Bauweise. Für den Wiederaufbauplan zerstörter Stadtviertel fordert er Mischgebiete *mit Wohnungen und Werkstätten unter be-*

---

[37]   STREIF (wie Anm. 29), S. 57.

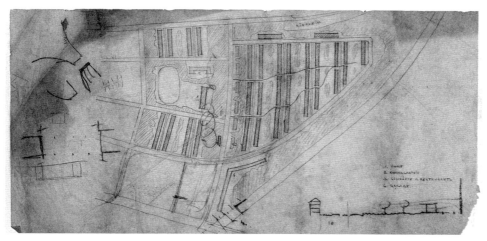

Abb. 9   O. E. Schweizer, Planung zur Neuordnung des Großraums Karlsruhe (1943/44), Bebauungsplanskizze für eine Wohnsiedlung mit Stadtteilzentrum im Rintheimer Stadterweiterungsgebiet

sonderer Berücksichtigung von Hygiene und Grün[38]. Durchgrünung und Auflockerung der Baublöcke gehen hierbei mit dem Auflösen der Blockrandbebauung einher.

Den großräumigen Grünzug entlang der Albanlagen verbindet Schweizer mit dem Parkring im Norden über das Gebiet zwischen Mühlburger Tor und Beiertheim. Durch Verlagerung der dort ansässigen Industriebetriebe soll ein aufgelockertes und durchgrüntes Gebiet im Bereich der heutigen Reinhold-Frank-Straße entstehen, das als Erweiterung des Karlsruher Stadtzentrums ein modernes *Innenstadtforum* mit Geschäftshäusern erhalten soll, um den Anforderungen der entlang ihrer Bandstadt-Erweiterungen wachsenden Stadt gerecht zu werden.

Ähnlich wie Heiligenthal beschäftigt sich Schweizer mit Siedlungsfragen in der Region. Sein Ansatz ist jedoch nicht der des Landesplaners. Als Städtebauer löst er die Frage der Stadt-Land-Beziehung im Konzept einer in Trabanten und selbständigen Nachbarschaften aufgelösten Siedlungsform auf. Zu diesem Thema stellt Schweizer als Professor für Städtischen Hochbau, Wohnungs- und Siedlungswesen an der Technischen Hochschule Karlsruhe ab 1930 immer wieder am Oberrhein verortete Entwurfsaufgaben. In den Studentenarbeiten zu den programmatischen Stadtbausteinen der modernen *Idealstadt* spiegelt sich eine mögliche räumliche Ausarbeitung der Neuordnungsstudie für Karlsruhe wider, wie Schweizer selbst betont[39] (*Abb. 10*).

---

[38]   Ebd.
[39]   SCHWEIZER, Über die Grundlagen architektonischen Schaffens (wie Anm. 34); DERS., Die architektonische Großform, Karlsruhe 1957; DERS., Forschung und Lehre. 1930–1960, Stuttgart 1962; STREIF (wie Anm. 29); K. RICHRATH (Hg.), Assistenten und Mitarbeiter von Professor Dr.-Ing. E. h. Otto Ernst Schweizer. Erinnerungen, Episoden, Interpretationen, eigene Arbeiten, Karlsruhe 2005.

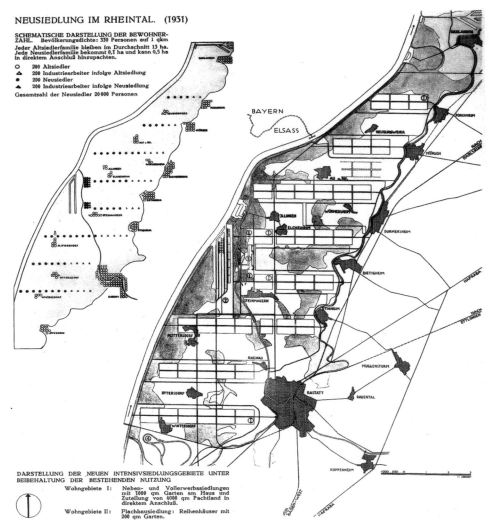

Abb. 10 E. Schelling, Neusiedlung im Rheintal zwischen Karlsruhe und Rastatt, 1931, Studentenarbeit am Lehrstuhl von O. E. Schweizer

Hinter dem abstrakten Bild des Bandstadtkonzepts verbergen sich Themen, die Karlsruhe bis heute beschäftigen. Die Forderung nach einer effizienten und für alle gerechten Mobilität als Schlüssel einer ausgewogenen Beziehung zwischen Stadt und Region findet sich im heutigen Karlsruher Stadtbahnsystem wieder. Auch die damit verbundene nötige Vergrößerung des Karlsruher Stadtzentrums, das für sein Einflussgebiet zu klein geworden ist, wird – wie von Schweizer vorgeschlagen – in den öffentlichen Nutzungen umgesetzt, die seither im Gebiet der Reinhold-Frank-Straße angesiedelt werden, während sich seine Forderung nach landschaftsbezogenem Bauen in Karlsruhes Grünzügen, Quartiersanlagen und Räumen für Naherholung widerspiegelt.

Mehr noch als Heiligenthal prägt Schweizer als Verfechter eines organisch verstandenen Städtebaus bis zu seiner Emeritierung 1960 eine ganze Generation von Architekten und Planern, die bis weit in die 1980er Jahre vor allem im Südwesten Deutschlands tätig sind. So wird die Städtebaulehre nach Schweizer durch seinen Schüler und Nachfolger Adolf Bayer vertreten, der sie zur Regionalplanung hin erweitert, und ab 1981 durch Martin Einsele (1928–2000) und Klaus Richrath (1937–2012), letzterer ebenfalls ein ehemaliger Schüler Schweizers.

Wiederaufbau – Adolf Bayer und Richard Jörgs Entwurf für die Karlsruher Innenstadt

Die jungen Architekten dieser zweiten Karlsruher Schule (nach Ostendorf) drängen zunächst in die Bauaufgaben des Wiederaufbaus. Deutlich wird dies im Dezember 1947 beim Ideenwettbewerb zum Wiederaufbau der Karlsruher Innenstadt. Karlsruhe gilt als die am besten geräumte Stadt; 1947 sind 47 % der Trümmer entsorgt, der Wiederaufbau soll anrollen. Die Frage, wie an das Erbe Weinbrenners – an den Fächergrundriss der Stadt und an ihre klassizistische Architektur – angeknüpft werden kann, soll die Wiederherstellung des Herzstücks an der Achse vom Schloss zum Ettlinger Tor beantworten. Gleichzeitig soll jedoch die Kaiserstraße nun den Bedürfnissen der Zeit Rechnung tragen und zu einer modernen Geschäftsstraße mit breiterem Verkehrsraum ausgebaut werden.

Schweizer bestimmt im Vorfeld die Richtlinien für den Wettbewerb, zu dem nur im Land Baden ansässige oder geborene Architekten und Ingenieure zugelassen werden und der sich auf den westlichen Abschnitt der Kaiserstraße konzentriert[40]. Zudem sitzt er mit Otto Bartning, Richard Döcker und Roman Heiligenthal im Preisgericht, neben den Vertretern des BDA und der Stadt Karlsruhe, Karl Schradin und Carl Peter Pflästerer. Von den 91 eingereichten Arbeiten hebt das Preisgericht fünfzehn hervor, von denen es vier mit gleichen Preisen bedacht, insgesamt vor allem Arbeiten ehemaliger Schweizer-Schüler: Horst Linde und Rudolf Diehm aus Freiburg, Richard Jörg und Adolf Bayer vom Städtischen Hochbauamt Mainz, Rolf-Eckart Weber und Hans Rolli aus Baden-Baden sowie aus Karlsruhe Hans-Detlev Rösiger und Günther Seemann mit Alfred Roser.

Die Schweizer-Schüler Richard Jörg und Adolf Bayer sind zu dieser Zeit an Marcel Lods' (1891–1978) Planungen zum Wiederaufbau von Mainz zur Hauptstadt der französischen Besatzungszone beteiligt[41]. Jörg wird 1947 Leiter des Mainzer Hochbauamts, wo

---

[40] H. ECKSTEIN, Ideenwettbewerb Karlsruhe Kaiserstraße, in: Bauen und Wohnen, 8–9 (1948), S. 206–210.

[41] J.-L. COHEN, Die französischen Planungen in Mainz und im Saarland, in: DERS./H. FRANK (Hgg.), Interferenzen/Interférences. Architektur, Deutschland-Frankreich 1800–2000 (Ausst.-Kat.), Frankfurt/Tübingen/Berlin 2013, S. 334–340. J.-L. COHEN/H. FRANK/V. ZIEGLER, Ein neues Mainz? Kontroversen um die Gestalt der Stadt nach 1945, Berlin/Boston 2019.

Bayer schon seit 1938 tätig ist und am Wirtschaftsplan für den dank Eingemeindungen wachsenden Mainzer Siedlungsraum am Zusammenfluss von Main und Rhein arbeitet[42]. Die Stadtplanung für das Mainzer Stadtgebiet soll Bayers Ansicht nach auf einer rationalen Raumplanung fußen, für die er als Grundstruktur Schweizers Bandstadt-Konzept vorschlägt, das der bandförmigen, mainaufwärts gerichteten Siedlungsentwicklung im Mainzer Großraum am besten entspricht.

Nach dem Krieg bringen die französischen Besatzungsbehörden für Mainz Gestaltungsmodelle ins Spiel, wie sie Le Corbusier für die Vogesenstadt Saint-Dié und für Marseille entwickelt – die Unité d'habitation (Wohneinheit) – und bemühen sich intensiv um die Verbreitung der Prinzipien des funktionalistischen Städtebaus (*Tafel 5*). Mainz wird damit zum Versuchsfeld für eine von der Charta von Athen diktierte moderne Architektur. Der Plan wird von der lokalen Bevölkerung und auch von einigen französischen Militärs bekämpft, so dass die Mainzer Stadtverwaltung als Antwort Paul Schmitthenner mit einem Projekt beauftragt, das den historischen Charakter der Stadt stärker bewahren soll. Dieses jedoch scheitert ebenfalls.

Mit ihrer Beteiligung am Karlsruher Wettbewerb lassen Bayer und Jörg die Mainzer Kontroverse für kurze Zeit hinter sich und kehren an die Wirkungsstätte ihres Meisters zurück, wo die Chancen für einen Sieg der funktionalistischen Moderne der Karlsruher Schule über die traditionalistische Moderne der Stuttgarter Schule um Paul Schmitthenner (1884–1972) und Paul Bonatz (1877–1956) günstiger erscheinen. Sie entwickelten in ihrem preisgekrönten Entwurf für die Karlsruher Innenstadt ähnliche Prinzipien wie in Mainz, selbst die Plangrafik erinnert stark an das Mainzer Demonstrativbauvorhaben. Auch in Karlsruhe bestimmen eher Fragen der Verkehrsordnung, der Auflockerung der Baublöcke sowie der Schaffung von Gehwegen und Ladenstraßen den Umgang mit dem Stadtorganismus (*Tafel 6*).

Im Rahmen des Wiederaufbaus schlagen Jörg und Bayer eine Modernisierung des Mainzer Innenstadtgebiets durch Auflockerung der Bebauung, Schaffung von Grünflächen, autogerechte Verkehrsplanung und Gestaltung eines Fußgängerwegenetzes vor. Eine besondere Bedeutung kommt dabei dem Durchbruch einer neuen Hauptgeschäftsstraße zum Rhein im Zuge der Ludwigsstraße beim Mainzer Doms zu, eine Aufgabe, mit der sich Bayer schon im Krieg beschäftigte. Skizzen von 1943 zeigen die Ludwigsstraße als einen breiten *Einkaufs-Korso* mit Bäumen, Ausstellungsvitrinen und überdachten Pergolen vor einer zwei- und dreigeschossigen Bebauung an der Südseite der stark verbreiterten Straße. Die Blickachse zum Dom ist freigelegt und die Randbebauung modern[43] (*Abb. 11*).

Beim Karlsruher Wettbewerb fließen nun die Überlegungen zur Gestaltung der Mainzer Ludwigsstraße in den Entwurf eines *Ladenkorsos* entlang der Kaiserstraße ein. Dabei gibt es durchaus Stimmen, die im Wiederaufbau eine Möglichkeit sehen, um Weinbrenners berühmten Vorschlag einer durchgängigen Arkadenbebauung der Kaiserstraße zu verwirklichen, ähnlich wie auch Schmitthenner sie in einigen seiner Gestaltungsvarianten für die Mainzer Ludwigsstraße vorsieht[44] (*Abb. 12*).

---

[42] R. Jörg/A. Bayer, Aufbau und Stadtplanung von Mainz, in: Streif (wie Anm. 29), S. 19–29.
[43] Ebd., S. 22.
[44] Vgl. Pläne und Auszug aus dem Erläuterungsbericht zum Wettbewerb Kaiserstraße Karlsruhe, saai, Nachlass Adolf Bayer.

Abb. 11   Stadtbauamt Mainz, A. Bayer, Verkehrs- und Aufbauplan der Mainzer Altstadt (1942–1944), Perspektivskizze zur Verbreiterung der Ludwigsstraße, 28. Dezember 1943

Jörg und Bayer hingegen, denen die Rekonstruktion des Weinbrennerschen Ensembles um den Marktplatz durchaus am Herzen liegt, verfolgen für die Kaiserstraße eine kompromisslos moderne Stadtidee. In ihrem Entwurf wird sie von eingeschossigen Geschäftspassagen gesäumt, die als *relative Bebauung* eine sockelartige Stadtebene bilden. Darüber erhebt sich die *absolute Bebauung* mit den Bestandsbauten des alten Stadtbildes und markanten neuen Hochhäusern. In der verbreiterten Kaiserstraße werden Fußgänger und Autoverkehr weitgehend voneinander getrennt.

Es soll eine durchgrünte Stadtlandschaft entstehen, wobei die von der Kaiserstraße gewonnene Blickfreiheit auf Weinbrenners Stephanskirche als städtebauliche Dominante an die Mainzer Situation erinnert, wo der Dom mittels einer gestaffelten Bebauung der Ludwigsstraße ins Blickfeld rücken soll. In Karlsruhe soll so das *öde Lineament der Radialstadt* und die *Langweiligkeit geschlossener Baublöcke mit gleichbleibender Traufhöhe* zugunsten eines tiefer gegliederten Stadtzentrums durch freie Gruppierung von Bauten wechselnder Höhe, gewundene Verkehrsstraßen und Gehwege in den Grünanlagen gemildert werden; aber letztlich wird der Stadtorganismus auch arg zerstückelt[45] (*Abb. 13*).

Der Wettbewerb ist nicht der erwartete Durchbruch für die Wiederaufbauplanung. 1948 wird das Stadtplanungsamt – also Pflästerer – damit beauftragt, den Aufbauplan für die Kaiserstraße auszuarbeiten, der in den 1951 genehmigten Bebauungsplan einfließt. Der Wiederaufbau der Karlsruher Innenstadt gerät zu einem »Neuaufbau mit

---

[45] ECKSTEIN (wie Anm. 40), S. 209.

Abb. 12 A. Bayer und R. Jörg, Entwurf zum Ideenwettbewerb Kaiserstraße Karlsruhe (1947/48), Perspektivskizzen, v. o. n. u.: Marktplatz, Kaiserstraße und Stephanskirche, Bebauungsvorschlag der Kaiserstraße, Arkadenbebauung der Kaiserstraße nach Weinbrenner, Ladenpassage

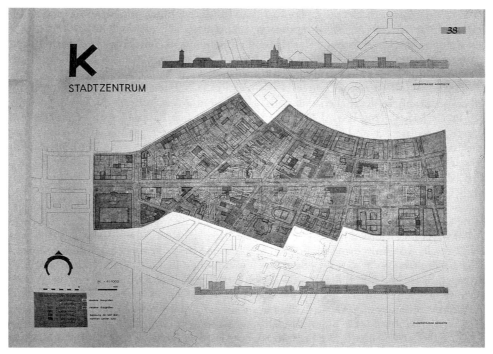

Abb. 13   A. Bayer und R. Jörg, Entwurf zum Ideenwettbewerb Kaiserstraße Karlsruhe (1947/48), Teilplan des Stadtzentrums (Schadensplan mit Neubebauung) und Fassadenabwicklungen der Kaiserstraße

Denkmalinseln«, mit in den Obergeschossen zurückspringenden Geschäftshäusern an der Kaiserstraße, mit befahrbaren Hinterhöfen und Wirtschaftsstraßen für den Lieferverkehr. Durchgehende Arkaden kommen dabei außer im Bereich um den Marktplatz ebenso wenig zustande wie ein von der Kaiserstraße weg in die Tiefe gestaffeltes Stadtzentrum. Dies wird wohl erst im Zuge der »Kombilösung« erreicht werden, deren Baumaßnahmen die City bis 2021 straßenbahnfrei machen und zur Kriegsstraße hin erweiterten werden.

Schlussbetrachtung

Die großen Stadtentwürfe der 1920er bis 1940er Jahre begleiten den Ausbau Karlsruhes und sein Wachstum zur Großstadt, weisen neue Standorte für Siedlung und Industrie aus und verbinden die Stadt durch neuartige Verkehrsnetze mit ihrem Umland. Dabei verhilft die Zerstörung des Stadtgefüges durch den Zweiten Weltkrieg einem neuen Stadtbild zur Entstehung und beschleunigt die sich schon zuvor abzeichnenden Orientierungen der Stadtentwicklung.

Bildet der Generalbebauungsplan von 1926 für die nachfolgenden Planungen den Referenzrahmen, so tritt der als Komposition von Stadträumen verstandene Städtebau, dessen Referenz das klassizistische Karlsruhe Weinbrenners ist, immer mehr in den Hintergrund gegenüber der fließenden Raumauffassung einer großräumigen Stadtlandschaft, die den Städtebau der Nachkriegszeit kennzeichnet.

Die jahrhundertealten komplexen deutsch-französischen Wechselbeziehungen im Oberrheinraum verdeutlichen dabei, dass der Paradigmenwechsel schon während der NS-Herrschaft vollzogen wird. So führen die gigantischen Bauprogramme für Staat und Partei in Karlsruhe und Straßburg zwar das klassizistische Stadtideal ad absurdum, gleichzeitig werden mit der Konkurrenzsituation der beiden Städte und mit fortschreitender Kriegszerstörung Ordnungsprinzipien für die Nachkriegszeit aufgestellt, die den Begriff des Städtebaus erweitern und die mit Stadtkonzepten verbunden sind, in denen immer mehr auch regionalplanerische Ansätze der Stadtplanung greifen.

Nicht nur über Straßburg, auch über Mainz steht Karlsruhe in einer Wechselbeziehung zu Frankreich, wobei letztere eher ideeller Natur ist. So stellt sich der Entwurf von Adolf Bayer und Richard Jörg für den Wiederaufbau der Karlsruher Innenstadt eine Synthese des als »organisch« verstandenen Städtebaus Schweizers und des »funktionalistischen« Städtebaus dar, der vor allem von französischen Planern vertreten wird und mit dem sich Bayer und Jörg Ende der 1940er Jahre bei der Wiederaufbauplanung von Mainz vertraut machen können.

Gerade in Karlsruhe werden Ansätze moderner Stadtplanung prominent vertreten und in die internationale Städtebaudebatte eingebracht, vor allem durch das Wirken zweier ganz unterschiedlicher Städtebaulehrer an der Technischen Hochschule. Otto Ernst Schweizer bei den Architekten und Roman Heiligenthal bei den Bauingenieuren bilden ab den 1930er Jahren eine Generation von Planern aus, die bis in die 1980er Jahre Stadtplanung und Baugeschehen im Südwesten und darüber hinaus entscheidend mitbestimmten.

Die Bundesgartenschau 1967 in Karlsruhe

VON MARKETA HAIST

Der Beschluss des Karlsruher Gemeinderats, sich um eine Bundesgartenschau für das Jahr 1967 zu bewerben, wurde einstimmig gefasst. Als Träger der Schau forderte der Zentralverband Gartenbau jedoch, dass das Karlsruher Gartenbauamt, welches zu diesem Zeitpunkt dem Tiefbauamt eingegliedert war, wieder seine Eigenständigkeit bekommen solle. Zum neuen Leiter des Gartenbauamtes ernannte man 1963 Robert Mürb. Da sich die Bereiche Schlossgarten, Schlossplatz und Botanischer Garten in staatlichem Besitz befinden, war schon zuvor Walter Rossow als Berater aus Stuttgart abgesandt worden[1]. Von 1963 an hatten Mürb und Rossow die Gesamtleitung der Bundesgartenschau inne.

Nachdem das Gelände festgelegt war, ging man sogleich an die Ausschreibung eines Wettbewerbs. Von den eingereichten Arbeiten hatten einige besondere Stärken in dem einen oder anderen Teil des Geländes. Die klar abgetrennten unterschiedlichen Bereiche machten es möglich, die Ausführungsplanung an mehrere Preisträger zu verteilen.

Den ersten Preisträgern, Johannes und Hiltrud Hölzinger mit Ludwig Fischer (Frankfurt) und Herbert W. Dirks (Bad Nauheim) wurde die Bearbeitung des Schlossgartens übertragen. Später kamen Gottfried Kühn (Köln) für die Bepflanzung und Hermann Goepfert (Frankfurt) für das künstlerische Konzept hinzu. Den Bereich Stadtgarten planten die zweiten Preisträger, die Arbeitsgruppe Jürgen Klahn, Helmut Gerneth und Helmut Krisch (Tübingen) mit Dietrich Heckel (Stuttgart). Für die Gestaltung des Schlossplatzes und des Botanischen Gartens wurden die dritten Preisträger Jacques Sgard und Gilbert Samel (Paris) ausgewählt. Die Gewinner des 1. Ankaufs Hildebert de la Chevallerie und Heinrich Rombusch (Frankfurt) beschäftigten sich mit dem Fasanengarten[2]. In diesem Bereich wurden auch Hans Luz und Wolfgang Miller (Stuttgart) tätig. Wichtig

---

[1] R. MÜRB mündlich; vgl. allg. zum Thema: Gesamtleitung der Bundesgartenschau Karlsruhe 1967 (Hg.)/K. H. HANISCH (Red.), Karlsruher Gartenbuch. Ausstellungskatalog der Bundesgartenschau Karlsruhe 1967, Heidelberg 1967; H. PANTEN, Die Bundesgartenschauen. Eine blühende Bilanz seit 1951, Stuttgart 1987; Deutsche Bundesgartenschau GmbH-DBG, 50 Jahre Bundesgartenschauen. Festschrift zur Geschichte und Zukunft der Bundes- und Internationalen Gartenschauen in Deutschland, Bonn 2001; U. SCHMITT, Der Stadtgarten in Karlsruhe – Ein historischer Streifzug, Karlsruhe 2007; BüGa [Bürgergartenschau] 2015 (Hg.), Grün in Karlsruhe – Parks. Gärten. Bäume, Karlsruhe 2015.

[2] D. VERDYCK/S. GUGENHAN, Schlossgarten, Schlossplatz, Botanischer Garten und Fasanengarten Karlsruhe. Parkpflegewerk. Historische Analyse, Dokumentation, Denkmalpflegerische Zielsetzung, Stuttgart 2011, S. 98–100.

war zusätzlich die Fußverbindung zwischen Stadtgarten und Schloss, die nicht zum eigentlichen Schaubereich gehörte: Festplatz, Nymphengarten, Friedrichsplatz, Marktplatz. Die Sonderschau Haus und Garten im Rahmen der Bundesgartenschau 1967 wird an dieser Stelle nicht behandelt.

Für die meisten Besucher sind Blumen das Entscheidende an einer Gartenschau *(Tafel 1)*. Davon gab es reichlich: 1 Million Tulpen, 2 Millionen Sommerblumen. Die Bewältigung dieser Masse nach Wünschen der Aussteller warf gestalterische Probleme auf. Gottfried Kühn hatte eine äußerst feinsinnige Farbskizze für die tropfenförmigen Schaubeete um den Schlossturm angefertigt, aber die gepflanzte Realität entsprach ihr in keiner Weise. Walter Rossow klagte: *Blütenfülle und Farbkomposition der Frühjahrs- und Sommerblumenkonzentration können leider nicht eine Sache für sich sein. In Karlsruhe dienen die dafür bestimmten Flächen [...] gleichzeitig der Vergleichsschau der Gärtner. Damit ist nur die Möglichkeit einer sehr groben Verteilung farblicher und struktureller Zusammenstellungen gegeben. Man ist mengenmäßig und artenmäßig gebunden und damit auch mehr oder weniger dem Zufall ausgeliefert*[3]. Natürlich sind Blumen ein sehr vergängliches Phänomen. Von der Million Tulpenzwiebeln sieht man heute nichts mehr. Nur die Staudenpflanzungen von 1967 sind teilweise noch vorhanden.

Lösungen von Verkehrsproblemen

Sehr viel nachhaltigere Auswirkungen auf die Stadt hatten die Verkehrslösungen, die im Rahmen der Bundesgartenschau entwickelt wurden. Durch die rapide Zunahme der Motorisierung war die Kaiserstraße in Karlsruhe schon Ende der 1950er Jahre dem Verkehrsinfarkt nahe. 1959 lag eine Studie von Prof. Wilhelm Strickler zur ihrer Entlastung vor. Die nördliche Entlastungsstrecke verlief in allen Varianten über den Zirkel. Die Variante eines Straßenneubaus durch den Fasanengarten wurde glücklicherweise durch das Stadtplanungsamt verhindert[4], doch es bestand die Gefahr, dass der zusätzliche Verkehr am Zirkel den Schlossbereich von der Innenstadt abschneiden würde.

Vor 1967 gab es nicht sonderlich viel Verkehr auf dem Schlossplatz, aber man nutzte ihn als eine große KFZ-Stellfläche: überall entlang der Ränder, auf dem Gelände des künftigen Bundesverfassungsgerichts und in der Baulücke, wo sich heute das neue L-Bank-Gebäude befindet, wurde geparkt. Die Lösung dieses Missstandes war eine Tiefgarage unter dem zentralen Bereich des Platzes. Durch die Absenkung des inneren Zirkels in der Schlossachse wurden zwei Probleme gleichzeitig gelöst: die Zufahrt zur Garage und die autofreie Verbindung zwischen Stadt und Schloss *(Abb. 1)*. Weiter südlich stellte man die Fußgängerbrücke über die Kriegsstraße als Verbindung der beiden Gartenschau-Teile pünktlich zur Bundesgartenschau fertig. Walter Rossow erneuerte den angrenzenden Nymphengarten.

---

[3] W. Rossow, Die Gartenschau 1967 in Karlsruhe – eine Gruppenarbeit, in: Garten und Landschaft 4 (1967), S. 124.
[4] 75 Jahre Stadtplanungsamt Karlsruhe 1936–2011, in: Stadt Karlsruhe (Hg.), Stadtbauforum 15. Dezember 2011. Dokumentation der Ausstellung. Vorträge, Karlsruhe 2011, S. 14–34.

Abb. 1 Der KFZ-Verkehr taucht unter der Schlossachse hindurch, 2014

Mit der Lösung von Verkehrsproblemen durch Gartenschauen stand Karlsruhe nicht alleine da. Direkt nach dem Krieg hatte man jedes Auto als ein Zeichen des Fortschritts gesehen, doch ab den 1960er Jahren machten die Kraftfahrzeuge den Fußgängern allmählich das Leben schwer. Um wenigstens die Grünräume autofrei zu halten, wurden große Summen investiert. In Hamburg machte 1963 die Unterführung der Wallanlagen unter drei Straßen einen Großteil der Kosten der IGA aus. In Stuttgart verband man 1961 die Gartenschauteile im oberen und mittleren Schlossgarten durch eine Fußgängerbrücke über die Schillerstraße und hob die Witzlebenstraße auf. In der Wettbewerbsauslobung war sogar eine großflächige Überdeckelung der Schillerstraße vorgesehen gewesen[5], zu der es aber nicht kam. Für die Bundesgartenschau 1965 in Essen wurden eine Fußgängerüberführung und eine großzügige Unterführung des Parks mit See unter der Lührmannstraße realisiert. Auch die durch die Tiergartenstraße getrennten Teile des Karlsruher Stadtgartens waren bereits vor der Bundesgartenschau durch eine Brücke und eine Unterführung verbunden, aber alles andere als großzügig. Von dem dunklen, engen Tunnel existieren heute nur noch die Bogengitter und das Relief »Bremer Stadtmusikanten« von Emil Sutor. Anlässlich der Bundesgartenschau wurde die Tiergartenstraße nach einer Idee von Jürgen Klahn in eine weit gespannte Fußgängerbrücke umgewandelt. Das Gelände senkte man so weit ab, dass der Park komplett darunter hindurchfließt (*Abb. 2*).

Umgang mit dem Bestand

Vor 1967 war der Stadtgarten eine Ansammlung heterogener Elemente: Drei getrennte Seen, die immer Probleme mit der Wasserversorgung hatten, der Zoologische Garten,

---

[5] W. STEINLE, Zum Ideenwettbewerb Stuttgart, in: Garten und Landschaft 7 (1958), S. 183.

Abb. 2   Stadtgarten mit der neuen Fußgängerbrücke

zwei große, räumlich abgeschlossene Themengärten und dazwischen Reste einer Gestaltung im Lenné-Meyerschen Stil. Die Planer der Bundesgartenschau strebten eine Zusammenfassung der Einzelteile zu einem durchgängigen Ganzen an. Dazu bildete die neue Fußgängerbrücke die wichtigste Voraussetzung. Ferner wurden die Themengärten grundlegenden Wandlungen unterzogen. In der 1920 durch den Industriellen Friedrich Wolff gestifteten Wolff-Anlage ließ man die umgrenzenden Hecken größtenteils stehen, durchbrach sie aber, um eine Verbindung mit dem Hauptraum zu schaffen (*Abb. 3*). Innerhalb der Hecken wurde radikal vereinfacht. Das Pappel-Rondell musste fallen. Nur die Brunnenplastik von Robert Ittermann stellte sich nach dem Eingriff so dar wie zuvor. Mit dem Rosengarten ging man noch radikaler um. Er war vor der Bundesgartenschau nicht nur heckenumschlossen, sondern lag außerdem erhöht auf einem ehemaligen Bahn-

Abb. 3   Blick aus der Wolff-Anlage, 2014

ZUM BEITRAG VON MARKETA HAIST

Tafel 1   Beete für die Pflanzen-Vergleichsschau

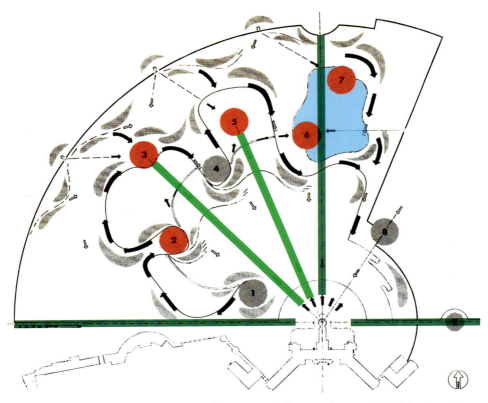

Tafel 2 Die Gestaltungsprinzipien im Schlossgarten: Schwerpunkte rot, alte Blickachsen dunkelgrün, neue Blickachsen hellgrün, 1967

Abb. 4 Der Rosengarten: vorher – nachher

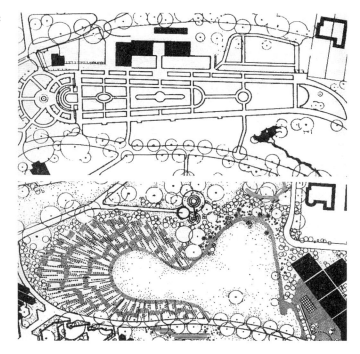

damm, wo er im Zuge der Verlegung des Hauptbahnhofs 1913 angelegt worden war. Dadurch schnitt er den Parkbereich jenseits der früheren Gleisanlagen völlig ab. Er wurde abgerissen. Den Brunnen versetzte man in den Durlacher Schlossgarten, der Rest wurde entsorgt. Jürgen Klahn und Robert Mürb konzipierten ihn komplett neu im modernen Sinne als »Strahlenkranz« mit einer großzügigen Öffnung zum Hauptraum unter der bestehenden Platanenallee hindurch. Heute kann man den Rosengarten von 1967 fast unverändert erleben (*Abb. 4*).
Auch für den Schlossgarten hatte man ambitionierte Ziele. Die landschaftliche Anlage war durch Wildwuchs, Kriegsschäden und ungenügende Pflege stark verunklärt worden. Beiderseits der großen Rasenfläche in der Schlossachse gab es ein Wege-Geflecht ohne erkennbare Hierarchie und einen Baumbestand von zufälliger Verteilung (*Abb. 5*). Das vorrangige Ziel der Neugestaltung bestand darin, drei Konzepte in Einklang zu bringen: Eine radikal moderne Parkanlage, einen Landschaftsgarten mit Öffnungen, Verdichtungen und Blickachsen sowie den berühmten Jagdstern-Grundriss Karlsruhes. Während außerhalb des äußeren Zirkels die Stern-Strahlen der Nordhälfte bis heute weitgehend erhalten sind, wurden sie innerhalb bereits durch die landschaftliche Umgestaltung Ende des 18. Jahrhunderts weitgehend aufgehoben. Erhalten blieb nur die Ost-West-Achse, die sich weit in die Stadt hineinzieht und die Blickachse nach Norden, die in der Linkenheimer Allee fortgesetzt wird. Die Lärchenallee wurde 1967 mithilfe eines Mauerdurchbruchs optisch mit dem Schlossturm verbunden. Da viele der Bäume als erhaltenswert eingestuft waren, darunter nicht wenige besonders seltene Exemplare, musste man bei der

Abb. 5   Schloss und Schlossgarten 1955

Auslichtung äußerst umsichtig vorgehen. Es gelang, zwei neue Blickachsen zu öffnen. Sie bis jenseits des Zirkels zu verlängern hätte aber allzu große Eingriffe erfordert. Sie brauchten auffangende Elemente innerhalb des Schlossgartens. In diesem Zusammenhang entwickelten Hölzinger, Goepfert, Dirks und Kühn ihr »Schwerpunkte«-Konzept. Zwei dieser von eins bis neun durchnummerierten besonderen Attraktionen dienten als Blickpunkte der neu geschaffenen Schneisen. Heute wird eine der Achsen von dem blauen Majolika-Streifen betont: Ein Widerspruch zur ursprünglichen Idee, denn das Wesen der Achsen bestand gerade darin, dass sie nur als Blickverbindungen und nicht als physische Linien existierten (*Tafel 2*).

Formensprachen

Bei der Neuplanung für den Schlossgarten fällt die betont organische Formensprache auf. Sie äußerte sich in den Pflanzungen wie den tropfenförmigen Blumenbeeten für die Vergleichsschau am Schloss und den ebenfalls tropfenförmigen raumbildenden Strauchpflanzungen weiter außen. Ferner findet man sie im Wegenetz wieder. Schwingende, mäandrierende Linienführungen bestimmen alle Teile des Entwurfs. Die Hierarchie der Wege wird durch differenzierte Breiten und ausgefeilte Belagswechsel verdeutlicht. Ein interessantes Detail ist der orthogonal verlegte Quadratpflaster-Belag der Nebenpfade, der sich nicht mit den Kurven biegt, sondern am Rand nach Bedarf abgetreppt wird (*Abb. 6*).

Abb. 6   Geometrische Formen vor dem Schloss, organische Formen hinter dem Schloss

Organische Formen in der Parkgestaltung nehmen natürlich einerseits Bezug auf die Tradition des Landschaftsgartens. Andererseits galten sie in der Nachkriegszeit als hochmodern. Auf den Gebieten Architektur und Design hatte sie allen voran Alvar Aalto eingeführt. Sein Wasserbecken für die Villa Mairea von 1938 darf als »Urform« aller künftigen Nierentische gelten. In der Gartengestaltung war Roberto Burle Marx ein Vorreiter der organischen Form. Ursprünglich als Maler ausgebildet, realisierte er seinen ersten öffentlichkeitswirksamen Gartenentwurf ebenfalls 1938 auf dem Dach des Erziehungsministeriums in Rio de Janeiro (Abb. 7). Seine Gemälde kann man im Zusammenhang mit der Abstrakten Kunst wie beispielsweise der von Jean Arp sehen. Trotz der geographischen Entfernung voneinander verband Aalto und Burle Marx die Vertrautheit mit den organischen Formen ihrer jeweiligen heimatlichen Landschaft. Burle Marx lernte die Vulkankegel Brasiliens auf seinen botanischen Expeditionen kennen[6] und Aalto die gletschergeschliffenen Hügel Finnlands als Vermessungs-Gehilfe seines Vaters[7]. Schon im frühen Stadium seiner Karriere war Burle Marx in der englischsprachigen Welt als führender Gartengestalter anerkannt[8]. Die Fachwelt in Deutschland

---

[6]   Siehe W. H. ADAMS, Roberto Burle Marx. The Unnatural Art of the Garden, New York 1991, S. 28.
[7]   Siehe E. AALTO/ K. FLEIG (Hgg.), Alvar Aalto 3, Zürich/München 1978, S. 229.
[8]   »We have seen with what success they [abstract forms] have been used by Burle Marx in Brazil and they can be found in gardens in all parts of the world designed in the last few decades.« S. CROWE, Garden Design, London 1958, S. 97.

Abb. 7 Der Dachgarten des Erziehungsministeriums in Rio de Janeiro: ein Frühwerk von Roberto Burle Marx

empfand jedoch diese von der Natur inspirierte Formensprache in ihrer flächigen, expressiven Ausprägung zunächst als gekünstelt[9]. Viele Kollegen kritisierten die Beete, die Hermann Mattern auf der Bundesgartenschau 1955 in Kassel in diesem Stil anlegte. Erst in den 1960er Jahren begeisterte man sich hierzulande für die Arbeit von Burle Marx. 1963 wurde er sogar um einen Beitrag zur IGA in Hamburg gebeten. 1967 regte sich kein Protest mehr gegen die Beete im Schlossgarten, obwohl sie denen von 1955 stark ähnelten.

Dieselbe organische Formensprache von anderen Autoren, nämlich von den Franzosen Sgard und Samel, zeigte sich in ihren Planungen der Seitenteile des Schlossplatzes und in ihrem Vorschlag für den Botanischen Garten, der zwar Anklang fand aber schließlich doch nicht ausgeführt wurde. Der zentrale Schlossplatz ist der einzige Teil der Bundesgartenschau, in dem die damals als fortschrittlich geltende streng orthogonale, reduzierte Formensprache zur Anwendung kam (*Abb. 8*). Beginnend mit der Diskussion unter dem Motto »Entwicklung zu klaren Formen?«, die im ersten Heft der Zeitschrift *Garten und Landschaft* 1962 von Alfred Reich angestoßen worden war, hatte sich die neue Richtung allmählich in der Planerwelt durchgesetzt, jedoch vor allem außerhalb von Gartenschauen (*Abb. 9*). Der neue Schlossplatz war das Resultat einer vorangegangenen Kontroverse. Eigentlich hatte der ursprüngliche Entwurf der Franzosen ganz anders ausgesehen. Sie hatten eine starke Trennung des Ehrenhofs vom Platz durch ein Wasserbecken und insgesamt eine historisierende Gestaltung vorgeschlagen. Nach empörten Reaktionen der Presse und des Amtes für Denkmalpflege wurde das Projekt »modernisiert«. In Frankreich waren damals jedoch nachempfundene historische Formen bei weitem nicht so verpönt wie hierzulande, was beispielsweise am französischen Beitrag zur IGA 1963 abzulesen ist. Vermutlich konnten Sgard und Samel zunächst gar nicht verstehen, worüber man sich in Deutschland so aufregte.

---

[9] »Unter dem Deckmantel einer freieren Formenwelt hat sich in unsere modernen Hausgärten eine gesuchte, an den Haaren herbeigezogene Formenspielerei eingeschlichen, die anarchische Zustände auf dem Gebiet der Gestaltung schafft und notgedrungen zur Auflösung jeglicher Gartenkultur führen muss.« H. SCHILLER, Gartengestaltung, Berlin/Hamburg 1958, S. 349.

Abb. 8   Karlsruher Schlossplatz mit quadratischen Beeten, 1968

Abb. 9   Klare Formen von Alfred Reich, 1962

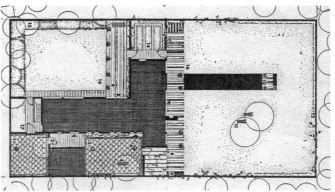

Abb. 10   Schräge Linienführung im Stadtgarten

Formal wie inhaltlich nahm die Bundesgartenschau 1967 erwartungsgemäß Bezug auf andere Gartenschauen. Die tropfen- beziehungsweise amöbenförmigen Beete in Kassel 1955 wurden bereits erwähnt. Quadratische Beete am Schloss gab es schon 1961 in Stuttgart. Die Mischung aus kantigen und abgerundeten Uferlinien des Stuttgarter »Eckensees«, geplant von Walter Rossow, ist in Karlsruhe ganz ähnlich im Stadtgarten zu finden (*Abb. 10*). Insgesamt wird der Stadtgarten im Gegensatz zu den weichen Linien des Schlossgartens von Ecken und Kanten dominiert, ebenfalls eine typische Erscheinung in der Freiraumplanung der Nachkriegszeit. Hier wird die Tradition des Landschaftsgartens aufgekündigt. Die Formensprache erinnert eher an Kunstwerke des Abstrakten Kubismus. In Deutschland hat sie sich im großen Maßstab erstmals auf der Bundesgartenschau 1957 in Köln durchgesetzt. Dies war dem Einfluss des zum Zeitpunkt des Wettbewerbs erst sechsundzwanzigjährigen, avantgardistisch gesinnten Landschaftsarchitekten Günther Schulze zu verdanken, der gemeinsam mit Herta Hammerbacher und Joachim Winkler den Rheinpark realisieren konnte.

Gestaltungselement Wasser

Eines der wichtigsten Elemente eines Parks, insbesondere einer Gartenschau, ist das Wasser. Im neu geschaffenen Tal unter der Fußgängerbrücke verband der neue Wasserlauf zwischen den zwei großen Seen die Räume des Stadtgartens wie ein roter Faden. Beim Ausmulden des Geländes mussten die Wurzelbereiche bestehender Bäume abgefangen werden. Das Bild des Verbindungskanals mit den flankierenden Stützmauern ist bis heute unverändert. Nicht nur in den Seen und im Kanal, auch in den kleineren Wasseranlagen des Stadtgartens setzt sich die typische kantige Formensprache als Leitthema fort. Zusätzlich bietet das Wasser Anlass zu Experimentierfreude. Die von Walter Rieger entworfene

Abb. 11 Transparente
Kaskade im Garten
Baden-Baden, 2014

transparente Kaskade im Garten Baden-Baden bietet heute noch einen ungewohnten Anblick (*Abb. 11*). Sie war jedoch nicht ganz ohne Vorbild. Schon im Quellengarten der Bundesgartenschau 1959 in Dortmund plätscherte das Wasser über eine transparente Kaskade von Gottfried Kühn. In diesem Zusammenhang seien zwei ähnliche Kaskaden aus anderem Material erwähnt: Die Eternit-Kaskade aus wannenartigen Elementen von Hermann Mattern auf der Bundesgartenschau 1955 in Kassel und die Metallkaskade aus dreieckigen Elementen auf der Bundesgartenschau 1957 in Köln. Auch im Schlossgarten spielte das Wasser eine große Rolle, allerdings eher punktuell. Der See wurde beträchtlich erweitert. Sein Ufer passte man den aktuellen Bedürfnissen und Vorstellungen an: abgeflache Rasenstrände mit Zugang zum Wasser und dazwischen liegenden naturnahen Zonen blütenreicher Sumpfvegetation. Die Fontäne in der Ost-Achse, der sogenannte Hirschbrunnen, wurde von Wolfgang Miller neu gefasst.

Besondere Rolle der Kunst

Wasser war auch Mittel und Anlass der meisten künstlerischen Eingriffe von Johannes Peter Hölzinger und Hermann Goepfert. Hölzinger verstand sich nicht so sehr als Archi-

Abb. 12   Wassergarten und See-Restaurant mit Abendbeleuchtung, 1967

Abb. 13   Schwerpunkt Wasserstelen, 2007

tekt oder gar Landschaftsplaner, sondern in erster Linie als Künstler. Seinen Freund und ehemaligen Kommilitonen Goepfert wollte er ursprünglich nur bezüglich des weiter unten beschriebenen Lichtgartens konsultieren, was jedoch später in eine umfassende Zusammenarbeit mündete. »In zahllosen Arbeitsschritten und gegen erhebliche Widerstände verdichtete sich die Idee zu einem Gesamtkunstwerk. Von der Bodenmodellation und der Abfolge raumbildender Grünvolumen ausgehend, über die Pflanzriegel mit ihren Pflanzhöhen und Blattfarben, welche die dynamischen Wegeabläufe unterstützten, bis zu den künstlerischen und architektonischen Schwerpunkten und einem den gesamten Park überlagernden tongesteuerten, optophonischen Lichtkonzept steigerte sich die Idee zu einem sinnlichen Geh- und Seh-Erlebnis aus Raum, Licht und Bewegung«[10].

Licht war generell das Hauptthema der Installationen von Hölzinger und Goepfert. Die Schwerpunkte Nummer 6 und 7, der Wassergarten und das Restaurant am See, nahmen formal aufeinander Bezug (Abb. 12). Vertikal gestellte Kuben aus Beton spiegelten sich im Wasser und wiederholten die kubische Struktur der Restaurantüberdachung, die ebenfalls von der Wasserfläche reflektiert wurde. Dieser Effekt kam besonders in der Dämmerung zum Tragen, wenn das Restaurantdach wie eine leuchtende Wolke über dem Ufer schwebte. Bei den dreizehn von einem Wasserfilm überzogenen Betonsäulen des Schwerpunkts Nummer 3 war den Planern die Reflexion des Sonnenlichts durch die feuchte Oberfläche besonders wichtig (Abb. 13). Eine damals ungewohnte Wasserattrak-

---

[10]   Y. FÖRSTER/P. CACHOLA SCHMAL (Hgg.), Johannes Peter Hölzinger. Psychodynamische Raumstrukturen, Stuttgart/London 2013, S. 28.

Abb. 14   Garten der tanzenden Wasserwände, 1967

tion erlebten die Besucher im Schwerpunkt Nummer 5, dem »Garten der tanzenden Wasserwände«: Aus einem Beton-Bodenrelief spritzten Wasserstrahlen, die den Blick zum Schloss abwechselnd verdeckten und wieder freigaben. Die gesamte Beleuchtung mit eigens entworfenen Lichtelementen wurde vom »Optophonium« gesteuert, einer von Goepfert entwickelten Schaltanlage, die Geräusche in Licht umwandelte. Heute würde man so etwas »interaktive Kunst« nennen. Hölzinger und Goepfert benützten den Begriff »Integration«, den wir bekanntlich heute in ganz anderen Zusammenhängen verwenden. Nach Hölzingers Auskunft sollten die Schwerpunkte »den Besucher anregen, das passive Verhalten des Anschauens in einen aktiven Mitvollzug umzuwandeln und durch eigene Bewegung zu erleben«[11]. Der »Garten der tanzenden Wasserwände« bildete den Endpunkt einer Blickachse. Er wurde leider abgebaut, so dass diese Achse heute ins Leere läuft (*Abb. 14*).

Eine weitere Anlage, die verschwunden ist, war Schwerpunkt Nummer 2, der »Lichtgarten«. Es handelte sich um eine Installation aus spiegelnden Metallwänden und beweglichen »Taumelscheiben«. Hölzinger erläuterte das Konzept folgendermaßen: »*Der Lichtgarten ist eine spiraloide Raumverdichtung aus reflektierenden Wandmembranen. Die Reflektionen der Wandmembranen schaffen eine Zusammenfügung der Lichtform hinter dem Betrachter und mit der konkreten Umwelt vor dem Betrachter. Die reflektierten Bewegungen der Umwelt werden von den geometrischen Bewegungsreflexionen der Taumel-*

---

[11]   J. P. Hölzinger, zitiert nach Verdyck/Gugenhan (wie Anm. 2), S. 96.

Abb. 15   Der Lichtgarten, 1967

scheiben überblendet«[12]. Schon die Wortwahl verdeutlicht den hohen künstlerischen Anspruch. Während die Wasserwände mit etwas Pflegeaufwand durchaus zu erhalten gewesen wären, sah die Zukunft des Lichtgartens finster aus. Bis heute hätte sich das Material wohl kaum konservieren lassen. Die Metallplatten wurden durch geschnittene Hecken ersetzt. Diese lassen natürlich von der ursprünglichen Absicht überhaupt nichts erahnen, doch wer den früheren Zustand nicht kennt, freut sich wenigstens über einen interessanten Heckenraum. Der Lichtgarten war derjenige Schwerpunkt, der am stärksten an die sonstigen Arbeiten von Goepfert und Hölzinger anknüpfte. Goepfert stand der kinetischen Kunst und der Gruppe ZERO nahe. Besonders bei Heinz Mack, mit dem er mehrmals ausstellte, findet sich dieselbe zentrale Rolle der Spiegelung und des Lichts. In einigen seiner Arbeiten befestigte Goepfert bewegliche Metallobjekte vor einem neutralen Hintergrund. Je nach Lichteinfall und Luftzug warfen diese Objekte Reflexionen auf die Leinwand. Goepfert fasste die Idee mit den Worten zusammen: »Das Licht malt sich selbst«[13]. Die Vorstellung, dass sich »das Licht selbst malen« solle, leitete auch die Arbeit von Goepfert und Hölzinger an den Schwerpunkten in Karlsruhe (*Abb. 15*).

Ein Projekt mit nicht ganz so hohem künstlerischem Anspruch, das jedoch mit einem Augenzwinkern weit über die übliche Landschaftsarchitektur hinausging, waren die

---

[12]   J. P. Hölzinger zitiert nach K. H. Hanisch, in: TASPO [Thalackers Allgemeine Samen- und Pflanzen-Offerte] 14 (1967), S. 3–5.
[13]   Y. Förster/P. Cachola Schmal (wie Anm. 10), S. 18.

Abb. 16 Zwei Objekte des »Gartens der Lüste« 1967

neunzehn Vorschläge für 25 Quadratmeter Land von Hans Luz und Wolfgang Miller im Fasanengarten. Dass man auf dieser Fläche einen Löwen halten kann, wie bei Fläche Nummer 2 angedacht, entspricht sicher nicht den heutigen Tierschutzbestimmungen und würde wohl die Nachbarn wenig begeistern. Der Vorschlag, dort das Auto zu pflegen, dürfte schon eher den Wünschen des damaligen Durchschnittsbesuchers entsprochen haben. Auf der Fläche Nummer 6 nackt in der Sonne zu liegen war in den wilden 60ern bei den Jüngeren im Trend und gleichzeitig für die Älteren ein Skandal. Glücklicherweise wurde diese Tätigkeit vor Ort nur durch eine sehr abstrakte Puppe symbolisiert.

Schon zu Beginn des Gartenschaukonzepts bestand der Wunsch, im Botanischen Garten Skulpturen auszustellen. Durch die Vermittlung des Badischen Kunstvereins konnte Horst Antes für diese Aufgabe gewonnen werden. Seine Installation mit dem Namen »Lustgarten mit sieben Monumenten der Lüste« bestand aus mehreren lackierten Metallgebilden, in denen man beispielsweise einen Kopf, ein Bett oder eine nach einer

Wolke greifende Hand erkennen konnte. Dieses Werk war etwas ganz anderes, als sich das damalige Durchschnittspublikum unter einem Skulpturengarten vorstellte. An abstrakte Kunst hatte man sich inzwischen gewöhnt. Skulpturen wie solche von Moore oder Brancusi hätten sicher kein weiteres Aufsehen erregt. Auch gegen figurative Kunstwerke im gängigen Stil hätte sicher niemand Einwände gehabt. Doch die Art, wie Antes nach einer Phase des allgemeinen Vorherrschens der Abstraktion wieder das Figurative in die Kunst einbrachte, war ausgesprochen eigenwillig. Von vielen Seiten wurde der vorzeitige Abbau des »Gartens der Lüste« gefordert. Die Veranstalter gaben diesem Ansinnen jedoch nicht nach[14] (Abb. 16).

In vielerlei Hinsicht kann man die Bundesgartenschau 1967 in Karlsruhe durchaus mit anderen Gartenschauen vergleichen. Die wichtige Rolle der bildenden Kunst im Schlossbereich war jedoch einmalig und blieb von keinem journalistischen Kommentator unbemerkt. Erwartungsgemäß fielen die Reaktionen in der Tagespresse und in den gärtnerischen Fachzeitschriften eher befremdet aus. Der »Süddeutsche Erwerbsgärtner« schrieb: *Vielleicht aber auch fehlt dem Durchschnittsbeschauer die Möglichkeit, in diese Gedankenwelt des Künstlers* [Hölzinger] *einzudringen und sein Werk zu verstehen. Gleiche Schwierigkeiten treten im früheren botanischen Garten auf, wo der Maler Horst Antes große, aus Metallfolien geschnittene und weiß gespritzte allegorische Figuren aufstellte*[15]. *Wo man im Schlosspark auch hinsieht, da ist Ungewohntes, Merkwürdiges und Skurriles [...]*[16], war in den Badischen Neuesten Nachrichten zu lesen. In der internationalen Kunstszene fand der »Garten der Lüste« jedoch durchaus positive Beachtung.

Heutige Nutzung

Was ist aus alledem geworden? Die Figuren von Horst Antes sind in diverse Kunstsammlungen gewandert. Der Lichtgarten und der Garten der tanzenden Wasserwände sind verschwunden, ebenso das Seerestaurant mit all den anderen temporären Pavillons. Der Abbau vieler empfindlicher Elemente ist dem Umstand zuzuschreiben, dass der Schlossgarten frei zugänglich ist und von der Karlsruher Bevölkerung intensiv genutzt wird. Ruhen, Sport, Feste, alle erdenklichen Aktivitäten finden dort statt. Nicht zuletzt dient er als wichtige Fahrradverbindung in Ost-West-Richtung und nach Norden. Es gab die Überlegung, Radfahrer zu einem Umweg entlang des AHA-Grabens zu zwingen, aber sie hat sich nie durchgesetzt. Die robusteren Schwerpunkte Nummer 3 und 6, Wasserstelen und Wassergarten, existieren bis heute. Auch von der Grundstruktur des Schlossgartens ist das meiste erhalten. Kaum verändert wurden die Seitenteile des Schlossplatzes. Der einzige Bereich der ehemaligen Bundesgartenschau am Schloss, der inzwischen mehrmals vollständig überformt wurde, ist der Mittelteil des Schlossplatzes.

Im Zoologischen Stadtgarten hat sich seit 1967 sehr viel mehr erhalten, was sicher damit zu tun hat, dass er wegen der Tiergehege eintrittspflichtig ist. Man geht dort in festlicher Stimmung hin und verhält sich dementsprechend. Konzerte, Gondolettafahr-

---

[14] R. MÜRB mündlich.
[15] G. H., Die Bundesgartenschau in Karlsruhe, in: *Süddeutscher Erwerbsgärtner 15* (1967), S. 8.
[16] Badische Neueste Nachrichten vom 9.3.1967.

Abb. 17   Festliche Stimmung im Zoologischen Stadtgarten, 2015

ten, Ruhen und Schachspiel sind die bevorzugten Aktivitäten. Im Grunde hat sich diesbezüglich seit der Bundesgartenschau wenig geändert. Die Eintrittsgelder erlauben zudem eine intensivere Pflege als im Schlossbereich. Trotz dieser Unterschiede besitzt Karlsruhe mit dem ehemaligen Gelände der Bundesgartenschau 1967 ein bedeutendes Gartendenkmal, das bis heute im kollektiven Bewusstsein der Bürger fest verankert ist (*Abb. 17*).

Der Park als Mittel zur Stadterweiterung

VON HELMUT KERN

Traditionell heißen Parks in Karlsruhe »Garten«. Beispiele hierfür sind der Schlossgarten Durlach, der Schlossgarten Karlsruhe (*Tafel 1*), der Fasanengarten, der Nymphengarten und der Stadtgarten. Neuere Parks wurden dann eher sachlich als »Anlagen« benannt. So die Günther-Klotz-Anlage und die Nottingham-Anlage.

Erst in den letzten zehn bis fünfzehn Jahren hat Karlsruhe auch die Bezeichnung »Park« verwendet, so bei der Benennung der Grünflächen um das Schloss Gottesaue, das zunächst den Namen »Ostauepark« trug, bis es zu Ehren des ehemaligen Oberbürgermeisters Otto Dullenkopf (1920–2007) in Otto-Dullenkopf-Park benannt wurde. Die neueste Grünfläche mit der Bezeichnung Park ist der Landschaftspark Rhein, gewiss ein besonderes Konzept eines Parks, das nicht in das Schema der klassischen Parks passt.

Uns wurden im Rahmen dieser Tagung bereits aus verschiedenen Aspekten die grün- und gartenaffine Entwicklung der Stadt Karlsruhe vorgestellt. Die besondere Wechselwirkung zwischen der Stadt, ihren Gärten und der umgebenden Landschaft spiegelt sich im gerne verwendeten Untertitel »Stadt im Grünen – Stadt der Gärten« wider. Und Karlsruhe ist eine grüne Stadt von Anfang an. Die gärtnerische Leidenschaft und Sachkunde des Stadtgründers Karl III. Wilhelm von Baden-Durlach (1679/1709–1738) ist legendär und facettenreich. Alleine die Tatsache, dass er sich als Regent die Zeit für monatelange Reisen in die Niederlande nahm, um seinen Bedarf an botanischen Raritäten, voran die Tulpen, zu decken, zeigt dies. Die beste Voraussetzung, um etwas gut und anspruchsvoll zu machen, ist wohl, wenn man es für sich selbst tut und so war der Schlossgarten und Schlossplatz nicht als Anreiz für die neuen Bürgerinnen der jungen Stadt gedacht, sondern allein das Ergebnis seiner gärtnerisch-botanischen Vorliebe. Dennoch durften auch die Nicht-Adeligen die höfischen Gärten besuchen – selbstverständlich aber nur unter Einhaltung einer strengen Kleider- und Benutzungsordnung. Ein Ort für die entspannte Erholung der wachsenden Karlsruher Bürgerschaft waren die Schlossgärten damit nicht. Als die junge Stadt Karlsruhe Ende des 18. Jahrhunderts zunehmend dichter bebaut wurde, wuchs auch der Wunsch in der Bürgerschaft nach einem »eigenen« Park. Schon vor 1800 versuchte die Stadt von der Gemeinde Beiertheim den Auacker- und Hardtwinkelwald (das spätere Sallenwäldchen) zu kaufen (*Abb. 1*). Aber Beiertheim war nicht verkaufswillig und beabsichtigte sogar, den Wald zu roden. Dies genehmigte die markgräfliche Behörde jedoch nicht, sondern erwarb selbst dieses Waldstück einschließlich eines dort vorhandenen Kiesteichs (dem heutigen Ludwigssee) *zum Zwecke der Ver-*

Abb. 1   Wegeverbindung zwischen Karlsruhe und Beiertheim um 1823

Abb. 2   Festhalle und Stadtgartensee um 1900

Tafel 1   Schlossplatz und Schlossgarten Karlsruhe

Tafel 2   Artenreiche Blumenwiese beim Rodelhügel

Tafel 3   Garten der Religionen

Tafel 4   Schlossgartenpavillon zum Stadtgeburtstag 2015

schönerung der Umgebung der Residenz. Der Hofgärtner Hartweg, plante dort, unter Bewahrung des Baumbestandes, eine öffentliche Grünfläche im englischen Stil. Sie wurde 1823 angelegt. In den 60er Jahren des 19. Jahrhunderts erlebte Karlsruhe einen wirtschaftlichen und gesellschaftlichen Aufschwung. Es entstanden viele Vereine, so auch der »Badische Verein für Geflügelzucht«. 1865 pachtete der Verein eine Fläche rund um den Ludwigssee zur Errichtung eines Tiergartens. Während die Verschönerung des Sallenwäldchens zu einem englischen Landschaftspark noch mit fürsorglicher Unterstützung der Obrigkeit geschah, entstand der Tiergarten aus bürgerlicher Initiative, zu der neben der Stadtkasse auch viele private Geldgeber beitrugen. 1868 übernahm der neu gegründete »Tiergartenverein« als Aktiengesellschaft den Tiergarten, weil er nur mit Hilfe von zusätzlichen Geldern aus der Bevölkerung betrieben und unterhalten werden konnte. Der Verein brachte ab 1865 sogenannte »Tiergartenaktien« in Umlauf. 1840 wurde ein Turnplatz im Sallenwäldchen für den Turnunterricht des Lyzeums angelegt. Dies war eine der ersten Einrichtungen dieser Art im ganzen Land und so gab es beachtliche Diskussionen. Ab 1856 hat der Karlsruher Turnverein diesen Platz ebenfalls genutzt.

Mit dem Bau der Festhalle, ein repräsentativer Bau für Festveranstaltungen, Ausstellungen, Konzerte und Aufführungen entstand auch der Stadtgartensee *(Abb. 2).* Der Aushub wurde für die Geländeauffüllung benötigt. Ab 1877 trägt der Bürgerpark, der aus der Zusammenlegung von Tiergarten, dem nördlich angrenzenden Sallenwäldchen und den anschließenden Flächen bis zur Festhalle entstanden war, die offizielle Bezeichnung »Stadtgarten«.

1887 beschloss der Bürgerausschuss zur Steigerung der Leistungsfähigkeit des Karlsruher Wasserwerks ein Hochreservoir in einem künstlichen Hügel südlich des damaligen Stadtgarten-Areals anzulegen. Auch hierfür wurde das benötigte Material in unmittelbarer Nachbarschaft gewonnen und ein weiterer See entstand *(Abb. 3).* Das Reservoir fasste 3,2 Millionen Liter Wasser (zum Vergleich: Am 9. Juli 2010 lag der Karlsruher Wasserverbrauch beim bislang absoluten Spitzenwert von 113 Millionen Litern). Wege auf dem 1890 so entstandenen Lauterberg (benannt nach Wilhelm F. Lauter, Oberbürgermeister von 1870 bis 1892) wurden als »Terrainkurwege« angelegt und genutzt. Ein weiteres Beispiel dafür, wie Projekte städtischer Infrastruktur – hier die Wasserversorgung – gewissermaßen als Nebenprodukt sehr kreativ eine ganz markante Freiraumgestaltung mit sich brachten.

Da war es nur eine Frage der Zeit, bis man erkannte, dass eine eigene gartenplanerische Fachkompetenz in der Stadtverwaltung notwendig war. Die Anfänge der städtischen Gartenbauverwaltung begannen mit der Einstellung von Friedrich Ries. Als gelernter »Kunst-Gärtner« trat er am 1. August 1878 in den Städtischen Dienst ein – zunächst als Straßenmeister. Es stellte sich aber schnell heraus, dass er bei der Stadtverwaltung derjenige ist, der am meisten vom Gartenbau verstand. Als 1884 die Stadtgärtnerei östlich des Lauterbergs gegründet wurde, war er von Anbeginn deren Leiter. Innerhalb der Verwaltung war die Stadtgärtnerei ab sofort zuständig für alles Grün in der Stadt. Ries' Schwerpunkt blieb der Stadtgarten mit neuen Anlagen. Mit Hilfe einer Spende der Geschwister Reinbold konnte Garteninspektor Ries 1897 bis 1899 den ersten Rosengarten erstellen lassen.

Mit Wirkung vom 1. Januar 1905 wurde die Verwaltung der städtischen Gärten und öffentlichen Anlagen, die bisher zum Geschäftskreis des Tiefbauamtes gehörte, von die-

Abb. 3   Lauterberg mit Hochreservoir 1893

sem getrennt und als eigenes Amt (Städtische Gartendirektion) geführt. Friedrich Ries wurde als erster »Städtischer Gartendirektor« zum Leiter dieses Amtes[1].

1913/14 wurde der erste Japangarten angelegt und 1914/15 konnte trotz der Kriegswirren der zweite Rosengarten realisiert werden, der zum 200-jährigen Jubiläum der Stadt ein besonderes Highlight werden sollte. Bereits 1915 gab es rund 11.500 Rosen in etwa 70 Sorten.

Ebenso, wie beim ersten Rosengarten waren Spenden aus der Bürgerschaft entscheidend für die weitere Ausgestaltung des Stadtgartens. So entstand ein weiterer Sondergarten, die »Kaller-Anlage«, sie konnte mit einer Geldspende des Großkaufmanns Julius Kaller 1919 westlich des Schwanensees verwirklicht werden. Heute existiert davon noch

---

[1]   Vgl. H. Schmidt u. a. (Bearb.), 100 Jahre Gartenbauamt Karlsruhe 1905–2005, Karlsruhe 2005. Weiterführende Literatur zum Thema allgemein: C. Kieser, Karlsruhes »Central Park«. Der Stadtgarten als Bürgerpark und Zoo, in: Denkmalpflege in Baden-Württemberg 35 (2006), S. 154–157; U. Schmidt, Der Stadtgarten in Karlsruhe. Ein historischer Streifzug (Schriftenreihe »Häuser und Baugeschichte« des Stadtarchivs Karlsruhe 6), Karlsruhe 2007; H. Kern, Strukturreformen in Karlsruhe – Von der Städtischen Gartendirektion zum modernen Grünflächenmanagement in Karlsruhe, in: Stadt + Grün/Das Gartenamt 62 (2013) S. 19–24; Ders., Der Stadtgarten Karlsruhe, in: BüGa e. V. (Hg.), Grün in Karlsruhe. Parks, Gärten und Bäume in Karlsruhe, Karlsruhe 2015, S. 43–54; Ders., Die Günther-Klotz-Anlage, in: ebd., S. 55–62.

Abb. 4 Bundesgarten-
schau 1967 mit Tiergartenbrücke und Gondoletta

ein kleiner Pavillon, der direkt vor der Stadtgartenmauer steht und Plantafeln mit den Entstehungsphasen des Parks zeigt.

Auch die Wolff-Anlage (Heckengarten) im Westen des heutigen Stadtgartengeländes, südlich der Tiergartenbrücke entstand 1920 dank privater Mittel. Sie wurde durch Spenden des Geheimen Kommerzienrates Dr.-Ing. Friedrich Wolff und seiner Familie finanziert. Der Entwurf stammte von dem damaligen Gartenbaudirektor Friedrich Scherer.

Die zur Bundesgartenschau vorgenommene Umgestaltung des Parks war die moderne Antwort der Freiraumplanung auf den seinerzeitigen Zeitgeist. Ziel der Planung zur Bundesgartenschau war es, den durch verschiedene Erweiterungen entstandenen Stadtgarten wieder zu einer Einheit zu verschmelzen und eine zusammenhängende, transparente Parklandschaft zu schaffen. Ganz wesentlich für diese Wirkung war die Beseitigung des trennenden Tiergartenwegs, so dass der nördliche und der südliche Parkteil barrierefrei zusammenflossen. Auch die beiden Seen wurden durch einen Kanal miteinander verbunden. Stattdessen spannte nun eine leichte Betonbrücke auf schlanken Stahlstützen von West nach Ost über den Park (*Abb. 4*). Auf die weiteren konzeptionellen und gestalteri-

Abb. 5   Nottingham-Anlage

schen Verbesserungen im Rahmen der Umgestaltung zur Bundesgartenschau 1967 geht ein anderer Beitrag in diesem Band näher ein.

Die Gondoletta, zunächst nur für die Bundesgartenschau installiert, blieb auf ausdrücklichen Wunsch der Bürgerschaft erhalten und ist heute nicht mehr wegzudenken.

Heute ist der Stadtgarten eine einmalige Symbiose aus botanischen und zoologischen Komponenten, der von der Stadtgesellschaft eine außergewöhnlich hohe Wertschätzung erfährt.

So ist der Stadtgarten als Ganzes durch und durch eine kommunale Anlage, die von Anfang an als eine notwendige Komponente der Karlsruher Stadtentwicklung verstanden wurde und dessen einzelne Bausteine städtischer Entwicklung (Außenanlage Festhalle, Lauterberg, Seen) und bürgerlichem Engagement (Spenden für Rosengarten, Kaller-Anlage, Japangarten) zu verdanken sind.

Im Sinne einer sozialen Stadtplanung als Reaktion auf die untragbaren Zustände der innerstädtischen Wohnviertel nach dem Ersten Weltkrieg hatte der Karlsruher Baubürgermeister Herrmann Schneider (1881–1963) gegen erheblichen politischen Widerstand einen Generalbebauungsplan für die Stadt Karlsruhe durchgesetzt. Dieser »Schneiderplan« erfüllte zwar noch nicht ganz die aus heutiger Planungssicht erforderliche Balance zwischen Bauflächen und Grünflächen, aber er ist auch Ausdruck der Erkenntnis, dass eine erfolgreiche Stadtentwicklung auch funktionsfähige Grünflächen benötigt. Die Idee Herrmann Schneiders, die Insel Rappenwört als »Rheinpark« für die Karlsruher Bevölkerung als Naherholungsgebiet zu erschließen, entsprach den Volksparkideen der Zwanziger Jahre.

Abb. 6 Günther-Klotz-Anlage mit Ruderbootsee

Chancen in das bestehende Siedlungsgefüge zugunsten von mehr wohnungsnahen Grünflächen im Nachhinein einzugreifen, sind rar. Eine Ausnahme ist sicher der Südstadt-Grünzug, der erst durch die kriegsbedingten Zerstörungen in der sehr dicht bebauten Südstadt realisiert werden konnte. Auch im Zuge von Konversionen oder Nutzungswandel wurden neue Grünflächen geschaffen, die heute gar nicht mehr wegzudenken wären. Nehmen wir nur die Beispiele der an anderer Stelle beschriebenen Umnutzung von aufgegebenen Bahntrassen. Jüngeren Datums ist die Nottingham-Anlage, die auf einem ehemaligen Betriebsgelände und Gaswerk der Stadtwerke entstanden ist (*Abb. 5*).

Nach dem Schlossgarten, der im 18. Jahrhundert entstand und dem Stadtgarten, der als erster Bürgerpark der Stadt seine Wurzeln im 19. Jahrhundert hat, wurde als weitere Anlage, die auch die Bezeichnung »Park« verdient hat, die Günther-Klotz-Anlage als Park des 20. Jahrhunderts in den Jahren 1976 bis 1985 geschaffen. Günther Klotz (1911–1972), Karlsruher Oberbürgermeister von 1952 bis 1970, hatte die leidenschaftliche Idee, mit diesem Park den überwältigenden Erfolg der Bundesgartenschau 1967 zu wiederholen. Der Karlsruher Gemeinderat hat ihm diesen Wunsch jedoch nicht erfüllt und einen entsprechenden Antrag auf die Bewerbung für die Bundesgartenschau 1975 in der Gemeinderatssitzung am 10. Dezember 1968 abgelehnt. Der Park entstand als Baustein einer städtebaulichen Gesamtentwicklung dennoch. Mit seiner Lage im Südwesten des zentralen Stadtgebietes in direkter Nachbarschaft zu den Stadtteilen Grünwinkel, Mühlburg, Weststadt, Südweststadt und Beiertheim-Bulach versorgt er heute über 70.000 Karlsruher Bürgerinnen und Bürger mit wohnungsnahem Grün (*Abb. 6*). Mit der Planung wurde das Karlsruher Architekturbüro Heinz Jakubeit beauftragt, das zuvor als Sieger aus dem Wettbewerb zur städtebaulichen Entwicklung des Gesamtareals zwischen Weinbrennerplatz und Südtangente hervorging.

Das 18 Hektar große Areal bietet heute entlang des landschaftlich modellierten Verlaufs der Alb einen Landschafts-, einen Modelboot- und einen Ruderbootsee, einen Rodel- und Aussichtshügel, große Spiel- und Liegewiesen, Spielplätze, einen Fitnessparcours für Erwachsene, einen Skateplatz bei der Straßenbahnhaltestelle Europahalle/ Europabad, ein Beachvolleyballfeld, ein Basketballfeld, eine öffentlich zugängliche Kleingartenanlage und viele Spazierwege. Der bedeutendste Hauptweg ist der Karl-Wolf-Weg. Er durchzieht die Anlage parallel zu einer Walnussbaumreihe, die dem Verlauf der historischen Wegeverbindung zwischen Beiertheim und Grünwinkel folgt. Der von Fußgängern, Joggern, Radfahrern und Skatern gleichermaßen stark genutzte Weg wurde nach Karl Johann Friedrich Wolf benannt, der nach Beendigung seiner sehr erfolgreichen sportlichen Laufbahn ein ebenso erfolgreicher Karlsruher Bäckermeister wurde.

Auffälliges Element der Günther-Klotz-Anlage ist der im Inneren überwiegend aus Bauschutt modellierte 15 Meter hohe Aussichtshügel. Auf seiner Kuppe befindet sich innerhalb eines steinernen Sitzkreises auf einem Granitsockel eine bronzene Gedenktafel für den Namensgeber. Sie wurde 1991 anlässlich des 80. Geburtstages von Günther Klotz enthüllt. Soweit es die winterlichen Bedingungen zulassen, verwandelt sich der Aussichtshügel zum attraktivsten Rodelhügel der Karlsruher Stadtlandschaft. Der Ruderbootsee wird bei einer ausreichend dicken Eisschicht zum Eislaufen freigegeben und dann entsprechend geräumt und geglättet. Rodeln und Eislaufen werden aber bei den milden Wintern der letzten Jahre zunehmend ein seltenes und nur kurzes Vergnügen. Eingebunden in die Anlage ist die Ausflugsgaststätte Kühler Krug, die ihren Namen von einem historischen Gasthof übernahm, der sich in unmittelbarer Nachbarschaft befand und dem Bau der Südtangente weichen musste. Das Sandsteinportal des ehemaligen Lokals fand 1976 in der Kleingartenanlage »Im Albgrün« als Eingangstor Verwendung. Die Holzbrücke am Ruderbootsee überspannte früher die Alb am ehemaligen Bulacher Gasthaus »Schäumende Alb« in der heutigen Neue-Anlage-Straße. Auch sie musste Platz für die Südtangente machen. Wieder zwei Beispiele dafür, dass Parks auch herangezogen werden, um den Relikten früherer Baukultur eine würdige Zukunft zu geben.

Nach dieser Beschreibung ist die Günther-Klotz-Anlage ein Aktiv-Park mit vielen Spiel- und informellen Sportangeboten, die von der Stadtbevölkerung erwartet und nachgefragt werden. Entsprechende Anpassungen an die Ausstattung wurden seit seiner Einweihung auch erforderlich. Auf der anderen Seite hat dieser Park als begleitendes Grün des Flusses Alb auch eine besondere Bedeutung für den Natur- und Artenschutz. Der Fluss und seine Uferbereiche sind Teil des Fauna-Flora-Habitat-Gebiet »Oberwald und Alb in Karlsruhe« und nach europäischem Recht geschützt. Sie dienen unter anderem der Grünen Keiljungfer, einer seltenen Libellenart, als Lebensraum. Im Randbereich zur Südtangente konnten einige über hundert Jahre alte Stieleichen erhalten werden. Ein Exemplar steht in einer naturnah gestalteten Parzelle der Kleingartenanlage und ist für den Naturinteressierten – natürlich nur mit zuvor eingeholter Zustimmung des Gartenpächters – gut zugänglich. Die Bäume sind Relikte eines Bannwaldes, der hier noch in der ersten Hälfte des zwanzigsten Jahrhunderts existierte. Sie beherbergen den Heldbock, eine streng geschützte Käferart, die das klimatisch begünstigte Karlsruhe als einen Schwerpunkt ihrer Population gewählt hat. Auch Wasseramsel und Neunauge gehören zu den Bewohnern des Lebensraums Alb. Sie sind überzeugende Beispiele, dass trotz der intensiven Freizeit- und Erholungsnutzung auch Natur in der Stadt ihren Platz finden kann – ja finden muss, um der Natur- und Umweltbildung vor der Haustür eine Chance zu geben. Naturnähe ist auch bei der Pflege der Wiesen- und Gehölzflächen ein wichtiges Ziel. Weniger stark durch Lagern und Spielen oder als Hundeauslaufläche genutzte Be-

DER PARK ALS MITTEL ZUR STADTERWEITERUNG   231

Abb. 7   »Das Fest«

reiche werden seltener gemäht. Hier entstehen artenreiche Blumenwiesen, die ein reiches Spektrum an blühenden Kräutern enthält und für Insekten, insbesondere heimischen Schmetterlingen und Wildbienen Lebensraum und Nahrungsquelle ist (*Tafel 2*).

Der Park ist aber auch Veranstaltungsort für Events, die eine Stadt ihrer Bevölkerung kaum verweigern kann. Seit 1985 findet in der Günther-Klotz-Anlage alljährlich am dritten Wochenende im Juli direkt vor den Sommerferien »Das Fest« als inzwischen eine der größten Open-Air-Veranstaltungen in Deutschland statt. Ihr Publikum hat sie mit den saloppen Beinamen »Die Klotze« und den Aussichtshügel die Bezeichnung »Mount Klotz« bedacht (*Abb. 7*). Ursprünglich sollte »Das Fest« dem Karlsruher Publikum vor allem lokale Bands näher bringen. Im Laufe der Jahre entwickelte sich das zunächst kleine Open-Air-Festival zu einem überregional bekannten Musik-Event, das von jährlich über 200.000 Besuchern besucht wird.

Die Günther-Klotz-Anlage eignet sich auch für andere publikumswirksame Veranstaltungen. So war sie schon zweimal (2000 und 2008) in Kombination mit der benachbarten Europahalle zentraler Veranstaltungsort für das Jahrestreffen der Europäischen Jonglier Convention, ein sehr lebendiges und unterhaltsames Ereignis, das neben der Präsentation bemerkenswerter Jonglierkünste und Akrobatik für das Publikum auch viele Möglichkeiten zum Mitmachen bot (*Abb. 8*). In den Sommermonaten ist die große Wiese häufig Startplatz für Heißluftballons. Die vorbereitenden Arbeiten bis zu Aufrichtung des Ballons ziehen immer viele Schaulustige in ihren Bann.

Abb. 8 31. Europäische Jonglier Convention (EJC) 2008

Diese Beispiele für eine organisierte offizielle Nutzung, für die der Park als wohltuende Kulisse dient, sind die eine Seite der Inanspruchnahme. Die ganzjährige individuelle Nutzung, die Tages- und Wochenenderholung, für die dieser Park geschaffen wurde, ist die andere Seite. Gerade hier müssen wir einen Trend zur Intensivierung jenseits jeglicher Verträglichkeit feststellen. Die Bewältigung des erhöhten Müllaufkommens bindet Kräfte, die dann für die eigentlichen gärtnerischen Arbeiten nicht mehr zur Verfügung stehen. Die Werterhaltung gestaltet sich angesichts der Strapazen, die die Grünausstattung und das Mobiliar ertragen müssen, schwierig. Wir müssen daher schon bei der Planung unserer Grünflächen den Fokus noch stärker auf robuste Gestaltungen und Ausstattungen richten (*Abb. 9*).

Unmittelbar nordöstlichen an den Park schließt das Gartengelände Beiertheimer Feld an. Es ist eine wichtige freiräumliche Ergänzung des Albgrüns und der Günther-Klotz-An-

Abb. 9 Widerstandsfähige Alternativen zum herkömmlichen Mobiliar

DER PARK ALS MITTEL ZUR STADTERWEITERUNG   233

Abb. 10   Otto-Dullenkopf-Park

lage und kommt als Frischluftschneise besonders der Südweststadt und der Weststadt zugute. In Verbindung mit dem Entwurf für die Günther-Klotz-Anlage war es in den 1960er Jahren geplant, auf diesem Gartengelände rund 1.000 Wohneinheiten zu schaffen. Gegen diese Bebauung wurde 1989 die »Bürgerinitiative für die Einheit von Günther-Klotz-Anlage und Beiertheimer Feld als öffentliche Grünfläche mit Kleingartenbetrieb« gegründet. Dennoch beschloss der Gemeinderat 1992 tatsächlich einen Bebauungsplan für die Wohnbebauung, der jedoch nicht in die Tat umgesetzt wurde. Der Gemeinderat korrigierte im Jahr 2005 diesen Beschluss. Stattdessen ist nun vorgesehen, die Nutzung als Gartengelände planungsrechtlich dauerhaft festzuschreiben, damit und damit den Erhalt dieser wichtigen grünen Lunge zu sichern. Auch das ist Stadtentwicklung.

Mit der Günther-Klotz-Anlage endet die enge Verknüpfung von Stadt- und Parkentwicklung nicht. Der Otto-Dullenkopf-Park ist ein weiterer Strahl in unserem Grünen Fächer, der das Rückgrat des Karlsruher Grünsystems bildet (*Abb. 10*). Den Anstoß hat die vorbereitende Planung für das Quartier Karlsruhe-Südost gegeben mit der Maßgabe, dabei auch das räumliche Potential für eine Bundesgartenschau, die Karlsruhe im Jahre 2001 durchführen wollte, zu ermitteln. In der ersten Planungsphase, dem Städtebaulichen Wettbewerb, wurde das Büro Rossmann & Partner, Karlsruhe, mit Landschaftsarchitekt Karl Bauer, Karlsruhe, erster Preisträger. Es folgte 1993 der eigentliche Bundes-

Abb. 11 Schülergärten beim Zirkus Maccaroni

gartenschau-Wettbewerb, den Karl Bauer gewann. Nachdem der Gemeinderat sich 1994 mit sehr knapper Mehrheit gegen eine BUGA 2001 entschied, verzögerte sich die Umsetzung der Parkplanung. Es fehlte der treibende Motor des Eröffnungstermins. Schließlich konnte im Jahre 2000 mit dem ersten Bauabschnitt begonnen werden. Er wurde 2001 eingeweiht.

Der Otto-Dullenkopf-Park hat inzwischen seinen Platz und seine thematisch-funktionale Bestimmung gefunden. An diesem Prozess war die Bevölkerung, insbesondere Nutzergruppen mit Interesse an speziellen Freizeitaktivitäten beteiligt (*Abb. 11*). In enger Kooperation mit dem Stadtjugendausschuss, der hier den Kinder- und Jugendzirkus Maccaroni betreibt, gab es Workshops und Beteiligungsrunden, mit denen die Inhalte des noch in der Entstehung befindlichen Parks bestimmt werden sollen. Inzwischen wurde der Skatepark neu angelegt und in enger Abstimmung mit seinen Nutzern ein Dirtbike-Parcours realisiert. (*Abb. 12*).

Abb. 12 Dirtbike-Strecke im Otto-Dullenkopf-Park

DER PARK ALS MITTEL ZUR STADTERWEITERUNG   235

Abb. 13   Stadtpark Südost
(Citypark)

Abb. 14   Sitzstufen am Rhein

Abb. 15 Spielplatz beim Hofgut Maxau

Heute ist weniger der geniale ästhetische Entwurf gefragt, sondern die Kreativität, die die erwartete Multifunktionalität unter einen Hut bringt – bis hin zu Ersatzlebensräumen für Eidechsen, die durch Baumaßnahmen an anderen Stellen verdrängt werden.

Auch der Stadtpark Südost (City Park) machte parallel zur Bebauung auf dem ehemaligen Bundesbahnausbesserungswerk Fortschritte (*Abb. 13*). Die Immobilien dort wurden explizit mit der Lagegunst zum Park beworben. Für die neue Bebauung im östlichen Abschnitt der Ludwig-Erhard-Allee ist der Park namensgebend: Park-Office, Park-Tower, Park-Arkaden. Das jüngste Projekt, das unter starker politisch-gesellschaftlicher Beteiligung entstanden ist, ist der »Garten der Religionen« (*Tafel 3*).

Grün ist Mehrwert. Regelmäßige und so auch die Bürgerumfrage 2015 bestätigen dies. Und dabei spielten die Ziele unseres jüngst beschlossenen Städtebaulichen Rahmenplans zur Klimaanpassung noch gar keine Rolle.

Zum Abschluss richte ich noch einen sehnsüchtigen Blick zum Rhein. Nach dem ersten Projekt Ende der 1920 Jahre mit dem Rheinstrandbad Rappenwört entstand dort nun der Landschaftspark Rhein (*Abb. 14*). Am Hofgut und auf seinen umgebenden Landwirtschaftlichen Flächen wurde ein Park geschaffen, in dem der landwirtschaftliche Betrieb integriert bleibt und erlebbar wird. Er ist ein Geschenk zum Stadtjubiläum für die Bürgerinnen und Bürger, die die Lage der Stadt am Rhein schätzen (*Abb. 15*).

Gefeiert wurde 2015 überwiegend am Schloss. Dank der im Vergleich zu 1806 sehr liberalen Benutzungsregeln war dies mit einem rauschenden Festprogramm möglich (*Tafel 4*).

Landscape urbanism. Karlsruhe als Baustein einer metropolitanen Landschaft Oberrhein

VON JAN DIETERLE

Karlsruhe wurde mit einem klaren landschaftsarchitektonischen Ordnungsprinzip auf der trockenen Hardtebene als Planstadt gegründet. Im Gegensatz zu vielen anderen Städten, die sich an den topographischen Gegebenheiten orientierten, prägt in Karlsruhe zu Beginn ein geometrisches Konzept die Stadt: eine strahlenförmige Grundstruktur bildet ein einheitliches Ordnungsprinzip für Stadt und Landschaft. Dieses geometrische Schema ist bis heute in der Innenstadt ablesbar. Allerdings zeigt der Blick auf die ganze Stadt, dass die strahlenförmig geordnete Innenstadt nur einen Teil des regionalen Geflechts städtischer und landschaftlicher Strukturen am Oberrhein ausmacht. Der Wechsel von Siedlungen, Dienstleistungs- und Gewerbeclustern, Verkehrsstraßen und Zwischenräumen bestimmt das Gesamtbild. Daneben existieren auch noch Reste der traditionellen Kulturlandschaft und der historischen Siedlungsstruktur sowie landwirtschaftlich genutzter Flächen.

Während ältere Siedlungen weitgehend den topographischen Gegebenheiten des Terrains folgen, etabliert die flächenhafte Urbanisierung des 20. Jahrhunderts ein völlig neues Netz urbaner Strukturen. Der Stadt-Land-Gegensatz scheint überholt, da viele Gebiete von einer städtischen Lebensweise geprägt sind. Es ist eine komplexe Landschaftsstruktur aus besiedelten und unbesiedelten Räumen sowie Infrastrukturlinien entstanden. Rolf Peter Sieferle spricht in diesem Zusammenhang von der Totalen Landschaft, in der sowohl der zivilisatorische als auch der ökologische Gegensatz von Stadt und Land eingeebnet sei[1]. Der Landschaft wird für die künftige Entwicklung eine hervorgehobene Bedeutung zugeschrieben. Aber welche konzeptionellen, landschaftsbezogenen Planungsansätze bieten einen Zugang für ein derartiges Stadt-Land-Geflecht?

Stadtlandschaft oder Zwischenstadt?

Thomas Sieverts beschreibt die Realität der verstädterten Landschaft Stadt als Zwischenstadt Er fordert, dass die Vielfalt der Bebauungsinseln wie ein Archipel in das Meer einer zusammenhängend erlebbaren Landschaft eingebettet bleibt: Die Landschaft müsse zu

---

[1] Vgl. R. P. SIEFERLE, Rückblick auf die Natur. Eine Geschichte des Menschen und seiner Umwelt, München 1997, S. 205 ff.

dem eigentlichen Bindeelement der Zwischenstadt werden[2]. Schon in den Konzepten der Stadtlandschaft werden Stadt und Landschaft nicht als Gegensatzpaar, sondern in ihrer gegenseitigen Durchdringung gesehen. Funktionalistische Konzepte für die Modernisierung der Städte basieren allerdings nicht auf den vorhandenen landschaftlichen Strukturen, sondern versuchen auf funktionaler Ebene die Qualitäten des Landes und der Stadt zu vereinen. Andere Konzepte dagegen, wie beispielsweise die Planungen des Planungskollektives 1946 für Berlin, orientieren die städtebauliche Entwicklung an den naturräumlichen Gegebenheiten. Die Stadtlandschaft entsteht dabei erst aus der harmonischen Verbindung aller Faktoren.

Im Unterschied zum Ideal einer harmonischen Ordnung einer Stadtlandschaft beschreibt Rem Koolhaas mit dem Begriff Scape © die Stadtlandschaft als offenes Beziehungsgefüge. In dem Aufsatz *The Generic City* heißt es dazu: *The best definition of the aesthetic of the Generic City is freestyle. How to describe it? Imagine an open space, a clearing in the forest, a leveled city. There are three elements: roads, buildings and nature; they coexist in flexible relationships, seemingly without reason, in spectacular organizational diversity*[3].

Kritiker der heutigen Stadtlandschaft, wie beispielsweise Fritz Neumeyer, sehen allerdings die *Vision von aufgelockerten, in Licht und Grün gebadeten Stadtlandschaften zu einem Albtraum geworden.* ›Stadt‹ *und* ›Landschaft‹ *sind gleichermaßen bis zur Unkenntlichkeit zersiedelt, aufgelöst und entstellt*[4]. Hans Kollhoff betrachtet die scharfe Abgrenzung städtischer Artefakte gegenüber der Landschaft als Ziel. Er *will den Begriff der Stadt-Landschaft hier also nicht im Sinne des Vermischens verstehen, sondern im Sinne der Vernetzung städtischer Charaktere über den landschaftlichen Hintergrund hinweg*[5]. Dieses Bild basiert auf einem Städtebaubegriff, der die Landschaft als einheitliche Hintergrundtextur sieht.

Demgegenüber beschreibt Rem Koolhaas das Leere als Gestaltungsfeld. Heute gewinne die Vorstellung an Bedeutung, dass das Überbaute, Volle unbeherrschbar sei, »[...] in jeder Hinsicht politischen, finanziellen und kulturellen Mächten unterworfen, die es in fortwährende Umwandlung stürzen. Vom Leeren kann man nicht dasselbe sagen; es ist vielleicht der letzte Freiraum, bei dem Gewissheiten noch möglich sind«[6]. Diese Aussage bezieht sich auf den beispielgebenden Entwurf für Melun-Sénart von OMA, bei dem ein System von Leerräumen die künftige Entwicklung prägt.

Allerdings ist Landschaft weder nur ein natürliches, grünes Gegenüber für Bauwerke noch kann die Landschaft ein homogenes Bindeelement oder einen landschaftlichen Hintergrund für die heterogenen Stadtfelder bilden. Sie ist kein Leerraum, wie ein Schwarzplan suggeriert. Vielmehr ist die Landschaft selbst ein vielgestaltiges, heterogenes und dynamisches Gefüge, das im Zusammenspiel von Nutzungen, Kulturgeschichte und natürlichen Prozessen entstanden ist. Das Zusammenspiel dieser Kräfte führt zu spezi-

---

[2] Vgl. T. SIEVERTS, Zwischenstadt, Zwischen Ort und Welt, Raum und Zeit, Stadt und Land (Bauwelt Fundamente 118), Braunschweig 1997, S. 20.
[3] R. KOOLHAAS/B. MAU, S,M,L,XL, OMA (Office for Metropolitan Architecture), New York 1995, S. 1253.
[4] F. NEUMEYER, Im Zauberland der Peripherie, Das Verschwinden der Stadt in der Landschaft, in: Westfälischer Kunstverein Münster (Hg.), Die verstädterte Landschaft, Ein Symposium, Münster 1995, S. 31.
[5] H. KOLLHOFF, Zum Thema Verstädterte Landschaft, (wie Anm. 4), S. 27 f.
[6] J. LUCAN, OMA, Rem Koolhaas, Zürich 1991, S. 114.

fischen städtischen und landschaftlichen Strukturen, die auch für die künftige Entwicklung nutzbar sind.

Die andere Metropole Oberrhein: ein bewegtes Terrain

Das Geflecht städtischer und landschaftlicher Strukturen im Oberrheingraben zwischen Frankfurt und Basel interpretiert das Team um Martin Einsele als eine andere Metropole – so der Titel einer Ausstellung anlässlich der XVII Triennale di Milano 1988. Das Team um Martin Einsele arbeitete den Ausstellungsbeitrag des Landes Baden-Württemberg aus, in dem der Oberrhein als eine andere Metropole als Antithese zur klassischen monozentralen Metropole konzipiert war. Im Gegensatz zur monozentralen Metropole besteht die andere Metropole aus einer Vielzahl unterschiedlich geprägter Städte, die im Zusammenspiel mit der Flusslandschaft des Rheins die dezentral organisierte »Städte-Landschaft Oberrhein« bilden[7] (*Tafel 1*).

Die Flusslandschaft des Rheins bildet die zentrale Struktur für die »Städte-Landschaft Oberrhein«. Der Oberrheingraben ist ein ca. 300 km langer und zwischen 30 bis 40 km breiter tektonisch angelegter Graben zwischen Basel und Mainz. Das Relief der Oberrheinebene ist maßgeblich durch die Kraft des Wassers geformt worden. Jede Überschwemmung und jede Veränderung des Flusslaufes führte zu neuen Raumstrukturen, wie z. B. Terrassen, Inseln und Mulden, die zum Teil auch heute noch sichtbar sind. Die Dynamik des Wassers stand bis zur Begradigung des Rheins in direkter Wechselwirkung mit der Ausformung des Terrains und die Bewohner passten sich den Veränderungen jeweils an.

Nach der Rheinkorrektion befinden sich die Bewohner nicht mehr in einem bewegten Terrain, sondern auf einem scheinbar sicheren und berechenbaren, auf dem sich daraufhin vielfältige Nutzungen etablierten. Die Wechselwirkung von menschlichem Eingriff mit dem Erscheinungsbild und der Struktur des Terrains ist am Oberrhein deutlich erkennbar. Die Oberrheinebene steht beispielhaft für eine vollständig überformte und urbanisierte Landschaft. Landwirtschaft, Siedlungsentwicklung und Infrastruktursysteme prägen das ursprünglich von geologischen und fluvialen Kräften geformte Terrain der urbanen Landschaft Oberrhein. Dieses Terrain befindet sich in einem ständigen Prozess des Werdens – es ist niemals fertig.

Bewegtes Terrain als Basis

Die von André Corboz 1983 eingeführte Palimpsest-Metapher beschreibt die Vielschichtigkeit eines Terrains, das über lange Zeiträume entsteht, vergleichbar mit einem beschriebenen Pergament, das immer wieder abgeschabt und neu überschrieben wird und dabei Reste der früheren Vorgänge teilweise sichtbar bewahrt. Das Terrain ist nichts Fertiges,

---

[7] Vgl. M. EINSELE, Le Rhin supérieur, une »métropole différente«, les villes du monde et l'avenir des métropoles. Der Oberrhein, eine »andere Metropole«, die Städte der Welt und die Zukunft der Metropolen, Katalog zur Ausstellung XVII Triennale di Milano 1988, Karlsruhe 1989.

sondern das Ergebnis einer fortwährenden Überlagerung durch vielfältige wirtschaftliche, lebensweltliche und kulturelle Aktivitäten, aber auch natürliche Prozesse. Das Vorgefundene wird immer wieder neu beschrieben, ohne dass es ganz verschwindet. Das Terrain ist ein mehrdeutiges Produkt, ein Nebeneinander von Spuren ungleichzeitiger Prozesse. Die Spuren können Fragmente natürlicher Prozesse oder auch früherer Planungen sein, die auf großräumige Zusammenhänge verweisen. Bei dieser Leseart geht es nicht darum, die vorgefundenen Spuren und Fragmente zu schützen, sondern sie als territoriale Fonds als Ausgangspunkt und Chance für eine Weiterentwicklung zu begreifen[8] (Tafel 2). In Frankreich bildet schon seit den 70er Jahren das Lesen eines Ortes den Ausgangspunkt für landschaftsarchitektonische Konzepte. Die traditionelle Hierarchie von Programm und Ort wird umgekehrt: Statt eines Nutzungsprogramms oder einer funktionalen Anforderung wird das Terrain mit seinen Spuren und seiner Geschichte Ausgangspunkt eines Konzepts. Diese Herangehensweise bildet eine Reaktion auf die rein nutzungsorientierten Planungen der vorangegangenen Jahrzehnte, die das Terrain nur als neutrale Flächen für Nutzungen ansahen. Sébastien Marot bezeichnet die Bezugnahme auf das vorhandene Terrain als Suburbanismus: *Here, >sub< points not only to the land outside the city but also to the earth beneath it, as in the ground on which the city is founded or the site that preexists and transcends the program. Landscape architecture traditionally is positioned at the interface of town and country as well as of site and program. Thus, landscape approaches differ from those of architecture and planning in that they seek to reclaim rather than to conquer*[9]. Zentrale Haltung ist dabei nicht die Besetzung des Terrains, sondern das Sichtbarmachen, die Kultivierung und Nutzbarmachung der vorhandenen Potenziale für Stadt- und Landschaftskonzepte.

Landschaft als Ordnungssystem des urbanen Feldes

In den USA beschreibt der Begriff Landscape Urbanism seit Mitte der 1990er Jahre eine disziplinäre Neuausrichtung, in der Landschaft die Architektur als den grundlegenden Baustein eines zeitgenössischen Urbanismus ersetzt. Landscape Urbanism ist kein Stil, sondern eine Haltung und Denkweise im Umgang mit der zeitgenössischen Stadt. Diese neue Haltung sieht James Corner als Antwort auf das Versagen des klassischen Städtebaus[10], vor allem im Zusammenhang mit dem Niedergang post-industrieller Städte wie Detroit.

Charles Waldheim zufolge ist Landschaft sowohl eine Metapher für die Beschreibung der zeitgenössischen Stadt als auch das Mittel, mit dem die Stadt konstruiert werden

---

[8] Vgl. A. CORBOZ, Das Territorium als Palimpsest, in: A. CORBOZ, Die Kunst, Stadt und Land zum Sprechen zu bringen (Bauwelt Fundamente 123), Basel/Berlin/Boston 2001, S. 164f.

[9] S. MAROT, The reclaiming of sites, in: J. CORNER (Hg.), Recovering Landscape, Essays in Contemporary Landscape, Princeton 1999, S. 55.

[10] Vgl. J. CORNER, Terra Fluxus, in: C. WALDHEIM (Hg.), Landscape Urbanism Reader, Princeton 2006, S. 23 ff.

ZUM BEITRAG VON JAN DIETERLE

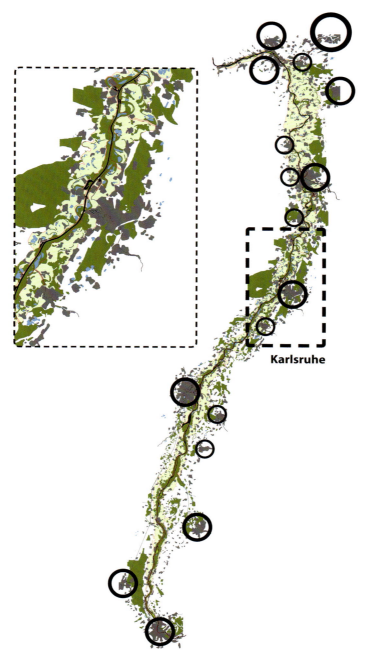

Tafel 1   Karlsruhe als ein Teil des Stadt-Land Geflechts am Oberrhein

ZUM BEITRAG VON JAN DIETERLE

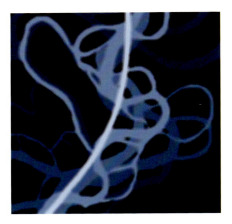

Tafel 2 Die Landschaft am Oberrhein als ein Palimpsest: alte Rheinläufe prägen noch immer das Terrain

Tafel 3 Landschaft als dreidimensionale Matrix

Tafel 4 Die Landschaft ist nicht das Gegenüber zur dichten Stadtstruktur, sondern ein übergreifendes Ordnungssystem für das urbane Feld in Karlsruhe

ZUM BEITRAG VON JAN DIETERLE

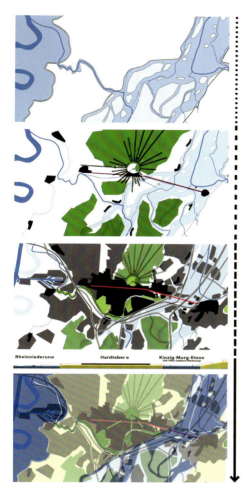

Tafel 5 Geomorphologie und Geschichte bilden die Schichten der vielfältigen Stadt-Landschaft Karlsruhe heute: Geomorphologie als Basis - 1715: Stadtgründung, ein neues System - 20. Jahrhundert: Die Niederungen dienen als Flächenreserve

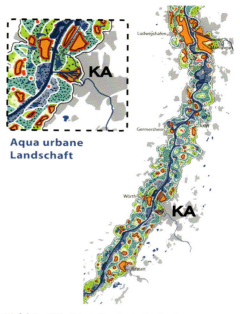

Tafel 6 Die Rheinlandschaft als eine aqua urbane Landschaft, die auch neue Potenziale und Entwicklungschancen für Karlsruhe bietet

Tafel 7 Die spezifischen Eigenarten des Terrains in Verbindung mit den neuen Anforderungen der Klimaanpassung könnten Ausgangspunkte für ein räumliches Grundgerüst sein, das den Gebrauch durch die Bewohner ermöglicht und Impulse für vielfältige Aneignungsmöglichkeiten bietet

Tafel 8 Karlsruhe entdeckt die bislang gesichtslosen, peripheren Zwischenräume als vielschichtige und identitätsstiftende Landschaftsräume neu

kann[11]. Der Begriff Landschaft biete die Möglichkeit, natürliche Systeme mit den sozialen, kulturellen Prozessen und Infrastruktursystemen zu verbinden.

Ein historisches Beispiel für die Kombination von Stadtentwicklung und Infrastruktur ist beispielsweise Olmsteds Black Bay Fens in Boston. Hier werden hydrologische und ökologische Aspekte mit der Etablierung einer Parklandschaft gekoppelt.

In Bezug auf Infrastrukturprojekte stellt der australische Landschaftsarchitekt Richard Weller fest, dass letztlich die Landschaft das Medium sei, in dem alle ökologischen Prozesse stattfinden und somit die Infrastruktur der Zukunft sei[12]. Waldheim zufolge betrachtet Landscape Urbanism die Entwicklung von Freiräumen nicht als ein Gegenüber zur dichten Stadtstruktur, sondern nutzt die Infrastruktursysteme und öffentlichen Landschaften zukünftig als Ordnungssystem für das gesamte urbane Feld[13] (*Tafel 3*).

Landschaft steht als Konzept für eine prozesshafte Perspektive, *to orchestrate urban program as a landscape*[14]. In ähnlicher Weise definiert James Corner die urbane Landschaft als eine dynamische und entwicklungsoffene Matrix, in der natürliche Prozesse und soziale, kulturelle und Infrastruktursysteme miteinander verknüpft sind. In dieser Perspektive bildet das Terrain ein dreidimensionales, dickes, lebendiges Gefüge aus zusammengefügten Feldern und geschichteten Systemen[15]. Die Stadt bildet gewissermaßen eine Verdichtung in diesem vielschichtigen, heterogenen und dynamischen Gefüge der urbanen Landschaft.

Das Terrain als Quellcode – Was heißt das für Karlsruhe?

Karlsruhe ist ein Bestandteil der übergeordneten ökologischen, ökonomischen und kulturellen Systeme. Es ist eingebunden in das Geflecht städtischer und landschaftlicher Elemente der urbanen Landschaft am Oberrhein, die Einsele als eine andere Metropole beschrieb. Das dynamische und vielschichtige Terrain der urbanen Landschaft entlang des Oberrheins enthält Spuren und Prozesse, die als territorialer Fond Ausgangspunkte für die Kultivierung und Nutzbarmachung vorhandener Potenziale bilden. Landscape Urbanism benutzt Landschaft als Metapher für die Beschreibung des Geflechts städtischer und landschaftlicher Elemente. Diese urbane Landschaft ist entwicklungsoffene und hierarchielose Struktur. Zudem werden in dem prozessorientierten Ansatz des Landscape Urbanism ökologische Aspekte mit der Gestaltung öffentlicher Räume und der Weiterentwicklung von Infrastrukturen verknüpft. Die Stadt steht nicht in einer Beziehung zur Landschaft, sondern wird selbst als Landschaft gedacht. Konzepte grün-blauer-Netze oder für grüne Infrastrukturen, die die Stadt durchziehen, folgen diesem Denkmodell.

---

[11] Vgl. C. WALDHEIM, Landscape as Urbanism, in: WALDHEIM (wie Anm. 10), S. 11.
[12] Vgl. R. WELLER, An Art of Instrumentality: Thinking Through Landscape Urbanism, in: WALDHEIM (wie Anm. 10), S. 73.
[13] Vgl. C. WALDHEIM, Landscape Urbanism, A Genealogy, in: A. REESER/A. SCHAFER (Hgg.), Landscapes (Praxis, Journal of Writing and Building 4), Cambridge 2002, S. 13.
[14] WALDHEIM (wie Anm. 13), S. 13.
[15] Vgl. CORNER (wie Anm. 10), S. 59.

Das Terrain der urbanen Landschaft ist also keine homogene Bindungsebene für die heterogenen Stadtfelder einer Stadtlandschaft oder der Zwischenstadt, in der der Freiraum als Leerraum im Schwarzplan erscheint oder nur Ausgleichsraum oder Abstandsfläche ist. Es geht auch nicht um mehr Freiraum oder um mehr Grün in der Stadt. Ziel ist vielmehr die Qualifizierung vorhandener Potenziale. Die spezifischen Eigenschaften des Terrains der urbanen Landschaft bilden gewissermaßen einen Quellcode, so das französische Landschaftsarchitekturbüro Agence.ter, auf dem sich die Stadt als vom Menschen geprägtes Milieu entwickelt[16] (*Tafel 4*).

Beispielsweise ist Venedig ein prägnantes Beispiel für ein vollständig materialisiertes Terrain, als eine gebaute urbane Landschaft, die auf den spezifischen Merkmalen des Terrains gründet und zugleich auch Ergebnis der spezifischen Nutzungen und kulturellen Prozesse ist. Demgegenüber hat sich in Karlsruhe ein landschaftsarchitektonisches Konzept materialisiert. Wie eingangs beschrieben, wurde Karlsruhe mit einem einheitlichen Ordnungsprinzip für Stadt und Landschaft als Planstadt gegründet. Die enge Wechselbeziehung basierte auf einem geometrischen Konzept und folgte nicht primär den Eigenschaften des Terrains. In der Innenstadt Karlsruhes bieten die öffentlichen und privaten Freiräume – Park, Straße, Promenade, Platz und Garten – noch immer eine prägnante, lesbare Grundstruktur. Diese bildet auch für künftige Herausforderungen, wie beispielsweise demographische und soziale Veränderungen oder Klimaanpassung, eine geeignete Basis.

Der Blick auf die heutige urbane Landschaft Karlsruhes zeigt, dass die fächerförmig geordnete Innenstadt allerdings nur einen kleinen Teil des heterogenen Geflechts städtischer und landschaftlicher Strukturen ausmacht. Die fächerförmige Grundstruktur ist zwar ein Alleinstellungsmerkmal Karlsruhes, jedoch kann das geometrische hierarchische Konzept nicht auf alle Stadtbereiche in absolutistischer Manier aufgesetzt werden. Während die Stadtentwicklung Karlsruhes nach der Gründung noch einem ganzheitlichen Konzept folgte, kann heute nur die Fortentwicklung einzelner Stadtbausteine im Fokus stehen, die aber jeweils auf einen übergeordneten Zusammenhang verweisen können, auf den Fächergrundriss genauso wie auch auf andere Eigenschaften des Terrains: Topographische Merkmale, die Lage am Rhein oder klimatische Aspekte und wechselnde Wasserstände oder auch atmosphärische Eigenarten geben Impulse für ortsspezifische Konzepte. Im 21. Jahrhundert gilt es nun die spezifischen Spuren und vielschichtigen Eigenschaften der urbanen Landschaft aufzudecken, zu interpretieren, zu ergänzen und weiterzuentwickeln, also den spezifischen Quellcode für die nachhaltige Weiterentwicklung von Karlsruhe zu nutzen. Zwei exemplarische Projekte sollen dies im Folgenden verdeutlichen (*Tafel 5*).

Aqua urbane Landschaft: Der Rhein kommt nach Karlsruhe

Beispielsweise bietet die Rheinlandschaft noch ungenutzte Potenziale für Karlsruhe. Der Rhein, heute Kanal und Wasserstraße, bestimmte noch vor 200 Jahren als dynamischer

---

[16] H. BAVA /L. DIEDRICH (Hgg.), Territories. Die Stadt aus der Landschaft entwickeln, Basel/Berlin/Boston 2009, S. 128 f.

Fluss maßgeblich das Leben in der Rheinniederung. Nach der Begradigung im 19. Jahrhundert und weiteren Ausbaustufen durchfließt er nun die Oberrheinebene in hoher Geschwindigkeit. Die Beziehung zwischen dem Leben in der Rheinniederung und der Wasserlandschaft wurde unterbrochen. Im Schutz der Deiche haben sich auf dem neu gewonnenen, dem scheinbar sicheren Terrain, vielfältige neue Nutzungen etabliert, allerdings ohne Bezug zum Rhein. Die Sicherheit hinter den Deichen ist allerdings trügerisch, wie die Hochwasserereignisse der letzten Jahrzehnte deutlich vor Augen führen. Vor allem im scheinbar sicheren Hinterland könnte eine verstärkte Anpassung an die Bedingungen der dynamischen Flusslandschaft des Rheins neue Entwicklungsimpulse geben. Die Gefahren durch wechselnde Wasserstände könnten zu Rahmenbedingungen für überflutungstolerante Bauweisen, Anbaumethoden und Nutzungsformen umgedeutet werden, die es kreativ zu gestalten gilt. Mit der Bezugnahme auf die dynamische Flusslandschaft des Rheins könnten völlig neue Nutzungsformen, aber auch attraktive Lagen im Zusammenspiel mit einer deutlich verbesserten Hochwassersicherheit aller Anrainer entstehen[17]. Die eindrucksvolle Flusslandschaft des Rheins begänne dann nicht mehr hinter dem Hochwasserdamm, sondern bereits an der Niederterrassenkante. Die Vergrößerung der Flusslandschaft, in Verbindung mit entsprechenden neuen Nutzungsmöglichkeiten einer aqua urbanen Landschaft, würde auch für Karlsruhe völlig neue Entwicklungsperspektiven bieten: Karlsruhe am Rhein – die Rheinlandschaft kommt nach Karlsruhe (*Tafel 6*)!

Aktivierung einer Zäsur: Karlsruhe entdeckt die Kinzig Murg Rinne

Ein weiteres Beispiel ist die Kinzig-Murg-Rinne zwischen Karlsruhe und Durlach: Die Kinzig Murg Rinne ist eine feuchte Senke am Ostrand der Oberrheinebene zwischen Bühl und Heidelberg. Sie war bis in das 20. Jahrhundert weitgehend unbebaut. Historische Siedlungen befanden sich entweder auf den Schwemmkegeln oder auf Kiesinseln innerhalb der Senke. Vor allem in Karlsruhe bildet die Senke eine deutliche landschaftliche Zäsur zwischen der Innenstadt Karlsruhe auf der Niederterrasse und der Altstadt Durlach auf einem Schwemmkegel.

Die verfügbaren Flächen in der Senke wurden im 20. Jahrhundert dann als Entwicklungspotenzial genutzt, in Karlsruhe vor allem für die Autobahntrasse und Gewerbegebiete. Auch heute noch bildet die Senke eine deutliche Zäsur zwischen Karlsruhe und Durlach, ursprünglich geprägt durch die feuchte Niederung und heute vor allem gekennzeichnet durch städtische Infrastrukturen und Gewerbeflächen. Trotz des dichten Netzes urbaner Strukturen sind auch heute noch Aspekte der Auenlandschaft deutlich erkennbar. Die spezifischen Eigenarten des Terrains in Verbindung mit den neuen Anforderungen der Klimaanpassung könnten Ausgangspunkte für ein räumliches Grundgerüst der urbanen Landschaft sein (*Tafel 7*).

---

[17] Die Risikolandschaft Oberrhein ist der Titel der Dissertation des Verfassers, in der das bewegte Terrain als räumliche Herausforderung für die künftige Entwicklung der urbanen Landschaft am Oberrhein betrachtet wird.

Folgendes Szenario wäre denkbar[18]: feuchte Senken und Waldgebiete fungieren als Kühlschrank für die Stadt und offene Wiesenflächen leiten die Kaltluft in die dichten Stadtgebiete. Gräben und Wasserflächen dienen der Überflutungsvorsorge und sind zugleich spezifische Gestaltungselemente. Die bebauten Schollen liegen leicht erhöht zwischen den offenen Feldern. Die Siedlungen nutzen die spezifische Atmosphäre der Niederung als Lagegunst. Ein Wegesystem mit besonderen Orten bietet Orientierung und neue Aneignungsmöglichkeiten für die Bewohner. So könnte durch die Einbeziehung der Kinzig Murg Rinne in die ökologischen und städtischen Beziehungsgefüge der urbanen Landschaft Karlsruhes die heutige Restfläche als attraktiver, urbaner Landschaftsraum aktiviert werden: Karlsruhe könnte den bislang gesichtslosen Zwischenraum als vielschichtigen und identitätsstiftenden Landschaftsraum neu entdecken (*Tafel 8*)!

Bausteine im Gefüge der urbanen Landschaft

Die Beispiele verdeutlichen, dass es nicht um die Schaffung eines kohärenten Ganzen geht, sondern um Lösungsvorschläge für einzelne Bausteine im großräumigen Gefüge der urbanen Landschaft Karlsruhe. Auch der Landschaftsarchitekt Dieter Kienast konstatiert zwar, dass die Grenzen des alten Gegensatzpaars Stadt und Land verwischt seien, sieht aber die Ungleichheit einzelner Bausteine als Chance: *Die Lesbarkeit, die Erlebbarkeit der Welt beruht [...] auf dem Prinzip der Ungleichheit. Zukünftige Aufgabe in dieser Gleichzeitigkeit von Stadt und Land ist es deshalb, das weitere Verschleifen der inneren Grenzen und Brüche zu verhindern. Sie müssen wieder sinnlich erfahrbar werden*[19]. Für die Lesbarkeit sind die Identität und die Abgrenzung einzelner Stadtbausteine wichtig. Allerdings steht ein einzelner Baustein auch immer in einem Beziehungsgefüge. Daher ist die Einordnung eines Teilbausteins in das Gefüge der urbanen Landschaft ein entscheidender Aspekt. Sébastien Marot nennt dies relational structuring: *Such relationships are constituted by transitions, sequences, visual connections, the ›calculated capture of surroundings‹. The complex combination of these articulations creates the overall sense of the site*[20]. Dabei gilt es, die betreffenden Orte im Kontext zu analysieren. Ausgangspunkt für ein Konzept ist das Terrain, um die Wirkung der ökologischen Prozesse und der vielfältigen Akteure zu verstehen und Besonderheiten als Impulsgeber für Neues zu erkennen. Dies erfolgt auf unterschiedlichen Maßstäben der urbanen Landschaft – vom Objekt über das Quartier und die Stadt bis hin zum Einzugsgebiet des Rheins. Ein übergeordnetes Thema kann die Lesbarkeit und die Orientierung einzelner Stadtbausteine verstärken. Insbesondere das Thema Wasser bietet am Oberrhein vielfältige Möglichkeiten für die künftige Gestaltung und die Einbeziehung von Teilbausteinen in das Gefüge der urbanen Landschaft. Die urbane Landschaft ist Teil der urbanen Kultur. Sie ermöglicht den Gebrauch durch die Bewohner und bietet Impulse für vielfältige Aneignungsmöglichkeiten.

---

[18] Ein entsprechendes Konzept entstand 2012/13 in der Planungswerkstatt Durlacher Allee vom Planungsteam yellowz/ggr-Planung/bgmr Landschaftsarchitekten mit Jan Dieterle.

[19] D. KIENAST, Die Poetik des Gartens. Über Chaos und Ordnung in der Landschaftsarchitektur, Basel/Berlin/Boston 2002, S. 207.

[20] MAROT (wie Anm. 9), S. 52.

Quellen zur fürstlichen Gartenregie in Karlsruhe um 1800

VON JULIAN HANSCHKE UND KONRAD KRIMM

> *Ein jeder hat sein steken Pferd,*
> *womit er sich beschäftigt, um das vergangene*
> *zu vergessen, und das gegenwärtige,*
> *so viel wie möglich nicht zu herzen zu nehmen.*
> *Das meinige ist mein Garten, den ich*
> *durch bepflanzen und versezen herum wühle,*
> *wie ein Maulwurf.*
> Prinz Ludwig von Baden
> an Fürst Friedrich Franz von Anhalt-Dessau,
> 5. Dezember 1801

Das Großherzoglich Badische Familienarchiv im Generallandesarchiv Karlsruhe bewahrt für drei Generationen der markgräflichen Familie – Markgraf (seit 1806 Großherzog) Karl Friedrich, seine Söhne Erbprinz Karl Ludwig und Prinz Ludwig (Großherzog seit 1818) und sein Enkel Großherzog Karl – die Korrespondenz mit Fürst Friedrich Franz von Anhalt-Dessau und dessen Söhnen. Zusammen mit der Gegenüberlieferung im Staatsarchiv Dessau[1] spiegelt sie einen Makrokosmos politischer, geistes- und kulturgeschichtlicher Bezüge in der Welt der späten Aufklärung, der französischen Revolution, des napoleonischen Imperiums und der Neuordnung Mitteleuropas nach Napoleons Sturz. Ein Thema unter vielen ist die gemeinsame Liebe zu Gartenanlagen und zur Gartenpflege, ist der Erfahrungsaustausch zwischen Karlsruhe und Dessau bzw. Wörlitz bei der Beschaffung von Pflanzen und Geräten.

Der dritte Sohn Markgraf Karl Friedrichs, Ludwig, spielte durch seine besonders freundschaftliche Beziehung zu Fürst Friedrich Franz beim Austausch dieses Wissens keine geringe Rolle. Da er mit den badischen Hofgärtnern bzw. Landschaftsarchitekten, die seine Gärten in Karlsruhe betreuten, ebenfalls häufig korrespondierte – vor allem

---

[1] Vgl. den Bestand Z 44, A 10 Nr. 145 Korrespondenz des Fürsten bzw. Herzogs Leopold III. Friedrich Franz von Anhalt-Dessau mit Mitgliedern des Großherzoglichen Badeschen Hauses. Digitalisate: http://recherche.landesarchiv.sachsen-anhalt.de/digital/Z_44__A_10_Nr_145. xml. Die Zuordnung der badischen Briefpartner ist nicht immer ganz korrekt.

vom »Exil« in Salem zwischen 1808 und 1812 aus[2] – und sich zwischen seiner Briefüberlieferung auch wiederum Gärtnerschreiben aus Wörlitz finden, kann die hier wiedergegebene Briefauswahl das rege Interesse der badischen fürstlichen Familie an den Gärten und Parkanlagen in Karlsruhe, Schwetzingen und Mannheim, in Salem bzw. Maurach und in Wörlitz illustrieren. Für die Karlsruher Gartengeschichte sind die Anweisungen des Prinzen Ludwig an seine Gärtner herausragende Quellen, denn sie belegen den frühen Betrieb im »Langenstein'schen Garten« bzw. »Hirschgarten«, der sich nur noch im Namen der Hirschstraße erhalten hat; der größte der Karlsruher Palaisgärten, der das ganze Dreieck zwischen Stephanienstraße, Kaiserstraße und Karlstraße ausfüllte (*Abb. 1*), wurde seit der Mitte des 19. Jahrhunderts vollständig überbaut[3].

In den Austausch zwischen Karlsruhe und Wörlitz war auch die zweite Gemahlin Markgraf Karl Friedrichs miteinbezogen, Gräfin Luise Caroline von Hochberg; mit einer Übersendung von Melonensamen an sie durch den Fürsten Friedrich Franz (9. November 1801) beginnt unsere Quellenauswahl. Der Brief ist verbunden mit der Beschreibung einer eisernen Gartenwalze (zum Planieren und Bedecken kleinerer Sämereien mit Erde) durch den bekannten Wörlitzer Hofgärtner Johann George Gottlieb Schoch: ein Beispiel technischen Wissenstransfers. Um die Überlassung von *Pflanzen, Bäume, und Gesähm aus dem Wörlitzer Garten* kümmerte sich der Karlsruher Garteninspektor Johann Michael Schweyckert.[4] Behandlung, Entlohnung, Entlassung des Gärtnerpersonals, Beschaffung von Pflanzen, Obsterträge und Baumanlagen, auch einmal der Dank für die Abbildung einer besonderen Aloë (am 8. November 1811) sind Themen vieler Schreiben des Prinzen Ludwig. Seine Vertrauenspersonen – der Schwetzinger Gartenbaudirektor Johann Michael Zeyher[5] und der Karlsruher Hofgärtner Andreas Johann Hart-

---

[2]   Vgl. dazu besonders H. SCHWARZMAIER, Das Kloster als Fürstensitz, in: R. BRÜNING/U. KNAPP (Hgg.), Salem. Vom Kloster zum Fürstensitz 1770–1830, Karlsruhe 2002, S. 71–84, hier S. 74–80. Bei der Säkularisation der Zisterzienserabtei Salem war das Klosterterritorium als »Grafschaft Salem« den Prinzen Friedrich und Ludwig von Baden als Apanage zugewiesen worden.

[3]   Nach frdl. Auskunft der Archiveigentümer und des Kreisarchivs Konstanz werden im Archiv der Grafen Douglas auf Schloss Langenstein Quellen zur Geschichte des Langensteinschen Gartens verwahrt. Aus Zeitgründen konnten sie für den vorliegenden Band leider nicht mehr herangezogen werden; ihre Bearbeitung ist ein Desiderat.

[4]   Johann Michael Schweyckert, badischer Hofgärtner, schuf Entwürfe für den Karlsruher Schlossgarten, den Schlosspark Rastatt-Favorite, den Erbprinzengarten in Karlsruhe sowie wohl auch für den Garten des Prinzen Ludwig, bedeutende wegen seiner Kenntnisse des englischen Landschaftsgartens. Vgl. C. PISCHON/H. TROLL, The transfer of the Englishness – Johann Michael Schweyckert (1754–1806) und die gestalterische Syntax Lancelot Browns, in: Die Gartenkunst 2 (2017), S. 296–305.

[5]   Zu Zeyher vgl. H. GÖTZ, Gartendirektor Johann Michael Zeyher *(Schriften des Stadtarchivs Schwetzingen 20)*, Schwetzingen 1984, ²1985; J. KREUZ u. a. (Hgg.), Johann Michael Zeyher und die ersten Beschreibungen des Schwetzinger Schloßgartens. Begleitheft zur Ausstellung im Karl-Wörn-Haus, Ladenburg 1999. Zeyher war nach Stationen in Ansbach, an der Hohen Karlsschule in Stuttgart und in Basel seit 1804 badischer Hofgärtner in Schwetzingen, seit 1806 Gartenbaudirektor aller herrschaftlichen Gärten. In Karlsruhe gestaltete er in unmittelbarer Nachfolge von Schweyckert mit Weinbrenner den Garten des Markgräflichen Palais. Sein Hauptwerk wurde die künstlerische Leitung der Erhaltung und partiellen Ergänzung des Schwetzinger Schlossgartens.

weg[6] – spielten dabei viel weiter ausgreifende Rollen als nur die der beratenden und entwerfenden Fachleute (die auch, wie Zeyher, einmal anderes für den Prinzen besorgten, etwa eine Weinsendung nach Salem wie im November 1811): In der Salemer Isolierung Ludwigs, die nur der Generalleutnant Friedrich Theodor Goetz mit ihm teilte und die beide an den Rand der Verzweiflung trieb, waren die beiden Gärtner und Hofbeamten wichtige, unverzichtbare Informanten zum Karlsruher Hofgeschehen. Der freundschaftliche, manchmal nahezu unterwürfige Ton des Prinzen in seinen Briefentwürfen an Personen doch weit niedrigeren Ranges erstaunt und führt die außergewöhnliche, verworrene Situation im neuen Rheinbundstaat drastisch vor, auch wenn es sachlich eher um Gemüseanbau geht und um das anstößige Halten von Wildschweinen im Karlsruher Palaisgarten.

In der dritten Generation des badischen Hauses, unter Großherzog Karl (reg. 1811–1818) reduzierte sich der Austausch mit den anhaltinischen Fürsten eher auf die notwendigen Courtoisieschreiben; die Parks und Gärten werden nicht mehr erwähnt, allerdings spielt der Kauf von Damwild aus Dessau für Karlsruhe noch eine verbindende Rolle. Zugleich ermöglichten die Bade-Reisen des alternden Fürsten Franz Friedrich an die Oos Kontakte auf anderer Ebene.

Die Briefe sind stets vollständig und paläographisch den Originalen folgend wiedergegeben, die Abkürzungen, vor allem in den Titulaturen sind als Konjekturen aufgelöst (bei den Monatsnamen auf deutsch, obwohl auch die ältere, lateinische Version denkbar wäre (*8br.:* Octobris statt Oktober). Korrekturen in Entwürfen sind nicht berücksichtigt, da sie z. T. durch die kräftige Ausstreichung nicht mehr lesbar sind. Für die ausgewählten Briefkonzepte vor allem aus der Salemer Zeit des Prinzen Ludwig haben sich in Dessau die ausgefertigten Reinschriften nicht erhalten, während sich in anderen Fällen Konzept und Reinschrift durchaus erwartungsgemäß auf das Dessauer und das Karlsruher Archiv verteilt finden. Einige wenige genannte Hof-Bedienstete ließen sich mit vertretbarem Aufwand nicht identifizieren, dafür ist um Nachsicht zu bitten.

---

[6] Als Vater seines berühmteren Sohnes und Botanikers Karl Theodor Hartweg erwähnt in F. von WEECH, Badische Biographien, Bd. 1, Karlsruhe 1875, S. 336. Andreas Hartweg hatte die Nachfolge des 1806 verstorbenen Garteninspektors Johann Michael Schweyckert angetreten. In Zusammenarbeit mit Friedrich Weinbrenner schuf Hartweg den Vorgänger des heutigen Botanischen Gartens und den Garten der Markgräfin Christiane Louise (1776–1829). 1825 publizierte Hartweg ein ausführliches Verzeichnis sämtlicher vorhandener Gewächse, einen Situationsplan mit Grund- und Aufriss des Freilandes und der Gewächshäuser sowie eine Geschichte der Botanischen und Lustgärten der badischen Fürsten von 1530–1825 (als Faksimile im Anhang dieses Bandes).

9. November 1801
Fürst Friedrich Franz von Anhalt an
Prinz Ludwig von Baden

GLA FA Corr. 9 Nachtr. III fol. 70

Dessau den 9ten Nov[ember] 1801

Lieber Printz!
Mit nächster Post gehen die erwenten Pflanzen, und Baum Gesähme an Sie ab. Verzeihen Sie, daß, ich etwas Melonen Samen an der Gr[äfin] Hochberg[7] mit beigelegt habe, die ich Ihr einzuhändigen bidte. Mögen Sie Freudt an diesen Keimen der Gertnerei erleben und sich lange unter der Bäume Schatten verweil dieses ist der hertzliche Wunsch Ihres
treuergebenen Freundes
Frantz

Empfählen Sie mich der Markgräfin[8] bestes einige Nachricht von Ihnen allen wird mich sehr wohl thun. Mich gehet es doch noch immer langsam etwas besser.

7. November 1801
[Fürst Friedrich Franz von Anhalt an
Prinz Ludwig von Baden] Anlage zu 9. 11. 1801

GLA FA Corr. 9 Nachtr. III fol. 71

Maas der 3. Eisernen Waltzen, so in die hochfürstl[iche] Woerlitzer – Gärte befindlich sind.

1. Die zwey große Eiserne Waltzen, sind in alle Stücke ganz Eingal [wohl: egal] groß. Neml[ich]
Die Waltzen sind 2. Fuß 11 Zoll lang, und der Durchmeßer der Waltzen ist auch 2. Fuß 11 Zoll breit. Die Stangen sind 4. Fuß 7. Zoll lang und einen Zoll starck.
Das gegen Gewicht der Stange so in der Waltze ist, ist 1. Fuß 6. Zoll lang, und 5. Zoll in Durchmeßer starck.
Das Eisen so den Cilinder der Waltze aus macht ist ½. Zoll Starck. Dieser gilt für die zwey große Waltzen.

2. Die kleine Waltze ist 1. Fuß 7 ½ zoll lang.
Der ganze Quer durchmeßer der Waltze ist auch 1. Fuß 7 ½ zoll breit.
Das Eisen so den Cilinder der Waltze ausmacht ist 3/8 Zoll stark.
Die Stange ist 4. Fuß 4. Zoll lang und ¾. Zoll starck.
Das Gegen-Gewicht, so von der Stange in der Walze befindlich ist, ist 11 1/2. Zoll lang,

---

[7] Gräfin Luise Caroline von Hochberg (1767–1820), zweite Gemahlin des Markgrafen Karl Friedrich von Baden.
[8] Markgräfin Amalie (1776–1823), Gemahlin des Erbprinzen Karl Ludwig von Baden.

und 3. Zoll in den durchmeßer Stark. Dieses gilt für die kleine Waltze. Alles nach Rheinländisch Maas gemeßen.

Gottl[*ieb*] *Schoch*⁹

Nota
Die Beste der großen Waltzen kostet 28 r[*heinische*] *f*[*loren=Gulden*] *12x* [*Kreuzer*]
Die Geringere 24 rf. 12 x
Die Kleine 13 rf 12 x
An Orth und Stelle.

Dessau, den 7 t[*en*] *9br.* [*November*] *1801* [*Unterschrift*]

5. Dezember 1801   GLA FA Corr. 9 Nachtr. III fol. 72
Prinz Ludwig von Baden an
Fürst Friedrich Franz von Anhalt (Entwurf)

An Seiner hochfürstlichen Durchlaucht den regierenden Fürsten von Anhalt in Dessau

Abgegangen 5 t[*en*] *Dec*[*ember*] *1801*

Durchlauchtiger Fürst gnädigster Herr.
*Euer Durchlaucht, haben mir viel freide durch Ihr gnädiges andenken gemacht, möchten Sie sich liebster verehrungswürdiger Fürst, von dem vergnügen überzeigen, was ich empfand, Pflanzen, Bäume, und Gesähm von Ihnen aus dem Wörlitzer Garten zu erhalten, es ist schon alles gepflanzt und gesäet bis auf den Cupressus und Cytissus latifolia saamen, der im frühjahr gesäet werden wird. Dem hisigen Garteninspector Schweigart*¹⁰, *habe ich von dem saamen mitgeheilt, er bat mich, Ew*[*er*] *Durchlaucht unterthänig zu bitten, ihm einige Zweige von denen hir auf einem zettligen aufgeschriebenen Crataegus propfen zu kommen zu lassen. Die Gräfin von Hochberg tragt mir auf, Ew*[*er*] *Durchl*[*aucht*] *Ihren dank für die Melonen Kern, auf das ehrerbietigste, zu hinterbringen.*

Mein Vater gerührt über das freundschaftsvolle andenken, befiehlt mir, Ihnen liebster Fürst, seinen dank so freindschaftsvoll als hertzlich auszudrüken und freit sich mit uns allen, mit wahrer theilnahme, daß es mit dem Arm besser gehet. Wir leben hir so zimlich ohne sorgen, weil die Vorsehung davor gesorgt hat, daß man nicht in die zukunft blicken kann. Ein jeder hat sein steken Pferd, womit er sich beschäftigt, um das vergangene zu vergessen, und das gegenwärtige, so viel wie möglich nicht zu herzen zu nehmen. Das meinige ist mein Garten, den ich durch bepflanzen und versezen herum wühle, wie ein Maulwurf.

---

⁹ Johann George Gottlieb Schoch (1758–1826), vgl. L. TRAUZETTEL, Schoch, Johann George Gottlieb, in: Neue Deutsche Biographie 23, Berlin 2007, S. 349 f.
¹⁰ Johann Michael Schweyckert, vgl. Anm. 4.

Mein Bruder und Schwägerin[11] *werden gegen ende Januar hier zurück erwartet, der Ober Kammerherr von Geisau*[12] *ist seit einigen wochen, aus Rusland zurück.*

Erlauben Sie liebster Fürst, dan so nennt Sie mein Hertz, daß ich bei dem bevorstehenden Jahreswexel Sie ohne umschweif angelegentlichst bitten darf mir Ihre liebevolle Gnade und freundschaft fernerhin zu schenken auf die ich so stoltz bin und sich als Ihrem bis in den Todt treu und steht ergebener Freund u[nd] Diener

[Nachschrift]

Ew[er] Durchlaucht.
Verzeihen daß ich durch ein versehen gesternn, das zetligen worauf die von dem hiesigen Garten inspector, zu erhalten wünschente Crataegus Zweige, geschrieben sind dem Brief nicht beischloß, nur Ew. Durchl. häufige nachsicht gegen mich last mir verzeihung hoffen.

Schencken Sie mir liebster Fürst fernerhin, Ihre freundschaftsvolle gnade als Ihrem Treu ergebenen Freund und Diener

18. Juli 1802   GLA FA Corr. 5 Bd. 13 fol. 89–90
Fürst Friedrich Franz von Anhalt an
Markgraf Karl Friedrich von Baden

Durchlauchtigster Marggraf
Treuester Freund
So überraschend mich die Nachricht des Besuchs des Printzen Louis wahr so hat mich sein würckliches Wiedersehen mit Freude überhäuffet, erstlich durch die guten Nachrichten die er mich von Ew. Durchl. Wohlergehen mittheilen konte, und den durch die nur zu gütigen Beweise der Forddauer Ihrer mich so werten Freundschaft wodurch Sie mich sogahr ein zu gewisses Zeichen dadurch geben wolten, daß, Sie sogahr willens wahren den Printzen Louis bis hierher zu begleiten, möge Ew. Durchl. dieses Gott in reicher Maß dadurch vergelten, daß, er alles was Sie nur zu Ihrem Glück und Wohlergehen wünschen können, in erfüllung bringe. Und mich mache Er So glücklich das ich bald meinen Wunsch Ew. Durch. an mein Hertz drücken zu können möge erfüllet sehen. Nur Eine Nacht hat der Printz Louis hier bey mich in Wörlitz zugebracht und hat den anderen Nachmittag in volkomnen Wohlsein seine Reis weiter fordgesetzet, er hat mich aufgetragen Ew. Durchl. dieses zu schreiben, da er nun erst von Berlin aus schreiben würdt, möge auch Er alles was Sie wertester Markggraf nur wünschen und hoffen können in Erfüllung bringen. Erhalte Sie mich ferner Ihrer mich

---

[11] Erbprinz Karl Ludwig (1755–1801) und seine Gemahlin Amalie; Karl Ludwig starb bei einem Reitunfall in Schweden am 16. Dezember 1801.
[12] Carl von Geusau (1741–1829), badischer Diplomat der Rheinbundzeit.

beglückenden Freundschaft und Liebe die ich mit nicht vergälten kann als mit der treuesten Anhänglichkeit die nur mit dem Ende meiner Tage enden kann

Meines teuren Marggrafen
treuester und gantz zugehöriger
F[riedrich] *Frantz F*[ürst] *z*[u] *Anhalt.*

Deßau den 18 t[en] *July 1802*

Schon vorgestern hat mir Printz Louis wieder verlassen und heute wird Er wohl bey dem König[13] *in Scharlottenburg sein.*

3. September 1802   GLA FA Corr. 9 Nachtr. III fol. 79
Fürst Friedrich Franz von Anhalt an
Prinz Ludwig von Baden

Lieber Printz!
Mit dem größten Verlange sehe ich dem Moment des wiedersehens entgegen und werde alles nach Ew[er] *Durchl*[aucht] *Willen und Verlangen einrichten. Mein einziger Zug erfolgt hierbey, und nach Wörlitz wo wir Essen wollen, sind wie Sie es verlangt haben Pferd bestelt. Können Sie demonerachtet länger bleiben so würden Sie sehr erfreuen*
Ihren
treuergebenen Freund
und Diener
F[riedrich] *Frantz F*[ürst] *z*[u] *Anhalt*

Oranienbaum, den 3 t[en] *Sept*[ember] *1802.*

4. Februar 1807   GLA FA Corr. 9 Nachtr. XI fol. 75
Großherzog Karl Friedrich von Baden an
Gartenbaudirektor Johann Michael Zeyher[14] (Abschrift)

Copia.
Karlsruhe, den 4. Febr[uar] *1807.*
Seine Königliche hoheit, ermächtigen andurch den Garten Bau Director Zeyher, zu Schwetzingen, an des Herrn Markgrafen Ludwig Hoheit das zu höchst dero vorhabenden Veränderung Ihres Gartens benötigte Eisen und Bley aus dem dortigen Garten und Magazin abzugeben An den Garten Bau Director Zeyher.

---

13   Friedrich Wilhelm III. von Preußen (1770–1840).
14   Vgl. Anm. 3.

4. Februar 1807 GLA FA Corr. 9 Nachtr. XI fol. 76
Großherzog Karl Friedrich von Baden an
Gartenbaudirektor Johann Michael Zeyher (Abschrift)

Copia.
Karlsruhe, den 4. Febr[uar] *1807*

Seine Königliche Hoheit ermächtigen, andurch den Garten Bau Director Zeyher zu Schwetzingen, aus dem von dem Hofgärtner van Wynder kürzlich zur Besorgung übernommenen Ost Plantage Garten, das benötigte und daselbst enbehrliche Eisen an des Herrn Markgrafen Ludwig Hoheit abzugeben. An den Garten Bau Director Zeyher.

Abg[egangen] *d*[en] *4. Febr*[uar]. *1807.*

16. Dezember 1807   **GLA FA Corr. 9 Nachtr. XI fol. 77**
Gartenbaudirektor Johann Michael Zeyher
Denkschrift, wohl für Prinz Ludwig von Baden

Unterthänigstes Pro-Memoria!
Die Forstbaumschule in Schwezingen welche c[irc]*a 3–4 Morgen enthält, kostet nach denen jährlichen Berechnungen ohne die Strafarbeiter dazu zu rechnen, die Forstcasse zwischen 500 bis 600 fl., neben dieser Baumschule befinden sich noch an einigen Orten Saat-Kämpe, woraus viele Tausend junge Eichstämme zum Auspflanzen genommen werden können, und diesemnach wird die eigentliche Baumschule für das Schwezinger Oberforstamt zu kostspielig und zu groß seyn, welches auch Herr Oberforstmeister von Neubronn schon äußerte.*

Daher glaube ich daß die Forstcasse bloß gewinnen werde, wenn diese Baumschule, an die Gärtnerey unter der Bedingung abgegeben würde, daß solche aus deren Garten Regie unterhalten, dabey aber die zur Anpflanzung nöthigen und vorhandenen Saamenstämme, ohne dem Oberforstamt etwas dafür fordern zu dürfen, an dasselbe abzugeben hätte.

Karlsruhe den 16ten Dec[ember] *1807*
Zeyher

17. Juni 1808   **GLA FA Corr. 9 Nachtr. XI fol. 78**
Gartenbaudirektor Johann Michael Zeyher
an Prinz Ludwig von Baden

p[raesentatum] *Salem*[15], *d*[en] *21ten Juni. 1808.*

---

[15] Prinz Ludwig zog sich im März 1808 wegen einer drohenden Verhaftung durch das französische Militär nach Salem zurück. Seine »Verbannung« dauerte – mit Unterbrechungen – bis 1812.

Durchlauchtigster Marggraf!
Gnädigster Fürst und Herr!
Euer Hoheit melde ich hierdurch meine glückliche Ankunft in Schwezingen, wo ich vorgestern Nachts ankam und gestern sogleich nach Mannheim ging um nach den Gartenanlage zu sehen.

S[eine] Hoheit der Herr Erbgroßherzog[16] *hatten eine große Freude von denen Nachrichten die ich wegen Ihrer Gesundheit erzählte, war aber über verschiedene Gegenstände äußerst betroffen, und Sie äußerten sich, wenn mein Oncle, Manchen Glauben will die nur für ihre Aufrechthaltung sorgen und dadurch unsere famillie hintereinander hetzen wollen so ist es mir leid, ich liebe Ihn von ganzen herzen und mein einziges Bestreben wird seyn, Ihn von Seiner Lage zu befreyen.*

Über die Nachrichten welche Euer Hoheit kennen, die ich aber nicht in Abschrift schicken durfte, war I[hre] *f*[ürstliche] G[naden] H[oheit] äußerst *frabirt* und ich merkte ungewöhnliche Bewegungen, über Aufschlüsse die Ihm unbegreiflich schienen, Gott gebe daß die Sache fruchtet, ich werde wenigstens nichts versäumen und jede Gelegenheit benützen, die hohe familie und das gute Land an sein Herz zu legen, eine einzige Überwindung würde des gantze guth machen.

Mit den Schreibzeug und Uhren hatte er ein große Freude er dankt und Wentz ebenfalls.

Herr Minister v[on] *Gemmingen*[17] *wird Eur Hoheit ehestens über Ihre hieherkunft schreiben, Er will nun noch mit H*[errn] *von Tallyrend*[18] *und Dahlberg*[19] *deß wegen sprechen. Seine Königliche Hoheit*[20] *haben über eine Stunde lang allein über Euer Hoheit Lage und Verhältnisse mit mir gesprochen, Sie waren äußerst gerührt, äußersten den herzlichen Wunsch Sie bald und auf immer zu sehen, bemerkten aber doch dabey daß es für den jetzigen Augenblick wo so vieles neues vorzugehen scheine, nicht gantz gut seyn dürfte, wenn Sie hier wären.*

Überhaupt darf ich Euer Hoheit sagen, *daß es sehr wahrscheinlich ist, daß der Herr Erb. Großherzog sich der Regierung annehmen müssen, und daß insbesondere Ihr Wirkungskreis beym Militair um ein merkliches ausgedehnt wird, dieses habe ich von I*[hrer] *f*[ürstliche] *G*[naden] *H*[oheit] *selbst gehört.*

Die Frau Gräfin[21] *schien bey meiner zurükkunft ganz anders und zwar äußerst gut für Euer Hoheit zu denken, die neueren Geschichten mögen hierzu vielleicht manches beyge-*

---

[16] Erbgroßherzog Karl von Baden (1786–1818).
[17] Wohl Otto von Gemmingen, badischer »Minister«, d. h. Gesandter am Kaiserhof in Wien.
[18] Charles-Maurice de Talleyrand-Périgord, französischer Außenminister (1754–1838).
[19] Emmerich Josef von Dalberg (1773–1833), badischer »Minister«, d. h. Gesandter in Paris, später Finanzminister.
[20] Großherzog Karl Friedrich von Baden (1728–1811).
[21] Gräfin Luise Caroline von Hochberg.

tragen haben, von der Insel Meinau will Sie abstrahiren, hingegen werden Ihro Kaiserl[iche] Hoheit die frau Erbgroßherzogin[22] in Zeit von 4 Wochen nach Mersburg und Meinau kommen welches Sie mir gestern selbsten gesagt haben. Am Montag werden Sie nach Ems verreisen, und demnach Sich nicht lange dort aufhalten.

Herrn General Goetz[23] empfehle ich mich bestens, und verharre in aller Unterthänigkeit

Euer Hoheit
unterthänigster Knecht
Zeyher

Schwezingen d 17ten Juny 1808

22. Juni 1808 GLA FA Corr. 9 Nachtr. XI fol. 79
Prinz Ludwig von Baden an
Gartenbaudirektor Johann Michael Zeyher (Entwurf)

An G[arten] D[irector] Zeyher
Salem, d[en] 22: Juny 1808.

Abgegangen eodem [am selben Tag]

Ihr freindschaftliches vom 17 id. habe ich gestern dankbahr erhalten. Ich bin nun entschlossen nicht zu kommen, bis alles im reinen ist.

Heben Sie sorgfältig die aufschlüsse des Napp wegen dem C. auf, ob er gleich nicht gestatten will, daß ich eine abschrift davon bekomme, so wird es doch vielleicht eine sichere Gelegenheit geben, daß ich solche von Ihnen bekomme, ohne daß er es gewahr wird. Es ist mir sehr beruhigend, daß diese aufschlüsse auf Ihn würcken, ich sehe dieses Mittel als beinahe das einige an, das einen wohlthätigen eindruck machen kann.

Die Gaehrungen scheinen beträchtlich zu sein, Gott gebe, daß deren resultate vortheilhafft sind, glücklich der, welcher antheil's looß bleibt.

Mein Bruder[24] kommt übermorgen, hier an, Ihr hießiger Gartenvorschlag, ist genehmigt, denken Sie nur auf die anstellung des Gaertners, und sorgen Sie, daß wir den Caputziner Bruder dafür bekommen. Ich bleibe ewig Ihr treuer freund

---

[22] Erbgroßherzogin Stephanie von Baden (1789–1860).
[23] Friedrich Theodor Goetz (1750–1824).
[24] Prinz Friedrich von Baden (1756–1817).

19. Oktober 1808 GLA FA Corr. 9 Nachtr. XI fol. 80
Gartenbaudirektor Johann Michael Zeyher
an Prinz Ludwig von Baden

p[raesentatum] *Salem, d*[en] *10 t*[en] *Nov*[ember] *1808*

Durchlauchtigster Marggraf!
Gnädigster Fürst und Herr!
Euer Hoheit gnädigstes Schreiben vom 12ten dieses ist mir gestern richtig zugekommen, wobey ich vor allem andern für die Gnädigste Aeußerungen Hoechstderoselben fortdauernden Wohlwollens, meinen unterthänigsten Dank stammle. O! hätte mich das Schiksal nicht in die Lage versetzt in welcher ich mich leider befinde, was könnte mir erfreulicher seyn, als nachdem ich, so manche frohe Stundten die mir ewig unvergeßlich bleiben werden, in Hoechst Dero Gegenwart verlebte, nun auch bei bevorstehenden Winter die langen Abende mit irgend etwas angenehmen vertreiben helfen zu können, und sohin mich und meine geringen Dienste ganz Euerer Hoheit zu widmen;

Indessen ist es leicht möglich, daß ich bald nach Salem kommen könnte, denn sobald die Witterung zu rauh wird, so hören bey den onehin fehlenden Gartenfonds die Geschäfte auf, wo ich mir dann alle Mühe geben werde, irgend etwa vorzutragen was mich zu einer Reise dahin berechtiget, welches durch die H[erren] *Minister v*[on] *Gemmingen und v*[on] *Hacke*[25] *(welcher letzere noch immer den wärmsten Antheil an Hoechst dero Schiksal nimmt) gewiß angehen kann, gelingt mir dieses so werde ich mich auch keinen Augenblik säumen, um von der Gnädigsten Einladung gebrauch zu machen, worauf ich mich herzlich freue, und worüber mich Wenz welcher sich unterthänigst empfiehlt schon im Voraus beneidet, indem dieser gute Mensch schon längstens gerne nach Salem gegangen wäre, und bey jeder Gelegenheit wo von diesem Gegenstand gesprochen wird, ganz schwehrmüthig wird.*

Noch ist mir wegen Straubinger nichts zugekommen, wohl aber habe ich mit Ihro Hoheit Herrn Marggrafen Friederich schon vor 3 Wochen darüber gesprochen, indessen werde ich keinen Augenblik zögern, mein Gutachten zu übergeben, sobald ich von Vierord[26] *das geeignete erhalten werde; Spery kann kommen wenn er will, ich habe ihn vor der Hand den Hartwerg junior zugetheilt, wo er anfänglich 4 fl Wochenlohn nebst Logis Licht und Holz erhält; Mit Herrn Fürsten von Isenburg*[27] *dessen Anlage dahier ich nebenbey besorge, habe ich schon verschiedemal wegen Annahme eines Gärtners gesprochen, allein so sehr er geneigt scheint jemanden anzunehmen, so hat doch seine Frau Tandte die Gräfin v*[on] *Set-*

---

[25] Karl Theodor von Hacke (1775–1834), badischer Außenminister.
[26] Hier könnte es sich um denjenigen Vierordt handeln, den J. M. Schweyckert bereits 1791 für die Umsetzung des zweiten Teils der von Schweyckert geplanten landschaftlichen Gartenanlage in Rastatt-Favorite vorschlägt (Vierordt führt die Arbeiten kriegsbedingt erst 1801–1805 aus), vgl. GLA 391/27286–27288.
[27] Wohl Georg August zu Ysenburg und Büdingen (1741–1822), der bis 1803 in Mannheim in pfalz-bayerischen Diensten stand.

tewitz noch nicht ja sagen wollen, welches mich aber nicht abschreckt, indem ich die Nothwendigkeit eines Gärtners voraussehe.

Häuser schikte mir neulich den Plan von Maurach[28]*, welcher hierbey zurückfolgt, ich glaube, daß der Weeg und die Pflanzungen ganz hienach gemacht werden können, die Pflanzen werden ich noch diese Woche nach Karlsruhe schiken und im Garten einschlagen lassen, über die Art der Transportirung werde ich mit Vierord sprechen und überhaupt alles bestens besorgen, wollte Gott ich könnte solche an ihren neuen Bestimmungs-Ort selbsten wieder in die Erde bringen!!*

Der Garten Eurer Hoheit sieht im ganzen genommen gut aus, es fehlen zwar einige Pflanzen, die ich ehestens ausbessern werde, und über einige Nachläßigkeiten habe ich Schrader die geeignete Weisung und Verweise gegeben; Nur will mir der Hoff für die Wilden-Schweine nicht mehr gefallen, es verbreitet sich in der Nähe derselben, sowohl im Garten als auf der Straße ein übler Geruch, und ist überhaupt unreinlich, daher dürfte es wohl am rathsamsten seyn wenn dieser kleine Bezirk dem Rothwild eingeräumt, den Schweinen aber ihr altes Quartier oder der bestehende neue Stall am Zwinger, oder auch ihre freiheit gegeben würde.

Sollten Euer Hoheit mit Napp sprechen, so vergessen Sie nicht, wegen der Mutter des Ihnen bekannten Sohnes zu fragen, dessen eigene Nachrichten seine gantze Aufmerksamkeit nach sich gezogen haben, dieser junge Mann ist hierauf äußerst begierig, und diese Gefälligkeit wird Napp gewiß gern thun.

Heute fange ich im hießigen Garten mit der Anpflanzung von 200,000 Bäumen an, und daß thu ich deswegen so frühe, da wir die hohe junge Herrschaften diesen Abend von Erfurth[29] *kommet hier erwarten, daß solche doch schon den Anfang sehen.*

Herrn General Goetz Grüße und küsse ich tausendmal, und verharre mit der tiefsten Ehrfurcht
Euerer Hoheit
unterthänigster Knecht
Zeyher
Mannheim d[en] 19ten 8br [Oktober] 1808

18. April 1810   **GLA FA Corr. 9 Bd. 3 fol. 64**
Prinz Ludwig von Baden an
Gartenbaudirektor Johann Michael Zeyher (Entwurf)

An Garten Baudirector Zeyherr Wohlgebohrn in Mannheim

---

[28] Salemer Hofgut am Bodensee.
[29] Napoleon hatte auf dem Erfurter Kongress (27.9.–14.10.1808) vor dem europäischen Hochadel seine Macht demonstriert.

Abgegangen eadem.

Heute hatte ich einen angenehmen Traum, es träumte mir, Sie hätten sich mit Wenz abgeredet mich künftigen Monath zu besuchen, bringen Sie doch ja diesen schönen Traum in die Würcklichkeit und machen Sie mir diese Freide, wann Sie als dann noch willens sind, das Perspektief [Fernrohr] mir für 6 L[ouis] d'or zu überlassen so bringen Sie es mit. Die Anlage in Maurach kommt sehr gut fort, der Hofmeister laest es sich nicht ausreden, daß eine höhere Hand mit im spiel war, als Sie vor zwei Jahren die Pflanzen im vollen fast versezten und alles ohne ausnahme angewachsen ist, dies kann er auf den heutigen Tag nicht begreifen.

Götz vereinigt sich mit mir um sie zu ersuchen zu Haus seine Empfehlungen zu machen, ich aber verbleibe Ihr treu ergebener

Salem 18.t April

P. C. Wenn Sie meinen Wunsch erfillen so haben Sie die güte daß Model von dem Russischen Ofen nebst der Beschreibung mitzubringen.

18. Dezember 1810   GLA FA Corr. 9 Bd. 4 fol. 120v
Prinz Ludwig von Baden an
Gartenbaudirektor Johann Michael Zeyher (Entwurf)

An Zeyherr in Schwetzingen, S[alem] d[en] 18.t Dec. 1810

Der bevorstehende Jahres Wexel, dringt mir das verlangen ab, Ihnen zu wünschen daß Sie in dem kommenden Jahr alles von der Vorsehung erhalten, was Ihnen Zeitlich und Ewig nützlich ist. Ihre Verbindungen führen Ihnen zu erfüllung jenes treu geäußerten Wunsches, sie Ihnen die Mittel zur Ausbildung der Moralitaeth täglich vor zeichnen, ob gleich Ein Laye und dieser wichtigen hülfsmittel beraubt bin, da weis ich solche gewiss zu schätzen, und beklage, mein mercklichstes unvermögen daß mich verhindert, dieser Hilfsmittel theilhaftig zu werden.

Napp's mittheilungen, scheinen in die Erfüllung zu gehen, in der Zeit Rechnung lag die Irrung, da daß erste zu erfolgen scheint, ist kein zweifel, daß die Nachfolgenden angaben unerfüllt bleiben, in den ersten Monaten des künftigen Jahres werde ich Napp sehen, und hoffe nähere aufschlüsse zu erhalten.

Diesen Winter bringe ich wie der Fux im Bau zu, durch mein betragen hoffe ich in Ihrer Gegend als nicht Lebend, der vergessenheit über geben zu werden. Nur Ihre ältere anhänglichkeit, gewärth mir die angemessene Pflicht, mich Ihnen dankbar dieses Rückblickes, schriftlich näheren.

Grüßen Sie Ihre Gattin und SchwiegerVater, hertzlich

von Ihrem ergebenen freund.

Um Sie durch diese Zeilen nicht in Verlegenheit zu sezen, und alle bangichkeit zu beseitigen bediene ich mich eines unbekannten Siegels, da durch aber, seze ich mit dem Brief Porto Ihren beutel in requisition, alle handlungen haben zwei Seiten, was man auf der einen seite gewinnt, verliert man auf der anderen.

D[en] *15. Dec*[ember] *1810. Videli Warmund*

15. Februar 1811 GLA FA Corr. 9 Bd. 5 fol. 38
Prinz Ludwig von Baden an
Gartenbaudirektor Johann Michael Zeyher (Entwurf)

An Gart[en] *Bau Director Zeyher*
Salem, d[en] *15. Febr*[uar] *1811*

Werthester Herr Garten Bau Director.
Ihr gütiges Andenken vom 8. d[ieses, erg. Monats] *war mir umso erfreiliger, als ich vermuthete vergessen zu sein. So angenehm es mir waere, Sie hier zu sehen, so setze ich ungerne meine wenige freinde in Verlegenheit, daher kan ich nicht rathen, dießfalls bei Ihren weltlichen Oberen anzufragen, kan es diesen Sommer, mit Ihrer Convenientz geschehen, ohne sich dadurch nachreden und kosten auszusetzen, so erfreuen Sie durch Ihre Gegenwart, Ihren freind.*

Waß sie dem Lic[entiaten] *Vierordt mittheilen wollten, wenn es auf mich Bezug hatt, kan ich mir nicht erklaeren, betrifft es meine Lage, so waere es mir viel lieber, durch sie, es schriftlich zu vernehmen, wozu ich Ihnen einen sehr sicheren Weg angeben würde, sind es einrichtungen in meinem Garten, so darf sich Vierordt, nicht darein mischen, da ich solche von hier aus Selbsten zu leiten, die Absicht habe, diese gehet dahin, staets zwei Gaertner zu unterhalten, außer wenn Spiri, waehrend der Zeit als Metzger*[30] *noch bei mir ist, durch Ihre Güte, irgendwo angestellt würde, jenem beide Gaerten, für beides Gehalt zu übertragen. Ist Metzger dieser Würkungs Kraiß zu enge, das ich wohl einsehe, und komt er, durch ihr viel vermoegendes Vorsorgen nach Heidelberg, als dann ersuche ich Sie, mir die Gefaelligkeit zu erzeigen, einen tauglichen treuen Gaertner an seine Stelle zu verschaffen, bei meiner entfernung sehen Sie leicht ein, daß es mir ein groses Anliegen ist, einen Mann zu haben, oder zu bekommen, auf dessen Kenntniß und Treue ich mich vollkommen verlassen*

---

[30] Johann Christian Metzger (1789–1852). Metzger war von Garteninspektor Schweyckert und Gartendirektor Zeyher ausgebildet worden. Sein Übertritt aus dem Dienst Prinz Ludwigs in den Staatsdienst als Plantageninspektor – den ihm der Prinz verübelte, vgl. die Folgeschreiben – war Sprungbrett für eine Karriere vom Universitätsgärtner bis zum Gartendirektor in Heidelberg, wo er botanische und landwirtschaftliche Gärten anlegte, sich aber auch um den Heidelberger Schlossgarten verdient machte und botanische Lehrbücher verfasste, vgl. allg. C. RINK (Hg.), *Mit Spaten und Feder. Johann Metzger 1789–1852. Landschaftsarchitekt, Botaniker und Gestalter des Heidelberger Schlossgartens*, Ubstadt-Weiher 2002.

kann. Den f[ürstlichen] G[nädigen] H[errn] zu behelligen mit irgend einem Gesuch, daß auf mich oder meine Umgebungen bezug hatt, liegt außer meinen mir vorgezeichneten Klugheits Reglen außerdem, würde es gewiß nicht den Wunsch des Metzger befördern,

Für die 600 Obst Bäum, bin ich Ihnen und Hartweg[31] auf das erkenntlichste verbunden, würde Straubinger so glücklich oculiren und copuliren, als ihm die blauen flor geraeth, so würden sie nicht immer um Obstbäume ersucht, Gemüßer, erzieht er mit mehrerem Erfolg als Bäume, er wünscht sehr eine Vorschrift von Ihnen durch mich, von einem Kräuter Sallat zu erhalten, von dem ich Ihm oefters sprache, bei Ihnen vor einem Jahr gegessen zu haben.

Sagen Sie, Ihrem ehrwürdigen SchwiegerVater, und Gattin, von mir viel verbündliches. Gantz empfhielt sich Ihnen, und diesen beiden, und ich beharre

Ihr ergebener

5. Oktober 1811   GLA FA Corr. 9 Bd. 6 fol. 79r-v
[Generalleutnant Theodor Friedrich Goetz?] an
Hofgärtner Andreas Johann Hartweg (Entwurf)

An Hof Gaertner Hartweg
Salem, d[en] 5: Oct[o]b[er]: 1811
Mit der heutigen Post, erhielt ich ein Schreiben von dem Gaertner Metzger, er schreibt mir, daß der kleine Weinberg in dem Garten des Herren MargGrafen 4 Ohm wein gebracht habe, wie auch daß die Grumdbieren aus dem Boden seien.

Nebenbei, sagte er, daß ich schon von dem H[errn] G[arten] B[au] D[irektor] Zeyherr werde vernommen haben, daß er den bewußten Dienst als plantagen Inspector[32] erhalten habe, solchen auch schon den 23. id. antreten müßte, er bitte also S[eine] H[oheit] der Herr Marggraf, moechten die Gnade haben, ihme seine entlassung zu geben. S[eine] H[oheit] nicht gewohnt, unzufriedene Menschen in Ihrem Dienst zu behalten, werden ihm solche auch nicht verweigern. Bei diesem unangenehmen ereigniß, sehen S. Hoheit, sich abermals genöthiget, Ihre –Hoechst denenselben, schon sooft erprobte Freindschaft und Güte abermals auf zu fordern! Metzger soll seine entlassung unter folgenden Bedingungen erhalten, daß er Ihnen lieber Herr Hofgaertner

1; Die haeußer mit allen moeubler (zu welcher nachsicht sie den H[errn] Hofsattler Wermann zu ziehen kommen, welcher bis nun die oberaufsicht darüber hatte) und den Schlissel übergebe.
2; Alles Garten Geraethe, welches er unter seiner Aufsicht hatte,
3; die Botanische pflantzen, welche den Winter in dem Garten bleiben, und

---
[31] Vgl. Anm. 4.
[32] für den Pfinz-, Enz-, Kinzig- und Murg-Kreis mit Sitz in Rastatt.

4; alle Schlissel zu dem Garten, welche er besitzet, sind sie lieber Freind, über alle diese punkte mit ihm in richtigkeit, so haben Sie die Güte, solches an S[ein]e Hoheit zu schreiben, als dann wird er von hieraus seine entlassung erhalten.

Da S[ein]e H[oheit] nicht gesonnen sind, diesen Winter einen zweiten Gaertner anzustellen, so ergehet weiter, hoechstdero Bitte an Ihnen, die Güte zu haben, dem Speri alles was zur botanic gehoeret, und Sie nicht in Ihrer besonderen Fürsorge in Ihren Winter Gewaechs Haeußer übernommen haben, zu übergeben; ferner alle Garten Geraethschafften, wie auch die Haeußer, daß er solche zur gehoerigen Zeit außlüften kann, die Aufsicht der Moeubler, bleibt H[errn] H[of?] S[ekretär?] Wermann. Daß die Haeußer des Nachts nicht ohne nöthige Aufsicht bleiben, so haben Sie die Güte, dem Spery zu sagen, daß er des Nachts in dem Quartier welches Metzger bewohnte – schlafe!

Dieses ist aber nur für ihn, in so weit er unverheirathet ist. Ich soll Ihnen lieber Herr Hofgaertener, nochmals wiederholen, daß nur die grose Verlegenheit, S[eine] H[oheit] den Herren Marggrafen bewegen konnte, Ihnen – bei Ihren ohnehin grosen Geschaefften, noch diese Last zu verursachen! Der H[err] Marggraf, wissen diesen Freindschafts Dienst gewiß zu schaetzen, und werden zu seiner Zeit nicht undanckbar sein. Daß Sie bei dieser Gelegenheit, denen Taglöhner auf's neue ihre Pflicht einschärfen, mit dem bedeuten, daß derjenige welcher im Geringsten dagegen handelt, ohne Gnade entlassen wird; dieses erwarte ich ebenfalls von Ihrer Güte und Freundschaft.

Leben Sie wohl ….

8. November 1811   **GLA FA Corr. 9 Bd. 6 fol. 94r-v**
Prinz Ludwig von Baden an
Hofgärtner Andreas Johann Hartweg (Entwurf)

An Hofgaertner Hartweg
Salem, d[en] 8. Nov[em]b[e]r 1811.

Für die Abbildung der schoenen und seltenen Aloe, bin ich Ihnen werther Herr Hofgaertner ungemein verbunden.

Durch die gütige Obsorge meiner Gaerten, erzeigen Sie mir einen wahren Freundschafsdienst, für den ich Ihnen aufrichtig danke, und Sie angelegentlich ersuche, nun da dieselben gantz verwaißt sind, sich ihrer noch außschließlicher anzunehmen.

Das dem General Goetz geschickte Garten Geraethschaft verzeichniß erhielt ich dankbar, aus diesem ist zu entnehmen, was Metzger zurückließ, in welchem Verhaeltniß dieses mit jenem stehet was er antrat, ist nicht zu beurtheilen, ich besorge nicht ohne Grund, daß unter anderen manche seltene Pflantzen, abhanden gekommen sind, welches das Verzeichniß derjenigen ergeben wird, das er bei der übernahme erhielt, dero menge der Sparglen nicht zu erwehnen, die er verschleppte.

Metzgers unanstaendigkeit und leichtsinniges betragen gegen mich, verdunkelte bei mir, seine oberflaechliche botanische Kenntnisse, und verminderte meine gerechte Gemüthsbewegung wegen der Verlegenheit, seines unvermutheten, und undankbaren Dienstaustritt.

Ich hege mit Ihnen die Überzeigung, daß Speri ein mittelmaesiger Küchen Gaertner ist: nur die schmeichelhafte *Hofnung, daß sie mich aus der Verlegenheit, in die mich Metzger sezte, durch Ihre gütige fürsorge ziehen würden, konnte mich zu dem Entschluß bewegen, einsweilen den großen Garten ihnen anzuvertrauen.*

Meine Absicht ist, daß Speri als Küchen Gaertner die beiden Gaerten versiehet, so lange sie mit ihm zufrieden sind, und er folgsam ist, dieses bitte ich, ihm mit dem bemerken zu eröffnen, daß wann er Ihnen ursache zur Unzufriedenheit giebt, er auf den Küchen Garten eingeschrenkt wird, alsdann erzeigen Sie mir einen großen Gefallen, den grosen Garten einsweilen, einem Ihrer Leute zu übertragen, gegen den ich erkenntlich sein werde. Auf diese Art, waere es mir sehr angenehm, wann der Garten ohne Nachtheil biß künftiges Spaet Jahr besorgt würde, das ich durch Ihre gütige Aufsicht, nicht für unmoeglich halte; biß dahin, kommt Zeit, kommt Rath! es zweckmäßiger als in diesem Augenblick einzurichten, wo ich durch das Regierungsblatt früher, als durch Metzger von seiner Anstellung Kenntnuß bekam.

Wan es Zeit ist, die Obstbäume zu beschneiden, so ersuche ich, es durchaus nicht zuzugeben, daß sie Speri beschneidet, und die Gefelligkeit zu haben, es von einem Ihrer Leute versehen zu lassen, wie es auch hier durch eine anderen geschah. Nun füge ich noch die letzte dringende bitte bei, die Tagloehner so streng als moeglich zu halten, und sie nach wohlgefallen fortzuschicken, und andere anzunehmen, davon schließe ich den Würbs nicht auß, nur ersuche *ich, als dann zu sorgen, daß jemand der mit fütterung des dam Wildbretts umgehen kann, die Besorgung übertragen wird.*

Empfangen Sie werther H[err] *Hofgärtner die Versicherung meiner ergebenheit*

26. November 1811   GLA FA Corr. 9 Bd. 6 fol. 101
Prinz Ludwig von Baden an
Gartenbaudirektor Johann Michael Zeyher (Entwurf)

An G[arten] *B*[au] *Director Zeyher*
Salem, d[en]. *26: Nov*[em]*b*[e]*r 1811*

Empfangen Sie, werther Herr Gartenbaudirector den erkenntlichsten Dank, für die Bäume, welche wohl erhalten ankamen, und nun alle versezt sind. Für die durch Ihre gütige Besorgung von H[errn] *Ackermann erhaltene Wein Muster, wird derselbe den Betrag mit 7 f. 40 x erhalten haben; schade, daß 3 bouteillen verbrochen waren, die mit Malaga von 1804. Bordeaux von 1807. und Muscat Rivesalte.*

Unter der Voraus setzung, daß die Weine den Muster gleich an Güte sind, und Herr Ackermann, für die sorgfaeltige Verpackung, sorge zu tragen die Güte haben will; daß nicht eine Anzahl bouteillen verbricht, oder gefrühiert, bitte ich Sie, ihn zu ersuchen, so bald moeglich, von dem Malaga von 1794. 18 bouteillen à 3 f., weißen Bordeaux hoch Barsac 64 bouteillen zu 1 f. 12 x. und 6 Bouteillen Muscat Rivesalte zu 2 f. mir zu schicken.

Mit aufrichtiger Freundschaft beharrend, Ihr ergebener

Naechstens ein mehreres, Goetz empfhielt sich, so wie ich, Ihrer Frau, und Schwieger Vater.

[Am Rand:] N[ota] B[ene] Diese Bestellung von 88 Boutellirn ohne Fracht macht 143 f.

2. Mai 1812   **GLA FA Corr. 9 Bd. 7 fol. 63v**
Prinz Ludwig von Baden an
Hofgärtner Andreas Johann Hartweg (Entwurf)

An Hof Gaertner Hartweg Salem, d. 2 t[en] May 1812

Wehrter Herr Hofgaertner
In der Anlage, nehme ich die freiheit, Ihnen, die bekannte Vorstellung, der in meinem Garten arbeitenden Tageloehner, zu mehrerer einsicht, mit der Bitte zu übergeben, den Danner – gantz zu entlassen, und ihn – zu welchem Lohn, er sich auch verstehen mag, durchauß nicht mehr, in meinem Garten Arbeit zu geben.

Wann es Ihnen gefaellig waere, die übrige mit neuen zu vertauschen, würde es mir angenehm sein, jedoch, überlasse ich, diesen lezten Wunsch, so wie die Tagelonhung, von 24 auf 28 x. zu erhöhen, Ihrem gütigen ermessen, mit dem ersuchen, als dann, einen – oder zwei weniger, wann es moeglich ist, anzustellen, um den bestimmten Aufwand, nicht zu überschreiten. Ich verbleibe Ihr dienstwilliger

Kurze Geschichte *der botanischen und Lustgärten der Durchlauchtigsten Fürsten des Hauses Baden bis auf unsere Zeiten*

ANDREAS JOHANN HARTWEG

aus: Hortus Carlsruhanus oder: Verzeichniss sämmtlicher Gewächse, welche in dem großherzoglichen botanischen Garten zu Carlsruhe cultivirt werden nebst dem Geschichtlichen der Botanischen und Lustgärten von 1530–1825 und einem Situationsplan im Grund- und Aufriss und im Durchschnitt von sämmtlichen Gewächshäusern, Karlsruhe 1825

Faksimile nach dem Exemplar der Badischen Landesbibliothek

HORTUS CARLSRUHANUS
oder:

Verzeichniss
sämmtlicher

Gewächse

welche

in dem grofsherzoglichen botanischen Garten zu
Carlsruhe cultivirt werden

nebst dem

GESCHICHTLICHEN
DER
BOTANISCHEN UND LUSTGÄRTEN
von 1530 — 1825.

und einem

Situationsplan im Grund- und Aufrifs und
im Durchschnitt von sämmtlichen
Gewächshäusern.

Herausgegeben
von
Garteninspector Hartweg.

Carlsruhe,
gedruckt bei P. Macklot.

Nahe und fern entspriefst auf Höhen und unten im Thale,
  Dort an wärmendem Licht, und hier im kühlenden Schatten,
Mutter Natur die blühende Schaar von fröhlichen Kindern.
  Aber sie sammelt und pflegt in wohlverwahreten Räumen
Emsig des Gärtners Hand, und reiht sie kunstreich nach Classen.
  Auch was die Sonne des Süds, was unter des Nordens Eisrinde
Da so üppig entblüht, und dort so kümmerlich weilet,
  Jedem ward, wie sich gebührt, hier seine gedeihliche Stelle.
Möge des Forschers Aug gern unter den Pfleglingen weilen,
  Möge der Freund der Natur unserer Blüthen sich freun!

Vorrede.

Der bedeutende Zuwachs von Pflanzen, welche der hiesige Garten seit 12 Jahren erhalten hat, machte das Verzeichnifs vom Jahr 1811 ungenügend, und die Fertigung eines Neuen, wozu ich den speciellen Auftrag von meiner hohen Behörde, dem Hofverwaltungs-Rath, erhielt, nöthig.

Ueber die Einrichtung dieses Verzeichnisses sei es mir erlaubt einige Worte zu sagen.

Weil sich Badens erhabenste Fürsten seit den frühesten Zeiten für das Naturhistorische, und besonders für die Gärten interessirt haben; so glaube ich es sei hier der Ort, einiges Geschichtliche über die badischen botanischen und Lust-

IV

gärten, so weit es mir möglich war Notizen darüber zu bekommen, voran gehen zu lassen.

Um sich aber einen kurzen Begriff von der Beschaffenheit und Gröfse des jetzigen botanischen Gartens machen zu können, fand ich für nöthig den Plan davon nebst der Beschreibung des Gartens und der schönen zweckmäfsig eingerichteten Gewächshäuser diesem Verzeichnifs beizufügen.

Ueber die Cultur der Pflanzen, so wie über die Mischungen der Erde-Arten habe ich nur so viel erwähnt, als es der Zweck und der Raum dieses Werkchens gestattet.

Vielleicht erlauben es meine Geschäfte über diesen Gegenstand, der bis jetzt noch in keinem neuern Werk ausführlich behandelt ist, und doch einem tiefgefühlten Bedürfnifs entspricht, weil manche seltene Pflanze deswegen als Opfer unterliegen mufs, meine auf vieljährige Erfahrungen gegründete Ansicht an einem andern Orte auszusprechen.

Eben so zweckmäfsig fand ich es, um Vergleiche mit andern Orten und etwaige Versuche wegen Acclimatisirung mit Pflanzen anstellen zu können, eine meteorologische Tabelle beizufügen, worin der Länge und Breite Grad, die Höhe über dem Meer, die gröfste Hitze und Kälte etc. erwähnt wird.

Um nicht durch die Synonymen und den öftern Namenswechsel verleitet zu werden, Pflanzen sich kommen zu lassen, die man schon im Ueberflufs besitzt, habe ich zu den allgemein angenommenen systematischen Namen in *Cursivschrift* deren Synonyme nebst ihren Autoren beigesetzt.

Obgleich die deutschen Namen bei dem Botaniker durchaus keinen Werth haben, so fand ich es doch dem häufig geäufserten Wunsch vieler Pflanzen-Liebhaber angemessen, solche nach Willdenows species plantarum beizusetzen. Die neuern aber, und solche die ich nirgends verdeutscht auffinden konnte, suchte ich so viel wie möglich durch Herleitung dem botanischen Pflanzen-Namen nahe zu bringen.

VI

Möchte ich mit dieser Arbeit dem Bedürfnisse und Wunsch der Liebhaber und Freunde der Pflanzenkunde entsprochen haben!

Carlsruhe im März 1825.

VII

Kurze Geschichte
der botanischen und Lustgärten der Durchlauchtigsten Fürsten des Hauses Baden bis auf unsere Zeiten.

Von den frühesten Zeiten haben sich Badens erhabenste Fürsten für die Naturwissenschaft interessirt, Sie hielten sich überzeugt, dafs die Benutzung des vaterländischen Bodens, und seiner mannigfaltigen natürlichen Erzeugnisse auf Naturwissenschaft gegründet sei.

Sie legten Lust- und botanische Gärten an, um darin zugleich Versuche im Kleinen anzustellen, wovon einstens für den Forstmann, den Oeconomen, den Techniker etc. und somit für das ganze Land Nutzen zu erwarten war.

Ich konnte zwar trotz allem Nachsuchen nicht auffinden, wo und von wem unter Badens Fürsten, der erste Lust- und botanische Garten angelegt worden sei.

Der weise Markgraf Ernst residirte bekanntlich anfangs in Sulzburg, wo er ein Schlofs erbaute und einen Garten anlegte, die Zeit fällt in die 1530er Jahre. *)

---

*) Siehe geheimen Hofrath Gmelins Einflufs über die Naturwissenschaft auf das gesammte Staatswohl pag. 362.

VIII

Markgraf Carl II. der Nachfolger Ernsts, erbaute das schöne Schloſs Carlsburg zu Durlach, und legte einen Lust- und botanischen Garten im Jahr 1565 daselbst an. Auf Jhn folgte Markgraf Ernst Friedrich, der den Garten zu Durlach verschönerte und bereicherte. Vom Jahr 1595 bis 1622 vermehrte Markgraf Georg Friedrich die botanischen Gärten zu Sulzburg und Durlach, welche von dem damals lebenden gröſsten Pflanzenkenner Dr. und Professor Caspar Bauhin von Basel, dem Leibarzte Georg Friedrichs, sehr oft besucht und bewundert wurden. *)

---

*) Caspar Bauhin, in der Zueignungsschrift des von ihm herausgegebenen Kräuterbuchs von Dr. Iacob Theodor genannt Tabernaemontanus.
(Nach der Sitte des Jahrhunderts änderte er seinen Namen nach seinem Geburtsort Berg-zabern im Zweybrükschen) jetzt durch Hieronymus Bauhin, Dr. und Professor zu Basel herausgegeben, gedruckt zu Basel durch Iacob Werenfels in Verlegung Ioh. Königs 1664 in Folio. In der Caspar Bauhinischen Dedication, an die Durchlauchtigste Fürstin Iuliana Ursula Marggrävin zu Baden etc. der Gemahlin des Marggraven Georgs Friedrichs, heiſst es: dieweil mir wohl bewuſst ist, daſs Ihr Gemahl zu botanischen- und Lustgärten eine sondere Lust und Zuneigung tragen, wie dann beide Gärten zu Durlach und Sulzburg das genugsam erwiesen, wie auch die fürstliche Apotheke, aus welcher man nach J. F. G. gnädigen Befelch, vielen Armen, wie ich dann oftermalen selber zu Sulzburg gesehen, zu Hülfe kombt, bin ich verursacht worden, gegenwärtiges neu und vollkommenes Kräuterbuch, welches hiebevor von dem hochgelehrten Herrn Iacobo Theodoro Tabernaemontano mit höchstem Fleiſs und Mühe, aus langwieriger Erfahrung auch den allervortreflichsten neuen und alten Scribenten beschrieben, und darin vast unzählige vortrefliche, hochbewährte Experimenten etc. Datum Basel den 1. Hornung 1613

IX

Markgraf Friedrich V. begünstigte, trotz dem 30jährigen Kriege, in Seiner Regierung von 1622 bis in die 1650er Jahre die botanischen- und Lustgärten zu Durlach. Markgraf Friedrich VI. war bekanntlich Kenner, und Beschützer alles Schönen, liebte Natur- und Kunstwerke, die er so viel möglich selbst sammelte, und vermehrte den botanischen- und Lustgarten zu Durlach mit vielen sowohl inn- als ausländischen Gewächsen, die Hieronymus Bauhin, Dr. und Professor zu Basel bewunderte. *)

Markgraf Friedrich Magnus, ob er gleich in einer für seine Lande äusserst unglücklichen und traurigen Zeit lebte, blieb dennoch standhaft, schützte und schätzte Wissenschaften und Künste, trotz den alles verzehrenden Flammen des Kriegs, wodurch alle seine Schlösser zu Grunde giengen, erschienen die Lust- und botanischen Gärten zu Durlach in einer erneuerten Gestalt. **)

---

*) Siehe am andern Ort die Dedication desselben von **Dr. Ioh. Tabernaemontanus** Kräuterbuch an Sr. Hochfürstliche Durchlaucht den Markgrafen Friedrich zu Baden vom 18. März 1664, wo er sagt: Ich habe die schönen und köstlichen Lustgärten, welche zu Durlach in Eurer Hochfürstlichen Durchlaucht Residenz sind, mit höchster Verwunderung gesehen, und daraus schliefsen können, dafs Ew. H. D. nicht einen geringen Lust zu allerhand einheimischen und fremden Gewächsen tragen, und hierinnen, gleichwie in übrigen Hochfürstlichen Tugenden, deroselben grofsmüthigsten Voreltern in nichts nachlassen u. s. w.

**) Bekanntlich wurde am 6. August 1689 die Stadt Durlach nebst vielen andern Städten und Dörfern im Land, so wie in der Pfalz von den Franzosen unter General Melac mit Feuer und Schwert zerstört.

X

Daſs die Gärten in einem bedeutenden Flor gestanden haben, ist ausser Zweifel. *) Die alten ehrwürdigen Roth und Weiſstannen, die Kastanien-Alle und eine vorzüglich schöne Esche Fraxinus excelsior Lin. deuten alle auf ein ziemlich hohes Alter. An der eben erwähnten schönen schlanken Esche, welche gegen 140 Fuſs hoch und 19 Fuſs im Umkreise miſst, steht eine auf weiſsem Blech mit römischen Buchstaben geschriebene Inschrift
 Mein dritt Iahrhundert sieht mich grün,
 Stets sah ich Baden wieder blühn.
 1 8 0 2.

Auch die Kastanien-Allee Aesculus Hippocastanum Lin. muſs sehr alt sein, und gehört unstreitig zu den Aeltesten in Deutschland und Frankreich. Die noch vorhandenen gröſsten Bäume sind zum Theil hohl, ge-

---

*) Siehe Leben, Regierung, Groſsthaten und Absterben, der Durchleuchtigsten Fürsten und Marggrafen von Baden pag. 80 dort wird von den Gärten in Durlach erwähnt: Sie seyen lustig und wohl geziert.
 Eben daselbst pag. 64 heiſst es: das Schloſs und die Stadt Baden haben am 24. August 1689 dasselbe Schicksal, wie Durlach gehabt.
 Am 18. zuvor, während ein Courier an den König von Frankreich abgesandt war, um Schonung einzuholen, sandte der Commandant von Fort-Louis 15 Wägen Wein, und alle schöne Pomeranzen-Stöcke und Pflanzen aus dem Schloſs abzuholen: der Wein zwar wurde flugs ausgefolget, die Pomeranzen-Stöck und Pflanzen aber belangend, schickte Ihro Durchläucht, die Frau Marggräfin P. Hypolitum an den Officier dieser Convoy, sich über diese böse Treu und Glauben, so man Ihr hielte, zu beschwehren, mit Vermelden, man thäte groſs Unrecht, Ihro Durchläucht fünff lebendige Salvagardien zuzugeben, deren jede des Tages eine Dublone kostete, und eine Besatzung einlegte, die nicht mehr thäte, als daſs sie ein

gen 120 Fuſs hoch, und mehrere messen 15 Fuſs rheinisch im Umkreis. Ich finde sie weit stärker, als jene im K. K. Augarten bei Wien. Diese sind, wie ich vermuthe, von der zweiten Generation, ob sie gleich nach einer bis jetzt noch geltenden Tradition für die Ersten angenommen werden, die von Constantinopel aus nach Wien gekommen seien. *)

Seit dem Jahr 1809 wird auf den Garten in Durlach nichts mehr verwendet.

Vom Carl Wilhelm dem groſsen Pflanzer und sorgfältigen Beschützer botanischer und Lustgärten, wurde am 17. Iuny im Jahr 1715 in Gegenwart des ganzen Hofstaates mit eigener Hand der Grundstein zu einem Lust- und Iagdschloſs gelegt, und ihm der Namen Carolsruhe gegeben.

---

augenscheinlicher Zeug sey, aller Ueberlast, die sie erdulden müſste; Ihro Durchläucht könnten es nicht verschmerzen, Stadt und Schloſs mit eignen Augen, vor Zurückkunft der Königlichen Antwort plündern zu sehen, und daſs, wenn ja das Zorn-Feuer Ihro Majestät Stadt und Schloſs Baaden verzehren würde, hielten sie nicht dafür, daſs solches auch die Fürstlichen Schloſs und Lustgärten ergreifen sollte, es wäre dann die Sach zu hoch getrieben, daſs man sich mit der Ausmärglung des ganzen Landes nicht begnügen, sondern auch alle unschuldige Lustbarkeiten ihres Hofes verwüsten wollte; worauf dieser Officier die Vollführung seines Regiments auf eine bequemere Zeit aussetzte.

*) Die ersten Früchte dieses Baumes kamen ums Jahr 1550 durch Clusius aus dem nördlichen Asien nach Constantinopel, von da nach Wien 1588, und nach Paris 1615.

Im Königl. Französ. Cabinette befindet sich eine Platte von einem im Jahr 1656 gepflanzten, und im Jahr 1767 abgestorbenen Kastanien-Baum, wovon der Durchmesser 4 1/2 Spannen, oder 36 Zoll hält. Siehe Duroi Harbkesche wilde Baumzucht. I. Bd. pag. 64.

XII

Schon im Jahr 1717 wurde der Garten vor dem Schloſs nach dem damaligen Französischen Geschmack durch den Gärtner Berceon angelegt, nämlich das Blumen-Parterre mit farbigem Sand, zerstossenem Glas, Porzellan, Muscheln und dergleichen bunten Sachen bestreut, die Hauptwege aber mit Bux, Tax und Haynbuchen-Hecken in allerhand Formen bepflanzt. *)

Im Jahr 1722 wurde die Regierung hieher nach Carlsruhe verlegt. Seit 1530 bis jetzt blieben die Gärten der badischen Fürsten, trotz aller fürchterlicher älterer und neuerer Kriege, denen diese Länder so oft ausgesetzt waren, trotz dem Wechsel der Zeiten, gegen 300 Jahre lang im Flor, und erreichten unter der beglückenden Regierung Carl Friedrichs in einem Zeitraum von 65 Jahren einen seltenen Grad von Vollkommenheit.

Das vorige und der Anfang dieses Jahrhunderts hatte drei Hauptperioden für Badens botanische- und Lustgärten. Die erste fällt in die Lebzeiten des Markgrafen Carl Wilhelms, des Erbauers der Stadt Carlsruhe, der mit hoher Milde die botanischen- und Lustgärten dahier gründete. Die zweite beginnt im Jahr 1787, und endigt mit 1806. Die dritte beginnt im Jahr 1807.

Die erste Periode erhebt den botanischen Garten dahier zu den Vorzüglichsten. Markgraf Carl Wilhelm bemühete sich seinen botanischen und Blumengärten und seinen prachtvollen grofsen und reichen Orangerien die möglichste Vollkommenheit zu verschaffen.

Er sendete den damaligen Hofgärtner Christian Thran mit dem Dr. und Professor Ioh. Ernst Hebenstreit von Leipzig, der durch den König von Polen und Kurfürsten von Sachsen Friedrich August unterstützt

---

*) Le Notre, welcher zur Zeit Ludwigs des 14. lebte war der Urheber dieses Ungeschmacks.

XIII

wurde, im Jahr 1731 nach Afrika, um alles Neue, Schöne und Wichtige, was aus diesem heifsen Lande an Pflanzen zu haben war, seinen Gärten dahier einzuverleiben. Thran kam glücklich mit botanischen Schätzen 1733 nach Carlsruhe zurück.

Bald darauf kam das erste Verzeichnifs der sämmtlichen in den Fürstlichen botanischen Gärten zu Carlsruhe vorhandenen Pflanzen zum Druck. *)

In diesem Verzeichnifs, worinn die Pflanzen nach Caspar Bauhin und Tournefort genannt sind, sieht man, dafs damals in den Gärten dahier mit Innbegriff der Abarten die Anzahl derselben bis auf 2000 Species ange-

---

*) Index plantarum Horti Carolsruhani tripartitus, cujus prima pars numerat plantas exoticas perennes, quae ad hibernacula transferenda sunt, altera perennes, frigora sive hiemem perferentes, et tertia, quae quotannis serendae sunt et rursus pereunt. Bei diesem Verzeichnifs, das nun unter die Seltenheiten gehört, steht weder Jahrzahl noch Druckort. Es wurde zuverläsig im Jahr 1733 gedruckt, und von Dr. Ioh. Friedrich Eichrodt und Christian Thran in Ordnung gebracht. Siehe Halleri Bibliothecam Botanicam Tom. II. pag. 266.

Im Jahr 1737 schreibt der Ritter von Linné in der Dedication seines von ihm verfafsten Horti Cliffortiani pag. 3.

Magni nominis et immortalis nobis memoriae sunt omnes, qui maximos sumtus, summam curam, assiduumque laborem impenderunt, ut plantas undique colligerent, collectas colerent, cultas describerent, descriptas per orbem botanicum distribuerent, adeoque publico unice inservirent. Proin et Princeps Baden Durlacensis illustrissimus Carolus quantum ex ipsis plantis oblectamentum ceperit, quanti Botanicen fecerit delebitur nunquam dum exstet Horti Principalis Carlsruhae culti Catalogus, Eichrodtii manu conscriptus!

XIV

wachsen war. Nebst der Botanik suchte Markgraf Carl Wilhelm dem dahier damals in seiner Art einzigen Blumenflor, womit alle Quartiere des vordern Schlofsgartens prangten, den zahllosen kostbaren und prachtvollen Tulpen, Narcissen, Jonquillen, Tuberosen, Anemonen, Ranunkeln, Grasblumen, Aurikeln, Primeln, Rosen, Levcojen etc. etc. die gröfste Vollkommenheit zu verschaffen. Er liefs die ausgezeichnetsten, seltensten und schönsten Pflanzen und Blumen nach der Natur abzeichnen und coloriren. So entstand die in ihrer Art einzige Sammlung, welche aus vielen starken Folianten besteht, in welchen, über sechstausend verschiedene Pflanzen nach der Natur, und zwar gröfstentheils trefflich u. musterhaft abgezeichnet sind. *)

Markgraf Carl Wilhelm wollte die schönsten Pflanzen in Kupfer stechen und coloriren lassen. Schon waren die Künstler dazu bestellt, und mehrere der schönsten Tulpen gestochen, als Er der Welt entrissen, und an diesem Unternehmen gehemmt wurde.

Nach dem Ableben des Markgrafen Carl Wilhelms wurde vom Jahr 1738 bis 1746 unter der weisen Landes-Administration der Markgräfin Magdalena Wilhelmine (Grosmutter des Grofsherzogs Carl Friederich) und des

---

*) Siehe plantae selectae quarum imagines ad exemplaria naturalia manu artificiosa doctaque pinxit Georgius Dionysius Ehret, germanus, collegit et publico usui dicavit Dr. Christophorus Jacobus Trew. in aes incidit, et vivis coloribus repraesentavit Johann Jacob Haid. Decuria I. An. 1750. pag. 1.

Obiger G. D. Ehret lernte bei dem damaligen Garteninspector August Wilhelm Sievert dahier die Gärtnerei, von welchen beiden ein grofser Theil von Pflanzen und Tulpen nach der Natur gezeichnet sind.

XV

Markgrafen Carl August die sämmtlichen botanischen- und Lustgärten nicht nur im besten Stand erhalten, sondern wesentlich vermehrt, wie ein im Jahr 1747 im Druck erschienenes Verzeichnifs der Pflanzen in den Carlsruher Orangerien, Gewächshäusern und Gärten deutlich zeigt. *)

Nach demselben hatten die botanischen Gärten dahier damals über zweitausend verschiedene Pflanzen, ohne die vielen Abarten, aufzuweisen.

Zu den seltenen in jenem Verzeichnifs vorkommenden Pflanzen gehörten: Adansonia digitata L. (A. Baobab Gaert.) mehrere grofse Campferbäume, Laurus Camphora L., Cassia fistula L. Coccoloba uvifera L. Psidium pomiferum L. Theobroma Guazuma L. Cocos nucifera L. Caryca Papaya L. Dioscorea bulbifera L. Bixa orellana L. Tournefortia cymosa L. und mehrere andere für die damaligen Zeiten äusserst seltene Pflanzen, welche nach und nach zu Grunde giengen.

Ob die Schuld davon an den nicht ganz zuträglichen Gewächshäusern, oder an der Versetzung des Garteninspectors Thran nach Durlach, (1757) und der Besetzung seiner verlassenen Stelle, durch einen nicht so thätigen und der Sache weniger gewachsenen Mann lag, konnte ich nicht auffinden. 1757 wurde der Garten hinter dem Schlofs nach dem damaligen Geschmack, mit geraden Alleen, Hecken, Trillage, etc. etc. durch den Obergärtner Saul angelegt. 1783 wurde die Parthie beim Chinesischen Häufschen, durch Hofgärtner Müller hergestellt.

---

*) Serenissimi Marchionis et Principis Bada-Durlacensis Hortus Carlsruhanus in tres ordines digestus, exhibens Nomina plantarum exoticarum, perennium et annuarum quae aluntur per Christianum Thran horti praefectum. Accedit Aurantiorum, Citreorum, Limonumque malorum Catalogus auctore Iosua Rislero pharmacopoeo. Loeraci literis Samuelis Augusti de la Carrière. 1747.

XVI

Im Jahr 1768 wurde der berühmte Dr. Koelreuter als Botaniker dahier angestellt, und ihm aufgetragen, sämmtliche Pflanzen zu bestimmen, und nach dem Linneischen System zu ordnen. Eingetretene Mifshelligkeiten mit dem damaligen Obergärtner Saul 1769 veranlafsten ihn, seine Versuche mit Bastardpflanzen auf seinen Privatgarten zu beschränken.

Am 6. April 1783 starb die erste Gemahlin Carl Friedrichs Carolina Louisa geborne Prinzessin von Hessen Darmstadt, die Erlauchte Mutter unsers geliebten jetzt regierenden Grofsherzogs.

Diese erhabene Fürstin verband mit den schönsten weiblichen Tugenden, mit denen Sie auf alle Ihre Umgebungen segnend wirkte, eine seltene Wissenschaftliche Bildung, und Ihre ausgezeichneten Kenntnisse in der Naturgeschichte dürfen hier nicht still übergangen werden, denn Ihrer Mitwirkung verdankt die hiesige Pflanzen-Cultur viel.

Ihr Verdienst für die Botanik lebt in der Pflanze Carolinea Princeps fort, welche Ihr Linné dedicirte.. *)

Im Jahr 1784 erhielt geheime Hofrath Gmelin ad interim die Lehrstelle eines Professors der Naturgeschichte und Pflanzenkunde am hiesigen Lyceum und zugleich den speciellen Auftrag, den botanischen Garten zu untersuchen, und den Erfund zu berichten.

Nach der damaligen Aufnahme, welche im Beisein eines beauftragten Commissairs geschah, belief sich die

---

*) Im Nachtrag zur 6ten Ausgabe der Gattungen der Pflanzen von Linné aus dem Lateinischen übersetzt von Planer pag. 78 heifst es: Zum Andenken der Durchlauchtigsten Fürstin und Frau Carolina Louisa Markgräfin von Baden, welche wegen der Neigung zu Pflanzen und deren Kenntnifs sehr berühmt ist, und deren Namen allen, die Kenntnifs der Pflanzen betreiben und lieben ehrwürdig seyn wird.

XVII

Anzahl sämmtlicher Pflanzen auf 1294 Species, wie aus dem Bericht vom 28. März 1787 ad Extract. F. R. H. Protoc. Nro. 3357. zu ersehen ist.

Nach dem Tod des Garteninspectors Müller fiel die Leitung des Gartens in die Hände des nachmaligen Garteninspectors Schweyckert, der aus England zurückgerufen wurde; ein äusserst thätiger Mann der sich durch Kenntnisse und Geschmack überhaupt ausgezeichnet, und sich in den Garten-Anlagen eines Theils des Schlofsgartens, des Parks der Frau Markgräfin Amalia Hoheit, der Favorite u. m. a. sein Andenken, so wie das des geschmackvollen Sinnes Carl Friedrichs auch für diesen Zweig der Cultur gesichert hat.

Von 1787 bis 1795 tritt eine günstigere Periode für die botanischen und Lustgärten dahier ein. Die entstandenen Lücken, sowohl in den Gewächshäusern als im freyen Land wurden durch rege Correspondenz, durch die von Garteninspector Schweyckert aus England mitgebrachten Pflanzen und Saamen, und endlich durch die von dem geheimen Hofrath Gmelin unternommenen naturhistorischen Reisen in das südliche Frankreich u. Spanien, welche viele schöne und seltene Pflanzen und Sämereien, besonders in Gräsern einbrachten, ausgefüllt, und die Sammlung bedeutend vermehrt, wie aus dem 1791. herausgegebenen Pflanzen-Catalog „Catalogus plantarum Horti botanici Carlsruhani secundum systematis vegetabilium Caroli a Linné editionem decimam quartam" zu ersehen, wornach der Garten damals 4000 Species aufzuweisen hatte. Später, nämlich nach dem Druck obigen Catalogs, kamen gegen 1000 hinzu, so dafs im Jahr 1795 gegen 5000 Species vorhanden waren.

Die Gartenländer für die ein und zweijährigen und perennierenden Pflanzen, so wie die Gewächshäuser waren schon damals zu beengt, um alles gehörig plaziren zu können. Markgraf Carl Friedrich ein Kenner und

* *

XVIII

Beschützer der Botanik, besuchte öfters mit Liebe den Garten, und überzeugte sich vollkommen, daſs das Locale für die vielen Pflanzen zu klein, die Pflanzenhäuser durchgängig zu beengt und ohnehin baufällig seien.

Es wurde hierauf beschlossen, ohne weitern Verzug dem Garten ein angemesseneres Locale zu geben, und neue, den Zeiten und dem Reichthum der Pflanzen angemessene Gewächshäuser zu erbauen.

Leider muſste dieser gnädigste Befehl, wegen der ausgebrochenen französischen Revolution, die allen Instituten des Friedens gefährlich zu werden schien, auf bessere und ruhigere Zeiten ausgesetzt bleiben.

Eine Reihe unglücklicher Ereignisse folgten nacheinander, im Frühjahr 1796. flüchtete der Hof bei Annäherung der Franzosen, ins Anspachische.

Während der Invasion der französischen Truppen trat die nothwendig gewordene gröſste Ersparniſs ein, die leider auch die Gärten sehr hart traf, indem die nöthigsten Bedürfnisse versagt, oder nur halb und zur Unzeit gereicht wurden, wodurch die Sammlung von Jahr zu Jahr zurück kam.

Im April 1806 starb Garteninspector Schweyckert, worauf mir dessen Funktion huldreichst übertragen wurde. — Nach der damaligen genauen Aufnahme hatte der Garten zusammen gegen 3000 Species, meist Gehölz, Stauden und einjährige Gewächse; von seltenen Hauspflanzen war fast nichts vorhanden. Vom Jahr 1806 tritt für die botanische und Lustgärten daher eine neue Epoche ein.

Kurz nach meiner Dienstanstellung erhielt ich auf gemachten Vortrag bei Sr. königl. Hoheit dem Groſsherzog Carl Friedrich, die Erlaubniſs einen Transport von seltenen neu Holländer-Pflanzen, wovon der Garten ausser einigen Metrosideros keine aufzuweisen hatte, verschreiben zu dörfen, worunter die jetzt hier zu Riesen

XIX

herangewachsene Eucalypten, Metrosideros, Melaleucen, Leptospermen, Acacien, (Mimosen) Hakeen, Banksien, Casuarinen, u. d. m. von Pflanzen, die alle in deutschen Gärten noch selten waren, gehören.

Durch diesen schönen Transport wurde der Garten in kurzem bei glücklicher Vermehrung in den Stand gesetzt, mit andern Gärten sich in Tausch einzulassen, wodurch die Sammlung schnell empor kam.

Im Jahr 1807 wurde von höchster Behörde beschlossen, das grofse Zirkel-Orangerie-Gebäude, die baufällige Gewächshäuser, nebst dem jenes Quadrat fassenden Gartenplazes zu veräufsern, und den Erlös zum Bau der neuen Pflanzen-Häuser zu verwenden.

Im Frühling 1808 wurden die neuen Baulichkeiten für die Botanik in ihrem jetzigen Locale angefangen, jedoch nur zwei Linien-Häuser vollendet.

Im Winter 1808. auf 1809. legte ich den jetzigen botanischen Garten an, preparirte das Erdreich, und brachte mit dem Beginnen des Frühlings die seit einem Jahr nur nothdürftig untergebrachten, ein und zweijährigen und die Staudengewächse, nach Classen geordnet, an den Ort ihrer Bestimmung.

Zu gleicher Zeit wurde die dritte Linie Häuser angefangen, so dafs mit dem Herbst 1809. drei Linien-Häuser und die Garten-Anlagen vollendet waren; durch unermüdetes Bestreben, durch Nachziehen und Tausch mit den vorzüglichsten Gärten Deutschlands und Frankreichs, erhielt der hiesige Garten von 1806 bis im Sommer 1810, 1466 Species an Gehölz, Stauden und Hauspflanzen.

Im Herbst 1810 brachte Geheime Hofrath Gmelin 133. Species meist Tropische, Cap- und Neuholländer Pflanzen von Paris zurück. Durch die Naturhistorischen Reisen, welche derselbe öfters nach allen Richtungen

XX

im Lande gemacht hatte, erhielt der Garten die vorzüglichsten inländischen Pflanzen und Saamen.

Im Februar 1811 erhielt ich von Sr. königl. Hoheit dem Grofsherzog Carl Friedrich den gnädigsten Befehl, unverweilt nach Paris zu reisen, um alles Schöne und Seltene von Pflanzen, die zu haben wären, mitzubringen.

Aus dem französischen Jardin des plantes und petite Trianon erhielt ich durch die Directoren Thouin und Bosc viele und seltene Pflanzen, die ich im Handel bei den dortigen Handelsgärtner für Geld nicht haben konnte.

Durch diesen reichen Transport erhielt der Garten einen neuen Zuwachs von 588 Species, ohne die Menge Sämereien, die ich von da mitbrachte.

Leider hatte dieser für Künste und Wissenschaften so thätige Fürst, dem die hiesige Garten-Cultur und die wissenschaftliche Botanik ihre Begründung und ihren ersten Flor dankt, nicht mehr lange das Glück seine neue Schöpfung zu geniefsen; denn Er starb am 10. Juni 1811, nachdem er 65 Jahre ein Vater seines Volks und ein Gegenstand der Verehrung für alle, die sein Wirken kannten, regiert hatte.

Ein sonderbares Zusammentreffen mit einigen blühenden Agave (Aloe) verdient hier erwähnt zu werden. Bei dem Regierungsantritt des Höchstseligen Carl Friedrichs blühte nach dem Zeugnifs der damaligen Botaniker zum erstenmal dahier Agave lurida Jacq, welche früher noch in keinem europäischen Garten zur Blühte gebracht war, und in dem Jahr als Ihm Grofsherzog Carl 1811 in der Regierung folgte, blühte dasselbe Species wieder. *)

---

*) Siehe darüber Josua Rifsler in seiner Vorrede pag. 3. und geh. Hofrath Gmelin in seiner Vorrede im Hortus Carlsruhanus pag. 3.

XXI

So wie alles dem Wechsel der Zeit und der Mode unterworfen ist, hörte auch die Tulipomanie auf, welche dem frühern holländischen Geschmack lange zusagte, und wozu hier die ehemaligen 4 Vertiefungen im vordern Schlofsgarten ausgegraben wurden, um die Zwiebeln, ihrem natürlichen Standort angemessen, dem Horizontal-Wasser näher zu bringen, worinn sie ungemein schön vegetirten. Von diesen Vertiefungen hatten zwei Glashäuser und jede umfaste ungefähr einen Flächenraum von 1. Morgen und lag 10 Fufs tief.

Obgleich nun dieser Garten den Foderungen des guten Geschmacks nicht entsprechend war, so hatte er doch durch seine Vertiefungen den eigenen Vorzug, dafs in demselben manche Pflanze vor den rauhen Winden Schutz fand und gedieh, die sonst nicht so gut fortgekommen wäre.

Im Jahr 1811 und 1812 wurden jene Vertiefungen wieder ausgefüllt, der ganze vordere Garten von seinen Bux, Tax und Haynbuchen-Hecken, welche nahe an hundert Jahre gestanden waren, gereinigt. Ein schöner zur Schlofswache und dem Schlosse führender Raum von 275 Fufs Breite und 550 Fufs Länge in der Mitte frei gelassen, und die beiden Hälften links und rechts mit vierfachen Linden-Alleen im Jahr 1817 durch den Garten-Baudirector Zeyher und Hofbaumeister Dyckerhoff angelegt und bepflanzt. Der innere Raum besteht aus Rasen, in der Mitte auf jeder Seite ist ein, 86. Fufs im Durchschnitt haltendes, Bassin angelegt, aus deren Mitte sich eine Felsengruppe erhebt, worauf 3 Najaden eine Muschel tragen, aus der das Wasser hervorquillt.

Um diese Bassins, so wie um die Rasen-Einfassung sind die Orangenbäume des Sommers gestellt.

Der Aufwand, den die Theilnahme an dem Krieg in Spanien und Rufsland verursachte, erlaubten nicht

XXII

den Plan des Ober-Baudirectors Weinbrenner, einen grofsen Festsaal mit der Botanik zu verbinden, in Ausführung zu bringen. Es wurde dagegen, weil es immer an Raum gebrach, das in der Vertiefung gestandene Gewächshaus 1811 ad interim an die Gränzmauer des neuen botanischen Gartens translocirt, um die Menge schnell herangewachsener Pflanzen unterzubringen.

Um nun eine genaue Uebersicht alles dessen, was der Garten aufzuweisen hatte, zu bekommen, gab geh. Hofrath Gmelin den Hortus magni Ducis Badensis Carlsruhanus im September 1811 heraus, wornach die Zahl der Species sich etwas über Sechstausend belief.

Im Jahr 1815 wollte der Höchstselige Grofsherzog Carl die Menagerie mit dem botanischen Garten verbinden, eine Menge vierfüfsiger Thiere, Wasser- und andere Vögel, worunter sich viele seltene befanden, waren ihrer Zone angemessen zum Theil in die Gewächshäuser plazirt, wurden aber wegen Mangel an Raum 1817 in die Fasanerie zu den übrigen verbracht.

In demselben Jahr erhielt der Garten durch C. Männing, welcher aus England zurückkehrte, einen bedeutenden Zuwachs seltener Phaenerogamen; die Pflanzen gediehen bei guter Behandlung ungemein schön, aber die Häuser wurden zu eng, und waren für die grofsen Neuholländer-Pflanzen zu niedrig.

Grofsherzog Carl gab hierauf seinem Minister v. Reitzenstein den Befehl, über den unverweilten Bau eines grofsen Caphauses mit mir zu communiciren; leider konnte dieses Unternehmen nicht ausgeführt werden, denn Grofsherzog Carl starb am 8. Dezember 1818, der im Drang der ungünstigen Zeiten für die Aufnahme dieser Anstalt mit Liebe und Huld gewirkt hatte.

Was durch Zeit und Umstände mit dem besten Willen nicht ausgeführt werden konnte, wurde dem erlauch-

XXIII

ten Sohn des verewigten Carl Friedrichs unserm glorreich regierenden Grofsherzog Ludwig vorbehalten.

Es gehört unter seine grofsen Regententugenden, dafs Er nicht nur überall das Gute, das besteht, erhält, und was durch Zeit und Umstände herabgekommen ist, wieder zu kräftigem Leben ruft, sondern dafs Er auch dem angefangenen schönen Werk neuen Schwung gibt, und es dem Ziel der Vollendung entgegenführt. Wie Er überall thätig wirkt, so wirkt Er auch für seine Gartenanlagen.

Zwei Monate nach dem Regierungs-Antritt wurden Anstalten zu dem längst gefühlten Bedürfnifs, nämlich zur Erbauung eines geräumigen grofsen Gewächshauses für Cap- und Neuholländer-Pflanzen getroffen.

Nachdem der Baugegenstand gehörig berathen, die Plane dazu gefertigt, und für Herbeischaffung des Materials gesorgt war, wurde am 24. Iuny 1819 der Bau begonnen, und nach Verlauf von vier Monaten war dieser colossale Bau vollendet, der unstreitig zu den gröfsten und am zweckmäsigsten eingerichteten gezählt werden darf. Diesen Bau leitete der obengenannte Hof-Baumeister Dyckerhoff. Das neue Gewächshaus imponirt nicht nur durch seinen äufsern Anblick und ist für den Garten eine wahre Zierde sondern entspricht auch vollkommen dem Zweck, dem es gewidmet ist.

Am 18. Februar 1820 nach dem Ableben des Hofgärtners Müller, wurde dessen Gärtnerei, welche durch das Umgestalten des vordern Schlofsgartens sehr beschränkt wurde, nachdem solche 33 Jahre getrennt war, mit der disseitigen Stelle wieder vereinigt.

Um das Ganze mehr zu arrondiren und die alten Orangerien neben dem Hoftheater, welche nicht gut situirt waren, zu anderm Zweck verwenden zu können, dankt jetzt der Garten seinem erhabenen Besitzer ein neues, beinahe eben so grofses Orangerie-Gebäude, das

XXIV

die nämliche schöne Einrichtung hat, und die Linie gegen dem Schloſs zu fortsetzt, und so den Plan seiner Ausführung näher bringt, daſs die Gewächshäuser an das Schloſs sich anreihen sollen. Wird dieser Plan ausgeführt, so könnten dann Sr. Königlichen Hoheit unmittelbar aus ihren Apartements in die botanischen Anlagen treten.

Bisher mangelte es an einem Hauptbedürfniſs in den Gartenparthien, nämlich an Wasser. Ausser Regenwasser, welches an mehreren Stellen aufgefangen wurde, muſste alles übrige gepumpt werden. Aber auch diesem Bedürfnisse wurde durch die voriges Jahr von Durlach nach Carlsruhe gemachte groſse Wasserleitung von Sr. Königlichen Hoheit, dem regierenden Groſsherzog, abgeholfen, und die Gärten mit laufenden Fontainen versehen.

Auch der Schloſsgarten wurde nicht vergessen, im Sommer 1823 wurde dieser mit 4 schönen Urnen geschmückt, deren bildliche Vorstellung folgende ist.

Vom Schloſsthurm rechts, auf dem groſsen Rasen-Platz, steht die Eine auf der in Bas-relief der Wettstreit des Apollo und des Pan; auf derselben Seite an dem Hauptwege die zweite, die Diana als Luna; die dritte zur Seite des neuen Wegs, Diana als Göttin der Jagd; links zur Seite an dem Hauptweg gegen das vertiefte Thor hin, die vierte, das Urtheil des Paris, darstellend.

Im Sommer 1824 wurde der Eingang in den Schloſsgarten nächst der Hofküche links, an das Gebüsch angelehnt, mit einer schönen Wasserparthie, ein Seepferd von Tritonen umgeben, geziert, das Wasser steht mit der groſsen Leitung von Durlach in Verbindung.

XXV

Beschreibung des botanischen Gartens.

Die Lage des Gartens ist freundlich, von der Nordseite durch den Schlofsgarten, welcher durch drei Thore mit ihm zusammenhängt, begränzt.

Das Gebüsch des Schlofsgartens schützt vor rauhen Winden, dicht hinter den Gewächshäusern ist die Pappelallee, wovon ein Theil mit Sophora japonica L. die andere drei Theile aber mit Italiänischen Pappeln bepflanzt sind. Letztere sind die Väter von allen inländischen Pappeln, die im Jahr 1764 hierher gebracht wurden.*)

Mit dem Schlofsgarten ist zugleich das Arboretum verbunden, woselbst alle ausländische Bäume und Sträucher, welche das hiesige Clima ertragen, angepflanzt und zu finden sind.

Auf der Ostseite steht das Schlofs nebst dessen Oeconomie-Gebäuden, und von Süden und Westen hängt der Garten mit der Stadt zusammen, von welcher Seite ebenfalls zwei Eingänge angebracht sind. Der Haupteingang ist bei der Gärtnerei-Wohnung, und während der Arbeits-Stunden bei den humanen Gesinnungen des Durchlauchtigsten Regenten für Jedermann offen; dankbar erkennen die Bewohner der Residenz und die nicht hier Einheimischen die gnädigste Erlaubnifs zum freien Zutritt an einen Ort, der ihnen Belehrung und

---

*) Die Lombardische oder Italiänische Pappel kam im Jahr 1749 zuerst nach Frankreich, und in England wurde sie bei Rochefort 1758 angepflanzt. Ait. Hortus Kewensis.

Die schöne von Carlsruhe nach Durlach in schnurgerader Linie führende Pappel-Allee, besteht aus Abkömmlingen hievon die im Jahr 1770. gepflanzt wurden. Viele dieser Stämme messen 3 Fufs vom Boden, 15 Fufs im Umkreise.

XXVI

Erholung unter den tausendfachen Formen von Pflanzen gewährt.

Die Hauptwege sind breit und durchgängig zum Fahren eingerichtet.

Die Rabatten hinter den Gewächshäusern nehmen solche Pflanzen auf, die zu ihrem Gedeihen wegen ihrer vielen feinen Thauwurzeln und schwammigten Erde, Schatten unumgänglich nöthig haben, als Andromeden, Azaleen, Rhododendron, Kalmien, Vaccinien u. d. m.

Die punktirten Rabatten vor und hinter den Gewächshäusern mit I. bezeichnet, dienen während den Sommer-Monaten zur Aufstellung der Glashauspflanzen.

Die Rabatten längs den Hauptwegen sind mit Weinreben, wovon der Garten einige 80 Arten von vorzüglicher Güte aufzuweisen hat, begränzt. Diese Reben geben ausser dem Ertrag, weil ihre Wurzeln tief gehen, den Pflanzen unbeschadet, welchen die grellen Sonnenstrahlen nachtheilig sind, den nöthigen Schatten. Rosen und einige Obstbäume, als frühe Kirschen, Mirabellen, Reineclaude etc. stehen wechselsweise an den Geländer-Pfosten.

Die Beeten H. sind mit ein- und zweijährigen und Staudengewächsen nach Classen geordnet, bepflanzt. K. ist ein kleiner Hügel, worauf alle immer grüne Pflanzen angebracht sind, als Pinus-Arten Juniperus, Cupressus, Phillyreen, Buxus, worunter B. Balearica ist, Daphne, Aucuba, Rhododendron, Rhamnus, Ruscus, Prunus lusitanica, Prunus Laurocerasus, Viburnum Tinus, Hypericum, Fontanesia u. d. m.

M. enthält eine Feigenanlage von 9. verschiedenen Sorten; des Winters werden diese niedergebogen und mit Laub bedeckt.

Um dem Garten an dieser Seite von seiner freundlichen Lage nichts zu benehmen, ist dieser so wie ein grofser Theil des Schlofsgartens mit einer Aha-Mauer begränzt, und ausser dieser Gränze sind Gleditschien, Tulpenbäume und Wallnufsbäume angepflanzt.

Das mit A bezeichnete Orangerie-Gebäude enthält die gröfsten Bäume, wovon viele im Stamm 3 Fufs im Umkreis, und 24 — 26 Fufs Höhe haben. Diese stehen gröfstentheils des Sommers hinter dem Schlofs um den Thurm her.

Das Gewächshaus B. imponirt in allen Theilen. Es nimmt die gröfsten Cap- und Neuholländer Pflanzen auf, und hat 3 Bassins. Das zum Begiefsen nöthige Wasser wird auf die höchste Stufe getrieben. In der Mitte ist eine Blumenstellage für die seltensten blühenden Pflanzen, und hat zur Aufbewahrung von Garten-Requisiten einen schönen gewölbten Keller. Die Inclination gegen die Sonne ist 3 Fufs.

In derselben Linie, steht das schöne erst 1824 gebaute Orangeriehaus, welches mit C. bezeichnet, wovon weiter oben bereits mehreres geredet worden ist. —

Die zweite Linie Häuser mit D. bezeichnet enthält meistens tropische Gewächse. Das hintere Zimmer war der Lieblings-Aufenthalt des erhabenen Erbauers Grofsherzogs Carl Friedrich; die kleine Zimmer in der Höhe oberhalb den Vorhäusern dienen zum Aufbewahren der alphabetisch geordneten Sämereien, die gewöhnlich gebraucht werden.

Die dritte Linie Häuser mit E. bezeichnet, nimmt die kleinere tropische, Cap- und Neuholländer-Pflanzen auf, wovon die Fenster der mittleren Abtheilung Nro. 1. nach der hiesigen Polhöhe 49°. 2'. Inclination haben. Hinter dieser Abtheilung ist das Seminarium worin 2200 Species Saamen zur Belehrung nach Classen geordnet in Gläsern aufgestellt sind.

Auf einer andern 8 Fufs langen und 3 Fufs hohen eingeramten Tafel sind die Sämereien zu ersehen zu mehlichten Gemüsern, öconomischen und Futterkräu-

XXVIII

tern, zu Getreidearten, und andern Pflanzen, wovon man das Blatt, den Stengel, die Frucht, oder Wurzeln essen kann, ferner Sämereien von Salatkräutern, Gewürzkräutern, Zierpflanzen, Arzneykräutern, Bäumen und Sträuchern, und ölichten Saamen.

Die kleinen Neben-Cabinettchen enthalten die Holzbibliothek, auf jedem Band ist der systematische Namen angebracht, um Versuche mit diesen Hölzern, wozu sie sich allenfalls brauchen liefsen, zu machen, ist die eine Seite blos abgehobelt, die andere aber polirt, das innere des Buchs enthält die Blüthen, Blätter und Saamen.

Das in der Erde vertiefte Häuschen mit F. bezeichnet, enthält die wärmsten jungen tropischen Pflanzen, und ist zugleich zum Nachziehen bestimmt.

In sämmtlichen Pflanzen-Häusern sind statt Oefen, Feuer-Canäle angebracht, wodurch die Wärme schnell und gleichmäsig vertheilt wird. Die Heitzung geschieht mit Holz.

Die äussern Wände der Gewächshäuser sind mit rankenden und andern Pflanzen als: Bignonia radicans, B. capreolata, Clematis, Periploca, Glycine frutescens, Glycchinensis, Atragene, Vitis vinifera, vulpina, labrusca, Arborea, indivisa, Vitex agnus-castus, Pistacien, Cydonia japonica, Jasminum officinale, revolutum etc. etc. bepflanzt, welche während ihrer Blühte- und Früchtenzeit einen herrlichen Anblick gewähren.

XXIX

Cultur der hiesigen Pflanzen.

Ueber die Cultur der Pflanzen findet man in den meisten ältern und neuern Werken wenig befriedigendes, entweder wird oberflächlich darüber weggegangen, oder gar nichts davon erwähnt.

Müllers Gärtner-Lexicon von 1776 macht zwar eine Ausnahme, leider enthält aber jenes classische Werk nichts von neuern Pflanzen.

Zu dem Gedeihen der Pflanzen kommt es hauptsächlich auf Wasser, Erde, und glücklich gewählte Situation an. Ersteres läfst sich in Ermanglung von Flufs- oder Regenwasser, durch Pumpwasser, welches vor dem Gebrauch 12 — 20 Stunden in Cisternen von der Athmosphaere berührt wird (Seewasser ausgenommen) zum Gebrauch tauglich machen.

Die Situation oder Plazirung der Pflanzen findet bei einigen geographischen Kenntnissen wenig Schwierigkeiten, auch wird fast in jedem botanischen Werk das Vaterland angegeben, wo jede Pflanze ihrer Zone angemessen untergebracht werden soll.

Die Erde hingegen legt an vielen Orten sehr grose Schwierigkeiten in Weg, häufig wird das Kränkeln der Pflanzen, welches meistens von der Erde herrührt, andern Ursachen zugeschrieben. Wenn z. B. Pflanzen, welche sehr viele feine Haarwurzeln haben, als Andromeden, Azaleen, Rhododendron etc. in eine nicht zuträgliche Heidenerde, Bruch- oder gar Mistbeeterde gepflanzt werden, so werden sie sich zwar aus ihrem alten Ballen und durch das Einsaugen aus der Athmosphaere Jahrelang, aber nur in kränklichem Zustand, erhalten, weil sie die ihnen unzuträgliche Erde gar nicht annehmen, während andere Pflanzen als Metrosideros, Leptospermum, Acacien (Mimosen) etc. sehr gut darin gedeihen.

Ein Haupterfordernifs ist deswegen ein gut unter-

XXX

haltenes Erdemagazin, das, wo möglich, frei, und nicht wie häufig der Fall ist, an entlegenen schattigen Winkeln oder an allzuheisen Orten angelegt werden muſs. Ist die Lage zu schattig, so bleiben eine Menge Theile unaufgelöst, was eine Unmenge von Würmern erzeugt, deren Brut darin bleibt, die dann den schwächlichen Pflanzen sehr zusetzen. Ist sie aber zu heiſs, so wird der Erde eine Menge aetherischer Theile entzogen.

Die Lage des hiesigen Erdemagazins ist so gewählt, daſs das erforderliche Licht durch die einzeln umherstehenden Bäume zu allen Jahrszeiten durchscheint.

Jede Gattung Erde halte ich besonders, und mische solche nach dem Bedürfniſs der Gewächse 8 — 14 Tage vor dem Gebrauch.

Die gewöhnliche Sorte, die am meisten gebraucht wird, und unter dem Namen Mistbeet-Erde bekannt ist, besteht aus Abgang im Garten, als Laub, Reiſs, Jäthgras, abgängige Versetz-Erde etc. Man hüte sich ja vor dem an vielen Orten üblichen Gebrauch, alte Gerberlohe auf die Erdhaufen zu bringen, wodurch nichts als das Volumen ohne den geringsten Gehalt vermehrt, und eine unsägliche Menge Würmer erzeugt wird.

Um das Eindringen der Witterung zu begünstigen, häufe ich die Erde 2, höchstens 2½ Fuſs hoch, setze sie jährlich ein- bis zweimal um, reinige sie fleiſsig von Unkraut, bei welcher Behandlung die Erde gewöhnlich im 5ten Jahr brauchbar wird.

Dieselbe Behandlung gilt bei den nachfolgenden Erdarten.

Die zweite Sorte ist die sogenannte Damm- oder Rasenerde, eine vorzüglich gute Erdart, die wie mir scheint in vielen Gärten nicht gehörig gewürdigt wird. Sie ist fast überall auf Viehweiden leicht zu haben. Die Hauptbestandtheile dieses Humus sind Vegetabilien und thierische Auflösungen. Sie fühlt sich weich an,

XXXI

ist leicht zerreiblich, und im Wasser auflösbar, womit sie sich, ohne sogleich wieder auf den Boden zu fallen, vermischt. Ich nehme sie des Sommers bei guter Witterung 2 — 3 Zoll tief, und bringe sie im Erdmagazin auf flache, 1. höchstens 2. Fufs hohe Haufen. Im folgenden Sommer ist sie zu gebrauchen, und eben weil sie gar bald zum Gebrauch tauglich ist, spare ich sie nie über 2 Jahre zusammen, da ich gefunden habe, dafs sie bei längerm Aufheben an Gehalt verliert.

Kühlager oder Kühmist, den ich ebenfalls besonders behandle, braucht zur völligen Verwesung 3 — 4. Jahre. Fleisiges Herumsetzen, das Reinhalten von Unkraut, welches dieser aus lauter Vegetabilien bestehender Dünger in unglaublicher Menge erzeugt, und lange keimfähig erhält, sind Gegenstände, die ich besonders beobachte und empfehle.

Pferdemist, welcher hitziger Natur ist, halte ich gleichfalls abgesondert, bediene mich jedoch desselben nicht in der Menge, wie der andern Erdarten, weil der Hauptstoff der hiesigen Erde von Natur viel Sand mit sich führt. Diese Art Dünger verwest schnell, und kann im 3ten Jahr gebraucht werden; nur ist zu bemerken, dafs er des Sommers während er gesammelt wird, bei trokener Witterung öfters begossen werden mufs.

Heidenerde besteht aus verwesenen Vegetabilien, die man gewöhnlich auf Bergen und an Abhängen, wo Erica Vulgaris L., (Heidekraut) wächst, findet. Nicht immer ist diese Erdart von guter Beschaffenheit, entweder ist sie zu fett und mit andern Erdtheilen vermischt, wie meistens die, welche in hiesiger Gegend gefunden wird, und führt ausserdem zu wenig Sand mit sich, oder sie ist zu sandig und mager. Mischungen aller Art habe ich seit 19. Jahren gemacht, aber nicht immer mit dem gewünschten Erfolg. Diejenige Heidenerde, die ich für Erica und andere feinen Cap- und

XXXII

Neuholländer Pflanzen am zuträglichsten gefunden habe, ist die, welche man auf unsern Gebirgen bei Gernsbach an trockenen Stellen und auf Felsen findet. Sie ist locker, elastisch und besteht aus lauter verwesenen Vegetabilien.

Eine vorzüglich gute Erde ist nach meiner Erfahrung seit vielen Jahren die verwesene Holzerde, auf welche mich ein sonderbarer Zufall aufmerksam machte. Bei meiner Dienstanstellung fand ich mehrere Rhododendron ponticum, in kränkelndem Zustande in Töpfen. Ich versetzte sie in andere Erde, wechselte ihren Standort mehrere Jahre vergebens. Verdrüfslich über diese kranke Pflanzen, denen ich es an Pflege nicht fehlen liefs, setzte ich sie in die damals hier gewöhnlich gebrauchte Heidenerde in's freie Land. Einige davon, besonders die am Rande des Beets fiengen an herrlich zu grünen, während die übrigen bei gleicher Behandlung eben so schlecht blieben, als vor ihrer Versetzung. Ich spürte der Ursache nach, und fand beim Aufgraben, dafs die am Rand stehenden sich mit ihren Wurzeln in ein rothfaules Bret gemacht hatten. Nun liefs ich im Walde einige Körbe verwesene Holzerde holen, setzte die kränkelnden Pflanzen in diese, worauf sie das nächste Jahr fufslange Ruthen trieben, und herrlich blühten.

Seitdem nehme ich für Azaleen, Andromeden, Rhododendron, Kalmien, Vaccinien, Clethra, etc. welche insgesammt viele feine Haarwurzeln machen, in Töpfen und für's freie Land, keine andere Erde, als oben erwähnte Holzerde, ob von Buchen oder Eichen, Tannen oder Weiden-Bäumen, wenn sie nur hinlänglich verwesen ist.

Im frischen Zustand, wie ich sie aus dem Walde von hohlen Bäumen erhalte, sieht sie gewöhnlich roth aus, und gleicht sehr dem frischen Gerberlohe.

Mehrartige Versuche von anderer holziger Erde ha-

XXXIII

ben nicht den gewünschten Erfolg geliefert. So habe ich z. B. Rhododendron, nachdem ich sie zuvor im Wasser von ihrer bisher gewöhnten Erde gänzlich befreit hatte, in alte Sägespäne, alten Gerberlohe, in verwesene Holzspäne und in Torf gepflanzt, mit letzterm glaubte ich, würde es gar nicht fehlen, da dieser sich ganz ihrem natürlichen Standort nähert. Nur in den alten Sägespänen zeigten sich dürftige Wurzeln, alle andere Rhododendron aber nahmen die ihnen gegebenen Erdarten durchaus nicht an.

Um bei Anlegung grofser Beete von obiger Holzerde mit möglicher Oeconomie zu verfahren, gehe ich auf folgende Art zu Werk; um den Pflanzen ihren angemessenen Standort zu geben, so wie das allzuschnelle Austrocknen dieser lockern schwammigten Erde zu verhindern, wähle ich eine schattige Lage, grabe den Boden 2½ bis 3 Fufs tief aus. In diese Rabatte kommen 1 Fufs hoch Holzspäne mit Sägespäne vermischt, auf diese der Abgang von der durchgeworfenen Holzerde, und auf diese etwa einen starken Fufs hoch Holzerde, worin die Pflanzen Ueberflufs von Nahrung finden, und häufig in einem Jahr drei Fufs hohe Triebe machen.

Die letzte Erdart ist feiner Wassersand, welcher zur Mischung von Heidenerde, wenn sie von Natur nicht hinlänglich Sand mit sich führt, so wie für Fettpflanzen nöthig ist.

Die Zusammensetzung der Erdarten ist folgende:

6. Karren durchgeworfene gewöhnliche oder Mistbeeterde.
3. Karren Rasenerde.
2. do. Kühlagererde.
1. do. Pferdsmisterde.

Dies alles wird auf einen Haufen gebracht, und noch einmal durchgeworfen; Sand nehme ich keinen

* * *

XXXIV

dazu, weil die hiesige Erde von Natur ihn hinlänglich mit sich führt. In dieser Erde gedeiht fast jede Pflanze, will ich nun der einen oder andern Pflanze mit ihrer angemessenen Erde zu Hülfe kommen, welches sich leicht aus den Wurzeln beurtheilen läfst, so nehme ich von diesem Haufen und setze etwas von der gewöhnlichen Heidenerde hinzu, und so wird diese Mischung für Malpighien, Banisterien, Chrysophyllen etc. tauglich. Andern viele Nahrung liebenden Pflanzen, als Musa Dracaena, Phoenix, Chamaerops, Bambusa, Zamia, Pandanus, Magnolia etc. setze ich die Hälfte ungesiebte Rasenerde hinzu.

Für Metrosideros, Eucalyptus, Banksia, Hakea, Melaleuca, Leptospermum, Casuarina, Protea, Camellia etc. nehme ich Rasenerde und gewöhnliche Heidenerde, von jedem Theil die Hälfte, worin sie ungemein schön vegetiren.

Für Cymbidien, Limodorum, Dianella, Epidendron, Pothos, Bauersia etc. nehme ich von ersterer Mischung, welcher ich geschnittene Baumrinde beifüge.

Viele Pflanzen bedürfen übrigens keineswegs der kostbaren Heidenerde, die von guten Bestandtheilen an den meisten Orten schwer, auch wohl gar nicht zu haben ist. Ich habe seit 5 Jahren bei Metrosideros, Acacia, Leptospermum, Melaleuca etc. Versuche mit ungemischter Rasenerde gemacht, welche eben so üppig, wie in der vorerwähnten Erde, ohne dafs man an ihrem Grün oder ihrem Wuchs den geringsten Unterschied bemerkt, gedeihen, und ich bin Willens, die Heidenerde, welche bei der Menge grofser Kübel und Töpfe einen bedeutenden Aufwand verursacht, dadurch entbehrlicher zu machen.

Die Londner Gärtner bedienen sich bei dem gröfsten Theil ihrer Topfpflanzen, sogar bei halmien, einer Art

XXXV

lehmigter Erde, die sie Mould nennen, welche der hiesigen Rasenerde völlig gleich kommt.

Die Pariser Gärtner hingegen haben eine andere sehr gute Heidenerde, welche von Natur viel feinen Sand mit sich führt, die sie auf den nächstliegenden Bergen holen, und worin sie fast alles, als Rosen, Orangenbäumchen, Camellien, Magnolien, Palmen, Heliotrop, Heiden u. s. w. ziehen, wovon ich mich öfters dort, auf dem Blumenmarkt überzeugt habe.

Eine nähere Analyse über die Bestandtheile der Erdarten findet sich in Professor Schüblers Bemerkungen zu Chaptals Agrikultur-Chemie von Seite 330 — 350.

Die Vermehrung der Pflanzen kann bei den meisten entweder durch Saamen, Wurzeln, Stopfer, Senktöpfe, Ablegen oder durch Veredlung auf andern passenden Pflanzen geschehen.

Die Vermehrung aus Saamen, liefert unstreitig die schönsten und gesündesten Pflanzen, nur kann sie nicht bei allen Generibus angewandt werden. Z. B. nicht bei Pelargonien, Rosen etc. welche sich zu sehr miteinander verbastern.

Will man diese rein erhalten, so geschieht ihre Fortpflanzung entweder durch Steklinge oder durch abgenommene Wurzeln. Da nun nicht jede Pflanze guten Saamen liefert manche schwer aus ihrem Vaterland zu beziehen ist, und andere sich durch Ablegen und Steklinge schwer oder wohl gar nicht vermehren, so lassen sich viele holzige Pflanzen als: Aralia spinosa, Comptonia asplenifolia, Ailanthus, Broussonetia, Rhus, Bignonia, Gleditschia, Periploca, Sophora japonica, Crataeva etc. so wie ein grofser Theil aus der 17. Classe durch Wurzeln sehr leicht fortpflanzen.

Am sichersten ist es, wenn man im Monat März die Wurzeln abnimmt, sie in 6 bis 9 Zoll lange Stücke schneidet und sie alsdann auf ein lockres, nicht allzuson-

XXXVI

nigtes Beet ins Freie 1 Fuſs von einander pflanzt, so daſs die Krone des dickern Theils der Wurzel mit einem halben Zoll Erde bedeckt wird und um den Wechsel der Witterung unschädlich zu machen, die Beete mit halbverwesenem Laub, etwa 1 Zoll hoch überstreut werden.

Obgleich die Art, wie, und die Zeit wenn man Stopfer, Senktöpfe und Ableger macht, hinlänglich bekannt ist, so glaube ich dennoch manchem Gartenfreund einen Dienst zu thun, wenn ich hier die Zeit und die Methode wann und wie ich meine Stopfer mache, erwähne.

Die gewöhnliche Zeit Stopfer zu machen, ist bekanntlich um Johanni, wo der erste Trieb vorüber ist und die Zweige hinreichend hart sind. Um jene Zeit lassen sich zwar in Mistbeeten oder in Töpfen viele Pflanzen leicht und geschwind vermehren, andere dagegen von harter holziger Beschaffenheit als Andromeda, Azalea, Olea, Rhododendron, Melaleuca, Hakea, Illicium, Kalmia, Ilex, Malpighia etc. machen im Sommer schwer, auch wohl gar nicht Wurzeln, wogegen von den zu Ausgang des Dezembers gemachten Steklingen bei guter Behandlung fast wenige fehlen.

In die Töpfe lege ich ein bis zwei Zoll hoch zerstoſsene Scherben. Nachdem die Töpfe wozu ich meist neue nehme zu Ausgang des Dezembers mit ihrer für die Pflanzen passenden Erde die schon im Herbst vorräthig in die Häuser gebracht wird, gefüllt sind, werden die Steklinge woran ein Knoten 2jähriges Holz sein muſs, fest und dicht zusammengestopft. Darauf wird alsdann eine passende Glasglocke gestürzt, und in ein Lohbeet im warmen Haus nahe am Fenster oder in ein temperirtes Mistbeet eingegraben. Täglich müssen die Glasglocken ausgetrocknet werden, um die allzuviele Feuchtigkeit, welche die Stopfer in den ersten 3 bis 4 Wochen nicht lieben, zu beseitigen. Bei Sonnenschein

XXXVII

wird durch Papier das auf die Glöcken gelegt wird Schatten gegeben. Später kann dieser mit Reifs das man auf die Fenster legt gemacht werden. Ist die Witterung mild, so ist es gut wenn die Glocken alle 3 — 4 Tage einige Stunden abgenommen und so die Stecklinge ausgelüftet werden. In zwei Monaten hat der gröfste Theil Wurzeln, die dann auseinandergenommen in kleine Töpfe gepflanzt und wieder in ein temperirtes Beet gebracht werden. Zu Anfang May werden sie alsdann in's Freie gestellt.

Die Aufstellung der Topf- und Kübelgewächse während des Sommers im Freien, verlangt viele Aufmerksamkeit. An vielen Orten stehen sie auf hohen, aller Witterung ausgesetzten Stellagen, wodurch die zärtlicheren Pflanzen, besonders jene welche leichte Erde haben, sehr leiden.

Durch die Sonne werden die Töpfe glühend heifs, und des Nachts, besonders im August und September, wo die Nächte länger und kühl werden, eben so kalt, wodurch die zarten Wurzeln die sich am Rand des Topfes anlegen, natürlich leiden, was für die Pflanzen nachtheilige Folgen hat. Ausser Fettpflanzen stelle ich sämmtliche kalte Hauspflanzen, so wie viele wärmere Topfpflanzen auf Beete, deren Lage den Pflanzen und der Erde angemessen ist, und die mit Sand oder Lohe ausgefüllt sind.

Ist die Witterung sehr trocken und warm, so werden die Töpfe bis an den Rand eingegraben, und etwa alle 3 Wochen, um das Durchwurzeln zu verhüten, gedreht. Beim Versetzen, welche Arbeit gröfstentheils im August geschieht, werden sie bis zum Einbringen in die Gewächshäuser auf die Beeten gestellt. Bei dieser Behandlung geniefsen die Pflanzen eine angemessene Feuchtigkeit, und es wird zugleich dabei viel Zeit beim Begiesen erspart.

XXXVIII

Die grofsen Topf- und Kübelgewächse stehen an zuträglichen Stellen in den Hauptwegen des botanischen Gartens.

Die Cultur der Tropenpflanzen erfordert viel mehr Aufmerksamkeit, als die, welche in Caphäusern überwintert werden. Den gröfsten Theil vom Jahr, sind sie vermöge ihres natürlichen Klima's, des Zutritts der freien Luft beraubt, stehen öfters zu dicht beisammen, werden häufig mittelst Ofenwärme zu warm gehalten, wodurch sie sich frühzeitig widernatürlich entblättern, und sind obendrein einem Hauptübel, nämlich den Pflanzenläusen unterworfen, welches bei kalten Hauspflanzen seltener der Fall ist.

Die hiesigen warmen Hauspflanzen halte ich weit kälter, als es an andern Orten geschieht.

Ich gebe in den warmen Häusern nie über 10 — 11 Grad Reaumur Ofenwärme, und so wie es die Frühlingswitterung erlaubt, öffne ich bei starkem Sonnenschein die Thüren, und im Ausgang des Aprils oder im Anfang des Mays die Fenster, welche ich während der Sommertage sogar Nachts offen stehen lasse. Viele Pflanzen als Cestrum, Ficus, Lantana, Duranta, Hibiscus, mehrere Sp. Phyllanthus, Jasminum, Caladium etc. stelle ich 4 — 5 Monate lang an warme Stellen ganz ins Freie, wozu ich gewöhnlich dunkle trübe Witterung, oder Regenwetter abwarte, welches ich überhaupt beim Herausbringen aller Pflanzen beobachte, weil sonst beim Sonnenschein die Blätter gar leicht verbrennen, und der halbe Sommer vorübergeht, ehe sie sich wieder erholen.

Dadurch habe ich den Vortheil, dafs die Pflanzen in den Häusern dünner zu stehen kommen, und diejenigen, welche während der warmen Sommermonate das Freie ertragen, kräftiger werden, und weit lieber blühen.

XXXIX

Das Bespritzen der Pflanzen mit reinem Wasser besonders des Frühjahrs, ist von grofsem Vortheil, dadurch wird der unvermeidliche Staub abgewaschen, den Insekten entgegengewirkt, hauptsächlich aber das Entwikeln der Knospen begünstigt. Ist den folgenden Tag gute Witterung zu vermuthen, so lasse ich in sämmtlichen Häusern des Abends von allen Richtungen einen tüchtigen feinen Regen machen. Für die ganz grofse Häuser, so wie für die Pflanzen nehme ich während der heisen Sommertage im Freien eine Handfeuerspritze, womit sich durch das Vorhalten des Daumens jede beliebige Wendung machen, und der Regen bald stärker bald schwächer geben läfst. Durch diesen künstlichen Regen bildet sich mehr kohlensaures Gas, welches den Vegetations-Procefs ungemein befördert.

Die Lohbeete lasse ich, um durch die Gährung neue Wärme zu bekommen, jährlich 4mal herumarbeiten. Im Frühjahr und Sommer nehme ich, weil die warme Witterung zu Hülfe kommt, nur wenig Zusatz von neuem Lohe; hingegen im Herbst und im Winter, theils um die Wurzeln der Pflanzen in Thätigkeit zu erhalten, theils um die Regenwürmer abzuhalten, gegen welche man bisher kein Mittel gefunden hat, nehme ich weil dieser Artikel seit 10 Jahren so theuer geworden ist, statt 3 Fufs nur 2 Fufs neuen Lohe, womit ich die nöthige Wärme erhalte.

Werden die Tropenpflanzen auch noch so pünktlich gepflegt, so sind sie doch wie oben erwähnt, einem Hauptübel, nämlich den Pflanzenläusen unterworfen, welche sie zum Theil von einander erben, und welche sich durch die den Pflanzen nöthige Wärme in kurzem ins Unendliche vermehren, ohne dafs sie durch die Witterung oder durch Insekten, denen sie im Freien zur Nahrung dienen würden, irgend eine Stöhrung leiden.

XXXX

Eine der gefährlichsten dieser ungebetenen Gäste ist Coccus-adonidum Lin. (Gewächshaus-Schildlaus,) der Körper hat eine matte Rosenfarbe, und ist mit mehligem weisem Staube bedeckt, Flügel und Schwanz des Männchens sind weifs, das Weibchen hat Seidenanhänge, von denen die letztern länger sind, und eine Art von Schwanz bilden. Es umhüllt die Eier in eine weifse wollige Masse, welche ihnen zum Schutz dient, am häufigsten findet man sie auf Coffea, Hamelia, Jxora, Gardenia, Banisteria, Erythrina und vielen andern warmen Pflanzen. Ausser obigen Species giebt es noch mehrere als Coccus hesperidum, welche auf Orangenbäumen, Oleander und Lorbeer vorkommt, ein anderes Species auf Cactus, Cycas, Mesembryanthemum, Bossiaea u. d. m.

Fleisiges Waschen mit reinem Wasser, besonders Ueberpinseln mit schwarzer Seife in etwas lauem Wasser aufgelöst, ist ein ganz untrügliches Mittel, um diese Gäste sowohl im Freien an Pfirsichen und Reben, als in Gewächshäusern, ohne der Pflanze im geringsten zu schaden, los zu werden. Pflanzen, welche im Winter ihre Blätter fallen lassen, bestreiche ich im März mit dieser schwarzen oder Schmierseife, die sich Jeder selber bereiten kann. Man nimmt 1 $\frac{1}{4}$ Pfund Thran, 4 Pfund Potasche. Die Potasche wird in Wasser aufgelöst, und so viel frisch gebrannter Kalk bis zu einem dicken Brei abgelöscht, noch warm damit vermischt, bis verdünnte Schwefelsäure mit dieser viltrirten Lauge weder ein Aufbrausen noch einen Niederschlag verursacht. Nun wird die Lange hell durchgesiehen, und in einem eisernen Kessel gekocht, bis das Ganze eine seifenartige dickichte Masse darstellt.

Willdenow empfiehlt in seinem Grundrifs der Kräuterkunde pag. 389 das Bestreichen mit Seifensiederlauge oder Tabaksdecockt, und starkes Räuchern mit Tabaks-

XXXXI

blätter in einem verschlossenen Zimmer, oder man solle, so fern es die Temperatur erlaubt, die Pflanze plötzlich an einen schattigen luftigen Ort ins Freie stellen. Mehrmalige Versuche haben bei obigen Coccus-Arten bei mir nicht den gewünschten Erfolg gehabt.

Ausser den angegebenen Mitteln giebt es noch mehrere, diese lästige Gäste zu vertreiben. Zwei bis drei Theelöffel voll TerpentinSpiritus in ein gewöhnliches Trinkglas voll Wasser gethan, wohl umgerührt, und damit bestrichen, leistet gute Dienste. Weil aber der Terpentin besonders an der Luft zu schnell verfliegt, so sterben nur die, welche der Terpentin unmittelbar trift, und die Brut treibt in wenigen Tagen ihr Wesen ungestört fort.

Ein anderes von Tatin, in mehreren Blättern empfohlenes Mittel, wovon ich zwar noch keine Proben habe, soll sehr gut und wohlfeil sein, und deshalb auf Gartenbeeten gegen Erdflöhe, Blattläuse, Schnecken etc. gebraucht werden können.

Man nimmt schwarze Seife 2 ½ Pfund, Schwefelblumen 2 ½ Pfund, Holz- oder Mistbeet Champignon 2 Pfund, und 60 Kannen Wasser, man theilt das Wasser in 2 gleiche Theile, und schüttet die eine Hälfte in ein Faſs, löset die schwarze Seife darin auf, und fügt die vorher leicht zerquetschten Champignons hinzu. Die andere Hälfte des Wassers läſst man 20 Minuten lang kochen, vor dem Aufwallen bringt man den Schwefel hinein, den man in ein dünnes Tuch einwikelt, welches mit einem Gewicht beschwert wird, damit es zu Boden bleibt. Indessen rührt man das Wasser um, damit es die Farbe annimmt, und drückt zugleich den Schwefel von Zeit zu Zeit mit dem Ende des Stokes. Hierauf gieſst man das kochende Wasser in das Faſs, rührt es einen Augenblick mit dem Stock um, und schüttelt es jeden Tag, bis es einen stinkenden Geruch be-

XXXXII

kommt; denn je älter und stinkender die Mischung wird, desto wirksamer ist sie. Man taucht die Aeste der Pflanzen hinein, begiefst und besprengt sie mit dieser Mischung.

Die Blattlaus. Aphis Lin. Die Fühlhörner länger, als der Halsschild, bestehen aus sieben Gliedern, das dritte davon lang. Am Ende des Hinterleibs stehen bei den meisten Arten zwei kleine, abgebrochene Röhre, wie Hörner, aus diesen tröpfelt ein durchsichtiger honigartiger Saft, nach welchen die Bienen und die Ameisen sehr begierig sind. Die Augen sind ganz.

Von diesem Genus giebt es viele Species, wovon fast jedes auf einer andern Pflanze vorkommt, als auf dem Ahorn, der Birke, der Ulme, der Rose, der Pappel, dem Hollunder, der Linde, der Weide, der Tanne der Johannistraube, dem Beifufs, dem Kohl, dem Pastinat, der Seerose etc. *)

In den Gewächshäusern bei Rosentreibereien und überhaupt bei Topfpflanzen, ist dies Insekt leicht zu vertreiben. Man stellt die Töpfe zusammen in ein Haus, und macht einen starken Rauch von Tabaksblättern, wornach sie schnell sterben. Die beschmutzten Blätter können nicht anders als mit frischem Wasser gereinigt werden. Bei Rosen, Stachel- und Johannisbeeren, welch beide letztere zuweilen von Phalaena geometra grossulariae. Fabricii. (Stachelbeerraupen) heimgesucht werden, hilft das Bespritzen mit Seifensiederlauge. Weil

---

*) Die Vermehrung der Aphis (Blattläuse) ist sehr grofs, Bonnet, welcher diese Thiere genau beobachtet hat, erhielt in 3 Monaten neun sich folgende Generationen. Siehe des Ritter von Cuvier Thierreich aus dem Französischen übersetzt von H. R. Schinz III. Bd. pag. 602.

XXXXIII

dieser Schmetterling seine Eier in die Erde an obige Pflanzen legt, ist fleisiges Behaken und reine halten des Bodens das beste Mittel, sie zu zerstören.

Zuweilen findet sich eins dieser lästigen Species von schwarzer oder grüner Farbe bei der Mistbeettreiberei, besonders in den Gurkenbeeten, bemerkt man dieses, so säume man nicht, sie sorgfältig wegzulesen. Haben sie aber mehrere Tage lang ihr Wesen getrieben, besonders jene von schwarzer Farbe, so rathe ich den ganzen Kasten sammt den Pflanzen und der Erde, von dem Mistbeetplatz zu entfernen, und Jahrelang nicht wieder zu gebrauchen.

Der Canker (Acarus tellarius Lin.) eine Art Milbe, ist ebenfalls ein gefährliches Insekt für Gewächshäuser, und für Pflanzen im Freien, nur dafs es in den Gewächshäusern und in den Mistbeeten durch die Wärme sich weit schneller vermehrt. In den Gewächshäusern findet man es häufig auf dem Caffee-Baum, auf mehrere Arten Ficus, Hibiscus, Gardenia, Sida etc. in den Mistbeeten wie im Freien, auf den Bohnen, Melonen und häufig in Annanashäuser, und bei der Obsttreiberei. Fleisiges Waschen, Luft geben, öfteres Bespritzen mit frischem Brunnenwasser, sind die mir bekannten Mittel, welche helfen; hat aber dieses Uebel, wie ich mich dieses Falles an einigen Orten in Norddeutschland erinnere, so überhand genommen, dafs diese Mittel nicht mehr helfen, so bleibt nichts anders übrig, als die angesteckten Pflanzen wegzuwerfen, und das Gewächshaus Jahr und Tage lang leer stehen zu lassen, die Wände des Frühjahrs und des Sommers mehreremal mit gutem Kalk, dem etwas Kochsalz beigemischt wird, zu weiseln, und sämmtliches Holzwerk mit Oelfarbe anzustreichen.

Der Mehlthau (Mucor Erysiphe Lin.) ist eine Art Schimmel, der die Pflanzenblätter im Freien überzieht.

XXXXIV

Man findet ihn öfters auf Weiden, Hopfen, Hasseln, und seit einigen Jahren im hiesigen botanischen Garten auf der Italiänischen (Clematis viticella) und der scharfen Waldrebe (Clematis flammula) doch nur an einer Stelle. Sonderbar fand ich es, dafs die gefüllte Italiänische Waldrebe, die nur 5o bis 60 Fufs davon entfernt steht, bisher nicht befallen worden ist.

Alle möglichst angewandten Mittel gegen dieses Uebel waren fruchtlos. Ich habe die Pflanzen, sobald ich nur irgend diese Krankheit bemerkte am Boden abgeschnitten, allein das folgende Jahr wurden sie dennoch wieder befallen.

XXXXV

Geographische Lage und Witterung des hiesigen botanischen Gartens.

Ausser dem, was über die Erdarten etc. gesagt wurde, hat auf die Pflanzen-Cultur die geograhpische Lage und die Witterung einen bedeutenden Einfluſs. Oft giebt es Pflanzen, die in ein und demselben Garten, an der einen Stelle, die mehr oder weniger dem Zug der Winde ausgesetzt ist, im strengen Winter leiden, während sie an andern der Pflanze mehr angemessenen Stellen ohne alle Dekung sehr gut gedeihen: so z. B. Phillyreen, Prunus lusitanica, Rhamnus alaternus R. latifolius, Jasminum revolutum, Päonia arborea, Viburnum Tinus etc.

Um zur Erleichterung der Acclimatisirung an meinem Theil auch etwas beizutragen, füge ich hier eine Tabelle bei, woraus von Carlsruhe und einigen andern Orten mit bedeutenden botanischen Gärten die geographische Lage, die Höhe über dem Meer, die mittlere Sommer- und die mittlere Wintertemperatur, etc. zu ersehen ist.

Obgleich Carlsruhe 137 Fuſs höher als Paris liegt, und in seiner Länge und Breite etwas abweicht, und obgleich die nahen Gebirge die Vogesen und der Schwarzwald, so wie der Rhein, oft groſse Kälte umher ver-

XXXXVI

breiten; so fand ich doch den Unterschied nicht so grofs, die Pflanzen, welche ich dort von bedeutender Gröfse im Freien gefunden habe, auch hier anzupflanzen; nur dürfte vielleicht der bessere Boden und Standort die Ursache sein, dafs z. B. Pinus Cedrus, dort besser gedeihen, als bei uns, wo der Boden sehr sandig und flach ist. *)

Auffallend fand ich den Unterschied im Fortkommen fremder Pflanzen zwischen Wien und Berlin. Obschon Wien zwar höher, aber doch bedeutend südlicher liegt, als Berlin, und vollkommen zum Weinbau, den ich als Maasstab für einen gewissen Grad von Kälte annehme, geeignet ist; so werden doch dort die Rhododendron, Azaleen, Kalmien, Andromeden, mehrere Arten Magnolien, Anona etc. (Bruk an der Leytha ausgenommen) nicht gepflanzt, die dagegen in Berlin im Freien gut fortkommen. Ob die dominirenden heftigen Ostwinde, die nähe der Schneeberge, das Wasser, oder der viele Salpeter den die Erde enthalten soll die Ursachen sind, wage ich nicht zu bestimmen. Die herrschenden Winde in Carlsruhe, sind Westwinde, selten stellen sich Nord- oder Ostwinde ein, welche ohnedies durch den die Stadt von diesen zwei Seiten umgebenden Wald nicht so heftig, wie an vielen andern Orten, auf Carlsruhe wirken können.

---

*) 1734 pflanzte Bernard de Jussieu, Professor der Botanic daselbst im Beisein seiner Zuhörer die jetzt so grofse Ceder vom Libanon. Bei Bestürmung der Bastille 1789 traf diesen schönen Baum eine Kanonenkugel, welche ihm den Gipfel wegnahm.

Zu Pagina XXXXVI   Nro. 1.

Orte.	Geographische Länge.	Geographische Breite.	Höhe über dem Meere.	Mittlere Jahrestemperatur.	Mittlere Sommerwärme in den Monaten Juny, July und August.	Mittlere Winterkälte in den Monaten Dezember, Jan. u. Februar.	Gröste Sommerhize im Jahr 1822.	Gröste Winterkälte von 1822 auf 1823.
Carlsruhe,	25°, 57′.	49°, 2′.	361′.	8, 5 Gr.	14, 8 Gr.	+ 1, 2 Gr.	27, 2 Gr.	— 10, 2 Gr.
Paris,	20°, 0′.	48°, 50′.	224′.	8, 5 Gr.	14, 5 Gr.	+ 2, 9 Gr.	27, 0 Gr.	— 11, 7 Gr.
London,	17°, 35′.	51°, 31′.	162′.	8, 8 Gr.	13, 1 Gr.	+ 3, 1 Gr.	23, 6 Gr.	— 6, 7 Gr.
München,	29°, 10′.	48°, 10′.	1658′.	7, 2 Gr.	15, 0 Gr.	— 0, 8 Gr.	25, 2 Gr.	— 16, 0 Gr.
Weimar,	29°, 0′.	50°, 59′.	650′.	7, 1 Gr.	14, 1 Gr.	± 0, 7 Gr.	25, 2 Gr.	— 23, 0 Gr.
Wien,	34°, 2′.	48°, 13′.	480′.	8, 3 Gr.	16, 6 Gr.	± 0, 3 Gr.	26, 1 Gr.	— 14, 1 Gr.
Berlin,	31°, 2′.	52°, 31′.	123′.	7, 3 Gr.	14, 8 Gr.	— 1, 4 Gr.	25, 0 Gr.	— 24, 0 Gr.
Götingen,	27°, 36′.	51°, 31′.	447′.	7, 5 Gr.	14, 5 Gr.	— 0, 3 Gr.	23, 5 Gr.	— 24, 0 Gr.
Petersburg,	47°, 59′.	59°, 56′.	Wenige Fuße.	3, 0 Gr.	12, 8 Gr.	— 7, 2 Gr.	23, 3 Gr.	— 29, 5 Gr.

Nach 20jährigem Durchschnitt werden in Carlsruhe gezählt:

22. Tage ohne alles Gewölk,
84. heitere Tage.
50. ganz bedeckte Tage.
36. meist trübe Tage, und
173. vermischte Tage.

Ferner:
146. Tage mit Regen.
26. — — Schnee.
9. — — Schloſsen und Graupeln.*)
24. nahe und ferne Gewitter.
18. Tage mit Sturm.
70. — — Wind.
8. — — dickem Nebel.
24. — — mehr oder weniger dunsiger Luft. ⎫
58. — — Eis, und ausser diesen noch   ⎬ Die Mehrzahl der Tage kommt daher, weil es an einem Tag Regnen, Schneien, Frieren und dabey windig sein kann.
40. — — Reifen.   ⎭

Sommertage, oder Tage vom Frühlings– bis Herbstäquinoktium :
10. frostige Tage (mittlere Temperatur unter ÷ 5 Gr.)
31. kühle Tage (— — 5 bis 9, 9 Gr.)
90. gemäſsigte Tage (— — 10 bis 14, 9 Gr.)
51. warme Tage (— — 15 bis 19, 9 Gr.)
3. heiſse Tage (— — 20 Gr. und darüber)

Wintertage, oder Tage vom Herbst– bis Frühlingsäquinoktium:
68. laue Tage (mittlere Temperatur ÷ 5 Gr. und darüber.)
76. gelinde Tage (— — ÷ 4, 9 bis 0 Gr.)
29. gemäſsigte Tage (— — 0, bis 5 Gr.)
6. kalte Tage (— — 5, 1. bis 10 Gr.)
1. strenger Tag (— — 10, 1 Gr. und darunter.)

Anmerkung.
Ein frostiger Sommertag ist gleich einem gelinden Wintertag und ein kühler Sommertag gleich einem lauen Wintertag.
*) Innerhalb 20. Jahren gab es hier nur einmal Schloſsen welche einige 40. Mistbeet-Scheiben zerschlugen.

Etwas über den Gang der Vegetation in Carlsruhe. Nro. 2.

Jahr.	Erste Frühlingsblumen in der Blüthe.	Abricosen in der Blüthe.	Wald ganz grün.	Erste reife Kirschen auf dem Markte.	Reben in voller Blüthe.	Korn reif, Anfang der Erndte.	Erste reife Trauben.	Wald entlaubt sich allmählich.
1806.	Febr. 20.	März 15.	May 6.	Juny 5.	Juny 18.	July 12.	August 5.	Oct. 18.
1807.	April 6.	April 12.	April 30.	May 23.	Juny 16.	July 8.	July 28.	Oct. 26.
1808.	— 5.	— 8.	May 4.	— 30.	— 14.	— 11.	August 1.	— 8.
1809.	Febr. 16.	März 21.	— 10.	Juny 11.	— 25.	— 19.	— 9.	— 10.
1810.	März 10.	— 18.	— 2.	— 10.	— 23.	— 14.	— 4.	— 16.
1811.	— 6.	— 14.	April 24.	May 18.	— 1.	Juny 28.	July 20.	Nov. 10.
1812.	— 24.	April 1.	May 3.	— 31.	— 15.	July 10.	August 9.	Oct. 26.
1813.	Febr. 28.	März 20.	April 15.	— 18.	— 12.	— 6.	— 6.	— 18.
1814.	März 22.	— 30.	— 20.	— 27.	— 15.	— 6.	— 3.	— 11.
1815.	Febr. 25.	— 6.	— 3.	— 14.	— 5.	— 4.	— 1.	— 23.
1816.	April 1.	April 9.	— 28.	Juny 12.	July 20.	— 25.	Sept. 10.	— 24.
1817.	Febr. 20.	— 6.	May 8.	— 10.	Juny 20.	— 8.	Aug. 16.	— 7.
1818.	März 8.	März 30.	April 27.	May 27.	— 12.	— 4.	— 1.	— 13.
1819.	Febr. 25.	— 28.	— 18.	— 20.	— 3.	— 3.	July 25.	— 16.
1820.	März 23.	— 30.	— 20.	— 20.	— 12.	— 10.	Aug. 10.	— 12.
1821.	— 10.	— 28.	— 26.	Juny 5.	— 20.	— 18.	— 15.	— 18.
1822.	Febr. 8.	Febr. 25.	— 14.	May 8.	May 25.	Juny 20.	Juny 30.	Nov. 6.
1823.	März 15.	März 25.	May 8.	— 27.	Juny 14.	July 11.	Aug. 6.	Oct. 15.
1824.	Febr. 14.	— 28.	April 30.	Juny 1.	— 23.	— 10.	— 5.	Nov. 10.

S

XXXXVII

Nota. Die Erklärung der Abbreviaturen habe ich weggelassen. Der Botaniker bedarf sie nicht, und der blose Liebhaber hat kein Interesse dafür. Zur Bezeichnung der Varietaeten habe ich mich statt der griechischen, lateinischer Lettern bedient.

Die Dauer und den Standort der hiesigen Pflanzen habe ich mit folgenden gewöhnlichen Zeichen bemerkt:

⊙. einjährig.

♂. zweijährig.

♃. ausdaurend.

♄. Baum oder Strauch.

W. H. Warmes Haus, bei solchen, welche im Winter 10 — 11 Grad Wärme nach Reaumur erfordern.

C. H. Cap Haus, welche im Winter 5 — 6 Grad Wärme erfordern.

Fr. im Freien, welche das ganze Jahr im Freien bleiben.

Abkürzungen

ADB	Allgemeine Deutsche Biographie
BA DDG	Bildarchiv der Deutschen Dendrologischen Gesellschaft
BayHStA	Bayerisches Hauptstaatsarchiv
BLB	Badische Landesbibliothek
BüGa	Bürgergartenschau
DDG	Deutsche Dendrologische Gesellschaft
GLA	Generallandesarchiv Karlsruhe
MDDG	Mitteilungen der Deutschen Dendrologischen Gesellschaft
NDB	Neue Deutsche Biographie
OMA	Office for Metropolitan Architecture
RGBl	Reichsgesetzblatt
saai	Südwestdeutsches Archiv für Architektur und Ingenieurbau (saai) am Karlsruher Institut für Technologie (KIT)
StadtAF	Stadtarchiv Freiburg
StadtAK	Stadtarchiv Karlsruhe
StadtAM	Stadtarchiv Mainz
ZGO	Zeitschrift für Geschichte des Oberrheins

Abbildungsnachweis

Bouffier
Abb. 1   MDDG Nr. 49 (1937), XV
Abb. 2   GLA 69 Baden 1995, FI Nr. 9
Abb. 3   GLA 466 Nr. 7929
Abb. 4   GLA 56 Nr. 3323
Abb. 5   L. Graebener, Mainau ein Führer durch die Insel, Konstanz 1897
Abb. 6   GLA 56 Nr. 868
Abb. 7   GLA 56 Nr. 868
Abb. 8   G. Sommer, Führer durch den Grossherzoglichen Garten zu Karlsruhe, Karlsruhe 1888
Abb. 9   BA DDG (146a) V, D, 1
Abb. 10   GLA 58 Nr. 35, S. 1
Abb. 11   Aufn. V. A. Bouffier, 2014
Abb. 12   Der Gartenfreund, Jg. XXXXI No. 11 (November 1907)
Abb. 13   BA DDG VI, D, 3
Abb. 14   BA DDG VI, D, 4
Abb. 15   GLA 60 Nr. 1575, [S. 4]
Abb. 16   Die Gartenwelt IV, 49 (8.9.1900), S. 585, Scan und Nameneintragungen von Dr. C.A. Wimmer, Bücherei des Deutschen Gartenbaues e.V., Berlin
Abb. 17   Gartenwelt IV, Nr. 44
Abb. 18   Staatsarchiv Augsburg Herrschaft Seifriedsberg, Depot, Akte 3438

Dieterle
Tafel 1–6   Zeichnungen Jan Dieterle
Tafel 7   Zeichnungen Jan Dieterle mit yellowz / ggr-Planung / bgmr Landschaftsarchitekten
Tafel 8   Foto und Zeichnungen Jan Dieterle

Haist
Abb. 1   Aufn. Marketa Haist
Abb. 2   StadtAK, 8/Alben 003 Bd 2/IV/9
Abb. 3   Aufn. Marketa Haist
Abb. 4   K. H. Hanisch (Red.), Karlsruher Gartenbuch. Ausstellungskatalog der Bundesgartenschau Karlsruhe 1967, S. 112
Abb. 5   Aufn. Horst Schlesiger, Stadtarchiv Karlsruhe 8/BA Schlesiger 1955, A3/65/1/37
Abb. 6   H. Panten, Die Bundesgartenschauen. Eine blühende Bilanz seit 1951, Stuttgart 1987, S. 69
Abb. 7   W. H. Adams, Roberto Burle Marx. The Unnatural Art of the Garden, New York 1991, S. 72
Abb. 8   Aufn. Horst Schlesiger, Stadtarchiv Karlsruhe 8/BA Schlesiger 1968, A15/ 81/6/23
Abb. 9   Garten und Landschaft 1 (1962) S. 15
Abb. 10   Aufn. Engelbert Reineke, Bundesarchiv B_145_Bild F024488 0002 (freigegeben zur Wiederverwendung)
Abb. 11   Aufn. Marketa Haist
Abb. 12   Garten und Landschaft 4 (1967) S. 127
Abb. 13   Aufn. Marketa Haist
Abb. 14   Garten und Landschaft 8 (1967) S. 254

Abb. 15	Aufn. Horst Schlesiger, Stadtarchiv Karlsruhe 8/BA Schlesiger 1967, A14a/60/1/1
Abb. 16	Aufn. Horst Schlesiger, Stadtarchiv Karlsruhe 8/BA Schlesiger 1967, A14/57/4/15
Abb. 17	Aufn. Marketa Haist
Tafel 1	H. Panten, Die Bundesgartenschauen. Eine blühende Bilanz seit 1951, Stuttgart 1987, S. 66
Tafel 2	Garten und Landschaft 8 (1967) S. 252, mit Ergänzungen der Autorin

Hanschke

Abb. 1	Regierungspräsidium Karlsruhe, Denkmalamt
Abb. 2	Parkführer von August von Rode
Abb. 3	Parkführer von August von Rode
Abb. 4	Friedrich Weinbrenner, Deckenmalerei-Entwurf aus dem architektonischen Lehrbuch, 3. Theil, Höhere Baukunst, Entwurf auf Tafel XIII, Nr. 28
Abb. 5	Aufn. Kulturstiftung Dessau Wörlitz, Bildarchiv, Fotograf unbekannt, 1992
Abb. 6	Aufn. Julian Hanschke
Abb. 7	Friedrich Weinbrenner, Palais der Markgräfin Christiane Luise, Ansicht und Grundriss, aus: F. Weinbrenner, Ausgeführte und projektirte Gebäude, Garten-Gebäude ihrer königlichen Hoheit der Frau Markgräfin Amalie zu Baden, Karlsruhe und Baden 1830
Abb. 8	Aufn. Julian Hanschke
Abb. 9	Aufn. Julian Hanschke
Abb. 10	Foto aus dem Nachlass Arthur Valdenaire, saai
Abb. 11	GLA J-B Karlsruhe 19
Abb. 12	Aufn. Julian Hanschke
Tafel 1	Staatliche Kunsthalle Karlsruhe, Inv. Nr. 1964
Tafel 2	GLA H Karlsruhe 51 und 55
Tafel 3	Aufn. Müller & Sohn © Zentralinstitut für Kunstgeschichte, Farbdiaarchiv
Tafel 4	GLA G Karlsruhe 296
Tafel 5	Dieter Dolgner, Klassizismus: Deutsche Baukunst, Leipzig 1991, S. 22.
Tafel 6	saai, Jakob Friedrich Arnold 5
Tafel 7	StadtAK, Ausschnitt, Inv. Nr. 8 PBS XV 1195
Tafel 8	GLA G Karlsruhe 12
Tafel 9	Aufn. Julian Hanschke
Tafel 10	Aufn. Julian Hanschke
Tafel 11	saai, Nachlass Berckmüller 122
Tafel 12	Architectural Archives, University of Pennsylvania, Philadelphia

Kern

Abb. 1–4	StadtAK
Abb. 5	Gartenbauamt Karlsruhe
Abb. 6–13	Aufn. Helmut Kern
Abb. 14	Aufn. Thomas Henz
Abb. 15	Aufn. Helmut Kern
Tafel 1	Aufn. Roland Fränkle
Tafel 2	Aufn. Helmut Kern
Tafel 3	Aufn. Jörg Donecker
Tafel 4	Aufn. Jörg Donecker

Leiber

Abb. 1	GLA G Karlsruhe 521
Abb. 2	H. F. von Fleming, Der vollkommene Teutsche Jäger Bd. II, Leipzig 1724, Tafel XXXIII
Abb. 3	J. Täntzer, Der Dianen hohe und niedere Jagtgeheimnüß, darinnen die gantze Jagt-Wissenschafft außführlich zu befinden, Kopenhagen ²1734, Teil I, Tafel C

Abb. 4	Château de Fontainebleau
Abb. 5	H. W. Döbel, Neueröffnete Jäger-Practica oder der Wohlgeübte und Erfahrne Jäger, Leipzig ²1754, Teil II, Tafel S. 10
Abb. 6	Staatliche Kunsthalle Karlsruhe, Kupferstichkabinett Plansammlung 154
Abb. 7	Sebastiano Serlio, Tutte l'opere d'architettura, Libro Primo, Venedig 1619, S. 15
Abb. 8	GLA G Karlsruhe 521
Abb. 9	Stadt Karlsruhe, Vermessung, Liegenschaften, Wohnen
Abb. 10	C. Cesariano, Vitruvius De architectura, Como, 1521 (Reprint München 1969)
Abb. 11	R. Lawlor, Sacred Geometry, London 1989, S. 108
Abb. 12	Stadtplanungsamt Karlsruhe, JPG 117
Abb. 13	GLA G Karlsruhe 129
Abb. 14	J. Furttenbach (wie Anm. 22), Nr. 8
Abb. 15	Staatliche Kunsthalle Karlsruhe, Kupferstichkabinett VII 2611
Abb. 16	GLA 47 Nr. 1657
Abb. 17	J. A. Corvinus, um 1724, Staatsgalerie Stuttgart, Graphische Sammlung
Abb. 18	GLA J-B Karlsruhe 115
Abb. 19	GLA G Karlsruhe 489
Abb. 20	GLA H Karlsruhe 85
Abb. 21	Bibliothèque Nationale de France 63 B 37438
Abb. 22	GLA J-B Karlsruhe 98
Abb. 23	GLA Hfk Hss 250
Abb. 24	StadtAK, 8/PBS oXIIIb 151
Abb. 25	GLA G Karlsruhe 216
Abb. 26	GLA 206 Nr. 2249
Abb. 27	Landesamt für Denkmalpflege Baden-Württemberg, Dienstsitz Karlsruhe, Neg. 8883
Abb. 28	GLA 229 Nr. 6284
Abb. 29	StadtAK, Kartensammlung XVI 112
Abb. 30	Staatliche Kunsthalle Karlsruhe, o. Inv.Nr.
Abb. 31	F. Weinbrenner, Architectonisches Lehrbuch, Karlsruhe 1824, III: Teil, 6. Heft, Tab. XLIIF
Abb. 32	Staatliche Kunsthalle Karlsruhe, Inv.Nr. P. K. I 280a/90
Abb. 33	StadtAK, 8/PBS oXIVa 553
Abb. 34	StadtAK, 8/Alben 127
Abb. 35	GLA 206 Nr. 675
Abb. 36	StadtAK, 8/PBS oXIVa 717
Abb. 37	GLA H Karlsruhe 49
Abb. 38	GLA 206 Nr. 2229
Abb. 39	GLA G Karlsruhe 523
Abb. 40	A. Tschira, Der sogenannte Tulla-Plan zur Vergrößerung der Stadt Karlsruhe, in: Werke und Wege, Eine Festschrift für Dr. Eberhard Knittel zum 60. Geburtstag, Karlsruhe 1959, Abb. 6
Abb. 41	GLA 422 Nr.428
Abb. 42	GLA J-B Karlsruhe 149
Tafel 1	StadtAK, 8/Diasammlung IV 99
Tafel 2	GLA G Karlsruhe 106
Tafel 3	GLA G Karlsruhe 478
Tafel 4	StadtAK, 8 PBS XVI 120

Müller:

Abb. 1	BLB, Mus. Hs. 999
Tafel 1	Reiss-Engelhorn-Museen Mannheim, Inv. Nr. G Ad 160 1. k, Fotografie: Jean Christen
Tafel 2	Reiss-Engelhorn-Museen Mannheim, Inv. Nr. G Ah 166 f, m, Fotografie: Jean Christen

Schumann

Abb. 1	F. Ostendorf, Sechs Bücher vom Bauen 1, Theorie des architektonischen Entwerfens, Berlin 1914, Abb. 147
Abb. 2	StadtAK, 8/Alben 3/VI/8a (Ausschnitt)
Abb. 3	F. Ostendorf, Sechs Bücher vom Bauen 1, Theorie des architektonischen Entwerfens, Berlin 1914, Abb. 72
Abb. 4	F. Ostendorf, Haus und Garten, Berlin 1914, Abb. 148
Abb. 5	Die Gartenstadt Karlsruhe 1907–1932, herausgegeben von der Gartenstadt Karlsruhe e.G.m.b.H. (Hg.) anläßlich des 25jährigen Bestehens, bearbeitet von Georg Botz, Karlsruhe 1932, S. 39
Abb. 6	F. Ostendorf, Haus und Garten, Berlin 1914, Abb. 306
Abb. 7	Die Gartenstadt Karlsruhe 1907–1932, Gartenstadt Karlsruhe e.G.m.b.H. (Hg.) anläßlich des 25jährigen Bestehens, bearbeitet von Georg Botz, Karlsruhe 1932, S. 53
Abb. 8	Architektonische Rundschau (1907), S. 86
Abb. 9	Architektonische Rundschau (1907), S. 89
Abb. 10	private Quelle
Abb. 11	BLB, Nachlass Max Laeuger, C 15
Abb. 12	saai, Werkarchiv Max Laeuger
Abb. 13	saai, Werkarchiv Carl Albiker
Abb. 14	F. Ostendorf, Haus und Garten, Berlin 1914, Abb. 86
Abb. 15	BLB, Nachlass Max Laeuger, C2
Abb. 16	StadtAK, 8/PBS oXIVa 553
Abb. 17	F. Weinbrenner, Ausgeführte und Projectirte Gebäude, Erstes Heft, 1822, Tab. I
Abb. 18	F. Weinbrenner, Ausgeführte und projectirte Gebäude, Zweites Heft, Tab. I
Abb. 19	F. Weinbrenner, Ausgeführte und Projectirte Gebäude, Siebentes Heft, 1835, Tab. I
Abb. 20	saai, Werkarchiv Arthur Valdenaire
Abb. 21	saai, Werkarchiv August Mosbrugger
Tafel 1	saai, Werkarchiv Max Laeuger
Tafel 2	GLA, G Karlsruhe 492
Tafel 3	Carl Ludwig Frommel, »Six Vues de Pays de Baden«, 1810, Stadtarchiv Baden-Baden, 1637
Tafel 4	Stadtarchiv Baden-Baden, E6/A1–114
Tafel 5	GLA, J-B Baden-Baden 17
Tafel 6	saai, Werkarchiv August Mosbrugger
Tafel 7	private Quelle
Tafel 8	Staatliche Schlösser und Gärten Baden-Württemberg, Schloss Ludwigsburg, Inv.-Nr. KRGT 9130

Troll

Abb. 1	StadtAK, 8/PBS XIVa 270
Abb. 2	BLB Karlsruhe, Go 47
Abb. 3	StadtAK, Kartensammlung 8/PBS XVI 15
Abb. 4	Staatliche Kunsthalle Karlsruhe, Kupferstichkabinett VII 2611
Abb. 5	StadtAK, 8 Diaslg. XIIIb 279
Abb. 6	GLA, 206 Nr. 2167
Abb. 7	GLA, Hfk Pläne Hd 97 rot
Abb. 8	StadtAK, 8/PBS XIVa 104
Tafel 1	Staatliche Kunsthalle Karlsruhe, Kupferstichkabinett VII 2611 (bearbeitet)
Tafel 2	GLA, G Karlsruhe 69
Tafel 3	GLA, G Karlsruhe 605
Tafel 4	StadtAK, 8/PBS XVI 127
Tafel 5	GLA, H Karlsruhe 49
Tafel 6	GLA, G Karlsruhe 653

Ziegler

Abb. 1	StadtAK, 8/Alben 83/29
Abb. 2	StadtAK, 7/Nl Pflästerer 72/186u.
Abb. 3	R. Heiligenthal, Neubau Straßburgs. Grundlagen und Vorschläge (Siedlungsstudien 11), Heidelberg 1941
Abb. 4	R. Heiligenthal, Straßburg unter den Rheinstädten (Siedlungsstudien 12), Heidelberg 1941
Abb. 5, 7	W. Streif (Red.), Otto Ernst Schweizer und seine Schule. Die Schüler zum sechzigsten Geburtstag ihres Meisters, Ravensburg 1950
Abb. 6, 10	O. E. Schweizer, Über die Grundlagen architektonischen Schaffens. Mit Arbeiten von Studierenden der Technischen Hochschule Karlsruhe aus den Jahren 1930/34, Stuttgart 1935
Abb. 8–9	saai, Werkarchiv Otto Ernst Schweizer
Abb. 11	StadtAM, Nachlass Adolf Bayer, BPSN 4.2
Abb. 12–13	saai, Werkarchiv Adolf Bayer
Tafel 1	StadtAK, 8/PBS XVI 901
Tafel 2	StadtAK, 8/Alben 83/26
Tafel 3	StadtAK, 7/Nl Pflästerer 175
Tafel 4	saai, Werkarchiv Otto Ernst Schweizer
Tafel 5	StadtAM, Nachlass Adolf Bayer, NL Bayer 40
Tafel 6	saai, Werkarchiv Adolf Bayer

Ortsregister

Ansbach 246
Athen 200
Augsburg 148

Bad Nauheim 205
Baden, Markgrafschaft/Großherzogtum/Land 35, 55, 85–86, 102–103, 110, 125, 129, 134, 138, 142, 150, 155–156, 173, 183, 186, 199, 267, 271, 276
Baden-Baden 11, 63, 126, 133, 144, 150, 162, 164, 166–167, 173–175, 177, 199, 215
– Bernickelfelsen 173
– Fremersberg 173
– Friedrichsberg 166
– Gönner-Anlage 162, 164–165
– Josephinnenbrunnen 165
– Kaller-Anlage 226, 228
Badenweiler 126, 134
Bagnaia, Villa Lante 159, 166
Barcelona 74
Basel 182, 239, 246, 272
Bayern 86
Beiertheim 15, 38, 40–41, 50, 63, 73, 182, 196–197, 223–224, 229–230, 232
Belgien 152
Berlin 53, 74, 142, 156, 164, 183, 185, 187, 238, 251, 310, 311
Beuern 173
Bietigheim 194
Blankenloch 194
Bodensee 256
Bonn 146
Bordeaux 261
Boston 241
Brasilien 211
Bremen 53, 164
Bruchsal 186
Brüssel 125
Bukarest 187

Caprarola 166

Daxlanden 182
Dessau 13, 97–98, 100–101, 103, 106, 108, 117, 245, 247–249
– Roßlau 108

Donaueschingen 143
Dortmund 215
Dresden 117, 122, 141–142, 145
Duisburg 187
Durlach 13, 16, 23, 29, 36, 54, 60, 63, 67, 101, 159, 181–183, 185, 195, 223, 243, 272–273, 279, 288–289
Durmersheim 194
Düsseldorf 74

Eberstein, Schloss 101, 116, 119, 144
Eggenstein 194
Eichstätt 39
Elbe 98
Elsass 186, 187, 188
Engadin 147
England 98, 103, 111, 160, 281, 286, 289
Essen 187, 207
Ettlingen 12, 35–36, 47, 63, 110, 185, 195

Finnland 211
Forchheim 193
Frankfurt 182, 195, 205, 239
Frankreich 56, 99, 104, 152, 204, 212, 240, 281, 283, 274, 289
Freiburg 199

Gemsbach 144
Gotha 13
Göttingen 311
Gripsholm 117
Grötzingen 38, 182

Hagsfeld 182, 194
Hamburg 12, 164–165, 182, 207, 212
– Stadtpark 164–165
Hannover 63
Heidelberg 83, 143, 148, 159, 168, 180, 190, 258
Hohenheim 66, 71, 99, 177
Holland 99, 152
Holstein 57

Italien 38, 99

Karlsruhe 7, 9–16, 18–35, 38, 42–43, 45, 47, 50–64, 66–74, 97–105, 107–109, 112, 114–117, 120, 124–125, 127–134, 138, 142, 144–153, 155–162, 166–167, 169–176, 179–189, 191–207, 209, 213–214, 219, 221–225, 228–231, 233, 237, 241–247, 251–252, 256, 263–265, 270, 275–277, 279, 288–289, 309–313
- Amalienschlösschen 42, 44, 97
- Augarten 275
- Adlerstraße 49
- Akademiestraße 46
- Albkanal 47
- Albufer 181
- Amalienstraße 43, 46, 50
- Asternweg 160
- Bärengasse 35
- Bahnhof 7, 47, 196
- Botanischer Garten 11, 13, 70, 74, 114, 125, 127, 129, 130–131, 133–134, 147, 150–151, 153, 205, 212, 220–221, 247, 267–268, 271–273, 279, 283, 286, 289, 309
- Dammerstock 182–183
- Durlacher Allee 186
- Erbprinzengarten 42, 44, 60–61, 68–73, 97, 100, 114, 121–122, 175, 246
- Erbprinzenstraße 121
- Ettlinger Allee 9
- Ettlinger Straße 184
- Ettlinger Tor 12, 41, 46–47, 50, 69, 71, 173, 175, 183–184
- Europaplatz 46
- Evangelische Stadtkirche 43
- Fächerstraße 35–36, 47
- Fasanengarten 19, 44, 69, 205–206, 223
- Friedrichsplatz 114, 206
- Hoftheater 66
- Gottesaue 21, 223
- Grünwinkel 182, 229–230
- Friedhof 37
- Gotischer Turm 42, 97, 114–116, 118–119
- Gotisches Haus 115–117
- Gymnasium 37, 41, 62
- Günther-Klotz-Anlage 12, 223, 229, 231–233
- Hardtwald 15, 25, 28, 55–56, 63, 181, 192, 194–196
- Haydnplatz 157
- Hebelstraße 35, 38
- Heinrich-Hertz-Denkmal 167
- Herrenalberstraße 9
- Herrengasse 44
- Hirschstraße 246
- Japangarten 12, 226, 228
- Kaiserallee 185
- Kaiserstraße 23, 35, 39, 46, 185–186, 199–203, 246
- Kapellenstraße 38
- Karl-Friedrich-Straße/Via Triumphalis 23, 35, 38–39, 41–42, 64, 67
- Karl-Wolf-Weg 230
- Karlsburg 272
- Karlstor 69
- Karlstraße 15, 38, 246
- Kriegsstraße 7, 40, 42, 44, 47, 49–50, 59, 69, 71–72, 121, 176, 206
- Lammstraße 41
- Lange Straße 23, 41, 50, 62–63
- Lärchenallee 209
- Lauterberg 225–226, 228
- Linkenheimer Allee 209
- Linkenheimer Tor 46, 49, 69
- Ludwig-Erhard-Allee 236
- Ludwigsee 223
- Lutherische Stadtkirche 37
- Malergalerie 67
- Marktplatz 34, 36–39, 47, 61, 64–65, 108, 156, 175, 201–203, 206
- Maxau 236
- Moltkestraße 38
- Mühlburger Tor 47, 49–50
- Najadenbrunnen 153, 154
- Neue Straße 44
- Neue-Anlage-Straße 230
- Nottingham-Anlage 223, 228–229
- Nymphengarten 114, 206, 223
- Orangerie 28, 56–57, 60, 62, 66–67, 70, 109, 121–123, 279, 287, 291
- Ostendorfplatz 160–161
- Otto-Dullenkopf-Park 12, 233–234
- Poststraße 47
- Promenadenhaus 73
- Rappenwört 12, 181–182, 228, 236
- Rathaus 34, 36–37, 41, 60, 62, 64, 67, 176
- Reinhold-Frank-Straße 15, 197, 199
- Rheinpark 12
- Rheinstraße 186
- Rheinwald 181
- Richard-Willstätter-Allee 20
- Ritterstraße 41, 43–44, 49
- Robert-Wagner-Allee 185–186
- Rondellplatz 36, 54, 104
- Rosenberg 110
- Rosengarten 12, 209, 226
- Rosenstraße 161
- Rosenweg 160
- Rüppurer Tor 46, 49, 69
- Sallenwäldchen 73, 223, 225

- Scheibenhard 36, 63
- Schillerstraße 207
- Schloss 10, 19, 25, 27–29, 31–33, 35, 38, 39, 44, 55–58, 61–62, 66, 156, 173, 199, 205–206, 209–215, 221, 223, 229, 236, 279, 285, 288–289
- Schlossgarten 62–63, 65–66, 69, 99–100, 104
- Schlossplatz 64, 66
- Schlossstraße 35, 38–39, 64, 156
- Schwanensee 226
- Seufzerallee 89
- Specialathaus 37
- Sperlingsgasse 160
- Stadtgarten 12, 221–222, 224–225
- Stadtpark 12
- Stadtpark Südost 235–236
- Stephanienstraße 46, 50, 246
- Stephanskirche 201–202
- Südweststadt 229
- Tiergarten 44, 55, 225, 227
- Tiergartenstraße 207
- Via Triumphalis s. Karl-Friedrich-Straße
- Vororte s. Daxlanden, Durlach, Hagsfeld, Knielingen, Mühlburg, Neureut, Rintheim, Rüppur, Wolfartsweier
- Waldpark 7
- Waldstraße 15
- Weberstraße 158
- Weinbrennerplatz 229
- Weststadt 229
- Witzlebenstraße 207
- Wolff-Anlage 12, 208, 227

Kassel 99, 116, 212, 214–215
- Löwenburg 116–117
- Wilhelmshöhe 99, 116

Katharinentaler Hof 100
Kehl 180, 188–190
Kenwood House/London 107
Kew Gardens/London 125
Knielingen 194
Köln 205, 214–215
Konstantinopel 56, 275
Konstanz 151

Leipzig 71, 109, 122, 276
Libanon 310
Lille 15
London 298, 311
Ludwigsburg 27–28, 57
Ludwigshafen 190

Mailand 22
Main 200

Mainau 126, 134–138, 140–141, 254
Mainz 180, 199–201, 204, 239
- Ludwigsstraße 200–201
Malaga 261
Mannheim 7, 10, 75–78, 80, 83–86, 88–89, 91–95, 162–164, 166, 180, 186, 190, 246, 255–256
- Bahnhof 95
- Festung 75–80, 83, 85–86, 88
- Gockelsberg 89
- Jubiläumsgarten 165
- Konkordienkirche 34, 39, 60
- Neckarauer Wald 93
- Schlossgarten 75, 85–89, 91–95
Marly-le-Roi 56
Marseille 200
Maurach 246, 256, 257
Melun-Sénart 238
Merseburg 254
Michelsberg/Untergrombach 110
Michelfeld 125
Moritzburg, Fasanenschlösschen 16
Mörsch 194
Mühlburg 16, 23, 28, 36, 60, 63, 182, 196–197, 229
Mulde 98
München 53, 74, 76, 147, 185
- Nymphenburg 71
Münden 146, 311
Murgkanal 47

Nancy 51, 68
Neureuth 194
Niederlande 223
Nordhausen 153
- Park Hohenrode 153
Nürnberg 52

Oberkirch 125, 132
Oos 174, 247
Ortenau 125, 132

Paris 31, 53, 74, 125, 205, 253, 283–284, 299, 309, 311
Petersburg 311
Pforzheim 100, 185
Philippsburg 194
Pillnitz 71
Polen 68
Potsdam 53

Rastatt 55, 67, 126, 148, 198, 259
- Favorite 27, 28, 56, 246, 255

Rhein 38, 95, 180, 188–190, 192, 194, 196, 200, 235–236, 239, 242–243, 309
Rintheim 16, 182, 197
Rio de Janeiro 211–212
Rochefort 289
Rom 23, 38, 67, 112, 120–121
– Villa Farnese 166
– Villa Farnesina 120
– Villa Giulia 121
Rotenfels 100
Rüppurr 35, 63, 182, 185
Russland 285

Sachsen 101
Saint-Dié 200
Salem 246–247, 252, 255–262
Seyfriedsberg/Ziemetshausen 148
Schwappach 147
Schwarzwald 71, 196
Schweden 117
Schweiz 99, 180
Schwetzingen 66, 89, 99, 126, 144, 148, 246, 251, 253–254, 257
Spanien 281, 285
St. Moritz 147
Steinach 173
Stourhead/Wiltshire 99, 111
Stowe/Buckinghamshire 99
Straßburg 101, 179, 187–191, 204
Stutensee 194

Stuttgart 12, 181, 185, 195, 205, 207, 246
Sulzburg 271–272

Thüringen 101
Tübingen 71, 100, 205
Twickenham 72

USA 240

Venedig 115, 242
Versailles 9, 51–52, 98, 104
Vicenza 111
Villa Mairea/Noormarkku 211
Vogesen 71

Washington 74
Weimar 99, 311
Weinheim 134, 150
Wien 15, 49, 56, 74, 253, 275, 310–311
Wolfartsweier 182
Wörlitz 11, 13, 97–107, 111f., 114–117, 119–120, 122–124, 245–246, 248–249, 251
– Luisium 108
– Oranienbaum 119, 251
– Pantheon 111–112, 114, 124
– Schloss 104–109, 111–112, 123–124
– Villa Hamilton 120–121

Zerbst 102
Zürich, Peterskirche 101

Personenregister

Aalto, Alvar 211
Ackermann, NN 261–262
Adams, Robert 107
Ahrens, Richard 133
Albiker, Carl 166–167
Alker, Hermann 183, 188
Anhalt-Dessau, Fürsten
– Leopold Friedrich Franz 11, 13, 97–98, 100–102, 106, 108, 122–124, 245–251
Antes, Horst 220–221
Arnold, Friedrich 111
Arnold, Johann Heinrich 35
Arp, Jean 211
Aviler, Augustin-Charles de 57

Baden, Markgrafen/Großherzöge
– Amalie 44, 73, 100, 114, 170, 172, 248, 281
– August Georg 35
– Augusta Maria 57
– Christiane Louise 44–45, 69–70, 97, 100, 112–113, 121–124, 118, 170–171, 176, 247
– Ernst 271–272
– Ernst Friedrich 272
– Friedrich 69, 101, 254
– Friedrich I. 11, 44, 125, 127, 129, 134–139, 143–145, 147–150, 153
– Friedrich V. 273
– Friedrich VI. 273
– Friedrich Magnus 273
– Georg Friedrich 272
– Karl 245–247, 253, 284, 286, 287
– Karl II. 272
– Karl August 279
– Karl Friedrich 11, 13, 34, 43, 47, 49, 50, 55, 61–63, 88, 97, 99–105, 108–109, 110, 112, 245–246, 248, 251–253, 255, 276, 280–282, 284, 291
– Karl Ludwig 41, 114, 117, 245, 248, 250
– Karl Wilhelm 15, 26–27 32–34, 41, 45, 54, 223, 275–276, 278
– Karoline Luise 101, 103, 280
– Leopold 101
– Ludwig 31, 41, 46–47, 50, 69, 78, 102, 245, 247–252, 254–262, 287
– Magdalena Wilhelmine 278
– Stephanie 93–94, 254

– Sybilla Augusta 56
Barauderie, Jacques Boyceau de la 58
Bartning, Otto 199
Bartoli, Pietro Santi 108
Bauer, Karl 233–234
Bautin, Caspar 272, 277
Bautin, Hieronymus 273
Bayer, Adolph 12, 180, 199–204
Bayern, Kurfürsten/Könige
– Auguste Wilhelmine von 78–79
– Friederike Karoline Wilhelmine 78
– Ludwig I. 78
– Max Emmanuel 25
– Max Joseph 76, 78
Bazendorff, Jacob Friedrich von 19–20, 25
Beblo, Fritz 188
– Richard 188
Beck, Georg Ludwig von 40
Becker, Wilhelm Gottlieb 71
Beinling, NN, Landwirtschaftsinspektor 142
Beissner, Ludwig 136–137, 140–141, 146, 150
Belderbusch, Johann Ernst Theodor 84, 86
Beller, Max 183
Berceon, NN, Gärtner 276
Berckheim, Christian Friedrich, Graf von 133
Berckmüller, Karl Joseph 121
Billing, Hermann 183
Bleuler, Johann Ludwig 176
Boettiger, Carl August 109, 117
Bonatz, Paul 200
Bosc, Louis Augustin 284
Brancusi, Constantin 221
Brasius, Johann Philipp 71
Brown, Lancelot 99
Burgoyne, John 69
Burle Marx, Roberto 211–212
Burlington, Richard Boyle, 3. Earl of 99

Chastillon, Claude 31
Chevallerie, Hildebert de la 205
Cloßmann, Joseph von 86
Corboz, André 239
Corner, James 240–241
Cotta, Johann Friedrich 71, 89, 100, 106, 109, 169, 177

Dalberg, Emmerich Josef von 102, 253
Dézallier d'Argenville, Antoine Joseph 58
Diehm, Rudolf 199
Dirks, Herbert W. 205, 210
Döbel, Heinrich Wilhelm 18
Dommer, Johannes 183, 192
Douglas, Grafen von 246
Drais von Sauerbronn, Ludwig 94, 99
Dullenkopf, Otto 223
Dyckerhoff, Karl 285, 287

Ehret, Gregorius Dionysius 278
Eichrodt, Johann Friedrich 277
Einsele, Martin 199, 239
Ellgering, Theodor 187–188, 190
Engler, Adolf 147
Erdmannsdorff, Friedrich Wilhelm von 11, 96, 106, 108–109, 111, 121
Eyserbeck, Johann Friedrich 98

Fiesser, Georg Hermann 150, 152
Fischer, Ludwig 205

Gemmingen, Otto von 253, 255
Gerneth, Helmut 205
Geusau, Carl von 250
Gmelin, Carl Christian 65, 69, 100, 148, 173, 271, 280–281, 283–284, 286
Goepfert, Hermann 205, 210, 216–219
Goethe, Johann Wolfgang von 53, 103
Goetz, Friedrich Theodor 247, 254, 256–257, 259–260, 262
Gottschalk, Zacharias 57
Graebener, Karl Friedrich Leopold 11, 125–132, 138–141, 144, 146–154
Grassmann, Eustachius 150
Guêpière, Philippe de la 35
Günter, Tobias 114

Hacke, Karl Theodor von 87–88, 255
Haldenwang, Christian 11, 54, 101
Hambel, NN, Gärtner 110
Hammerbacher, Herta 214
Hannover, Ernst August I., Prinz von 116
Hartleben, Theodor 99, 104, 107, 109, 118
Hartmann, Richard 183
Hartweg, Andreas Johann 13, 70, 73, 100, 225, 246–247, 259–260, 262–263, 265
Hebenstreit, Johann Ernst 276
Heckel, Dietrich 205
Heiligenthal, Roman 179, 186–192, 197, 199, 204
Hennebo, Dieter 56
Hennings, August 103

Herder, Johann Gottfried 103
Héré, Emmanuel 68
Hesdörffer, Max 129, 144
Hessen-Darmstadt, Landgrafen
– Auguste Wilhelmine 78–79
– Karoline Luise 101, 103
Hirschfeld, Christian Cay Lorenz 13–14, 52, 66, 69, 71, 90
Hitler, Adolf 187–188
Hobrecht, James 74
Hochberg, Luise Caroline, Gräfin von 50, 104, 109, 246, 248, 253
Hölzinger, Hiltrud 205, 210
– Johannes 205, 210, 216,–219, 221
Hübsch, Heinrich 74, 158
Hüssy, Oskar 184, 186, 192

Ittermann, Robert 208

Jakubeit, Heinz 229
Jörg, Richard 12, 180, 199–204
Jussieu, Bernard de 310
Jussow, Heinrich Christoph 117

Kaller, Julius 226
Kent, William 99
Keßlau, Albrecht Friedrich von 35
Keyßler, Johann Georg 57
Kienast, Dieter 244
Kinckel, Heinrich August von 86–88
Klahn, Jürgen 205, 207, 209
Klee, Emanuel 173
Klein, Ludwig 139
Klenze, Leo von 74
Klopstock, Friedrich Gottlieb 82, 103
Klotz, Günther 229–230
Kluge, Alexander 62
Koehme, Emil 141
Koelreuter, Josef Gottlieb 280
Kohler, Karl 159
Kollhoff, Hans 12, 238
Koolhaas, Rem 12, 238
Krehl, Ludolf 159, 167
Krisch, Helmut 205
Kühn, Gottfried 205–206, 210, 215
Kuntz, Carl 11, 101, 114, 176

Läuger, Marie 164
– Max 11, 74, 162–169, 177–178
Laugier, Marc-Antoine 58, 63
Lauter, Wilhelm F. 225
Lavater, Johann Caspar 101, 103
Le Corbusier, Charles-Édouard 55, 192, 200
Lenné, Peter Joseph 53, 74

Leszczynski, Stanislaus 68
Le Tanneux von Saint-Paul-Illaire, Ulrich Maximilian 145–146, 150
Linde, Horst 199
Linden, Jean 125
Lods, Marcel 199
Lorrain, Claude 111
Ludwig XVI., König 104
Luz, Hans 205, 220

Mack, Heinz 219
Männing, C. 286
Marie- Antoinette, Königin 104
Marot, Sébastien 240, 244
Mattern, Hermann 212, 215
Mattheus, Arno 105
Mayer, Karl, 125, 130, 142
Mebes, Paul 156
Meerwein, Carl Friedrich 41
Melac, Ezéchiel de 273
Metzger, Johann Christian 258–261
Miljutins, Nikolai 192
Miller, Wolfgang 205, 216, 220
Mique, Richard 104
Möhrle, Hans 188
Moller, Georg 43
Mollet, André 55
Molter, Friedrich 23
Moore, Henry 221
Mosbrugger, August 175f.
Müller, Philipp Ludwig 99, 279, 281
– Wilhelm Jeremias 35, 41, 114, 156
Mürb, Robert 205, 209

Napoleon 245, 256
Negt, Oskar 62
Neubronn, Ernst Friedrich von 252
Neumeyer, Fritz 238
Nicolai, Eduard von 147
Nohl, Victor 135f.

Ompteda, Ludwig von 70
Ostendorf, Friedrich 11, 155–156, 158–162, 164, 166–167, 169, 177–178

Pacioli, Luca 23
Palladio, Andrea 42, 111, 119
Palm, Peter 84, 85, 86
Panther, Wolfdietrich 188
Pedetti, Mauritius 39
Pfalz, Kurfürsten
– Carl Theodor 56
Pflästerer, Carl Peter 12, 179, 182–186, 189, 199, 201

Pope, Alexander 71–72, 99
Posener, Julius 158
Posselt, Ernst Ludwig 106
Preßler, Augusta 37
– Christoph 37
Preußen, Könige
– Friedrich Wilhelm III. 251
Pückler-Muskau, Herrmann von 90

Raab, Friedrich 12, 179, 192, 195
Ramdohr, Friedrich Wilhelm von 92
Ratzel, Friedrich 157
Reibeld, NN von, Präsident 83
Reich, Alfred 212–213
Reil, Friedrich 123
Rein, Melchior 29
Reinbold, Wilhelm (?) 225
Reinhardt, Johann Jacob 35–36, 62
Reitzenstein, Sigismund von 286
Richrath, Klaus 199
Rieger, Walter 214
Ries, Friedrich 12, 225–226
Rissler, Josua 284
Ritter, Johann Peter 80
Rode, August von 11, 106, 112
Rösinger, Hans-Detlev 199
Rolli, Hans 199
Rombusch, Heinrich 205
Roser, Alfred 199
Rossow, Walter 205–206, 214
Rotberg, [Leopold Melchior?] von 15

Sachsen, Kurfürsten
– Friedrich August 276
Sachsen-Gotha-Altenburg, Herzöge
– Ernst II.13
Sachsen-Weimar- Eisenach, Großherzöge
– Karl August 103
Samel, Gilbert 205, 212
Saul, NN, Obergärtner 280
Schäfer, Carl 161
Schäfler, Nicolaus 83
Schaffroth, Johannes 114, 121
Schelling, Erich 188, 198
Scherer, Friedrich 227
Schiller, Friedrich 66, 71, 91, 124, 177
Schleswig-Holstein-Gottorf, Herzöge
– Augusta Maria 57
Schlippe, Joseph 188
Schmidt, Robert 181, 187
Schmitthenner, Paul 188, 200
Schneider, Hermann 11f., 179–182, 228
Schoch, Johann Georg Gottlieb 13, 98, 102, 246, 249

– Johann Leopold Ludwig 98
Schradin, Karl 199
Schulze, Günther 214
Schwarz, Heinrich 57
Schweickardt, Friedrich 170, 173
Schweizer, Otto Ernst 12, 179, 183, 191–196, 198–200, 204
Schwerin, Fritz, Graf von 138, 140–141
Schweyckert, Johann Michael 13, 69–70, 72–73, 99–100, 110, 114, 148, 246–247, 249, 255, 258, 281–282
Sckell, Friedrich Ludwig 10, 14, 52–53, 66, 74–75, 84–87, 89–90
Seckendorff, Albert von 69
Seemann, Günther 199
Serlio, Sebastiano 20
Settewitz [Zedtwitz], NN Gräfin von 255–256
Sexauer, Heinrich 157
Sgard, Jacques 205, 212
Sieferle, Rolf Peter 237
Sievert, August Wilhelm 278
–, Joachim 57
Sieverts, Thomas 12, 237
Silva-Tarouca, Ernst Emanuel, Graf von 147
Sitte, Camillo 74
Speer, Albert 179, 183, 188
Stein, NN, Futtermeister 49
Stickler, Johann 90
St. Paul-Illaire s. Le Tanneux
Strickler, Wilhelm 206
Stroobant, Francois 116
Sturm, Leonhard Christoph 57
Suck, Oskar 145
Sutor, Emil 207

Talleyrand-Périgord, Charles-Maurice de 253
Thouin, André 284
Thran, Christian 57, 68, 276–277, 279
Tournefort, Joseph Pitton de 277
Trew, Christopher Jacob 278
Trotha, Hans von 103

Tschira, Arnold 47, 50
Tulla, Johann Gottfried 47, 173

Valdenaire, Arthur 105, 119–120, 169
Vierord, NN, Gärtner 255–256, 258
Vilmorin, Maurice de 140

Wagemann von, NN, Hauptmann 83
Wagner, Robert 183, 188
Waldheim, Charles 240–241
Walpole, Horace 99
Weber, Rolf-Eckart 199
Weinbrenner, Friedrich 7, 10–13, 15, 30, 34, 38–44, 46–50, 53, 55–56, 64–68, 70, 72–74, 97, 100–106, 108–109, 111–114, 116–117, 119–122, 124, 155–156, 169–175, 177–178, 183–184, 186, 199–202, 204, 246–247, 285
Weller, Richard 241
Wermann, NN, Hofsattler 259–260
Weyhe, Maximiliam Friedrich 74
Weyhing, Johann Friedrich 35
Wieland, Christoph Martin 103
Wieland, NN, Oberst 102
Wilde, Julius 140
Willdenow, Karl Ludwig 304
Wilmanns, Karl 167–168
Winkler, Joachim 214
Wolf, Alfred 188
– Karl Johann Friedrich 230
Wolff, Friedrich 208, 227
Württemberg, Herzöge
– Eberhard Ludwig 28

Ysenburg und Büdingen, Georg August zu 255

Zabel, NN, Gartenmeister 146
Zedtwitz, NN Gräfin von 255–256
Zeyher, Johann Michael 13–14, 65–66, 70, 99–100, 110, 170, 173, 246–247, 251–252, 254–259, 261, 285

Mitarbeiterverzeichnis

Volker André Bouffier M.A., Nistertal

Dipl. Ing. Jan Dieterle, Karlsruhe

Marketa Haist, Karlsruhe

PD Dr. Julian Hanschke, Karlsruhe

Dipl.-Ing. Helmut Kern, Karlsruhe

Prof. Dr. Konrad Krimm, Karlsruhe

Dr. Ing. Gottfried Leiber, Karlsruhe

Dr. Carl-Jochen Müller, Ludwigshafen

PD Dr. Ulrich Maximilian Schumann, Kuppenheim

Prof. Dr. Hartmut Troll, Karlsruhe

Assoz. Prof. Ing. Volker Ziegler, Straßburg